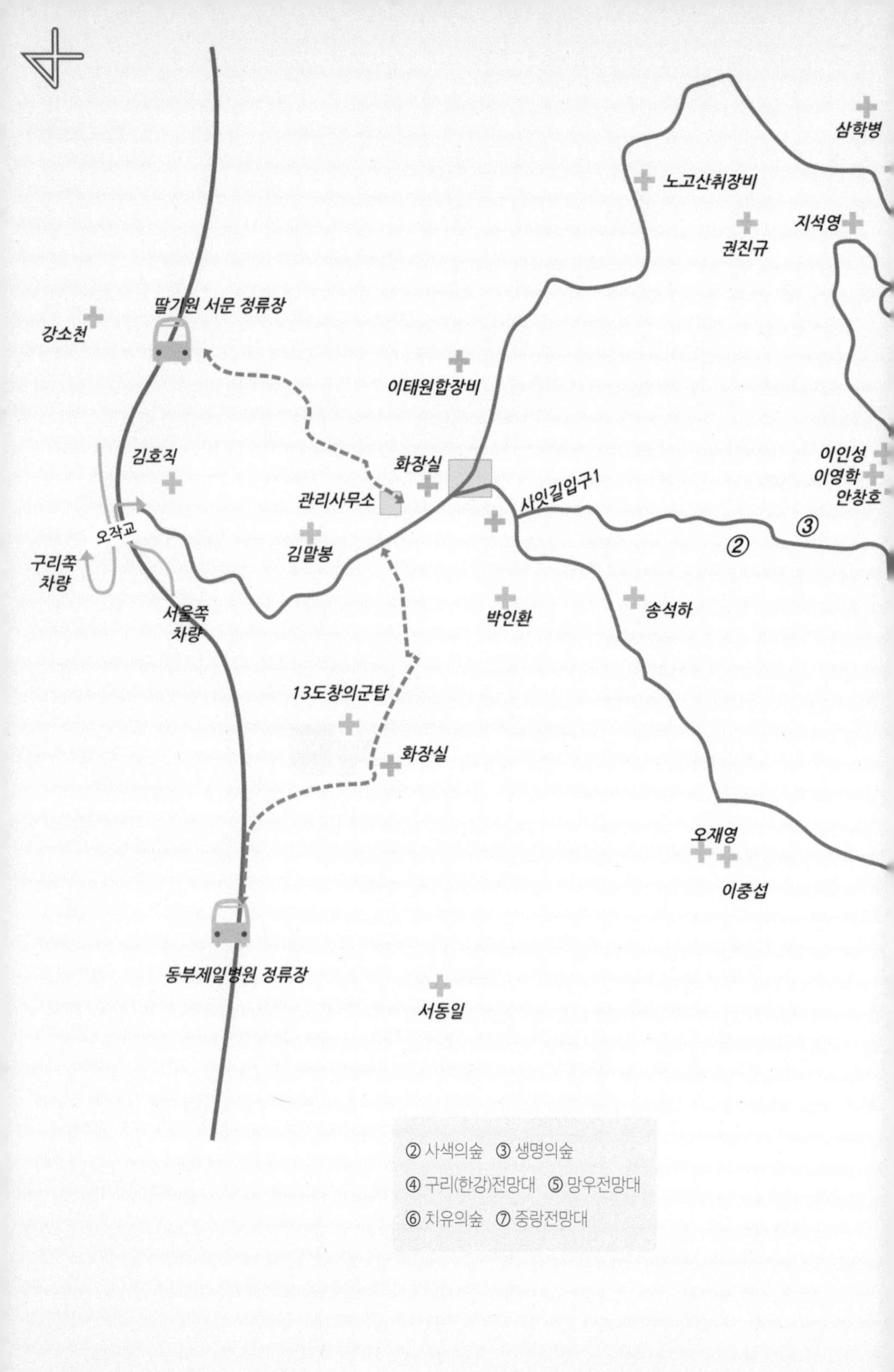

삼학병
노고산취장비
지석영
권진규
딸기원 서문 정류장
강소천
이태원합장비
이인성
이영학
안창호
김호직
화장실
관리사무소
사잇길입구1
오작교
③
②
구리쪽
차량
김말봉
박인환
송석하
서울쪽
차량
13도창의군탑
화장실
오재영
이중섭
동부제일병원 정류장
서동일
② 사색의숲 ③ 생명의숲
④ 구리(한강)전망대 ⑤ 망우전망대
⑥ 치유의숲 ⑦ 중랑전망대

교통편

■ **대중교통** : 상봉역(7호선) 5번 출구나 망우역(중앙선) 1번 출구로 나와 구리/남양주시 방면 버스 3, 30, 51, 52, 65, 88, 165, 166-1, 167, 201, 202, 270번을 타고 동부제일병원에 하차. 우측으로 건너가 고개 방향으로 200m 올라가 오른쪽 운동장 쪽으로 들어가 화장실이 나오면 왼쪽으로 돈 후 돌계단을 올라가면 관리사무소가 나온다(정거장에서 약 700m). 이중, 51 52번 버스는 망우리고개를 넘자마자 '딸기원서문' 정거장에 내린다. 뒤로 거슬러 50m 가서 삼봉사(푯말 있음) 쪽으로 좌로 틀어 끝까지 가서 막힌 길 아래로 무덤 사이의 작은 길을 구불구불 가면, 관리사무소와 화장실 사이로 도착하게 된다(6분). 이 길이 가장 빠르기는 하나 버스가 자주 오지는 않는다.

■ **자동차** : 내비게이션에 '망우리공원묘지 주차장', '망우산 주차장' 등으로 입력. 택시 이용시에는 잘 모르는 기사가 많으니 "망우리 고개 끝까지 올라가 우측으로 급하게 틀어서 올라가 주세요"라고 말한다. 봄가을의 토요일 오후는 길이 좀 막히니 여유 있게 나서기를 권한다.

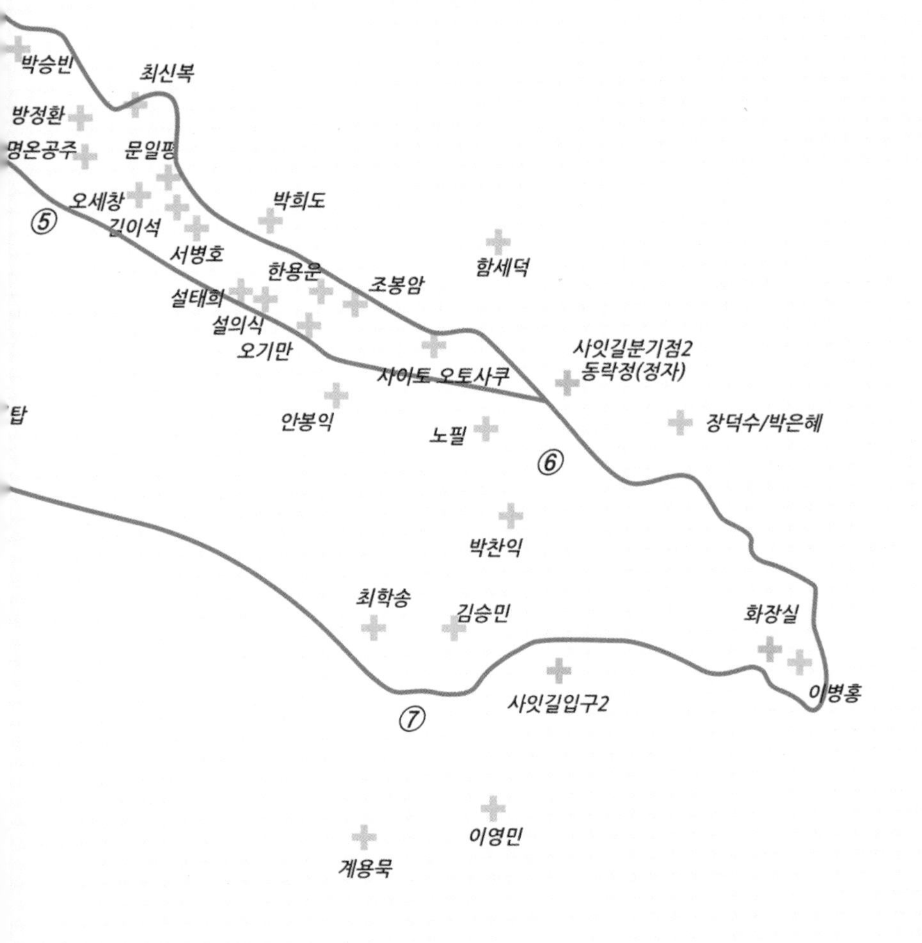

망우리 사잇길에서 읽는 인문학

그와 나 사이를 걷다

망우리 사잇길에서 읽는 인문학

그와 나 사이를 걷다

김영식 지음

호메로스

귀중한 문화유산

유 홍 준 (명지대 석좌교수, 전 문화재청장)

인간이 살아가면서 삶의 공간을 어떻게 꾸미는지 못지않게 중요한 것이 죽음의 공간을 장식하는 일이다. 우리는 전통적으로 매장의 풍습을 갖고 있었다. 이로 인해 아름다운 산에 많은 상처를 주고 있어 이제는 장례풍습이 화장으로 바뀌어가야만 한다는 것이 오늘의 추세이다. 그러나 기존의 묘역이 다 사라질 것 같지는 않다. 기존의 무덤 중 일부는 또 다른 공원으로 이장되거나 아니면 유적으로 남을 수밖에 없다. 그럴 경우 망우리 공동묘지는 가장 먼저 떠오르는 묘지공원이다. 이미 우리는 '망우리공원'이라고 부르며 더 이상의 훼손이 없도록 관리하고 있다.

망우리공원의 무덤은 인간의 죽음을 자연으로 돌아가는 형식으로 만들어낸 우리 고유의 토장문화를 가장 잘 반영하고 있다. 세계 어느 나라에도 이처럼 산과 숲과 산책길이 어우러진 공동묘지는 없다. 오직 거기에는 무덤과 비석만이 있을 뿐이지만, 그것은 죽은 자에 대한 기억의 장치이면서 동시에 살아 있는 사람이 죽음을 생각하는 공간이다. 더욱이 거기에는 이름 모를 수많은 민초의 무덤 사이로 우리 근대를 살아간 유명인사가 함께 묻혀 있어 그 뜻을 더하고 있다.

이제는 더없이 중요한 역사의 공간이 된 망우리공원을 우리는 하나의 문화재로 받아들일 때가 되었다고 생각된다. 청순한 산벗꽃이 흐드러지게 피어날 때 망우리공원을 거닐다 보면, 인간은 어쩔 수 없는 자연의 아들임을 떠올리며 멀리 한강을 처연한 마음으로 바라볼 수 있는, 귀중한 문화유산이라는 생각이 든다. 그래서 나는 몇 차례 학생들과 여기를 답사 다녀왔고, 또 어느 해 봄엔 여기를 찾아갈 것이다.

머리말

현재 망우리공원은 2016년 인문학길 '사잇길'의 완공에 이어 2020년 관리사무소 자리에 망우역사문화관(가칭)의 건립을 앞두고 있다. 역사문화공원으로서 기반 시설이 나름 착실히 갖춰져 가고 있으니 이 과정에 뜻을 같이한 모든 분께 지면을 빌려 다시 한 번 감사를 드린다.

이제는 망우리공원의 소중한 문화유산에 대한 체계적 보존 대책 수립이 시급하다. 그 노력의 일환으로써 문화재청은 2017년에 망우리공원의 독립지사 8인을 등록문화재로 지정하며 망우리의 역사성과 장소성을 국민에게 알린 바 있다. 앞으로 사회 및 문화예술인사의 문화재 추가 지정 등을 통해 망우리의 문화유산을 잘 보존하여 세계문화유산으로서의 도약에 큰 힘을 실어주었으면 한다.

뒤늦게 망우리공원에 계신 것을 알게 된 아동문학가 강소천, 대한중석의 초대 사장 안봉익, 흥사단원 향산 이영학, 그리고 이장되었지만 유의한 비석을 남긴 독립지사 계산 김승민과 명재 이탁 편을 추가하고 기존 내용도 갱신하여 개정 3판을 낸다.

다음 개정판에는 묘역의 철저한 전수 조사를 통해 서민들의 감동적인 이야기를 더욱 많이 싣게 되기를 바란다.

2018년 5월 어버이날

저자 김영식

머리말 -개정 2 판-

지난 세월을 되돌아보면 감회가 새롭다. 초기에는 애환도 많았다. 책과 보도자료를 들고 언론사를 돌아다니던 출판사 사장은 조간신문에 어찌 이런 내용을 싣겠냐는 수모도 당했고, 어느 현장 답사 날에는 비가 오는 바람에 단 한 분의 독자를 모시고 답사를 진행한 적도 있다. 그때까지도 '묘지'에 대한 고정관념의 벽은 여전히 높았고, 무명작가의 졸저는 세상에 알려지기에는 매우 힘이 약했다.

그러나 고인의 비문을 통해 과거의 기억을 말한 이 책은 오히려 생명을 잃지 않고 계속 꾸준히 커갔다. 2008년의 《신동아》 연재를 거쳐 단행본으로 출간된 2009년에는 문광부 우수교양도서로 선정되었고, 2012년에는 한국내셔널트러스트 주관 '꼭 지키고 싶은 우리 문화유산' 부문에서 산림청장을 수상하였으며, 2013년에는 서울연구원으로부터 '서울스토리텔러 대상'을 받았다. 그 덕분에 몇몇 신문사와 방송국에도 소개되어 많은 분들의 성원이 있었고, 필자와 비슷한 시기에 망우리공원을 인식하고 각기 나름대로 작업했던 분들은 이제 망우리공원의 미래를 함께 생각하며 나아가는 동료가 되었다. 나아가 2014년에는 서울시가 발주하고 한국내셔널트러스트가 수행한 '망우리공원의 가치 제고' 및 '인문학길 조성 연구' 용역에 참여하여 이제 그 실행을 눈앞에 두고 있으니, 이는 글쓴이에게 큰 보람이 아닐 수 없다.

초판 출간 이후 새로 알게 되었거나 자료 부족으로 쓰지 못했던 10여 명의 인물을 추가하고, 기존 인물에 대한 글도 지금 시점에서 수정 · 보완하여, 더욱 크고 정련된 몸으로 세상에 다시 내보낸다.

세상일은 혼자가 아니라 뜻을 같이하는 많은 이와 함께하는 것임을 새삼 느낀다. 필자의 손을 잡고 이끌어준 여러분에게 무한한 감사를 보내며, 필자 또한 그 누군가를 향해 이렇게 본서를 통해 손을 내민다.

2015년 가을

저자 김영식

머리말 -초판-

모든 삶은 누군가에게 기억된다

죽어 말 없는 이와 우리 사이,
어제와 오늘 사이,
그와 나 사이의 능선을 걷다.

서울시 중랑구 망우1동 산 57번지. 우리가 흔히 '망우리묘지'라고 부르는 시립묘지 망우리공원이 그곳에 있다. 대학시절, 그곳에 가까운 동네에 살 때 공원까지 산책을 한 적이 있다. 그때 본 묘지의 풍경은 오랫동안 내 기억 속에 남아 있다.

'바람이 불고 구름이 흘러가도 너는 우리 가슴에 영원히 남아 있으리.' 어느 비석에는 일찍 죽은 아들을 기리는 글이, 그 옆에는 비석조차 세울 형편이 못 됐는지 검은 페인트로 '아버님 잠드신 곳'이라고 쓴 비목이 세월의 풍상을 견디고 있었다. 그리고 고개 저 너머 어느 무덤 앞, 소주병을 옆에 두고 고개를 숙인 청년에게는 또 무슨 사연이 있었던가. 산 밑을 내려다보니 이곳 묘지는 이리 조용한데, 저 멀리 차 소리가 도시의 심장 소리처럼 시끄러웠다. 세상은 역시 산 사람들의 것, 죽은 이들은 말이 없었다.

이후로 20여 년이 흘러 그 기억을 카메라에 담고 시인 박인환, 소파 방정환, 화가 이중섭, 죽산 조봉암, 만해 한용운과 다른 유명인의 묘도 보고 싶어 망우리공원을 다시 찾았다. 그러나 묘지는 과거의 모습과는 사뭇 달라져 있었다. 강산이 두 번이나 바뀌었는데 묘지라고 어찌 그대로이겠는가.

그동안 나무는 울창하게 자라 시야를 가렸고 길도 넓어지고 바뀐 듯, 옛 기억 속의 무덤들이 어디쯤 있는지 찾을 수 없었다. 결국 새로운 기행에 나서야 했다. 기억 속의 비석은 찾지 못했지만, 그 대신 유명인의 비석을 포함해 의미 있는 '말'이 새겨진 비석들이 눈에 들어오기 시작했다.

공원안내도에 소개된 고인 명단 외에, 필자는 지난 3년간 수없이 망우리공원을 헤매고 돌아다니며 새로운 비명(碑銘)을 찾아냈다. 어떤 자료에서 단서를 얻으면 관리사무소에서 복사한 지도를 들고 찾아갔고, 저기 멀리 보이는 무덤이나 비석 모양이 범상치 않다 싶으면 곧바로 달려가 비명을 읽었다. 그렇게 발로 쓴 이 책은 단지 '그곳에 무덤이 있다'가 아니라, 그곳의 무덤과 비석을 통해 고인의 삶을 읽은 결과이다.

필자는 이곳 '삶과 죽음의 경계'에 서서 비문을 읽었다. 죽음에 가까운 고통을 경험한 사람이 삶의 소중함을 생각하듯 이곳에서 죽음을 통해 삶을 발견했다. 고인이 묘비에 남긴 글을 읽으며 그와 나의 삶을 돌아보았다. 시인 조병화는 이렇게 노래했다. "살아서 무덤을 도는 마음이 있다. 사랑하면 어두워지는 마음이 있다. 몽땅 다 주어도 모자라는 마음이 있다. …밤이 가면 아침이 온다."

망우리공원이라는 작은 공간은 격동의 한국 근현대사를 살다 간 많은 인물을 비명을 통해 한꺼번에 만날 수 있는 진귀한 공간이다. 일제강점기부터 1960년대까지 그 어느 때보다 파란만장한 우리의 역사가 그곳 비석에서 숨을 쉰다. 당시를 살다간 고인의 비문에서, 또는 비문이 준 단서에서 그 시대에 관한 많은 이야기를 들을 수 있다. 특히 우리나라의 근대, 각 분야의 개척자와 선구자들이 그곳에 따로 또 같이 누워 있다는 사실은 놀랍기 그지없다.

'특별한 사람'들이 비슷한 이유와 같은 모습으로 잠든 국립묘지는 건조하다. 그에 비해 이곳 망우 '공동(共同)' 묘지는 격동의 근현대사를 살다 간

다양한 인물의 삶을 엿볼 수 있는 역사 공간이자 오늘의 축소판이다. 유명무명의 독립지사뿐 아니라 친일과 좌익의 멍에를 짊어진 죽음, 시대가 만든 억울한 죽음도 있다. 당대 최고의 시인, 소설가, 화가, 작곡가, 가수, 의사, 학자, 정치가 등 다양한 삶이 있다. 또한, 비록 대중의 기억 속에 아무것도 남기지 않았지만 저마다의 사연이 있고, 살아남은 사람의 마음속에 연민과 사랑을 새긴 그 시대의 수많은 보통사람이 함께 있다.

가끔 생각한다. 내가 고인을 찾았는가, 고인이 나를 불러주었던가. 내가 듣고 싶은 말은 무엇이었으며, 그가 내게 하려는 말은 무엇이었을까. 어쨌거나 그 말이 여기에 제대로 실리기나 했을까. 하지만 못나게 태어나도 삶은 아름다운 것. 말을 건네준 고인과 유족, 옛 기록의 필자, 관리사무소 여러분, 귀한 글로 지면을 빛내주신 선생님들에게 깊은 감사를 드린다.

삶의 이정표를 잃어버렸거나 생활에 지친 사람은 이 숲속에서 삶의 새로운 에너지를 얻을 수 있을 것이다. 이 땅의 역사를 알고자 하는 사람에게는 우리의 근현대 역사와 문화를 온몸으로 체험하기에 더할 나위 없는 곳이다. 산책과 등산으로 적당한 운동도 되고 전망도 좋고 때때로 자신의 삶도 돌아볼 수 있고 역사 공부도 할 수 있는, 게다가 접근성까지 좋은 이런 공원이 세계 어느 나라에 달리 있다는 말을 나는 들어본 적이 없다.

망우리 묘지의 숲에서 시내를 보면 삶과 죽음의 사이에, 그리고 과거와 현재 사이에 내가 서 있음을 느낀다. 시인 함민복의 말처럼 '모든 경계에는 꽃이 핀다' 고, 공원에는 나무와 숲과 꽃이 가득하다. 이 책은 삶과 죽음의 경계에서 피어난 꽃들의 작은 기록이다. 나는 이 책을 한잔의 술과 함께 고인에게 바친다.

2009년 4월

김영식

■ 차 례

그와 나 사이를 걷다

망우리 사잇길에서 읽는 인문학

2부 이 땅의 흙이 되어

3부 한 조각 붉은 마음은

1부

그 잎새에 사랑의 꿈

시를 남기고 가을 속으로 떠난 '목마'

| 시인 박인환

1956년 3월 20일, 시인 박인환(朴寅煥 1926~1956)은 불과 31세의 나이에 망우리 묘지에 묻혔다. 「목마와 숙녀」, 「세월이 가면」 등 감수성 풍부한 시를 내놓으며 대중의 폭발적 사랑을 받은 시인. 과거 시단의 어떤 이들은 그를 폄하하고 질시하였지만, 오늘날 그는 광복 후 모더니즘 운동의 기수로서, 그리고 6 · 25전쟁의 참혹한 체험을 시로 승화시킨 1950년대의 대표 시인으로 인정받는다. 세월의 풍상에 비석 글은 스러졌지만 그가 남긴 말은 애절한 울림으로 우리 가슴에 살아 있다.

망우리공원 관리사무소를 지나 조금 오르면 순환로가 나오고 그곳에 갈림길이 있다. 발걸음을 오른쪽으로 돌려 조금만 걸어가면 길 왼편에 박인환 시인의 연보비가 나타난다. 연보비에는 그의 시 「목마와 숙녀」의 한 구절이 새겨져 있다. "인생은 외롭지도 않고 그저 잡지의 표지처럼 통속하거늘 한탄할 그 무엇이 무서워서 우리는 떠나는 것일까."

박인환이 일생 동안 출간한 유일한 시집 『선시집』(산호장, 1955)에 실린 「목마와 숙녀」를 원문 그대로 옮겨봤다.

木馬와 淑女

한 잔의 술을 마시고
우리는 바아지니아 · 울프의 生涯와
木馬를 타고 떠난 淑女의 옷자락을 이야기한다
木馬는 主人을 버리고 거저 방울소리만 울리며
가을 속으로 떠났다 술병에서 별이 떨어진다
傷心한 별은 내 가슴에 가벼웁게 부숴진다
그러한 잠시 내가 알던 少女는
庭園의 草木 옆에서 자라고
文學이 죽고 人生이 죽고
사랑의 진리마저 愛憎의 그림자를 버릴 때
木馬를 탄 사랑의 사람은 보이지 않는다
세월은 가고 오는 것
한때는 孤立을 피하여 시들어가고
이제 우리는 作別하여야 한다
술병이 바람에 쓰러지는 소리를 들으며
늙은 女流作家의 눈을 바라다보아야 한다
······燈臺에······
불이 보이지 않아도
거저 간직한 페시미즘의 未來를 위하여
우리는 처량한 木馬 소리를 記憶하여야 한다
모든 것이 떠나든 죽든
거저 가슴에 남은 희미한 意識을 붙잡고
우리는 바아지니아 · 울프의 서러운 이야기를 들어야 한다
두 개의 바위 틈을 지나 靑春을 찾은 뱀과 같이
눈을 뜨고 한 잔의 술을 마셔야 한다
人生은 외롭지도 않고
거저 雜誌의 表紙처럼 通俗하거늘

한탄할 그 무엇이 무서워서 우리는 떠나는 것일까
木馬는 하늘에 있고
방울 소리는 귓전에 철렁거리는데
가을 바람소리는
내 쓰러진 술병 속에서 목메어 우는데

국립도서관에서 찾은 『선시집』 원본은 박인환이 정한모(시인, 서울대 교수와 문공부 장관)에게 준 증정본인데, 첫 페이지에 '鄭漢模 雅兄. 朴寅煥'이라고 고인이 쓴 친필이 남아 있다. 아형(雅兄)은 남자 친구 사이에 상대를 높여 부르는 말.

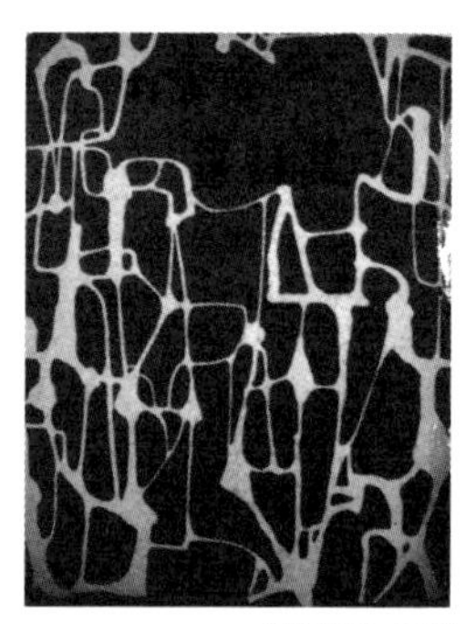
『선시집』 표지

시인 장만영이 경영한 출판사 '산호장(珊瑚莊)'에서 출판된 『선시집』은 원래 양장본이었으나 간행 후 인쇄소에 불이 나 책을 받아본 이가 별로 없다고 한다. 정한모 소장본은 양장본이 아니라 당시 새로 인쇄된 일반 판형이지만 이 또한 현재 고서 시장에서 자취를 감춘 귀중본. 박인환의 손길을 직접 느끼고 싶다면 국립도서관으로 달려가 '정한모 문고(일모문고)'를 찾으면 된다. 그곳에서 1983년 강계순이 쓴 박인환 평전인 『아! 박인환』도 만날 수 있는데, 그 책에도 강계순의 친필 사인이 있다.

'버지니아 계곡의 늑대'

요즘은 교과서에도 실려 웬만한 학생도 다 아는 시 「목마와 숙

박인환 묘

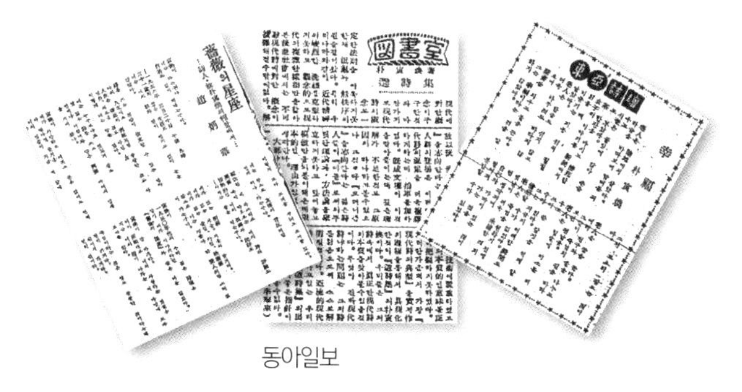
동아일보

녀」. 이 시가 가수 박인희의 낭송으로 크게 유행하던 고교 1학년 시절, 나는 문예반에서 이 시를 낭송하고 분석한 적이 있다. 지금은 추억의 한 토막이 됐지만, 당시 나는 가슴을 파고드는 이 시로 인해 문예반에서 한동안 '무식의 상징'으로 취급받았다. 이 시의 한 구절인 '바아지니아(버지니아)'와 '울프' 사이에 찍힌 중간점이 사단이었다. 나는 그 중간점 때문에 버지니아 울프를 미국 버지니아 주 어느 계곡에서 슬피 우는 늑대로 해석하고 그게 옳다고 우겨댔던 기억이 아련하다. 후에 알게 되었지만 외국인 이름에 중간점을 찍는 것은 일본어식 표기의 잔재이다.

그런 부끄러운 기억도 있어서인지 이후 이 시는 내게는 죽어도 잊지 못할 '청춘의 애송시'가 됐다. 《선데이서울》을 읽으면서 '잡지의 표지처럼 통속한 삶' 을 생각했고, 망월사 쪽에서 올라가는 도봉산 등산길에서 마주친 바위틈에선 '두 개의 바위틈을 지나 청춘을 찾은 뱀'을, 몇 년 전 영화 「디 아워스(The Hours)」를 봤을 때는 '늙은 여류작가의 눈'을 떠올렸다.

박인환에 관한 대부분의 책을 살펴봤지만 시어 '목마'를 명확하게 해설한 것은 없었다. "목마가 진짜 말이 아니니 허무한 이상을 표현한 것"이라거나, "숙녀는 백마 탄 왕자를 기다리는 데 백마가 아니라 목마라서 실망했다"는 등 무언가 석연치 않은 말뿐이었다. 지금의 우리가 생각할 수 있는 목마에는 이런 것이 있다. 유치원의 흔들목마는 어린이(소녀)가 타는 것이며, 유원지의 회전목마는 발이 허공에 떠 있어 하늘을 나는 즐거움을 주는 목마(merry-go-round)로 둘 다 밝은 이미지를 갖고 있다. 그러나 '트로이의 목마'는 거짓과 전쟁의 목마이니 이것이 해석상 박인환의 '목마'에 가까울 수도 있다. 현대를 사는 우리의 사고 범위는 대개 이 정도이다. 그래서인지 2008년 조선일보에 실린 '애송시 100선'에 「목마와 숙녀」가 실렸을 때, 일러스트 작가는 흰 드레스를 곱게 입은 숙녀가 흔들목마를 탄 모습을 그렸다. 기획 관계자 모두 그렇게 생각했으니 신문을 본 독자는 당연히 그렇게 생각할 수밖에 없으리라. 그러니 2013년의 조선일보 〈김정운의 감언이설〉에도 버젓이 흔들목마가 다시 나올 수밖에.

목마의 의미에 대해 고심하는 가운데 나는 우연히 국립중앙박물관에서 목마(오야리 19호분 출토, 낙랑유물)를 발견했다. 그리고 순종의 첫 번째 비인 순명효 황후 민씨의 장례 행렬 사진 속에서 종이로 만든 백마를 보았다. 즉 목마는 사자의 영혼을 하늘로 데려가는, '주인을 태우고 하늘로 가는' 죽음의 동반자인 것이다. 그 시대의 사람은 그렇게 알았다. 이렇듯 살아간 시대가 다르면 인식의 오류는 피하기 어렵다. 현대의 잣대로 함부로 과거를 재단하지 말라는 말도 그래서 나온 것인가. 그제야 「목마와 숙녀」가 제대로 이해되었다.

버지니아 울프는 귀족 집안 출신의 섬세한 감성의 작가로, 들판이 아닌 '정원 옆에서 자란 소녀'의 이미지가 강하다. 그녀가 살던 당시, 즉 제2차 세계대전의 상황은 '문학이 죽고 인생이 죽고 사랑의 진리마저 애증의 그림자를 버리게' 하였으니 '목마를 탔던 사랑의 사람(숙녀, 버지니아 울프)은 사라져'버리고 빈 목마는 그저 슬픈 방울소리를 울리며 하늘로 떠나고 만 것이다.

대개의 평자는 이 시를 '모든 떠나가는 것에 대한 애상을 주지적으로 노래한' 것으로 말하지만, 시인은 그것만을 말하려 한 게 아니다. 떠나감의 애상, 그리고 거기에 수반되는 절망과 회의를 극복할 힘은 치고 올라갈 바닥을 봄으로써 얻을 수 있다. '눈을 뜨고' 상황을 직시하지 않으면 불가능한 일이다. 한때는 고립을 두려워해 피해 다녔지만 절망과 회의의 극복 과정에서 고독은 필수적 통과의례다. '모든 떠나가는 것을 아쉬워하면서도, 또 하나의 희망을 노래한' 이 시는 어쩌면 이 책의 분위기와도 비슷하지 않을까.

일본의 전후 소설가 사카구치 안고는 수필집 『타락론』(1946)을 통해 천황제나 무사도 같은 과거의 전쟁윤리에서 벗어나려면 철저한 타락을 통해 자신의 본모습을 발견해야 한다고 주장했다. 열녀는 아무것도 낳지 못하고 죽지만 타락한 여자는 생명을 잉태하듯, '타락해야 살 수 있다'는 역설인 것이다. 전후 일본과 비슷한 상황을 경험한 박인환도 「목마와 숙녀」에서 고민 속에 스러지지 말고 '잡지의 표지처럼 통속'하기를 외친다. 그리고 '두 개의 바위틈'(역경, 여성)을 거쳐서 '청춘을 찾은 뱀'(삶의 욕망, 남성)과 같이 '눈을 뜨고 한 잔의 술을 마시라'고 했지만, 정작 그 자신은 절망을 극복하지 못하고 '한탄할 그 무엇이 무서웠는지' '가슴속에 남은 희미한 의식을' 놓아버리고 그저 '가을 속으로 떠나'버렸다.

박인환이 「목마와 숙녀」에서 바라본 여류작가 버지니아 울프의 묘비에는 과연 무엇이 쓰여 있는지 궁금해 찾아보았다. 1941년 59세의 나이로 자살한 그녀의 묘비에는 이런 글이 새겨졌다. "정복되지 않으며 굴하지 않는 나 자신을 네게 던지리라. 오, 죽음이여(Against you I will fling myself, unvanquished and unyielding, O Death!)." 또 하나의 역설이 아닐 수 없다.

「목마와 숙녀」의 한 대목이 새겨진 연보비 뒤에 무덤이 있겠거니 하고 올라간 사람으로 인해 길이 나 있지만, 정작 무덤은 뒤돌아 4번 전봇대 밑으로 내려가야 한다. 2013년 봄에 서울시설관리공단은 고인의 묘로 내려가는 곳에 나무계단을 설치하였다.

묘비명 '세월이 가면'

그나마 무덤 앞의 비석이 독특한 직사각형이라 쉽게 눈에 띄는 게 다행이다. 단비(短碑)라고 한다. 무덤은 마치 생전의 모습처럼 찾아갈 때마다 늘 말끔하게 다듬어져 있다. 찾는 사람도 적지 않은 듯, 겨울눈 내린 날 그의 묘소에 가면 먼저 왔다간 누군가의 발자국을 보기도 한다. 묘비 앞면에는 '詩人朴寅煥之墓(시인박인환지묘), 지금 그 사람 이름은 잊었지만 그 눈동자 입술은 내 가슴에 있네'라는, 노래로도 유명한 시 「세월이 가면」의 한 구절이 새겨져 있다.

세월이 가면

지금
그 사람의 이름은 잊었지만
그의 눈동자 입술은
내 가슴에 있어.
바람이 불고
비가 올 때도
나는 저 유리창 밖
가로등 그늘의 밤을 잊지 못하지.
사랑은 가고
과거는 남는 것
여름날의 호숫가
가을의 공원
그 벤치 위에
나뭇잎은 떨어지고
나뭇잎이 흙이 되고
나뭇잎에 덮여서
우리들 사랑이 사라진다 해도
지금 그 사람 이름은 잊었지만
그의 눈동자 입술은
내 가슴에 있어
내 서늘한 가슴에 있건만

박인환 묘비 ©오병학

명동의 선술집에서 즉흥적으로 시를 짓고 곡을 붙였다는 이 시, 아니 이 노래. 시와 곡도 좋지만 이 시를 노래로 만들던 그때의 분위기가 더욱 그립다. 친구와 술을 마시며 대화를 나누고 시를 읊고 노래를 부르는 시간은 얼마나 행복한가. 내게도 청춘의 어느 겨울밤 친구의 기타 반주에 맞춰 슬픈 첫사랑의 이야기를 두서없이 읊던 잊지 못할 추억이 있다. 그때는 왜 그렇게 즉흥적으로 말이 잘 나왔는지…. 가슴에 가득 찬 고통이 봇물처럼 흘러나왔다. 그렇듯, 술집에서 즉흥적으로 시가 지어지고, 그 시에 바로 곡을 붙일 수 있었던 것은 그 시대 사람들의 가슴속에 못다 간직하고 흘러넘친 그 무엇이 있었기 때문이다.

강계순의 『박인환 평전』에 따르면, 박인환은 이 시를 쓰기 전날 망우리공원에 있는 첫사랑 애인의 묘에 갔다 왔다고 한다. 어떤 죽음의 예감이 그에게도 있었던 것일까. 시 구절 그대로 박인환은 차마 그 사람 이름을 잊었을 리는 없다. 그러나 사람이 기억되는 것은 이

박인환,
부인과 장남
(박세형 제공)

름이 아니라 마음 때문이다. 마음은 눈빛이나 입술, 그 사람의 이미지를 통해 전달되고 저장된다. 그 사람의 껍데기(이름)가 아니라 마음까지 안아버린 이에게 건조한 이름은 더 이상 의미가 없다.

박인환의 묘비 뒷면에는 이렇게 쓰여 있다.

> 시인 박인환은 1926년 8월15일 강원도 인제에서 났으며 1956년 3월20일 31세를 일기로 불행한 시인의 일생을 마쳤다. 유족은 부인 이정숙 여사와 자녀 3남매로 세형 세곤 세화가 있다. 여기 친우들의 뜻으로 단비를 세워 그를 기리 추념한다. 그는 선시집 한 권을 남겨 놓았다. 1956년 9월 19일 秋夕날

글씨는 소설가 송지영(1916~1989)이 썼다. 부인 이정숙 여사는 2014년에 타계했고 장남 박세형(67)은 연대 국문과를 나와 현대건설을 다니다 퇴직했다. 세월에 따라 '사랑이 사라지듯' 묘비의 글자도 갖은 풍상에 색이 바래 잘 보이지 않았다. 비문의 내용을 정확하게 읽어내려면 다른 자료를 찾아야 했다. 까만 바탕의 오석(烏石)으로 묘비를

박인환, 종군기자 시절 (박세형 제공)

다시 세우면 글이 잘 보이겠지만, 오히려 지금의 묘비가 외양보다 본질을 추구한 시인의 묘에 더 어울린다는 생각이 든다. 그의 시구처럼 비록 비석의 글(이름)은 바래도(잊혀도) 그의 시(눈동자, 입술)는 우리의 가슴에 영원히 남아 있을 터이기에.

마리, 조니워커, 카멜의 남자

박인환은 강원도 인제에서 어린 시절을 보내고 11세에 서울로 이사와 덕수초등학교에 편입했다. 졸업 후 경기중학에 진학했으나 영화관 출입 문제로 학교를 중퇴하기에 이른다. 이때의 영화 편력은 그가 후에 영화평론가협회를 결성하는 등 영화 분야에도 많은 글을 남기게 된 자양분이 됐다.

이후 그는 황해도의 명신중학을 졸업하고 관립평양의전에 입학하여 부모가 원하는 사회인의 길을 가고자 했다. 하지만 그는 의전에 들어가서도 의학 서적보다는 문학 서적만 읽다 광복과 동시에 학교를 그만두고 서울로 돌아왔다. 일제강점기에 의전 재학생은 징병 대상이 아니었고, 의사 직업이 조선인이 선택할 만한 최상의 직업이었지만, 광복은 그에게 또 다른 무한한 가능성을 열어줬다.

서울로 돌아온 박인환은 '마리서사(茉莉書舍)'라는 책방을 열고 문단과 교유를 시작했다. 아내 정숙도 이곳에서 만났다. 마리는 말리(茉莉)의 일본어 발음. 소설가 모리 오가이(森鷗外)의 딸 이름도 모리 마리(森茉莉)다. 그는 「미라보 다리」를 지은 아폴리네르의 연인 마리 로랑생(화가)의 이름을 서점 이름으로 썼을 것으로 전한다. 마리 로랑생은 당시 문학청년이 동경하는 이상적 연인이었다. 그는 책방에서 문학예술 분야의 귀중한 양서와 일서를 팔았다. 돈이 그리 벌리지 않는 사업이었지만, 그는 이곳을 통해 맺은 인맥으로 시인으로서 세상에 이름을 알리게 됐고, 나아가 뜻이 맞는 동료들과 '후반기'를 결성해 모더니즘 시운동도 주도했다.

6 · 25전쟁 때는 경향신문 종군기자로 전장 속에서 삶의 극한을 체험했다. 전쟁이 끝난 후, 영화평론가협회 상임간사(1954), 자유문협 문총중앙위원(1955. 7) 등의 활동을 하며 1955년 첫 번째 시집이자 마지막이 된 『박인환 선시집』을 출간하며 시인으로서 크게 꽃을 피우기 시작한 그는, 그러나 그해 연말 자유문학상 수상 실패, 미래에 대한 불안, 빈곤 등이 겹쳐 술로 나날을 보내다, '꽃이 피면 밀린 술값을 갚겠다'는 주모와의 약속을 끝내 지키지 못한 채, 꽃이 피기도 전인 1956년 3월 20일, 그날도 그는 술을 마시고 집에 들어가 심장마비로 급서했다. 그의 무덤에는 평소 그가 좋아하던 조니워커와 카멜 담배가 함께 묻혔다.

애증(愛憎)의 그림자

망우리묘지에 묻힌 고인들은 일제강점기부터 1970년대 초까지의 인물들이라 직 · 간접적으로 얽힌 인연이 종종 발견되곤 한다. 박인환도 그런 경우다. 필자는 망우리묘지에 묻힌 또 다른 문인 김말봉에 관한 평전을 읽다 박인환에 대한 글을 찾을 수 있었다. '후반기' 동인 이봉래가 부산 피난시절에 만난 김말봉을 추억하며 쓴 글인데, 그 글에 박인환이 등장한다.

나(이봉래)는 박인환 등과 밤새 술을 마시고 아침에 다방에 들어가 김말봉 앞에 앉게 되었다. 박인환은 나를 소개한다면서 입을 열었는데, 술이 깨지 않은 상태에서였지만 "말봉 씨, 이봉래를 소개하지요"라고 큰 실수를 저질렀다. 김말봉은 "인환 씨. 말봉 씨가 뭡니까…시를 쓴다는 사람이 그게 무슨 말툽니까" 하고 호통을 쳤다. 오만하기 그지없는 박인환도 추상과 같은 호통에 말문을 잃고 말았다. 잠시 침묵이 흘렀다. 취기는 한꺼번에 가시고 나는 몸 둘 바를 몰랐다. 그 순간 박인환은 자리에서 벌떡 일어나더니 허리를 90도로 굽히고 "김말봉 선생님, 제가 큰 실수를 했습니다. 용서해주십시오"라고 말했다. 실로 충격적인 일이었다. 왜냐하면 박인환이가 사과하는 모습, 그것도 허리를 90도로 굽히고 사과하는 모습을 처음 보았기 때문이다. 박인환은 설령 자기가 실수를 저질러도 절대 사과하는 위인이 아니다. 무슨 궤변을 쓰더라도 자기를 정당화하고 합리화하는 소피스트였다. 그 궤변가가 그것도 술기가 가득한 상태에서 진심으로 사과한다는 것은 상상하기 어려운 일이었다….

(『김말봉의 문학과 사회』)

박인환이 문단에서 사랑과 미움을 동시에 받을 수밖에 없었던 성격의 단면을 보여주는 객관적 일화가 아닌가 싶다. 그는 대중에게 사랑을 받는 것에 정비례해 시단의 시기를 받았다. 심지어 박인환이 시집 후기에 "나는 10년 동안 시를 써왔다. 이 세대는 세계사가 그러한 것과 같이 참으로 기묘한 불안정한 그러한 연대였다. 그것은 내가 이 세상에 태어나고 성장해 온 그 어떠한 시대보다 혼란하였으며 정신적으로 고통을 준 것이다"라고 쓴 것에 대해, 혹자는 "그럼 일제 때가 더 좋았다는 말이냐"고 몰아세웠고, "속물 대표로 여성은 전혜린이고 남성은 박인환"이라고 비난했다. 특히 친구였던 김수영이 그의 글에서 노골적으로 박인환을 경멸한 까닭에 많은 이가 박인환의 시를 애써 외면하려 했다.

그러나 세월이 흐르면서 박인환에 대한 평가는 달라졌다. 김영철(건국대)은 『박인환』을 통해 "박인환은 모더니즘보다는 오히려 리얼리즘과 현실인식이 강한 시인이었다"고 했고, 2006년에 간행된 전집 『사랑은 가고 과거는 남는 것』에서 시 해설을 맡은 박현수(경북대)는 박인환을 "전쟁의 참혹한 얼굴을 정면으로 바라보며 얻은 통찰을 그의 수사학으로 정직하게 그려준 50년대의 유일한 시인"이라 말했다. 또 방민호(서울대)는 박인환을 "그동안 너무 평가가 인색했던 다면적 문화 비평가이자 문명 비평가"라고 적시했다. 고인은 아무 말이 없는데 후세의 문인과 학자가 그들끼리 정반합의 순환처럼 이 말 저 말을 만들어내고 있을 뿐이다.

"인간은 소모품, 그러나…"

그의 기일(3월20일)이 가까운 주말, 나는 집에 있는 조니워커를 작은 병에 따라 갖고 망우리를 찾았다. 술 한잔과 더불어 담배도 한 개비 비석 위에 올려놓았다. 파란 담배 연기가 하늘로 올라갔다. 그를 찾아올 생전의 친구들은 다 사라졌지만, 그가 남긴 말은 후세의 가슴에 남아 이곳으로 내 발길을 이끌었다. 나는 하늘로 올라간 처량한 목마 소리를 기억하며 담배 연기에 찌푸린 고인의 그늘진 눈을 바라보았다. 죽기 사흘 전인 1956년 3월 17일, 박인환은 친구 이진섭에게 메모 하나를 건넸다. 그가 쓴 마지막 글이다.

인간은 소모품, 그러나 끝까지 정신의 涉獵(섭렵)을 해야지.

동화 속으로 떠나간 아이들의 산타

| 소파 방정환

소파 방정환(小波 方定煥 1899~1931)을 모르는 사람은 없다. 그가 '어린이'라는 말과 '어린이날'을 만들었다는 사실 또한 누구나 안다. 그러나 너무 유명한 나머지 오히려 알려지지 않은 일화가 많다. 열매를 맺기까지 그가 얼마나 힘든 길을 걸어왔는지, 어린이에게 꿈과 희망을 주기 위해 얼마나 많은 일을 했는지 제대로 아는 이는 드물다.

망우리공원에서 가장 아름다운 무덤, 그리고 가장 많은 사람이 찾는 무덤을 꼽으라면 단연 소파 방정환의 묘일 것이다. 자연석(쑥돌)으로 에워싸인 그의 무덤 상석에는 유리상자가 놓여 있고, 그 안에는 조화 하나가 들어 있다. 언젠가는 상석 위에 어린이가 바친 듯한 동전 몇 닢과 초코파이가 놓여 있었다. 소파의 비석 뒤쪽으로 돌아가 먼저 비석의 뒷면을 읽어보면 '이들무동'이라 새겨져 있다. 도대체 무슨 말일까. 묘를 처음 찾은 이들은 대부분 고개를 갸웃거린다. 나이 드신 분은 곧 알아채고 학생들은 도저히 모르겠다고 한다. 오른쪽에서 왼쪽으로 읽어야 한다. 앞면에는 '선여심동(仙如心童), 무동의이린어, 묘지환정방파소'라고 쓰여 있다.

이 비는 서울 홍제동 화장터 납골당에 봉안돼 있던 유골을 소파 타계 5주년인 1936년 망우리로 이장하면서 세운 비석으로, 글씨는

이들무동

당대의 명필이며 독립운동가인 위창 오세창 선생이 썼다. 위창은 손병희 선생의 참모 격으로 3·1운동 33인 중 한 사람이고, 소파는 손병희의 셋째사위였다. 그런 인연에서 위창이 비문을 쓴 것이다. 오세창 선생의 묘도 이곳 망우리에 있다.

소파의 아들 방운용이 서른 살쯤 됐을 때의 일이다. 추석 전후에 부친의 묘소를 찾아간 운용은 묘 앞에 양장 여인이 다소곳이 고개를 숙이고 참배하는 것을 목격했다. 여인은 한참 만에 고개를 들고 옆에서 있는 운용을 보더니 "유족이신가요?"라고 묻기에 "예 그렇습니다만…" 하고 대답하자 그녀는 목례를 하고 초연히 사라졌다. 얼마 후 운용이 소파의 오랜 친구 유광렬(언론인)을 만나 여인의 인상착의를 설명했더니 그 여인은 신준려(신줄리아, 신형숙)라고 했다. 그녀는 이화학당 교사 때 3·1운동으로 투옥되어 7개월간 수감 생활을 한 적이 있는 굳은 신념의 신여성으로, 1920년 봄 김일엽, 박인덕과 함께 잡지 《신여자》를 기획했는데, 당시 편집의 귀재로 평판이 높던 방정환이 편집 고문으로 위촉돼 일을 도와주면서 사귀게 된 여인이다.

망우리공원에서 가장 많은 사람이 찾는다는 소파 방정환의 묘

유광렬의 회고에 따르면, 그때 편집고문에 방정환과 유광렬이 함께 위촉되어 왕래를 하게 되었는데, 둘 다 줄리아의 차분하고 고상한 아름다움에 반해 각각 편지를 보내서 답장이 오면 서로 비교하며 보곤 했다. 그런데 점차 그녀의 마음이 방정환에게 쏠리는 것을 보고 유광렬은 어리석게도 줄리아 앞에서 눈물을 참지 못하고 불만을 하소연했다고 한다.

그녀는 유광렬이나 소파의 글에서 'S'라는 이니셜로 나타난다. 다음은 《개벽》 4호에 나온 「추창수필(秋窓隨筆)」의 일부분이다.

> 밤 10시 20분, 등불을 가까이하고 독보(구니키다 돗포)의 병상록을 읽다가 언뜻 S를 생각하고 한참이나 멀거니 앉아 있었다. … 독보가 말한 '밭 있는 곳에 반드시 사람이 살고 사람이 사는 곳에 반드시 연애가 있다'라고 한 그 구절 끝에 왜 이런 구절이 없는가 한다. '연애가 있는 곳에 반드시 실연이 동거한다'고. 아아, 인정의 무상함을 지금 새로 느끼는 바 아니지만 S의 사랑을 노래하는 그 입으로서 어느 때일지 실연의 애가

가 나오지 아니할까… 아아, 사람 그리운 가을 만유가 잠든 야반에 창밖에는 불어가는 가을 소리가 처연히 들리는데 부질없는 벌레가 잠자던 나를 또 울리는구나….

소파의 연인 '줄리아'

소파 22세, 줄리아 23세로 둘 다 뜨거운 가슴을 가진 청춘이었지만, 소파는 이미 손병희의 3녀와 결혼하고 아들까지 둔 처지. 불꽃같이 짧았던 이루어질 수 없는 사랑은 결국 소파의 도쿄 유학과 줄리아의 미국 유학으로 추억의 한 장면이 돼버렸다. 줄리아는 보스턴대에서 석사학위를 받았고 그곳에서 만난 류형기(후에 감리교회의 지도자)와 1927년 결혼, 귀국해 감리교회 교육국 총무, 신학교장, 감독을 지내며 남편을 도왔다. 1951년 도미해 L.A에서 15년간 3남매를 뒷바라지하고 다음 15년은 교역에서 은퇴하고 도미한 남편과 지내다 1980년 82세로 별세해 L.A Forest Lawn Memorial Park에 묻혔다.

아동문학가 이원수는 훗날 두 사람의 '플라토닉' 한 사랑이 어린이를 위한 사랑으로 승화됐다고 증언했는데, 그 때문인지 짧은 인생을 살다 간 소파의 활동은 다방면으로 눈부시게 전개됐다. 너무나 유명해 그 이름을 모르는 한국인이 없을 정도인 소파. 그래서일까? 그에 대한 사람들의 지식은 대부분 단견과 피상에 그친다. '어린이'라는 말을 만들고 '어린이날'을 만든 사람, 그리고 아동문학가라고만 알고 있는 것이다.

줄리아와의 '러브스토리'만 해도 그렇다. 줄리아에게 소파는 아동문학가 이전에 출판인이자 언론인이었다. 소파는 공전의 베스트셀러 잡지인 《어린이》 외에도 《학생》, 《신여성》, 《혜성》, 《개벽》, 《별건곤》 등에 직 · 간접적으로 깊이 관여했다. 김일엽과 신준려 등이 《신여자》를 기획하면서 소파를 편집고문으로 위촉한 것도 출판인, 언론인으로서 그의 능력을 높이 샀기 때문이다.

비석에 쓰인 그의 일생과 업적을 간략하게 살펴보자. 무덤 오른쪽 비석 앞면에는 그의 이력이 짤막하게 정리돼 있다.

> 연보. 1899년 11월9일 서울 당주동에서 출생, 1908년 '소년입지회' 조직, 1917년 손병희 선생의 셋째따님 용화 여사와 결혼, … 1920년 8월25일 '어린이'라는 말을 《개벽》지에 처음 씀, 1921년 '천도교 소년회' 조직, 1922년 5월1일 '어린이의 날'을 발기 선포, 1922년 6월 번안동화집 『사랑의 선물』 간행, 1923년 3월20일 개벽사에서 아동잡지 《어린이》 창간, 1923년 5월1일 '어린이날' 확대 제정. '색동회' 창립, 1928년 10월2일 '세계아동예술전람회' 개최, 1931년 7월23일 심신의 과로로 대학병원에서 별세, 1936년 7월23일 유골이 이곳 망우리묘지에 묻힘, 1940년 5월1일 『소파전집』 간행, 1971년 7월23일 남산에 동상이 건립됨, 1974년 4월20일 『소파 방정환 문학전집』 간행, 1978년 10월20일 금관문화훈장을 받음, 1980년 8월14일 건국포장을 받음.

비석 뒷면에는 후대의 아동문학가가 소파의 삶을 반추하면서 쓴 글이 있다.

> 사람이 오래 살기를 어찌 바라지 않을까마는, 오래 살아도 이 민족 이 겨레에 욕된 이름이 적지 않았거늘 불과 서른셋을 살고도 이 나라 이 역사 위에 찬연한 발자취를 남긴 이가 있으니 그가 소파 방정환 선생이다. 나라의 주권이 도적의 발굽 아래 짓밟혀 강산이 통곡과 한탄으로 어찌할 바를 모를 때 선생은 나라의 장래는 오직 이 나라 어린이를 잘 키우는 일이라 깨닫고 종래 '애들', '애놈' 등으로 불리면서 종속윤리의 틀에 갇힌 호칭을 '어린이'라고 고쳐 부르게 하여 그들에게 인격을 부여하고 존댓말 쓰기를 부르짖었으니 이 어찌 예사로운 외침이었다 하겠는가. 선생은 솔선하여 어린이를 위한 모임을 만들고 밤을 지새워 '사랑의 선물'이란 읽을거리를 선물하였을 뿐만

아니라 '어린이의 날'을 확대 정착시키며 어린이를 위한 단체인 '색동회'를 조직하였으니 이는 반만년 역사에 일찍이 없던 일이요, 봉건의 미몽 속에 헤매던 겨레에 바치는 불꽃 같은 그의 사랑의 표현이었다. 그리하여 나라 잃은 이 나라 어린이에게 우리말 우리글 우리얼이 담긴 이야기와 노래를 들려주어 잃어버린 국권을 되찾는 일에 주야를 가리지 않았으니, 그를 탄압하려는 일제의 채찍은 선생으로 하여금 경찰서와 형무소를 사랑방 드나들 듯하게 하였다. 오직 기울어가는 나라의 장래를 내일의 주인공인 어린이에게 바람을 걸고 오늘보다 내일에 사는 어린이를 위한 아동문화의 개화와 아동문학의 씨뿌리기에 신명을 바쳐 이바지했으니 실로 청사에 길이 빛날 공적이 아닐 수 없다. 그러나 애닯다. 그처럼 눈부신 활약이 끝내는 건강을 크게 해쳐 마침내 젊은 나이로 홀연히 이승을 하직하면서 다만 '어린이를 두고 가니 잘 부탁한다'는 한 마디를 남기셨으니, 뉘라서 이 정성이 애틋한 소망을 저버릴 수 있으리오. 여기 조촐한 돌을 세워 민족의 스승이요 어린이의 어버이이신 그의 뜻을 이 겨레의 내일을 위해 천고의 역사 위에 새겨두고자 하는 것이다. 1983년 어린이날 사계 이재철 짓고 월정 정주상 쓰다.

이 비석은 1983년, 한국 최초의 '본격적' 아동잡지 《어린이》 창간

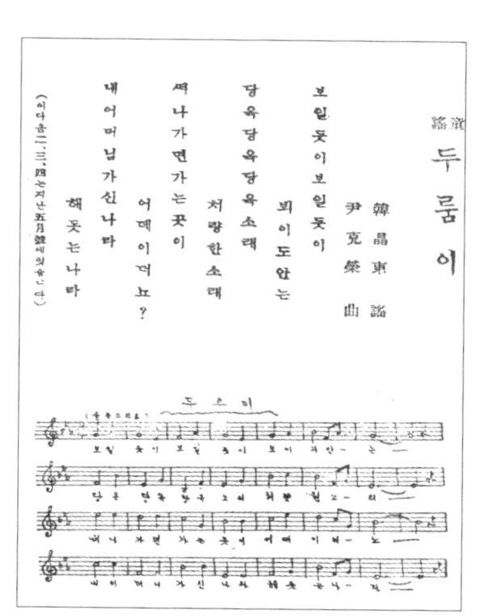

아동잡지 《어린이》 1권 8호, 이 잡지에 발표한 동요 「두룸이(따오기)」

(1923) 60돌을 맞아 아동문학인과 출판인, 뜻있는 이들의 성금으로 세워진 것이다. 비문을 쓴 이재철(1931~2011)은 시인이자 아동문학가로 『아동문학개론』, 『현대아동문학사』 등을 저술하고 『소파전집』을 편찬했으며 세계아동문학대회(1997)를 개최했다. 한국아동문학학회장과 아동문학평론사 주간을 지낸 이재철은 우리나라 아동문학의 이론적 정립과 발전에 큰 공헌을 한 인물이다. 아동문학사는 지난 1991년부터 방정환문학상을 제정해 시행하고 있다. 묘비의 글씨를 쓴 정주상은 아동문학가이자 서예 교과서를 집필한 저명한 서예가다.

비석에 쓰인 연보를 읽던 필자는 그의 연대기에서 흥미로운 사실 하나를 발견했다. '1928년 세계아동예술전람회 개최'와 관련해서다. 소파 무덤 근처에는 한국 화단의 거두 이인성(본서 '이인성' 편 참조)이 묻혀 있는데, 그가 바로 이 전람회 출신이다. 이인성의 비석 뒷면 연보에는 16세 때 이 전람회에 〈촌락의 풍경〉을 출품해 특선에 입상했다고 새겨져 있다. 이는 전람회 측이 동아일보 1928년 10월 12일자에 발표한 수상자 명단에서도 확인된다.

소파가 남긴 '사랑의 선물'

동양 최초로 열린 세계아동예술전람회는 대구의 이인성이 화가의 길을 걷게 된 결정적 동기를 제공했다. 후에 이인성은 일본국전(帝展) 및 조선국전(鮮展)에도 입상해 한국 화단의 귀재로 부상했으니, 소파와 동료들이 3년 동안 준비한 세계아동예술전람회가 없었다면 어린이 이인성의 인생 항로는 180도 달라졌을지 모를 일이다.

소파가 벌인 또 하나의 큰 이벤트는 잡지 《어린이》를 통한 동요

잡지《어린이》는 매호 독자들의 사진을 받아 실었다. 그중 아동문학가로 성장한 분들의 어릴 적 사진
왼쪽부터 서덕출, 윤석중, 이원수, 최순애

운동이다. 당시 어린이가 접할 수 있는 노래는 학교에서 배우는 일본 노래와 어른들이 부르는 민요밖에 없었다. 1970~80년대까지 초등학생이 학교에서 배운 동요의 대부분은 《어린이》를 통해 탄생했다. 「오빠생각」은 11세의 최순애가, 「고향의 봄」은 15세의 이원수가 응모해 뽑힌 것이다. '까치까치 설날은'으로 시작하는 윤극영의 「설날」과 「반달」을 비롯해, 「고드름」(유지영), 「따오기」(한정동), 「오뚜기」(윤석중), 「봄편지」(서덕출) 등도 모두 《어린이》를 통해 세상에 나와 지금껏 애창되고 있으며, 작사가들 또한 대부분 유명한 작가로 성장했다.

시인 박목월은 17세 때인 1933년 《어린이》에 동요 「통딱딱 통짝짝」이 입선된 바 있고, 강소천도 같은 해 18세 나이로 「울엄마젖」이 입선했다. 다리가 불편한 지체장애자였던 서덕출은 《어린이》로 등단해 31세로 요절하기까지 많은 활동을 했는데, 요즘 출신지 울산에서는 그를 기리는 사업이 왕성하다. 학성공원에 노래비가 세워졌으며, 서덕출 창작동요제가 매년 열리고 서덕출문학상도 매년 수여된다. '세계아동예술전람회'가 화가 이인성을, 《어린이》가 서덕출과 이원수를 배출했듯, 소파는 암울한 시대를 사는 가련한 어린이들에게 꿈과 희망을 선사했다.

소파는 어린이들을 위한 읽을거리를 싸게 제공하기 위해 1922년 번안동화집 『사랑의 선물』을 펴냈다. 비록 번안이기는 하지만 이 책은 90년이 지난 지금도 꾸준히 읽히는 스터디셀러다. 《어린이》에 실린 『사랑의 선물』 광고가 눈에 띈다. 가을에는 "낙엽이 우는 가을밤, 외로운 등잔 밑에 마음이 쓸쓸할 때" 이 책을 읽으라 하고, 한겨울에는 눈 오는 창밖을 바라보는 소녀의 그림과 함께 "눈이 옵니다. 함박눈이, 소리도 없이 퍼억 퍽 저녁 때까지 쏟아집니다. 쓸쓸한 저녁 혼자 안에서 어린 가슴이 울고 싶을 때 '사랑의 선물'을 읽으십시오"라며 독자의 감성을 자극한다.

『사랑의 선물』 광고

물론 발간 3년째에 10만 명 이상의 독자를 모은 잡지에 실린 광고이니만큼 그 홍보 효과가 대단했음을 짐작할 수 있다. 하지만 당시 나온 다른 책들은 사라지고 없는 반면, 이 책만이 지금까지 읽힌다는 사실은 광고 외의 본질적 가치가 있음을 말해준다.

한편 《어린이》 등에 실린 이야기나 동요는 슬픈 내용이 많아 너무 감상적이라는 비판도 받았다. 그러나 당시는 어른도 고생이 많았지만, 식민지에 태어난 어린이의 현실과 장래는 더욱 암울했다. 소파가 전한 슬픔은 당시 어린이의 공감대를 자극하여 그것이 독서와 예술로 승화하는 힘이 되었다. 그것이 소파가 어린이에게 주고자 한 최선의 선물이자 활동 목표였다. 그중의 하나인 『사랑의 선물』은 그 제목부터가 상징적이다.

소파는 뛰어난 동화구연가로도 유명했다. 동화구연을 할 때마다 가득 찬 청중석을 눈물바다로 만들었으며, 심지어 감시하러 온 입회 순사도 저도 모르게 흐르는 눈물을 주체하지 못했다고 한다. 《별건곤》에 다음과 같은 일화가 실려 있다.

> 내가 맨 처음(10년 전) 경성에서 동화구연이란 것을 할 때 천도교당에서 '난파선' 이야기를 하였더니 그날 온종일 울고 앉아 있는 소년을 두 사람 본 일이 있었지만은, 금년 봄에 이화여자보통학교에 끌려가서 전교 학생에게 '산드룡(신데렐라의 불어 발음 Cendrillon)이' 이야기를 할 때 옆에 앉아 계신 남녀 선생님이 가끔 얼굴을 돌이키고 눈물을 씻으시는 것을 보았다. 그러나 그때 학생들은 벌써 눈물이 줄줄 흘러 비단저고리에 비 오듯 하는 것을 그냥 씻지도 않고 듣고 있었다. 그러다 이야기가 산드룡이가 의붓어머니에게 두들겨 맞는 구절에 이르자 그 많은 여학생이 그만 두 손으로 수그러지는 얼굴을 받들고 마치 상갓집 곡성같이 큰소리로 응- 응- 소리치면서 일시에 울기 시작하였다. 옆에 있는 선생님들도 일어나 호령을 할 수 없고, 나인들 울려는 놓았지만 울지 말라고 할 재주는 없고 한동안 단상에 먹먹히 서 있기가 거북한 것은 고사하고 교원들 뵙기에 민망해서 곤란하였다.

위에 든 활동 외에 후세의 학자들은 소파를 아동교육 사상가로도 높이 평가한다. 비록 그의 아동교육철학이 이론으로 집대성되지 못한 아쉬움은 있지만, 서양으로부터 존 듀이의 교육론이 도입되기 이전 시대에 이미 소파는 아동 중심의 교육철학을 정립하고 그것을 실천에 옮긴 사람이다. 소파의 어린이 운동은 장래 조선 독립의 역군이 될 인재를 키우고자 하는 데 목적이 있었다. 소파는 기성세대의 분열상에 대한 좌절감을 신세대에 대한 기대로 전환했다. 《어린이》 잡지는 검열에 걸려 빈번이 기사가 삭제됐고, 그때마다 소파는 경찰서를 밥 먹듯 들락거려야 했다. 일경이 작성한 『왜정인물 1권』(국사편찬위원회 사이트 재인용)에는 소파에 관해 이렇게 적고 있다. “경력 및 활동 : 고 손병희 손녀(오기: 3녀) 용화의 남편으로서 항상 천도교의 중요 임무를 전담함. 1920년 동경에서 천도교 지부를 설립하여 손병희 사후 이례적으로 그 상속인이 된 자임. 인물평 외모 : 키 5척 2촌. 둥근 얼굴형에 까만 피부. 비만임. 배일사상을 가지고 있고 불온한 행동을 할 우려가 있음.”

일제는 소파의 배일혐의를 잡기 위해 갖은 음모를 꾸몄는데 번번이 실패했다. 일제강점기 드라마에 단골로 출연해 우리에게 이름이 귀에 익은 종로경찰서 미와(三輪) 경부는 《어린이》 잡지의 내용이나 어린이날 행사의 불온성을 밝혀내기 위해 소파를 자주 불러 취조했지만 소파는 그때마다 능청맞은 말로 미꾸라지처럼 빠져나갔다 한다. 《신동아》에 실린 미와의 말에는 소파의 비범함이 묻어난다. “방정환이라는 놈, 흉측한 놈이지만 밉지 않은 데가 있어… 그놈이 일본사람이었더라면 나 같은 경부 나부랭이한테 불려 다닐 위인은 아냐… 일본사회라면 든든히 한자리 잡을 만한 놈인데… 아깝지 아까워….”(윤극영 「어린이날이면 생각나는 사람들」)

"검은 마차가 날 태우러 왔네, 가방을 주게"

소파는 전국을 도는 강연, 여러 잡지의 간행, 집필, 행사 기획 등으로 바쁘게 일하다 결국 과로로 쓰러졌다. 고혈압에 의한 신장염이라는 진단이었다. 병원에 입원해서도 간호사들에게 동화를 들려주며 웃음을 잃지 않고 지냈지만, 당시 의학은 끝내 그를 구하지 못했다. 죽음을 앞두고도 "어린이들을 잘 부탁한다"며 "여보게, 밖에 검정 말이 끄는 검정 마차가 와서 검정 옷을 입은 마부가 기다리니 어서 가방을 내다주게"라는 말을 남기고 마치 동화 속 한 장면처럼 하늘나라로 떠나갔다. '목마와 숙녀'가 아니라 '마차와 신사'이런가.

필자는 소파의 죽음에 관한 일화를 접하고 이런 생각을 해봤다. 해마다 연말이면 온 거리에 내걸리는 산타클로스 대신 뚱뚱보 소파를 어린이의 친구로 등장시키면 어떨까. 어린이날이나 성탄절 밤에 뚱뚱보 소파가 검정 마차를 타고 사랑의 선물을 가지고 온다는 콘셉트로 문화운동을 벌이면 어떨까. 그와 더불어 소파를 다룬 명작 애니메이션이나 뮤지컬도 나올 법하다.

그렇지만 다른 많은 독립지사와 문화인사의 기념관은 많이 건립되어 있지만 독립운동가, 문학가, 사회 · 문화운동가, 동화구연가, 언론인, 출판인, 교육자, 아동교육 사상가로서 다방면으로 분골쇄신한 소파를 기리는 기념관은 없다. 위인의 기념관은 주로 어린이가 많이 찾는데, 정작 영원한 '어린이의 동무'인 소파의 기념관은 어디에도 없다. 왜 그럴까? 이에는 그럴 만한 사정이 있다. 소파의 유지를 잇는 사업을 한다고 1998년 12월 방정환재단(현 방정환재단과는 관계없다)을 설립한 자는 '방정환 비즈니스' 꾼이었다. 필자는 도서관에서 자료를 찾다가, 재단에서 2000년에 펴낸 『소파전집』을 보았는데 장정이 과도하게 화려하고, 표지를 들추면 대통령 당선자와 국무총리 등 저명인사의 치사가 줄줄이 실린 것을 보고 좀 이상한 느낌을 받았다. 역시나 그는 2007년말 횡령죄로 기소되었다. 재단은 소파전집 간행의 다음 사업이 기념관 건립이라고 천명하였는데, 진행이 되지 않은 이유가 여기에 있었던 것이다. 그 당시의 국무총리가 심어놓은 기념수가 비석 건너편에 어색하게 서 있다.

《어린이》 10주년 회고에서 최신복(필명 최영주)은 소파를 그리며 이렇게 썼다. "나는 이 글을 쓰면서 무척 가슴을 괴롭게까지 하며 생각 키우는 이가 있습니다. '어린이'를 탄생시킨 산파였고 길러준 어머니였고 또 '어린이' 대장이던 소파 방정환 선생의 생각입니다. 한 몸의 괴로움은 조금도 돌보지 않고 오직 뜨거운 열성과 끈기를 가지고 반석처럼 움직이지 않고 '어린이'의 성장에 힘을 써주시었습니다."

위는 소파 방정환과 《어린이》, 《별건곤》 등을 펴낸 종합잡지출판사 개벽사 건물, 아래는 왼쪽부터 윤석중, 최신복, 이정호

그 최신복의 무덤이 소파 묘지 바로 아래에 있다. 비석의 앞면에는 그가 지은 동요 「호드기」가 새겨져 있다. "-호드기- 누구가 부는지 꺾지를 말아요 / 마디가 구슬픈 호드기오니 / 호드기 소리를 들을 적마다 / 내 엄마 생각에 더 섧습니다 -최신복 작-"

'호드기'는 버들피리이다. '꺾다'는 물체를 꺾다가 아니라 곡조를 꺾는 것을 말한다. 원래 슬픈데 꺾으면 더 슬프다는 말이다. 뒷면에는 "경기도 수원에서 태어나신 선생은 화성소년회를 조직하여 소년운동에 힘쓰시고, 소파 방정환 선생을 도와《어린이》,《학생》,《소년》등의 잡지 편집에 종사하는 한편, 어린이를 위한 많은 글을 쓰시어 아동문학에 기여하시었다."라고 쓰여 있다.

최신복은 배재학교를 거쳐 일본 유학에서 돌아와 수원에서 화성소년회를 이끌면서 소파와 인연을 맺었다. 소파 사후《어린이》에 실린 최신복의 추모 글은 소파가 화성소년회의 초청으로 내려와 강연할 때 입회 순사가 소파의 강연에 감동해 눈물을 감추지 못하고 소파를 '선생'으로 모시게 된 일화를 전한다.

동아일보사 수원지국 기자로 일하던 최신복은 소파의 부름을 받고 1929년 개벽사에 들어갔다. 망우리에 소파의 무덤을 만들어준 이도 최신복이다. 무덤도 없이 홍제동 납골당에 남아 있던 소파를 안타깝게 여긴 그는 윤석중, 마해송 등과 함께 망우리공원에 소파의 무덤을 만들기로 뜻을 모으고 모금운동을 벌여 소파의 묘를 망우리에 조성했다.

최신복 3대가 소파 곁에 묻힌 사연

최신복은 소파 10주기 때인 1940년 박문서관에서 마해송과 함께 『소파전집』을 간행하는 등의 기념사업과 소파의 유지를 잇는 일로 분주하게 보내다 1945년 38세의 젊은 나이에 과로로 유명을 달리했다. 그의 유언은 "존경하는 선배 소파의 밑에 묻어 달라"는 것. 소파

최신복의 묘비

에 대한 그의 사랑은 그것만이 아니었다. 최신복은 열렬한 소파 숭배자였던 자신의 부친이 1939년 타계하자 소파를 더 자주 찾아보고 싶다며 수원의 선산을 놔두고 부친의 묘소를 소파 아래쪽에 모셨고, 1942년에는 모친을 다시 그 옆에 모셨다. 또 자신의 갓난아이가 죽었을 때도 그 옆에 묻었다고 하며, 최신복의 부인도 후에 최신복 묘에 합장됐다. 그리고 「오빠생각」의 작사자 최순애는 최신복의 여동생으로, 후에 「고향의 봄」의 작사가 이원수와 결혼했으니 온 가족이 대대로 소파와 맺은 인연이 깊다.

사회에 나와 이해타산으로 교제하다 저마다 자신의 무덤을 홀로 찾아가는 요즈음, 존경하는 이와 죽어서까지 함께하고자 한 최신복의 사연은 우리에게 이런 화두를 던져준다. "나는 누구 옆에 잠들고 싶으며, 그 누가 내 옆에 잠들고 싶어 할 것인가?"

'미와 경부'
미와 와사부로(三輪和三郎, 1884~1968?) - 번외 인물 -

반민특위 조서에 나온 사실이다. 1942년 11월, 미와는 김두한에게, 만약 대동아전쟁이 불리하게 되면 시내 불량배의 불온한 행동이 우려되니 불량배를 모두 선편으로 남양으로 보내거나 몇 십 명을 본보기로 바다에 집어넣겠다고 말했다. 이는 총독부가 시내의 어깨들을 전쟁 지원에 활용하려는 방침 하에 미와가 부린 술책이었는데, 이에 놀란 김두한은 총독부 야기(八木) 경무과장을 방문하여 선처를 부탁하고, 일제에 협력하는 모습을 보이기 위해 구마적(고희경), 김남산(왕십리), 김기환(쌍칼), 이정재 등과 1943년 4월에 반도의용정신대를 조직했는데, 대장은 고등계 형사였던 장명원을 내세웠다. 김두한은 이 사건 이후 미와를 원수처럼 생각했다.

조선에서의 40년

미와는 아이치현 나카지마군 출신으로 나고야 메이린(明倫)중학을 졸업했다. 나고야 기병 제17연대 소속으로 부대를 따라 1905년 10월 대한제국으로 건너왔다. 제대 후 1908년 통감부 순사로 시작하여 1919년 경부보, 1922년 경부를 거쳐 1934년 충남 경찰부 고등과장으로 전보되기 전까지 주로 종로경찰서에 근무했는데, 흔히 '미와 경부' 로 불리던 종로서 조사계 주임 시절이 가장 왕성하게 일선 책임자로 활동한 때였다.
뛰어난 조선어 능력으로 강연회 등의 행사에는 매번 그가 입회하여, 불온한 언사가 들리면 '중지' 를 외치고 행사 후에는 직접 장문의 상세한 보고서를 작성하여 상부에 올렸다. 조선어장려시험 갑종1등에 합격한 사실 외에도 조선어 능력을 단적으로 보여주는 예가 보고서에 보인다. 1924년 9월 21일의 기근대책강연회 보고서 내용이다. '설상가상(雪上加霜)' 은 일본에서는 쓰지 않는 단어인데, 미와는 '설상가상' 다음에 괄호를 열고 일본 속담 "우는 얼굴에 벌까지 쏘이다"라는 의미라고 적었으니 사자성어를 이해할 정도라면 그 실력을 알만하다. 세월이 흐르며 조선어에 능통한 왜경이 늘어났으나 초기에는 미와가 거의 독보적인 존재였다.
미와는 종로서에서 근무하며 독립지사 및 사상범을 잡기 위해 전국은 물론 해외의 상해, 만주, 홍콩, 싱가포르, 남양 각지로 출장을 다니며 활약했다. 1927년에는 영친왕과 왕비(이방자 여사)가 유럽에 갈 때 경호를 담당하여 상해까지 따라갔다. 그것은 임시정부가 상해에서 영친왕을 망명시키려고 한다는 정보가 입수되어 종로서의 미와가 따라갔던 것으로, 영친왕 부부는 상해에서는 육지에 한 발짝도 내리지 못하고 군함에 머물다가 곧바로 홍콩으로 떠났다.
1928년 3월에는 총독부 경무국으로 전보되었는데, 그 이유는 미와가 경성의 부호나 귀족과 너무 가까운 교제를 하여 자만심이 크고 상관을 무시하는 태도로 만사를 전횡한다는 의심을 받게 된 것이라고 당시의 동아일보는 전했다. 그것이 사실인지 알 수 없지만, 적어도 이는 미와가 조선의 유명인사(망우리의 유명인사는 당연하고)를 대부분 파악하고 관리하고 있다는 증거라 볼 수 있다.
1934년에는 충남 경찰부 고등과장으로 재직하고 1935년에 경시로 승진하여 원산경찰서장 및 함북 고등과장을 지내고 1939년 10월 퇴임했다. 1940~41년에는 총독부 경무국 보안과 촉탁으로 일한 후 해방 전까지 종로 관내의 유지로 활동했는데, 1944년 3월 7일 매일신보를 보면, 전시의 결전 태세 확립을 위해 관내 유지에 의해 결성된 '종로총궐기위원회'에 이광수, 여운형, 송진우, 박흥식 등과 함께 이름이 올라가 있다.

비참한 미담, 월남 이상재와의 인연

악질 형사라는 우리의 선입견과는 달리 『조선신사흥신록』에 나온 그의 소개는 좀 의아스럽다. 물론 흥신록 특성상 나쁜 평은 없지만, 종교는 불교인데 그것도 선종(禪宗), 취미 및 특기는, 부인의 취미가 잘못 기재된 게 아닐까 의심스럽지만, 어쨌든 분명 꽃꽂이와 원예! 인물평을 보면 "온후하고 독실한 사람이며 부하에게 인자한 아버지처럼 존경을 받음"이라고 되어 있다. 그리고 그의 가족을 살펴보면, 자식은 4남 3녀를 두었는데 1935년 현재, 장남 기요시(1910출생)는 경성상업(서울상대)을 우등으로 졸업(1930)하고 도쿄상대(히토쯔바시대학) 재학. 차남 츠토무(1911)는 선린상업을 졸업하고 식산은행(산업은행) 근무, 3남 다쿠(1913)는 경성상업을 졸업하고 경성전기(한전) 근무, 딸 게이코(1918)는 경성제일고녀(경기여고) 졸업, 4남(1921)은 경성중학(서울고) 재학으로 자식농사도 잘 지은 듯하고, 본인은 일제의 경찰 행정에 기여한 공로로 여러 번 표창을 받았다.
1921년 2월 27일의 동아일보 휴지통에서 전하는 가십 기사에서, 1919년 9월 강우규 의사가 사이토 총독에게 폭탄 의거를 감행했을 때 오사카 마이니치신문 경성지국장 야마구치는 큰 부상을 입고 일본에서 치료 중이었는데, 강우규 의사가 처형을 당한 후 아들 남매가 설움과 주림에 운다는 소식을 듣고 돈 10원을 전해달라고 종로경찰서로 보냈다. 이를 미와가 강우규의 아들 강중건에게 전달했는데 강중건이 "이러한 사람은 일본사람이 아니라 조선사람이오"라고 말하자 미와는 "일본사람 중에도 이와 같이 좋은 사람이 있다"고 말했다며 근래의 한 '비참한 미담'을 전했다.

그리고 월남 이상재의 유머를 전하는 글에 상대방 역으로 미와가 자주 등장한다. 어느 날 미와는 길에서 월남 이상재를 만났다. "안녕하십니까?" "안녕하이. 잘 있나?" "감기가 좀 들어 불편합니다." 그러자 월남 왈 "그 감기는 총으로도 못 쏘나?" 하였다. 또 어느 날, 월남이 세종로를 걸어가는데 미와가 불쑥 튀어나와 "아버지, 어디 가십니까!" 하며 굽실 절했다. 그러자 월남은 "네 이놈, 사람 좀 그만 잡아가!" 라며 지팡이를 위로 쳐들었다. 그리고는 껄껄 웃으니 미와도 기에 눌리어 "예, 인젠 안 잡아가겠습니다." 하고서는 사라져버렸다. 마지막으로 월남 선생이 병석에 누워 운명하기 전, 집으로 미와 주임이 문병을 왔다. 가족이 안내를 하지 않으려 했지만 월남 선생은 괜찮으니 들여보내라고 했다. 머리맡에 앉은 미와에게 월남은 이렇게 말했다. "이 사람아, 기어이 죽는 데까지 따라올 작정인가."

해방 후, 악질 왜경을 응징하기 위해 경찰부에 은밀히 특무대가 10월에 설치되었다. 당연히 미와는 체포 1순위였다. 그러나 이미 시간은 늦었다. 미와는 부산으로 출장(?) 갔다가 해방이 되자 그대로 일본으로 건너가 버렸다고 미와를 담당한 경찰이 대장에게 보고했다.

미와는 월남 선생을 곧 따라가지 못하고 뒤늦게 1968년 1월 이후에나 따라간 것으로 확인되었다. 필자는 도쿄외국어대학 도서관 자료 중에, 미와가 고향 아이치현에서 1968년 1월 도쿄 거주의 김을한(1906~1992, 언론인)에게 보낸 연하장의 존재를 확인했다. 김을한은 조선일보 기자 때 종로경찰서 담당으로 미와를 알게 된 인연이 있다. 필자는 도쿄 거주 일본 지인에게 열람을 부탁하였는데, 복사와 촬영이 금지된 자료라 손으로 옮겨 적어 보내 주었다. 번역문은 다음과 같다.

"삼가 신년 인사 올립니다. 연하장을 받고 감격했습니다. 더욱 건강히 활약하신다는 소식을 접할 때마다 축복하는 바입니다. 다망하신데 죄송하오나 춘원 이광수 선생의 부인인 여의사 허영숙 선생은 이전에 경성 종로구 창성동 진명여학교 정문 앞에 허영숙 산부인과 원장으로 계셨습니다만 지금 아직 현존하고 계신지요? 또 예구 김객진 대선생도 건재하신지요? 아시면 편지 보낼 주소를 알려주시면 감사하겠습니다. 저는 이제 86세가 되어 기력이 많이 쇠했습니다. 이번에도 도쿄 미쓰이 본사에 근무하는 4남이 와서 다시 한 번 도쿄에 오라고 했습니다만 확답을 할 수 없었습니다."

'꿈을 찍는 사진관'의 주인

| 아동문학가 강소천

일제강점기에 '어린이의 벗'이 된 분은 방정환 선생이 대표적이었고 전쟁 후 고난의 시기에는 강소천(姜小泉, 1915~1963) 선생이 대표적이라 할 수 있다. "하늘 향해 두 팔 벌린 나무들같이…"로 시작되는 「어린이 노래」와 「금강산」, 「스승의 은혜」, 「유관순」, 「코끼리 아저씨」, 「태극기」, 「눈사람」 등 우리가 기억하는 수많은 동요의 작사자이며 초등학교 교과서를 만들고 '어린이헌장'을 만든 강소천 선생을 찾는다.

서울 시내에서 가면 중랑구와 구리시의 경계가 되는 망우리 고개를 넘자마자 나오는 주유소 전의 건널목을 건너 왼쪽 산위로 올라가면 오른쪽 위에 사각 비석이 보인다. 아동문학가 강소천 선생의 묘역이다. 서울시 소유가 아닌 사유지에 만들어진 개인묘지로 지금 행정구역상으로 구리시 교문동에 속하지만 고인의 묘지 안장 때부터 통칭 '망우리'로 불렸다.

소천(작은 샘) 강용률은 1915년 함남 고원의 기독교 집안에서 태어났다. 고원공립보통학교 때인 1930년에 잡지『아동생활』에 동시「버드나무 열매」를 발표하며 활동을 시작, 1931년 영생고보에 들어간 후 여러 지면에 동시를 다수 발표했다. 일제의 조선어 교육 철폐에 따른 실의로 4학년 때 휴학하고 간도 용정의 외삼촌 집에서 머무르던

강소천 근영

1년간 동아일보 등에 동시를 다수 발표했다. 이때 윤석중의 원고 청탁으로 쓴 동시「닭」은 해방 후 교과서에 실리며 대표적 작품이 되었다. 다시 복학한 1936년 5학년 때 영생고보 영어 교사로 부임한 시인 백석과 교유하였는데, 그 인연으로 백석은 소천의 동시집『호박꽃초롱』(1941)에「서시」를 써 주었다. 1937년

대한 공군

大韓民國 어린이 憲章

어린이는 나라와 겨레의 앞날을 이어나갈 새 사람이므로 그들의 몸과 마음을 귀히 여겨 옳고 아름답고 씩씩하게 자라도록 힘써야 한다.

一、어린이는 人間으로서 [illegible]하여야 하며 社會의 한 사람으로서 올바르게 키워야 한다.

二、어린이는 튼튼하게 낳아 家庭과 社會에서 참된 愛情으로 敎育하여야 한다.

三、어린이에게는 마음껏 놀고 공부할 수 있는 施設과 環境을 마련해 주어야 한다.

四、어린이는 공부나 일이 몸과 마음에 짐이 되지않아야 한다.

五、어린이는 危險한 때에 맨먼저 救出하여야 한다.

六、어린이는 어떠한 境遇에라도 濫用의 對象이 되어서는 아니된다.

七、굶주린 어린이는 먹여야 한다。病든 어린이는 治療해 주어야하고 身體와 精神에 缺陷이 있는 어린이는 도와주어야 한다。不良兒는 敎化하여야 하고 孤兒와 浮浪兒는 救護하여야 한다.

八、어린이는 自然과 藝術을 사랑하고 科學을 探究하며 道義를 [illegible]하도록 이끌어야 한다.

九、어린이는 좋은 國民으로서 人類의 自由와 平和와 文化 [illegible]에 [illegible]할 수 있도록 키워야 한다.

[illegible]하고 참된 소년이 됩시다. 그리고 늘 서로 사랑하며 도와 갑시다!

어린이헌장

고보 졸업 후 주일학교 교사를 하며 신문과 잡지에 동시와 동화를 계속 발표하였고, 특히 1939년 동아일보에 연재된 동화「돌멩이」는 예술적 경지까지 오른 작품으로 평가받았다(동아일보 1939.10.17).

31세 때 해방을 맞아 고원중학교, 청진여고, 청진제일고 교사를 지냈고 1950년 1·4 후퇴 때 단신 월남했다. 이후 다시 만나지 못한

강소천 묘비 제막식 1964. 5. 6

가족과 친구에 대한 그리움은「꿈을 찍는 사진관」 등 그의 작품에 큰 테마로 자리 잡게 되었다. 거제도를 거쳐 1951년 부산에서 우연히 만난 고보 동창 박창해의 주선으로 문교부 편수국에서 근무하였고 1952년에는 월간『어린이 다이제스트』의 주간으로 잡지를 만들기 시작하였다. 1953년 휴전이 되어 서울로 올라온 소천은 고보 동창 전택부를 만나 새벗사의 일을 도와주다가 전택부에 이어『새벗』의 주간을 맡았다. 이후 잡지의 출간, 창작 활동 외에 1953년 문인협회의 아동문학분과 위원장, 1955년 한국아동문학연구회 설립, 1957년 5월 5일 어린이날을 기해 '어린이 헌장'을 발표, 1959년 이화여대와 연세대에서 아동문학 강의, 1959년 문교부 국정교과서 편찬심의위원, 1961년 아동문학연구회 회장, 1962년 한국문인협회 이사를 지내는 등 아동문학의 발전을 위해 헌신하는 한편, KBS 라디

강소천 비문

오 방송 프로그램 '재치문답' 등에 고정출연하며 작가적 재치로 대중적으로도 이름을 널리 알렸다.

강소천은 1963년 4월 30일에 문화공보부의 제2회 '5월 문예상' 문학 부문 수상자로 결정되었으나 안타깝게도 어린이날 바로 다음날인 5월 6일 서울대병원에서 간암으로 타계했다. 장례식은 5월 10일 새문안교회에서 거행되었는데 이 외에 5월 18일에는 대구에서, 5월 14일에서는 광주에서도 추도회가 열렸다. 다음해 4월 3일 면목초등학교 어린이들은 묘역에 30그루의 꽃나무를 심었고, 전국 각지 어린이로부터 묘비 건립 성금이 답지하여 1주기에 시비 제막식이 열렸다. 생전 자주 찾아가 글짓기를 지도했던 이대부초의 어린이 합창단 40명이 오르간을 메고 찾아와 고인의 노래를 불렀다. 3개월 후 배영사는『강소천 아동문학전집』(전6권)을 출간하였는데, 이는 우리나라 아동문학가로서는 최초의 개인 전집이었다. 1965년부터 김동리, 박목월, 박종화, 조지훈 등의 문학가들이 부인 최수정과 함께 소천아동문학상 제정하여 지금껏 이어지고 있다. 1985년 금관문화훈장

강소천 묘역

을 추서받았고 1994년 문화체육부 '5월의 문화인물' 로 선정되었다.

부인 최수정 여사는 1919년 출생하여 해주 행정(幸町)고녀를 졸업하였고, 1954년 결혼 후 소천을 내조하며 소천 관련 자료를 꼼꼼히 모아놓았다. 부군 사후, 가족을 부양하기 위해 동방생명(현 삼성생명) 외판원으로 나서서 75~77년 연3년 전국 최고 기록으로 보험 외판원 최우수여왕상을 차지하기도 하였다. '보험할머니' 로 70여세까지 활동하여 모은 돈을 어린이 사업과 어린이공원 문학비 건립(1987) 등에 쓰고 1988년에 부군 옆으로 왔다. 2녀 1남을 잘 키워 맏딸 남향은 서울대 응용미술과, 2녀 미향은 중앙대 연극영화과를 졸업했고 장남 현구(59년생)는 얼마 전 대기업을 정년퇴직하고 '영원한 어린이들의 벗 강소천(www.kangsochun.com)' 사이트를 운영하는 등 부친을 기리는 사업에 힘쓰고 있다.

작은 샘이 아동문학의 큰 바다가 되어 망망히 펼쳐져 있듯, 소천 묘에서 바라보는 시야는 광활하여 저 멀리 남산까지 닿는다. 묘 우측에는 기독교인으로서 비석이 서 있고, 묘 앞의 문학비 앞면에는 대표작「닭」이, 뒷면에는 박목월 시인의 추도사가 김충현의 글씨로 새겨져 있다. 중랑교육발전협의회(회장 홍순철)는 지역의 학생들을 데리고 매해 어린이날에 방정환 선생을 찾고 있는데 소천 선생이 계시는 것을 알게 된 작년부터는 강소천 선생도 찾아가 인사를 드리고 있다. 보다 많은 이들이 찾아가 소천 선생의 뜻을 기리게 되기를 바란다.

그리고 마지막으로 덧붙이건대, 방정환 편에서도 언급했지만 아직 우리나라에는 방정환 기념관이나 강소천 기념관은 물론, 전체를 아우른 변변한 아동문학관 하나 조차 없다. 그런 기념관이나 박물관의 방문으로 어느 세대보다 큰 교육적 효과를 얻는 것은 아동과 청소년이다. 모친 사후에 유족은 많은 강소천 자료와 유품을 모두 국립어린이청소년도서관에 기증하여 당시에는 적당한 규모의 전시관이 만들어졌지만 지금은 대부분의 자료가 창고에 들어가 보관되어 있다. 방정환 선생의 유품도 독립기념관 창고 한구석에서 먼지가 쌓이고 있을 것이다. 아동문학의 선구자 두 분이 계시는 망우리나 근처에 '방정환 · 강소천 아동문학관' 혹은 '한국아동문학관'을 설립하는 것은 어떨까. 울창한 숲속의 묘소 참배와 연계하면 이보다 좋은 현장학습은 없을 것이다.

한국 근대 유화의 슬픈 자화상

| 이인성과 이중섭

1998년 2월 《월간미술》은 미술평론가들의 투표로 '근대 유화 베스트 10'을 선정했다. 이인성(李仁星 1912~1950)의 「경주의 산곡에서」와 「가을 어느 날」이 각각 공동 1위와 공동 7위, 이중섭(大鄕 李仲燮 1916~1956)의 「흰 소」가 단독 2위를 차지했다. 작가별로는 이인성이 김환기와 공동 1위를, 이중섭이 단독 2위를 차지했다. 한국 근대 화단의 대표자 격인 이인성과 이중섭 두 거장이 망우리공원에 함께 묻혀 있다.

2008년 5월 20일, 언론은 "서울시가 문화재로 관리하던 화가 이중섭의 집과 문인 이상의 생가가 잘못 지정됐다"는 기사를 내보냈다. 졸속 행정의 표본을 보는 듯했지만, 그래도 서울시가 유명 예술가의 흔적을 보존하려고 노력하고 있다는 사실에 새삼 위안을 받았다. 그러나 아이러니하게도 이중섭이 전시회를 준비하며 몇 개월 머문 남의 집은 문화재로 대접을 받는 데 반해, 그가 60년 이상 머물고 있는 망우리의 묘지는 찾는 이 없이 쓸쓸하기만 하다.

한평생 고달픈 삶을 살았어도 예술가는 그가 남긴 작품으로 후인의 가슴속에 영원히 살아 있다. 그들은 무덤의 비석을 통해 우리에게 '말'을 건다. 그곳에 가면 그들이 살던 집에서보다 더 많은 말을 들을 수 있고 더 많은 느낌을 얻을 수 있다. 그래서 고인의 묘지는 생가보다 더 소중한 문화재라고 할 수 있다. 행정당국은 1997~98

화가 이인성의 묘, 무덤과 비 모두 깔끔하고 화려하다(위) 1930년대 화가의 대명사였던 이인성의 자화상(아래)

년 공원화사업 당시, 문화예술인은 박인환만 포함시키고 주로 보훈처에 등록된 독립지사 중심으로 연보비와 안내도를 만들었을 뿐, 화가와 문인 등은 그 대상에서 제외했다.

천재 소년 화가의 등장

동락천 약수터 오른쪽 위 좁은 길을 올라가면 독립지사 유상규의 묘가 나오고, 다시 오른쪽 위에 있는 도산 안창호의 묘터를 지나 능선 길을 올라 오른쪽으로 조금 가면 커다란 자연석의 사설(私設) 연보비가 보인다. '근대 화단의 귀재 화가 이인성' 이라

쓰인 연보비의 뒷면에는 그의 이력이 적혀 있다.

> 서양화가 이인성은 1912년 8월28일 대구시 북내정 16번지에서 태어나 17세 때 조선미술전람회에 입선하면서 두각을 드러낸 이래 한국 근대미술 도입기와 성장기에 빼어난 창작활동을 펼쳤다. 일본 도쿄 태평양미술학교 재학시절 제국미술전람회, 문부성미술전람회, 광풍회 공모전 등에 입선, 일본에서도 명성을 떨쳤다. 1935년 귀국한 뒤 대구와 서울에서 활약하면서 선전 · 제전 등에 여러 차례 입선 · 특선했으며, 선전 추천작가, 국전 심사위원을 지내는 등 우리 화단에서 확고한 위치를 굳혔다. 한국 미술사에 길이 빛날 작품들을 남긴 그는 1950년 절정의 기량을 더 펼쳐보지도 못한 채 38세로 요절, 불꽃 같은 예술적 인생을 마감했다. 그의 50주기인 2000년에는 호암갤러리에서 회고전이 열렸고, 대구광역시가 이인성미술상을 제정했으며, 2003년 11월에는 문화관광부의 '이달의 문화인물' 로 선정되기도 했다. 2003년 10월 16일 이인성 기념사업회 세우다.

묘 오른쪽에는 자그마한 검은 단비가 자리 잡고 있는데, 거기에도 비슷한 내용의 글이 쓰여 있다.

단비에 쓰인 내용 중 '세계아동미술전람회 특선' 의 '세계아동미술전람회' 는 '세계아동예술전람회' 가 맞다. 이 전람회는 소파 방정환 등이 운영한 출판사 '개벽사' 가 주최하고 동아일보가 후원해 경성에서 개최한 것이었다. 필자는 '소파 방정환' 의 글에서 세계아동예술전람회에 소년 이인성이 특선을 한 사실을 당시 동아일보 기사를 근거로 밝힌 바 있다.

이 전람회의 대표 기획자인 소파 방정환과 소년 이인성이 같은 묘지에 잠든 것을 바라보면서 세상 사람들은 알게 모르게 얽혀 있음을 새삼 느끼게 된다. 세 사람 건너면 다 아는 사람이라는 말이 있듯, 우리는 그 누구에게 또 그 누구로부터 영향을 주고받는다.

今秋帝展에入選된
李仁星君과作品
동경에 고학하는 十九세소년
향토색을 내기에 힘쓸터

【東京郵信】 일본미술계의등룡문인 제전(帝展)에 입선된출품자중에 대구(大邱)출생인 리인성(李仁星)이라는 十九세의 소년이 잇섯다
그는 어려서부터 그림에만흥취미를가지고 놀멀심으로 공부하야오든바 작년년말에 그림공부를뜻하고 동경에 고학의길을 떠나와서 낫에는 동경지대 (東京池袋)킹상회미술부에서 일을 보고 밤에여가틈어며 태평양화학교(太平洋畫學校)에서 공부하는중에잇다 이번에입선된 그림은 수채화 (水彩畫) 「여름의 어느날」이라는것인데 지난여름 방학때 집에도라갓슬때 자긔의 모교의교정을 배경으로 삼주일만에 완성한것이라한다 리군은 또 작년과금년에 조선미술전람회에서도 특선을바든일이 잇다 리군을맛나 경하의뜻을 표한즉 군은대단히깃버하며 다음과 가티말하얏다
제전에 입선된것을 나는아조 외외로 생각합니다 금년귀국하얏슬때에 우리의힌옷을 주제로 무엇을하나 그려보고자 하얏스나 무리해한부형의 반대로 뜻을채우지못하고 실망중에 화구를메고이리저리 다니다가 심히또기운 해버렷또며 초화조차시들시들하야지는 그중에 문득한곳집이잇서 곳제작에 착수하야 三주일만에 완성한것입니다 이긔회에 더욱발분하야 향토를위하야 일하고자합니다
(사진은 제전입선작품 「여름의어느날」과 작자 리인성군)

이인성 제국전람회 입선 기사, 동아일보

나중에 알게 되었지만 이 책에 소개된 고인들은 모두 직간접적으로 연결되어 있다. 그 시대의 공부를 많이 하면 할수록 그 연결선은 늘어난다. 필자는 각 인물의 인연의 선을 이은 인맥지도라는 것도 만들어 강의 때마다 재미삼아 보여주곤 한다.

이인성은 1930년대에 마라톤 영웅 손기정이나 무용가 최승희만큼 유명한 존재였다. 그의 제자 손동진의 회고에 따르면, 당시 어른들은 그림 그리는 아이에게 "너 이인성 될라고?" 하며 농을 건넸다 한다. 그 시대에 이인성은 화가의 대명사이자 아이콘이었다.

'향토색'과 친일 논란

여기에서 드는 의문은 이렇게 천재 화가로 한 시대를 풍미한 사람이 왜 사후에는 그림이나 예술에 관계하는 몇몇 이를 제외하곤 그 이름 석 자도 들어본 적이 없는 존재가 돼버렸는가 하는 점이다. 필자가 추정컨대 이는 이인성과 관련된 광복 후 친일 논란과 무관치 않다. 물론 그가 실질적이고 뚜렷한 친일활동을 했다는 증거는 어디에도 없다. 단지 그가 조선화가들이 만든 서화협회전시회(協展) 등에는 작품을 내지 않고, 조선총독부가 문화정치의 일환으로 만든 조선미술전람회, 즉 관전(官展, 鮮展)에만 참여했다는 게 논쟁의 단서가 됐다.

이인성의 작품 「한정」

같은 망우리공원에 묻힌 위창 오세창(1864~1953)은 당대 최고의 서화가로, 선전에는 단 1회만 참가하고 이후 출품을 하지 않았는데, 이는 선전 출품이 일본의 의도에 부응하는 것이라는 판단에서였다. 이인성의 지속적 선전 출품과는 대비되는 대목. 당시 선전이 향토색 짙은 작품을 선호했다는 사실도 논란거리가 됐다. 이인성을 친일파로 모는 이들은 "당시 향토색의 추구는 식민지 피지배자를 과거에의 향수, 현실도피, 소시민적인 안일, 쇠락과 퇴폐로 유도하는 정책의 일환"이라고 주장한다. 이 논리에 따르면 선전의 향토색 추구 경향에 순응한 예술가는 현실주의, 출세지향, 체제순응적인 친일파라는 결론이 나온다.

예를 들면 1936년 일본 최고의 문부성미술전람회 입선작인 '한정(閑靜, 원작 망실)' 에는 조선 고유의 황토색 바탕에 조선의 상징인 흰옷, 그리고 태평소, 고무신 등이 그려져 있는데, 이는 이인성이 심사위원에게 자기 그림이 조선 향토색이 강한 것임을 어필하기 위한 의도에서 그렇게 그렸다는 주장이다.

그러나 이인성이 입선을 위해 의도적으로 향토색을 집어넣었다 해도, 향토색을 드러냈다고 아무나 입선되는 것은 아니었다는 점에서, 또 명예를 얻은 자에 대한 시기심이 당시 화단에도 만연했다는 사실을 고려하면, 비록 출세주의자라는 논란은 일으킬 수 있지만 이를 딱히 친일행위로 간주할 수는 없을 듯하다. 생전에 그 어떤 명예도 얻지 못한 이중섭이 이런 모든 논란에서 자유로웠다는 것도 시사하는 바가 적지 않다.

일제가 향토색 취향의 그림을 선호했다고 해서 향토색 짙은 그림을 그린 화가를 모두 친일파로 몰아간다면, 일제가 3 · 1운동 후 문화정치의 일환으로 허용한 한글신문을 발행하거나 거기에 가담한 사람도 모두 친일파로 규정돼야 한다. 민족성을 유지하려는 개인의 노력이 일제의 문화정치에 순응한 협잡 행위로 치부된다면 이 또한 논리의 자가당착인 셈이다. 역으로 민족성 말살정책에 맞서 향토색 찾기에 참여하지 않은 묵인 행위야말로 친일행각이라는 논리도 가능하기 때문이다.

당시 동아일보는 이인성의 제전 입선 소식을 실으면서 "향토색 내기에 힘쓸 터"라는 그의 인터뷰 내용을 부제로 뽑았고(1932.10.25), 개인전 기사(1938.11.04.)에서는 그에 대해 '우리 양화계의 거벽' 으로 칭찬하고 있음을 볼 때, 대부분의 사람들은 이인성을 향토색을 잘 표현한, 그래서 선전과 제전에도 입상할 정도로 훌륭한 화가임을 큰 자랑으로 여긴 듯하다.

'환쟁이'의 불행한 가족사와 황당한 죽음

이인성이 일본 유학 때 만난 부인 김옥순은 대구의 의사 집안 딸로, 학력이 일천했던 이인성은 주위 인사의 추천으로 그녀와 어렵사리 결혼했다. 그 후 대구에서 양화 연구소를 열고 예술다방 '아르스(ARS)' 도 운영하며 활발한 창작활동을 펼쳐 나갔지만, 부인이 병사한 후 폭음을 일삼고 걸핏하면 주사(酒邪)를 부리고 다녔다 한다.

불행은 거기에 그치지 않았다. 1941년 재혼했으나 부인이 아이를 낳자마자 가출해 버린 것. 광복 후에는 이화여중과 이화여대에서 미술을 가르치면서 세 번째 결혼(1947)을 하고 1949년 제1회 대한민국미술전람회(국전) 심사위원에 위촉되는 등 안정되고 활발한 활동을 하는 듯했지만, 6 · 25전쟁 때 어이없게도 경찰과의 시비로 유명을 달리했다. 38세의 아까운 나이였다. 작가 최인호는 「누가 천재를 쏘았는가…」라는 제목의 에세이(한국일보 1974.06.05)에서 이인성이 죽게 된 상황을 상상력을 보태 써놓았는데, 옮겨 보면 이런 내용이다. 1950년 여느 때처럼 술을 먹고 거리를 헤매던 이인성은 한 경찰관이 검문을 하자 "조선의 귀재 이인성을 모르느냐"고 호통을 치고 무사히 귀가할 수 있었다. 그가 높은 사람인 줄 알고 봐준 경찰이 잠시 후 그가 '환쟁이'에 불과하다는 사실을 동료에게 듣자 화가 치밀어 집으로 들이닥쳐 이인성을 권총으로 쏴 죽였다는 것이다.

그의 죽음에 대해 또 다른 자료는 '경찰의 권총 발사는 단순한 오발 사고였다'고 기록하고 있다. 어찌 된 사정이건 우리는 이 사건을 통해 화가를 환쟁이라 업신여기는 한국 사회의 어두운 단면과, 뛰어난 천재 예술가에게 흔히 보이는 독선적 성격의 양면을 동시에 볼 수 있다.

이인성은 근대 양화계의 거벽이긴 했지만 남다른 성격 탓에 주위에 적도 많이 만든 듯하다. 죽은 사람의 이름은 많은 추종자에 의해 후세에 알려지는 게 일반적인데, 이인성을 따르는 이는 드물었다. 내 이름을 남이 불러주면 존경의 대상이 되지만 나 스스로 자꾸 부르면 자만이 된다. 그래서였을까. 필자는 학교 때 교과서에서 이인성을 배운 기억이 없다. 당시의 교과서 집필자와 인맥 및 학맥으로 닿지 않은 그는 교과서에서도 배제된 것이 아니었을까.

우리洋畵界의巨擘

李仁星氏個人展

今日부터本社樓上서開催

이인성 개인전기사, 동아일보

그렇게 세월 속에 묻혀 있던 그의 이름은 그에게 개인적 감정이 없는 후세인들에 의해 무대에 오르며 객관적으로 재조명되기 시작했다. 이제 그의 작품은 국립현대미술관이나 리움미술관 등에 상설 전시되어 있으며, 대구시에서는 1999년부터 매해 이인성미술상을 수상하고 있다.

하얗게 센 무성한 곱슬머리의 아드님 이채원 씨는 아버님 묘소를 자주 찾아와 정성껏 돌보고 있는데, 최근에는 묘 오른쪽 비석 앞쪽에 작은 해당화 나무를 하나 심었다. 이인성의 대표작 중의 하나가 바로 「해당화」(1944). 몇 년 후면 아름다운 해당화가 만발하리라.

사랑에 목마른 화가, 이중섭

망우리공원에는 또 한 사람의 근대 천재 화가 이중섭의 묘지가 있다. 관리사무소 앞 순환로에서 오른쪽으로 가다 시인 박인환의 연보비를 지나 몇 분만 더 걸어 우측에 오재영 연보비 직전에 난 길로 내려가면 10시 방향에 용마천 약수터가 보인다. 그 약수터 바로 오른편(북쪽) 50m 지점에 큰 소나무가 서 있는 곳이 이중섭의 묘다.

이인성과 이중섭, 이 두 천재는 동시대인이지만 그들의 삶은 여러

이중섭의 두 아이 그림이 새겨진 조각 묘비 (차근호 作) ©오병학

「황소」의 작가 이중섭

면에서 대비된다. 이인성은 가난한 식당집 아들로 자수성가해 일찍이 명예를 얻었지만 강한 개성과 자존심 탓에 유명을 달리한 반면, 이중섭은 자괴와 자학 끝에 목숨을 잃었다. 같은 시대를 살았지만 두 사람은 깊게 교제할 기회가 없었다. 이인성이 도쿄 유학을 마치고 귀국한 1935년에 이중섭이 도쿄로 그림 공부를 하러 떠났기 때문이다. 해방 후의 첫 번째 국전 기념사진에 찍힌 단체사진 속에서 이인성은 앞줄 중앙에, 이중섭은 뒷줄 구석에 서 있는 것이 두 사람의 당시의 위상을 말해주는 듯하다.

두 사람의 무덤도 생전의 모습과 별반 다를 게 없다. 이인성의 묘에는 화려한 경력을 나열한 비석이 두 개나 되고 상석은 팔레트 모양의 조각품인 데다 묘 터도 넓게 잘 정돈되어 있는 반면, 이중섭의 묘지는 면적도 작고 연보비도 없다. 단지 큰 소나무 한 그루와 사랑하는 두 아이의 모습이 새겨진 작은 조각품 하나가 단출하게 서 있을 뿐이다.

1916년 평안남도의 부농 집에서 막내로 태어난 이중섭은 오산학교를 거쳐 1936년 도쿄로 유학을 떠났다. 도쿄문화학원 미술학부 재학 때인 1938년, 2년 후배인 야마모토 마사코(山本方子, 한국명 이남덕)를 만나게 되는데, 그녀의 증언에 따르면 이중섭은 키가 크고 잘생겼으며 운동, 노래 뭐 하나 빠지는 게 없어 자신을 비롯한 모든 여학생의 관심을 끌었다고 한다. 두 사람의 만남은 어느 날 실기수업이 끝나고 수돗가에서 우연히 나란히 서서 붓을 빨면서 시작됐다.

졸업 후 귀국한 이중섭과 편지 왕래로 아쉬움을 달래던 마사코는 전쟁 막바지인 1945년 4월 혈혈단신 현해탄을 건너와 5월 원산에서 이중섭과 한국식 결혼식을 올렸다. 그러나 행복한 신혼도 잠시, 6 · 25전쟁의 혼란기에 부산과 제주도를 전전하는 궁핍한 피난생활에 병을 얻은 부인은 1952년 임시방편으로 두 아이를 데리고 일본 송환선을 탔다.

이중섭은 다음 해인 1953년에 친구 구상(具常 1919~2004, 시인)이 해운공사의 선원증을 만들어줘 일본에 건너가게 된다. 이에 대해선 시인 박인환이 힘썼다는 자료도 있다. 시를 좋아한 이중섭은 박인환과도 친하게 지냈는데, 박인환의 처삼촌은 당시 해운공사 사장이었고 박인환 자신도 해운공사 선박의 사무장 자격으로 미국에 다녀온 바 있다. 어쨌든 어렵사리 일본에 있는 가족을 만나게 되지만, 일시체류 자격밖에 없던 그는 다시 훗날을 기약하며 한국으로 돌아와야 했다.

오래전에 나온 고은의 『이중섭』에서는 '처가의 박대'로 표현됐지만, 후에 이남덕 여사의 증언에 의하면, 처가 친척인 고위관리가 힘을 써서 도쿄까지 오도록 선처해 주었으므로 불법체류가 되면 그분에게 누가 될지 모른다는 이유에서였다고 한다. 그러나 이것이 이중섭과 가족의 마지막 만남이 되고 말았다.

하지만 만약 그의 처가가 평범한 집안이었다면, 또 그가 이기적이고 현실적인 사람이었다면, 친척에 대한 실례는 잠깐이고, 일본에 그대로 눌러앉아 가족과 함께 안정된 삶을 꾸리며 화가로 대성하지 않았을까. 실제 이중섭이 일본에서 돌아왔을 때 그의 친구들은 하나같이 "(그냥 주저앉지) 왜 바보처럼 돌아왔느냐"며 안타까워했다.

석양에 우짖는 황소

황소처럼 힘세고 야성적이지만 온순한 성격의 이중섭은 세상으로부터 많은 상처를 받았다. 일본 책을 한국에서 팔면 돈을 벌 수 있다는 오산학교 후배의 말에 아내가 일본에서 어음을 주고 사 보낸 책의 판매대금은 중섭에게 전달되지 않았다. 후배가 중간에서 횡령한 것이다. 그 빚을 갚기 위해 마사코는 일본에서 삯바느질을 하는 등 오랜 세월 생고생을 하며 살아야 했다. 그가 빚도 갚고 일본에 가서 살 돈을 벌기 위해 온 힘을 다해 개최한 '이중섭 개인전'(1955년 서울, 대구)은 화단의 높은 평가를 얻었지만 경제적인 면에선 완전 실패였다. 많은 사람은 그의 그림을 외상으로 가져간 후 그림 값을 갚지 않았다. 전시회를 위해 대구의 여관에 머물 땐 그림을 훔쳐가는 사람도 있었다.

그가 아내에게 보낸 편지에는 가족에 대한 그리움은 물론, 후배에게 돈을 돌려받기 위해, 일본 입국 비자를 받기 위해, 돈을 벌어 하루라도 빨리 가족과 재회하기 위해 얼마나 피나는 노력을 했는지 절절히 드러나 있다. 그러나 개인전의 실패는 화가 이중섭의 희망을 완전히 꺾어버렸다. 마지막으로 다시 친구들이 돈을 모아 밀항선을 타라고 건네주었지만, 그 돈은 어떤 시인이 며칠

이중섭의 「황소」. 석양의 붉은색을 배경으로 누런 소가 슬픈 큰 눈을 하고 우짖는 듯하다.

만 쓰고 돌려준다며 가져가 영원히 돌려주지 않았다. 이중섭의 우울증은 극한에 달했고, 영화 「돌아오지 않는 강」의 내용이 자신의 처지와 비슷하다며 같은 제목의 그림을 몇 점이나 그렸다. 일본에서 온 아내의 편지는 봉투조차 뜯지 않았고 식사도 거의 하지 않았다. 황달, 영양실조, 간장염이 뒤를 이었고 정신분열 증세가 나타나기 시작했다. 시인 구상은 그의 말년을 이렇게 회상한 바 있다.

> 9월 6일로 향우 이중섭을 죽인 지 두 돌이 된다. 내가 이렇듯 살해자의 하나로 자처하며 그의 죽음을 비통하게 표현하는 것은 우정을 더욱이나 사후에 과장하려는 게 아니라 어쩌면 한 위인의 치명을 앞에 가로 놓고서도 너무나 무정하고 무력하고 무도했던 자신이 뼈아프게 뉘우쳐지며 때마다 가슴을 찢어놓기 때문이다. 세상에서는 중섭이 병들어 미쳐 죽었다고도 하고 굶어 죽었다고도 하고 자살했다고도 한다. 정신병원엘 두 차례나 입원까지 하였으니 병들어 미쳐 죽은 것도 사실이요, 먹을 것을 공궤치 못했으니 굶어 죽인 것도 진상이요, 발병 1년 반 그나마 식음을 완강히 거부했으니 자살했다 하여도 무방하리라. 그러나 그를 살게 하고 죽게 한 것은 오로지 '고립'이었다. 중섭은 너무나 그림밖에 몰랐다. 그의 생존의 무기란 유일 그림뿐이었다….(동아일보 1958.09.09~10일)

그의 불우한 삶은 우리 민족의 고난을 생각케 한다. 그의 대표작인 「황소」(1953)를 보면 석양의 붉은색을 배경으로 누런 소가 슬픈 큰 눈을 하고 우짖는 듯하다. 황소는 불행한 우리 민족의 상징이기도 하고 이중섭 자신의 모습이기도 하다. 1930년대 우리 민족의 소재와 색채로 향토색을 살린 대표 화가가 이인성이라면, 이중섭은 자기와 일체화된 소와 닭 같은 우리 고유의 상징을 통해 민족의 역사성과 심정을 구현한 대표적 화가라고 할 수 있다. 그들은 서양 유화의 형식에 우리의 마음을 심어 한국적 유화 분야를 개척한 근대 유화의 선구자였다.

상품화한 브랜드 '이중섭'

이중섭은 병원에서 죽은 후 무연고자로 처리돼 방치되어 있다가 사흘 만에 고향 친구 김병기(화가. 1916~ . 본인 증언)에게 발견됐다. 유해는 서울 홍제동 화장장에서 화장돼 반은 망우리묘지에 묻히고, 반은 일본의 가족에게 보내졌다. 일본에서는 처가 야마모토가(山本家)의 묘에 합장됐다. 그의 망우리 무덤 앞 상석은 먼 훗날에 세워진 것으로 오른편에 아들 태현(야스가타)과 태성(야스나리)의 이름이 새겨져 있다.

사망 1년 후 친구 한묵이 '대향이중섭화백묘비'라고 쓰고 후배 차근호가 아이 둘의 모습을 새긴 조각품이 세워졌다. 차근호는 중섭의 뼈가 묻힐 때 함께 죽겠다며 묘 구덩이로 뛰어들 정도로 중섭을 친형처럼 따르던 조각가였다. 그는 1960년 정부 공모의 4 · 19 기념탑 조각가로 내정됐으나, 석연치 않은 이유로 갑자기 친일 조각가로 바뀌자 울분을 참지 못하고 그해 12월 자살했다.

정부보다 한발 앞서 동아일보가 위령탑 추진을 발표했을 때, 그는 그 즉시 설계를 무료로 맡겠다고 자원했을 만큼 탑 제작에 열정을 가졌다. 순수 예술가가 대접받지 못하고 현실적이고 정치적인 예술가만이 출세하는 세상, 그런 욕망의 짓거리에 염증을 느끼고 스스로 세상을 버린 이중섭. 후배 차근호 또한 비슷한 운명으로 선배 중섭의 뒤를 따라갔다.

당시 대구의 미국문화원장이던 아더 맥타가트는 1955년 2월 3일 동아일보에 쓴 개인전 관람기의 끝에 "대체적으로 씨의 작품전은 볼 만하며, 또한 중요한 것은 이 작품은 매집할 가치가 있다는 것이다"라고 했다. 이중섭의 은지화는 맥타가트에 의해 한국 화가 최초로 뉴욕현대미술관에 영구 소장됐고, 그 후 세월이 지날수록 이중섭을 찾는 이는 늘어났다. 그의 드라마틱한 삶이 대중적 인기를 끌면서 그를 다룬 책도 쏟아졌다. 회고전이 열릴 때마다 갤러리는 문전성시를 이뤘다. 작품의 가치는 높아만 갔다.

그러나 대중성의 부작용이랄까. 벌떼처럼 달려든 세상 사람들은 조용히 잠든 이중섭을 다시 괴롭히기 시작했다. 위작이 판치고, 진품의 값을 올리기 위한 마케팅이 불붙은 것이다. 자본은 예술가를 키우는 스폰서의 기능도 하지만, 예술품이 작가의 손을 떠나면 예술적 가치와는 아무런 관계가 없는 '상품'으로 만들어버린다. 이중섭을 죽음으로 이끈 바로 그 세상의 사람들은 미술시장에서 최고가 된 브랜드 네임 '이중섭'을 연호할 뿐, 그의 고뇌와 작품의 예술적 가치에는 관심이 없다. 그들에게 '예술은 곧 사기'일 뿐이다. '브랜드' 이중섭이 경매장에서 화려하게 부활할 때 '예술가 이중섭'의 망우리 묘지는 찾는 이 없어 황량하기만 하다.

언제나 푸른 네 빛

일본에 두고 온 두 아들이 보고 싶어 길거리의 아이들을 데려와 몸을 씻겨줄 만큼 아이들을 좋아했던 이중섭. 그래서일까. 비록 찾는 이 드물지만 무덤 인근 용마약수터엔 유치원생의 사생대회가 자주 열린다. 그를 위로하듯 재잘거리는 아이들의 목소리가 바람을 타고 무덤까지 날아든다. 생전에 독일 민요 「소나무」를 늘 부르고 다녔다더니 그의 무덤 곁에도 당시 친구들이 심어 주었다는 소나무가 잘 자라 하늘 높이 솟아 있다.

산 밑의 세상 사람들은 그의 이름을 가지고 온갖 더러운 짓거리도 서슴지 않지만, 그의 예술혼과 맑은 정신은 아이들의 청아한 목소리처럼 순수하게, 사계절 푸른 소나무처럼 독야청청 변함이 없다. 그의 무덤에서 내려오는 필자의 입에서 어느덧 노랫가락이 흘러나오고 있었다.

> 소나무야 소나무야 / 언제나 푸른 네 빛 / 쓸쓸한 가을 날에도 / 눈보라 치는 날에도 / 소나무야 소나무야 / 언제나 푸른 네 빛….

이중섭의 묘지와
그 곁을 지키는 소나무

2013년 5월 22일, 미망인 이남덕 여사는 93세의 노구를 휠체어에 싣고 다큐멘터리 촬영을 위해 망우리 이중섭의 묘를 찾아 이승에서는 마지막일지도 모를 인사를 나누고 돌아갔다. 다큐멘터리 영화는 「두 조국, 하나의 사랑」(감독 사카이 아츠코)이라는 제목으로 2014년 12월 일본에서 개봉되었고, 2015년에는 서귀포와 통영에서도 상영되었다.

일본이 만들어준 한국 근대 조각의 선구자

| 권진규

일본의 명문 무사시노미술대학은 개교 80주년 기념으로 '졸업생 중 가장 예술적으로 성공한 작가'를 선정해 그의 회고전(2009.10.19~12.5)을 열었다. 주인공은 1953년 졸업생으로, 전시회에는 '한국 근대 조각의 선구자'라는 타이틀이 붙었지만 생전에는 한국 미술계의 냉대로 고독한 삶을 스스로 마감한 권진규(權鎭圭 1922~1973). 망우리공원의 깊은 숲속에 있는 그의 묘를 찾았다.

2010년의 화려한 부활

권진규

무사시노미술대학은 일본 소설가 무라카미 류가 다녔고, 이와이 슌지의 영화 「4월 이야기」에 나온 학교로 우리에게 알려졌지만, 일제강점기에는 우리나라의 유명 화가를 가장 많이 배출한 일본 최고의 사립 미대이다. 그 대학에서 엄정한 심사를 거쳐 80주년 기념전의 작가로 꼽은 이는

지원의 얼굴

일본인이 아닌 한국인 권진규였다.

무사시노대학의 구로카와 교수와 박형국 교수가 일본과 한국을 오가며 250여 명을 인터뷰하고 100여 명으로부터 자료를 입수하여 전시회를 준비했다. 그리고 권진규의 작품 두 점을 소장하고 있는 도쿄국립근대미술관에 작품 대여를 의뢰하자 미술관은 아예 공동 개최를 하자며 적극적으로 나섰다. 도쿄국립근대미술관이 개인전에 참여한 것은, 일본 작가를 제외한 아시아 작가로는 권진규가 처음이었다. 인터넷 상에 공개된 도쿄국립근대미술관의 2009년도 사업계획서에는 권진규전을 개최함에 있어서 (1)권진규 및 한국 근대조각에 대한 연구조사를 무사시노미술대학 및 한국국립현대미술관과 공동으로 진행, (2)전시회에 맞추어 무사시노미술대학과 협동으로 국제 심포지엄을 공동 개최, (3)권진규전의 한국국립현대미술관과의 공동개최에 대한 구체적 협의를 진행, (4)목표 관람객수 9천 명 등의 내용을 엿볼 수 있는데, 이 모두 순조롭게 실행된 것으로 보인다.

일본에서의 전시회에 이어 덕수궁 현대미술관에서 열린 전시회(2009.12.22~2010.2.28)는 크게 국내 언론의 주목을 받았다. 그동안 1974년 명동화랑에서 1주기 추모전, 15주기인 1988년에는 호암갤러리에서, 25주기인 1998년에는 가나아트센터가 개관기념으로, 30주기인 2003년에는 인사아트센터가 개관 20주년 기념으로 권진규 회고전을 연 바가 있었으나, 이렇게 대규모로 양국 간에 치밀하게 준비되고 홍보된 전작전은 처음이었다.

미술에 문외한인 필자도 권진규의 대표작 「지원의 얼굴」의 모델 장지원(서양화가 1946~)의 인터뷰를 TV에서 보게 되어 오래전 딸(지원)과 함께 찾은 국립현대미술관에서 본 「지원의 얼굴」을 떠올렸다. 그럼에도 곧바로 전시회로 달려가지 않은 내가 지금 이 글을 쓴다는 것이 매우 부끄럽지만, 인터넷 상에서 '망우리공원'을 검색하다 우연히 권진규의 묘를 발견하게 된 것도 바로 전시회 기사 덕분이었다.

이인성, 이중섭 외로 권진규라는 우리 근대미술의 선구자가 또 한 분 망우리공원에 있었다니! 전시회는 놓쳤지만 그의 예술을 조금이나마 느껴보려고 고려대박물관에 있는 권진규 작품을 보러 갔으며, 성북구 동선동에 있는 권진규 아틀리에도 찾아가보았다.

한국에서 리얼리즘을 정립하고파

1922년 함흥의 부유한 사업가 권정주의 차남으로 태어난 권진규는, 어려서부터 강변의 모래나 점토로 인형 만들기를 좋아했으며 아버지가 사준 카메라로 사진촬영을 즐겼다. 건강 문제로 공기 맑은 호반 도시 춘천의 춘천중학에 들어가 우등으로 졸업(1943년 21세)한 후 미술을 공부하고자 하였으나 부친의 거부로 뜻을 이루지 못하던 중, 당시 일본의 의과대학에 재학 중이던 형 진원을 따라 도쿄에 간 기회에 사설 미술학원에 다니며 공부하게 된다. 하지만 일제의 징용정책으로 비행기 공장에서 일하다가 1944년 탈출하여 귀국한 후 고향의 과수원에 은둔하다 해방을 맞았다.

해방 후에 가족은 서울로 이주하여 권진규는 이쾌대(1913~1965? 무사시노미술대학의 전신 제국미술학교 출신)가 운영하는 성북회화연구소에 들어가 미술의 기초를 배운다. 이때 이쾌대로부터 무사시노의 교수이며 부르델의 제자인 조각가 시미즈 다카시(1897~1981)에 관해 듣게 되어 무사시노 미술대학으로의 유학을 결심한다.

1948년 의대를 졸업한 형이 폐렴으로 위독하다는 소식을 듣고 간병을 위해 일본에 건너간 후 다음 해 형의 사망 후에도 계속 일본에 머물다 1949년(28세) 9월 무사시노미술학교에 입학하고 1953년(32세)에 졸업했다.

권진규는 1952년부터 1955년까지 매년 이과전(二科展 1916년 관전에서 독립한 재야미술단체인 이과회의 전시회)에서 매번 입선(1953년은 특선)하며 조각가로서의 기반을 다졌지만 마땅한 직업이 없는 일본 생활은 빈곤했다. 학교 후배 도모(智)와 결혼하고 마네킹 제작, 영화사 촬영 세트 제작 등의 일을 하며 작품 활동을 지속, 1958년에는 일양회(一陽會 1955년 이과회에서 분파)에도 두 점이 입선하여 회원이 된다. 《무사시노 미술》 창립 30주년 기념 특집호는 「두상」(No.20)을 다루며 "조각과를 졸업한 곤도(권진규)는 그동안 이과전에서도 수상했지만, 올해 일양회에서도 수상했

권진규 비석

고 회우로 추천되었다"고 우수한 졸업생으로 소개했다.

1959년, 어머니의 건강이 좋지 않다는 소식에 도모를 두고 홀로 귀국한 후 작품 활동을 시작했지만 이곳은 기대와는 딴판이었다. 일본보다 훨씬 낙후된 이곳 사람들은 여전히 화가를 환쟁이로, 조각가를 석수장이쯤으로 간주하였고, 미술계에서는 일본에서 불쑥 나타난 이방인 권진규를 알아주려 하지 않았다. 또한 당시는 일본과의 국교가 단절된 상태라 모든 문화는 일본을 배제하고 미국과 유럽이 표본이 되었다. 인맥과 학맥, 그리고 사회적 교제 능력으로 국전에 입선하고 대학의 교수 자리를 얻는 후진적 환경을 벗어나지 못하던 시절, 국내에 인맥도 없고 사교성도 없는 그는 외로운 작업에 몰두할 수밖에 없었다.

당시의 '국전'에 대해 조각가 차근호는 1960년 7월 23일 동아일보에서 이렇게 말했다.

> 해마다 국전이 열릴 무렵에는 으레 말썽이 많아진다. 더욱이 오랫동안 관권이 침염한 국전이 사월혁명을 계기로 하여 어느 정도 쇄신을 기할 수 있을지 궁금한 문제가 아닐 수 없다. 국전의 기구는 전폭적으로 개편돼야 할 것이고 운영권도 미술인의 손으로 넘겨놔야 마땅할 것이다. 구미선진국가에 비하여 우리나라와 같이 전람회의 배경에서 관료적인 냄새가 지독한 곳은 아마 없을 것이다. 또한 인습과 전통에 입각한 '아카데미즘' 전이 있다면 반드시 그와 대립되는 '앙데빵당' 적인 성격이 존립해야 옳을 것이다. 그러기에 나는 국전을 춘계와 추계로 갈라서 연2회 개최할 것을 주장한다. 그러면 보수적인 노장파의 고집과 대우도 원만할 터이고 나가서는 진정한 전위적인 세력의 발전도 기약할 수 있을 것으로 믿어진다.

권진규는 국전에 출품하지 않았다. 당시의 자료를 살펴보면, 조각 부분의 심사위원은 두세 사람이 매년 이름을 올리며 장기집권(?)을 하였고, 입선자는 대개 심사위원의 제자였다. 그런 그들만의 잔치에 권진규가 작품을 낼 이유가 없었다. 기록에 의하면, 조선일보 주최의 '현대미술초대 및 공모전' 에 조각 부문의 수석으로 입선한 것이 유일하다.

기념상을 제작하기 위해 아틀리에의 천장도 높게 개조하였지만 주문은 없었다. 도둑조차 그의 작품을 가져가지 않았다. 어느 교회는 그에게 주문하여 만들게 한 예수상의 후광이 마음에 들지 않는다고 가져가지 않았다. 서울공대와 홍익대, 수도여사대(세종대) 등에 시간 강사로 나갔을 뿐 정규 교수직은 그에게 돌아오지 않았다. 일본에서 생계를 위해 영화사에서 일했던 경험으로 「현해탄은 알고 있다」(김기영, 1961), 「성웅 이순신」(유현목, 1962) 등의 특수미술(미니어처)을 담당하기도 했는데, 동아일보 기자는 권진규를 '엔지니어' 라고 소개했다.

귀국 후 6년이나 지난 1965년에 수(秀)화랑 주최로 신문회관에서 그의 첫 번째 개인전이자 한국 최초의 조각 개인전이 열렸지만 평판은 싸늘하기만 했다. 시대의 경향이 추상 조각이라 구상 조각은 시대착오적

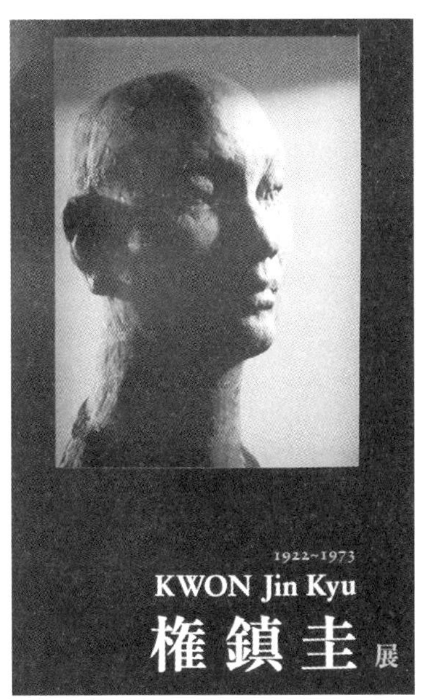

권진규 전시회 포스터

이나 창작 능력의 부재로 매도되었다. 더구나 신라 이후에 끊긴 전통 조각을 되살리겠다며 테라코타와 건칠(乾漆) 작업에 몰두하는 권진규는 더욱 이해받지 못했다.

테라코타(terra cotta)는 이태리어로 '구운 흙'이라는 의미로 외국에서 전해진 단어이지만, 중국 진시황릉의 병마 토용이 있고 우리나라에는 신라 토우가 있다. 당시 좀체 남들이 하지 않는 테라코타를 하는 이유에 대해 권진규는 조선일보(1971.06.02)와의 인터뷰에서 이렇게 대답했다. "돌도 썩고, 브론즈도 썩으나 고대의 부장품이었던 테라코타는 아이로니컬하게도 잘 썩지 않습니다. 세계 최고의 테라코타는 1만여 년 전의 것이 있지요. 작가로서 재미있다면 불장난에서 오는 우연성을 작품에서 기대할 수 있다는 점과 브론즈같이 결정적인 순간에 딴사람(끝손질하는 기술자)에게로 가는 게 없다는 점입니다."

사람이 흙에서 나와 흙으로 돌아간다는 말이 있듯, 금속이 현대문명을 상징하는 재질이라면 흙은 현대인의 고향을 상징하는 재질이라 할 수 있다. 사람은 흙에서 멀어질수록 심신의 건강을 잃는다. 따라서 현대 물질문명이 발달하면 할수록 흙으로의 갈망은 더욱 커져만 간다. 예술이 가진 효용의 하나가 인간성의 회복에 있다고 한다면, 권진규의 테라코타야말로 시간이 갈수록 더욱 크게 조명을 받게 되는 것이다.

건칠(乾漆)은 신라 때 중국 한나라에서 전해진 것으로 목공예품에 옻나무 즙을 발라 윤기를 내고 표면을 보호하는 기법이다. 권진규는 석고형 위에 칠액을 적신 삼베를 겹겹이 발라 말리는 작업을, 때로는 진흙으로 대충의 모양을 만들고 삼베를 감아 칠을 바르고 말린 후 속의 진흙을 빼내는 방식으로 작업을 하였다. 옻나무 특유의 색과 질감은 바로 소박함과 자연스러움을 표현하기에 매우 적절한 기법이었다.

테라코타와 건칠의 작가 권진규는 너무 시대를 앞섰던 것일까? 가요보다는 팝송을, TV의 골든타임은 외화를, 국내소설보다는 번역서가 판치는 시대였으니 다른 문화는 말할 것도 없었다. 서양의 문화를 체득하는 것에 그치지 않고, 그것을 극복하여 자기 것을 만들며 시대를 앞서간 선각자 권진규는 고독할 수밖에 없었다.

30년 전에도 바람은 일본에서

하지만 한국 미술계가 수용하지 못한 한국작가 권진규를 30년 전 그때도 일본이 껴안았다. 9촌 조카가 되는 서양화가 권옥연(1923~2011)의 알선으로 1968년 7월에 도쿄의 니혼바시 화랑에서 열린 개인전에 대해 요미우리신문은 '강인한(たくましい) 리얼리즘'이라는 제목 하에 "흉상은…단순한 초상만으로 끝나지 않고 있다. 불필요한 살을 최대한 깎아내고 요약할 수 있는 포름(forme 형상)을 최대한 단순화하여 극한까지 추구한 얼굴 안에 무서울 정도의 긴장감이 창조되어 있다. 중세 이전의 종교상(像)에서 보이는 것과 같은 극적 감정의 고

양이 느껴진다"고 하면서 "빈곤한 일본 조각계에 자극을 주는" 것으로 높게 평가했다. 도쿄국립근대미술관은 작품 「애자」와 「춘엽니」을 영구 소장하였으며, 화랑은 체재비와 제작비를 부담하겠다며 일본에서의 작품활동을 권했다. 또 모교의 스승 시미즈 다카시와 이사장 다나카 세이지의 배려로 무사시노미술대학에서의 교수직(비상근강사)이 내정되었으나 이는 후에 아쉽게도 학내 분규로 인해 무산되었다.

고국으로 돌아온 권진규는 일본에서의 전시회 성공에 힘입어 한때 왕성하게 제작에 힘을 기울였으나 여전히 한국 미술계의 무관심으로 일본에 이은 전시회를 국내에서는 열 수 없었다. 결국 니혼바시 화랑의 일본 체재 요청을 받아들이려고 생각하던 중, 마침 다행히도 명동화랑(대표 김문수)이 나서서 생활비를 대주며 개인전을 열도록 권유했다. 조선일보(1971.06.02)에 실린 기사는 그때의 사정을 알려준다. 기자는 "하마터면 저력 있는 조각가 한 사람을 일본에 뺏길 뻔했다"며 전시회를 준비하는 권진규 인터뷰 기사를 실었다. 권진규는 "자기를 알아주는 곳으로 가고 싶지만, 될 수 있으면 조국에 있고 싶다"고 했다. 일본의 처가는 권진규의 귀화를 권유했지만 끝내 귀화하지 않았던 사실이나 훗날 도모의 증언(《계간미술》)을 보더라도 권진규의 말은 거짓이 아닌 듯하다.

또 권진규는 한국의 조각계와 조각에 대한 평소의 신념을 묻는 질문에 대하여 이렇게 대답했다. "한국에서 리얼리즘을 정립하고 싶습니다. 한국 조각에는 그 구조에 대한 근본 탐구가 결여돼 있습니다. 우리의 조각은 신라 때 위대했고 고려 때 정지했고 조선조 때는 바로크(장식화)화했습니다. 지금의 조각은 외국 작품의 모방을 하게 되어 사실을 완전히 망각하고 있습니다. 학생들이 불쌍합니다."

이런 각오로 권진규는 최선을 다해 마침내 1971년 12월에 개인전을 열었지만, 여전히 우리의 미술계는 권진규를 포용할 그릇이 되지 못했다. 반응 및 판매가 저조해 권진규와 화랑은 실의에 빠졌다. 일본 전시회 이후 무너지기 시작했던 그의 영혼과 육신은 이 전시회를 기점으로 급격한 내리막을 걷게 되었다.

절지(折枝)여도 포절(抱節), 포절 끝에 고사(枯死)

전시회 실패 이후 고혈압과 수전증 등으로 작품 제작에 거의 손을 떼고 있을 즈음, 1972년 3월 3일 조선일보에 화가의 수상(8) 「예술적 산보」 라는 권진규의 글이 실렸다.

> "절지(折枝)여도 포절(抱節)하리라. 포절 끝에 고사(枯死)하리라." (가지가 꺾여도 절개를 지키리라. 절개를 지키며 말라 죽으리라)
>
> 나뭇가지가 바람에 꺾이는 겨울날의 밤, 마디는 마냥 굵어지고 봄의 꽃순을 잉태한다.
> 나무들이 합창할 때 항용 가지들은 속곳을 내던진 여자같이 분수를 몰랐고 불타는 숯덩어리처럼 마냥 타오르다가 점점이 까맣게 삭는다.
> 허영과 종교로 분식한 모델, 그 모델의 면피를 나풀나풀 벗기면서 진흙을 발라야 한다. 두툼한 입술에서 욕정을 도려내고 정화수로 뱀 같은 눈언저리를 닦아내야겠다.
> 모가지의 길이가 몇 치쯤 아쉽다. 송곳으로 찔러보아도 피가 솟아나올 것 같지 않다.
> 전신이 니승(尼僧)이 아니라 해도 좋다.
> 전신이 수녀가 아니라 해도 좋다.
> 지금은 호적에 올라 있지 않아도,
> 지금은 이부종사할지어도,
> 진흙을 씌우어서, 나의 노실(爐室)에 화장(火葬)하면 그 어느 것은 회개승화(悔改昇華)하

여 천사처럼 나타나는 실존을 나는 어루만진다.

어느 해 봄, 이국의 하늘 아래서 다시 만날 때까지를 기약하던 그 사람이 어느 해 가을에 바보 소리와 함께 흐느껴 사라져 갔고[1] 이제 오늘은 필부고자(匹夫孤子)로 진흙 속에 묻혀 있다. 옛적에는 기식을 할 왕도 있었거늘 이제는 그러한 왕들도 없다.

표박유전(漂泊流轉)이 미의 피안길이 아니기를, 운명이 비극의 서설이 아니기를, 바라는 나머지 생존하는 자의 최소한의 주장이 용서되기를….

어느 착란자의 영상(影像)에서 진실의 편린이 투영되었을 적에 적이 평상자는 자기 자체를 의심한다.

진실의 힘의 함수관계는 역사가 풀어야 한다. 그릇된 증언은 주식거래소에서 이루어지고 사랑과 미는 그 동반자에게 안겨주어야 한다.

아무도 눈여겨보지 않는 건칠을 되풀이하면서 오늘도 봄을 기다린다. 까막까치가 꿈의 청조를 닮아 하늘로 날아 보내겠다는 것이다.

'아무도 눈여겨보지 않는' 작업을 하는 고독한 예술가는 봄날에 파랑새처럼 하늘을 날아보고자 하였으나 꿈은 이루어지지 않았다.

72년 3월에 권진규는 〈이중섭전〉을 두 번이나 찾아가 보았다. 이중섭의 「황소」를 조각으로 만들었다. 가르치는 학생에게는 서양미술의 한국화, 토착화를 강조하며, 대표적 인물로 이쾌대, 이중섭, 박수근을 칭찬하였다. 자신과 비슷한 길을 걸었던 동류 미술가들에게 동감을 표현하며 당시의 풍조에 대한 울분을 드러낸 것일까. 몇 번의 결혼 실패로 삶의 동반자도 없이, 몸 하나 뉘일 정도의 쪽방에서 자고 낮에는 음침한 작업실에서 팔리지 않는 작품을 만드는 예술가의 몸과 정신은 말라만 갔다.

1973년 1월 고려대학교박물관은 개관을 앞두고 권진규의 작품을

1) 1968년 일본 전시회 때, 도모가 전시장에 찾아와 권진규를 보고 '바보'라고 하며 흐느꼈다. 하지만 도모는 이미 재혼한 몸이었고 권진규는 어떻게 할 수도 없었다.

권진규의 작품 「마두」

사고자 했다. 권진규는 「마두」, 「자소상」의 두 점을 팔고 다시 박물관의 요청에 따라 「비구니」를 기증했다. 5월 3일 고려대박물관 현대미술실 개관식에 참석한 권진규는 다시 다음날 5월 4일 아침에 박물관에 가서 자신의 작품을 한참 바라보고 집으로 돌아와 오후 5시 아뜰리에의 2층 쇠사슬에 목을 매고 자살했다. 결국 박물관에 소장된 작품은 죽어가는 자신에게 준 마지막 선물이 되었다. 가지가 꺾여도(折枝) 절개를 잃지 않고(抱節) 그는 끝내 말라죽은(枯死) 것인가.

묘는 관리사무소에서 동락천 방향으로 8분 정도 거리에 있다. 모퉁이를 두 개 돌아 노고산 위령비 가기 100보 전에 작은 계곡이 나오면 오른쪽에 평해 황씨(201451) 묘가 보이고 그 왼쪽에 난 작은 길로 올라가 계곡이 끝나는 지점에서 건너편으로 넘어가 위쪽의 '움막'을 찾으면 그 뒤편 오른쪽에서 201743번을 찾으면 된다. 인적이 드문 숲속한 가운데에 가족 무덤 4개가 나란히 놓여 있다. 맨 왼쪽이 형 진원의 묘이고 다음이 모친 조춘, 부친 권정주의 순이며 맨 오른쪽이 권진규의 묘다. 관리사무소의 자료에는 권진규의 묘번이 201720번으로 되어 있으나 그 번호는 보이지 않는다. 맨 왼쪽 권진원의 번호판 201743번만이 남아 있다.

이념의 벽 앞에 잊힌 문인

| 함세덕 · 최학송

연극 및 영화 「동승」의 원작자 함세덕(咸世德 1915~1950)은 1988년 해금 전까지는 우리에게 알려지지 않았다. 광복 후 월북한 그는 6 · 25전쟁 때 서울에서 죽어 망우리공원에 묻혔으나 무덤에 비석조차 없었다. '빈궁 문학'의 최고봉이라 평가되는 최학송(崔鶴松 1901~1932)도 '북쪽에서 찬양받는 작가'라는 이유로 외면당했다. 세월이 흘러 두 작가의 작품이 교과서에 실리고 무덤에 비석까지 생긴 지금, 오랫동안 하지 못한 그들의 말을 들어본다.

망우리공원 순환산책로의 반환점이 되는 정자에서 동락천 약수터 방향으로 내려가면 구리시 쪽의 전망 좋고 양지 바른 터에 함세덕의 묘소가 있다. 사람들이 가지 않는 길로 가다가 우연히 발견했으니 그가 여기에 잠든 사실을 아는 이는 그의 친족 정도이리라. 다른 유명인의 묘는 산책로나 등산로 주변에 있어 사람들 눈에 잘 띄지만, 그의 묘는 경기도 쪽으로 내려가는 길에서도 한참 떨어져 있어 마주칠 기회가 거의 없다. 그의 무덤에 이르려면 길이 아닌 길을 헤집고 가야 한다. 바지와 신발을 풀이슬에 적시면서 묘지 사이를 헤매고 다녀야 한다. 글이 있거나 사연이 있는 비석이라면 그 주인이 무명인이라도 상관없다고 생각했기에 찾아낼 수 있었던 무덤, 바로 함세덕이 묻힌 곳이다. 길 아닌 길에 발견이 있다.

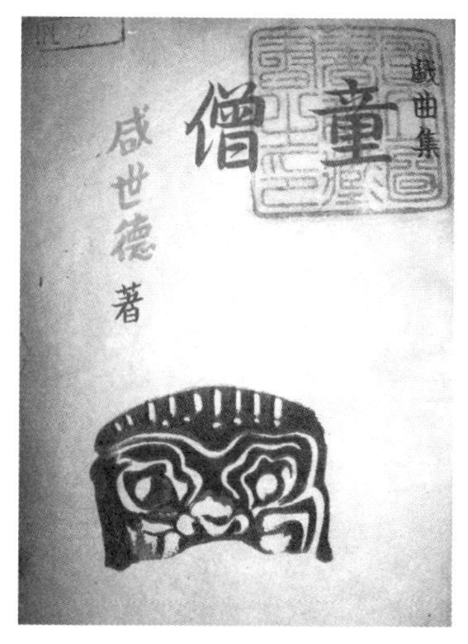

함세덕(왼쪽)과 희곡집 『동승』 표지

그의 무덤을 찾아가려면 상세한 설명이 필요하다. 조봉암 묘를 지나 아차산 방향으로 50m 가면 '동원천 약수터' 이정표가 나타난다. 그 아랫길로 2분 정도 내려가다 우측에 있는 영천 최씨 묘에서 7번째 나무 혹은 15m 정도 내려가 우측으로 가서 4번째 묘역에 있다. 묘번 109513. 그 바로 전의 무덤(109510)은 동생 함성덕 부부인데, 여기 비석에는 늘 아름다운 인형과 꽃이 장식되어 있다. 손녀의 정성인 듯하다.

무덤의 오석(烏石) 비 앞에는 "陽根咸公世德之墓(양근함공세덕지묘)". 양근(陽根)은 경기도 양평을 말한다. 왼쪽 면에는 이렇게 적혀 있다. "1915년 5월 23일 강화에서 3남 3녀 중 2남으로 출생. 1950년 6월 29일 서울에서 ■사했다." '■'에 대해서는 뒤에 설명하겠다.

한국 연극사의 한 축

비석의 뒷면에는 "극작가. 1936년 《조선문학》지에 「산허구리」를 발표하여 문단에 등단. 「동승(童僧)」으로 극연좌상(劇研座賞)을 수상. 「해연(海燕)」으로 신춘문예 입선. 「무의도기행(無衣島紀行)」, 「추장(酋長) 아사베라('이사베라'의 오기)」, 「기미년 3월1일」, 「태백산맥」, 「에밀레종」, 「산적」, 「대통령」 등 24편의 작품을 남겼다"는 글이, 그리고 바로 옆면에는 "삶은 누군가의 손을 붙잡는 일이고, 누군가에게 손을 내미는 일이다. 「동승」 중에서"라는 글이 새겨져 있다.

그러나 작품 「동승」이나 희곡집 『동승』은 물론, 전집의 모든 작품을 찾아봐도 이런 글은 보이지 않았다. 출처의 확인은 당분간 숙제로 남겨둔다. 어쨌든 손을 내미는 것은 살아 있을 때만이 아니다. 그는 비석을 바라보는 내게 손을 내밀고 있었다. 나는 그가 내민 손을 가만히 잡고 그의 파란만장한 삶과 문학에 대해 들어보기로 했다.

함세덕의 부친은 인천일본어학교를 졸업한 후 나주군과 목포부의 주사로 공직생활을 했다. 함세덕은 인천에서 태어났으나 부친의 목포 부주사 시절 그곳에서 유년기를 보냈다. 그 후 부친은 공직을 그만두고 귀향해 객주업(거간, 유통업)을 시작했다. 함세덕은 인천에서 인천공립보통학교(현 창영초등학교)를 거쳐 인천상업학교(현 인천고교)를 졸업했다. 그의 작품에 유난히 바다가 많이 나오는 것은 목포와 인천이라는 지역적인 영향 때문이다.

상업학교 4학년 때는 졸업생 환송을 위해 연극 「아리랑 고개」를 공연하며 연극에 대한 꿈을 키웠다. 상업학교 졸업 후에는 남들처럼 안정적인 직장인 은행에 취직하지 않고 서울 충무로의 책방에 취직해 독서와 습작에 열중했다. 1935년 동아일보에 세 편의 시를 투고했고(2월 1일 「내 고향의 황혼」, 3월 19일 「저 남국의 이야기를」, 9월 27일 「저녁」), 책방 손님 김소운(시인, 수필가)을 통해 유치진을 알게 되면서 연극계에 들어섰다. 1936년 21세의 나이로 《조선문학》에 「산허구리」를 발표하며 등단, 1939년 3월 동아일보사 주최 제2회 연극경연대회에 올린 「도념(동승의 원제)」의 작가로 크게 주목받았고, 이어 1940년 「해연」으로 조선일보 신춘문예에 당선되어 극작가로서 자리를 잡았다. 이후 함세덕은 유치진과 함께 한국 연극사에 큰 족적을 남기게 됐으나, 두 사람은 해방 공간에서 이념적으로 반대의 길을 걸어갔다.

적(敵)의 전사?…훼손된 비석

함세덕의 무덤에 세워진 비석은 얼마 되지 않은, 거의 새것이었다. 「함세덕 무덤 앞에서」라는 김성우의 글(《문화의 시대》)에서도 '비석은 없다' 라고 한 걸 보면 이 비석은 1988년 월북문인 작품이 해금된 후 동생 함성덕이 사망하기 전인 1991~1992년 사이에 세워졌을 것으로 추정된다.

90년대 초에 세운 것으로 추정되는 함세덕의 비석에는 훼손된 흔적이 있다.

그런데 비문을 살펴보면 '서울에서 ■사' 라고 한 글자가 보이지 않는다. 몇 년 전에는 그래도 희미하게 보였기에 필자는 그 글자가 '전' 자임을 안다. 이제는 아예 메워 버렸다. 누군가의 훼손에 상처를 입은 유족이 아예 보이지 않게 메워버린 것일까. 함세덕은 1946년 월북해 북한에서 작품활동을 하다 1950년 6 · 25 때 인민군 선무반(宣撫班)의 일원으로 서울에 내려와서 수류탄을 실수로 터뜨리는 바람에 사망한 것으로 전해진다. 따라서 엄밀히 말하자면, 또 남한의 처지에서 보자면 그의 전사는 '적(敵)'의 전사가 되는 셈이다. 누가 어떤 생각에서 그랬는지 짐작 가는 바 있지만, 친일파든 친북파든 세상을 떠난 고인의 인간으로서의 존엄성은 지켜져야 할 것이다. 우리는 이미 1996년 파주에 북한군과 중공군 묘지도 만들어줄 만큼 포용력을 갖게 됐다. 그것은 우리가 이제 민족의 정통성을 잇기에 충분한 능력을 갖췄다는 자신감의 발로이기도 하다.

함세덕은 이념적으로 명백한 좌파 문인이었다. 광복 전의 대표작을 모아 1947년 6월 20일 박문서관에서 발행한 희곡집 『동승』에는 「동승」, 「추석」, 「무의도 기행」, 「해연」, 「감자와 족제비와 여교원」이 실려 있는데, 저자의 후기는 이렇게 맺어졌다. "이 희곡집은 작가 함세덕의 전시대의 유물로 보관되는 데만 간행의 의의를 찾을 수 있을 줄로 안다. 나는 8 · 15를 계기로 완전히 이 작품들의 세계에서는 탈피하였다." 즉 함세덕은 후기를 통해 자신은 「동승」과 같은 서정극의 세계를 떠나 이제 이념의 세계에 들어섰음을 선언한 것이다. 광복 후 그의 행동은 이 선언을 뒷받침한다. 남로당에 가입해 연극활동을 하다 미 군정이 정치 연극을 금지하자 『동승』 간행 후인 1947년 가을에서 1948년 봄 사이로 추정되는 시기에 송영, 황철 등과 함께 월북했다. 마치 「동승」에서 주인공 도념이 눈 내리는 날 몰래 절을 떠나 사바세계로 간 것처럼, 그는 '이 작품들의 세계에서 완전히 탈피'하여 북으로 갔다.

시대 상황이 월북의 빌미를 제공했다는 말도 있다. 광복 후 남한에서의 연극활동은 밥 벌어 먹기 힘든 직업이었지만, 북쪽은 정치적 도구로써 연극의 가치를 인정해 정권 차원에서 지원했다. 그래서 남한에서 극장도 제대로 빌리지 못하던 남한 연극인들 중에는 이념에 관계없이 친북으로 기운 이가 적지 않았다. 그들은 그곳에서 순수는 없고 이념만의 무대를 갖게 될 줄은 꿈에도 생각지 못했다.

장기판의 청홍전(靑紅戰)

함세덕은 북으로 넘어간 뒤 「대통령」이라는 작품을 통해 이승만 정권을 비난하는 작품을 발표하는 등의 활동을 하다 6 · 25 때 인민군을 따라 서울로 내려와 '전사' 했다. 1951년 10월, 전시 공보당국이 함세덕, 이태준, 김사량, 한설야, 이기영, 홍명희, 오장환, 송영 등 6 · 25 전 월북작가 38명을 A급으로 분류, 기간발금(旣刊發禁) 및 문필금지 조치를 취한 후 1988년 해금 전까지 함세덕은 알려지지 않았고 알아도 말할 수 없는 작가로 존재했다.

작품 「해연(海燕)」의 마지막 장면에 나오는 등대지기의 대사는 꼭 그가 자신의 운명을 예측한 것 같은 느낌을 주기에 충분하다.

> 인생이란 운명의 장기판인가 보다. 한참 놀다가 결국은 제각기 말 상자 속으로 들어가게 되고 마나 보다.

희곡집 『동승』에 실린 「해연」에는 등대지기의 대사로 나와 있지만, 이는 원래 영국 출신의 작가 홀 케인의 글귀다. 함세덕은 신춘문예에 당선된 「해연」의 맨 앞에도 이 글귀를 적어 두었다. “인생은 낮과 밤의 장기판이다. 그 우(위)에서 운명은 장기를 두고 논다. 장(將)이 물러서고 졸(卒)이 이쪽저쪽으로 뛰고 하지만 결국은 제각기 상자 속으로 들어가게 된다. -홀 · 케인” 그 자신, 인생이라는 장기판에서 좌우의 청홍전(靑紅戰)을 벌이다 결국은 망우리묘지라는 상자로 들어간 것이 아닐까.

사바세계로 떠난 동승

90년대 초반 나는 신촌에서 우연히 「동승」이라는 연극을 보았다. 「동승」을 보고자 한 것이 아니라 데이트로 아무 연극이나 본 것이기에 원작자 함세덕의 이름은 금세 잊어버렸고 단지 TV 프로그램에 가끔 소년 역으로 출연하던 지춘성 씨가 주인공 도념을 연기한 것이 기억에 남아 있다. 함세덕과 「동승」이 연결된 것은 망우리공원에서 비석을 발견하고 나서였다.

그렇게 그는 남한에서 「동승」이라는 작품으로 가장 먼저 재조명됐다. 초기작이지만 그 작품은 정치색이 없는 서정극이었기 때문이다.

영화 「동승」(주경중 감독, 2003년)의 한 장면. 혼자 어머니를 찾아 길을 떠나는 주인공 도념.

「동승」은 그의 책 후기에서 밝히고 있듯, 인천상업학교 5학년 때 친구들과 금강산 여행시 마하연(摩訶衍)에서 본 동자승의 이미지를 형상화한 작품이다. 줄거리는 이렇다.

동승 도념(道念)의 어머니는 비구니였으나 사냥꾼과 사랑에 빠져 낳은 도념을 버리고 속세로 떠났다. 도념은 주지의 손에 자라면서 어머니를 그리워한다. 그 절에서, 죽은 아이의 명복을 빌던 대가집 미망인은 주지의 반대를 무릅쓰고 도념을 수양아들로 삼고자 한다. 도념은 사냥한 토끼를 관음보살 뒤에 숨겨놓은 것이 발각된다. 도념은 미망인이 목에 두른 목도리를 보고 자기 어머니에게도 같은 목도리를 만들어주겠다며 사냥한 토끼를 관음보살 뒤에 숨겨놓았다 발각돼 고초를 치른다. 주지는 미망인에게 이 '죄덩이'를 데려가면 더 큰 죄를 짓게 할 것이라며 포기하라고 잘라 말하고, 미망인도 남편과 아이를 잃은 죄 많은 자신의 신세를 한탄하며 도념을 포기한다. 그러나 도념은 주지 몰래 혼자 어머니를 찾아 길을 떠난다. 산에는 흰 눈이 펑펑 내린다….

주지가 보기엔 세상은 죄 많은 곳일 따름이지만 도념에게는 그리운 어머니가 있는 곳이었다. 「동승」에서 주지와 도념이 나눈 대화한 구절을 보자.

주지 : 도념아 너 저 연못을 봐라. 5월이 되면 꽃이 피고 잎사귀에 구슬 같은 이슬이 구르고 있지 않니? 저렇게 잔잔한 연못도 한 겹 물 퍼내고 보면 시꺼먼 개흙투성이야. 그것뿐인 줄 아니? 10년 묵은 이무기가 용이 되서 하늘로 올라가려고 혓바닥을 날름거리며 비 오기만 기다리고 있단다. 동네도 꼭 저 연못과 마찬가지야. 그야말로 경문에 아로새겨 있는 글자 그대로 오탁(汚濁)의 사바니라.

도념 : 아니에요. 모두들 그렇지 않대요. 연못 속에는 연근이라는 뿌럭지가 있지 이무기는 없대요.

어떤 이념이나 문학사조의 유행에 따른 작품은 생명이 오래 가지 않는다. 「동승」이 자연스럽게 함세덕의 대표작으로 아직도 생명을 잃지 않고 계속 무대에 오르고 리베이크되는 것도 그 때문이다. 「동승」을 각색하여 1949년에 개봉된 영화 「마음의 고향」(윤용규 감독, 한형모 촬영, 미망인 최은희)은 그해 최고의 흥행작이었다. 영상자료원 사이트에서 무료로 볼 수 있다.

"고통스러운 세월이었다…"

이해랑은 광복 이후 함세덕의 사상적 변신에 대해 " '동승' 의 세계로 돌아가라고 외치고 싶다"고 했다. '동승' 으로 출발해 어머니가 있는 동네로 내려온 함세덕에게 세상은 과연 오탁에 가득 찬 사바였을까.

함세덕의 묘 뒤에는 부모의 묘가 있다. 묘비 옆면에 "항상 기뻐하라. 쉬지 말고 기도하라. 범사에 감사하라. 데전(데살로니가전서) 5장 16.17.18절. 어머님은 이렇게 사셨습니다", 뒷면에는 "아버님 어머님 불효를 용서하시고 사모하는 하날 나라 주님 곁에서 영원한 복락을 누리십시오"라고 적혀 있다.

'불효를 용서하시고' 라는 말은, 월북으로 부모 속을 애타게 하고 부모보다 먼저 죽은 세덕의 마음을 유족이 대신 표현한 것이 아닐까. 해금 후 함세덕을 알리기에 성원을 아끼지 않았고 비석을 세우기도 한 동생 함성덕은 "형이 월북한 이후, 때때로 함세덕의 아무개라고 할 때 그 어려움이 많았었고, 해명할 수도 없고, 해명할 필요도 없고, 말을 할 수도 없는 고통스러운 세월이었다…"(『함세덕문학전집』)

함세덕 가족묘

라고 말했다. 그는 1992년 병석에서 이런 말을 남기고 그해 가을 세상을 떴다.

한편 함세덕 형제 중 장남인 함금성은 함세덕 옆에 묻혀 있었으나 나중에 이장됐다. 부친의 나주 근무 때 태어난 세 살 위의 이복형으로 중동중학을 거쳐 조선의사검정시험에 합격, 인천병원에서 근무하다 1944년 인천 송현동에서 내과의원을 개업했다. 함금성은 서울신문사가 발행한 대중잡지 《선데이서울》 1968년 12월 15일자에 그 이름이 보인다.

"…희한한 신종 인기 직업이 하나 생겼다. 태아감별사 … 함금성(의사 · 57) 씨… 그 자신 딸만 여섯을 두어 고심하던 중 이 분야의 권위라는 일본의 '가기사끼' 박사를 사숙, 드디어는 그의 이론에 따라 1남을 얻게 됨으로써 용기백배하게 되었다는 것…." 기사 중의 '1남'이 비석에 새겨진 단 한 명의 손(孫) 상규 씨다.

관리해 줄 유족 없는 최학송 무덤

많은 유명인사 묘 입구에 연보비가 서 있지만, 여기 서해(曙海) 최학송의 묘 입구에는 연보비가 없다. 그는 별다른 학벌도 없고, 찢어지게 가난한 작가였다. 밑바닥 삶의 체험을 작품으로 승화시킨 독보적인 작가라는 평가를 받는 그가 우리 문단과 남한 사회로부터 주목을 받지 못한 이유는 카프(KAPF 조선프롤레타리아예술가동맹) 가입 전력과 작품의 '불온성' 때문이었다. 가족이 이곳에 없는 것도 큰 이유가 됐을 것이다. 그럼에도 일제강점기 한 시대를 풍미했던 유명 작가 최학송의 무덤이 아무도 돌보는 이 없는 것은 안타까운 일이다.

망우리공원 관리사무소에서 오른쪽으로 가다 27번 전봇대 근처 길가 왼쪽에 연보비 대신 사설 문학비가 서 있다.

작가 최학송 문학비. 여기에 최학송 선생이 잠들어 있다. 함북 성진 태생인 서해는 일제하 만주와 한반도를 전전하며 곤궁하게 살다 서울서 숨을 거두었다. 그는 하층민의 현실적 삶을 반영한 소설 「고국」, 「탈출기」, 「해돋이」, 「홍염」 등의 문제작을 남겼다

최학송 문학비

(앞면). 2004년 7월 9일 서해 서거 72주기에 우리문학기림회원 이영구 김효자 이명숙 이명재 허형만 고임순 김원중 이승수 하혜정 노영희 임헌영 김성진 홍혜랑 임영봉 곽근 짓고 황재국 써서 함께 세우다(뒷면).

최학송의 묘는 곽근 전 동국대 교수가 망우리공원 관리사무소의 도움을 얻어 2003년에 찾아내 학계에 알렸고, 다음 해 우리문학기림회가 묘 입구에 문학비를 세웠다. 우리문학기림회는 1990년 이래 한국문학을 기리고 소외된 문인들의 업적을 선양, 평가해온 문학애호인 모임이다. 2014년 8월 현재 김우진, 홍명희, 박화성, 조운, 이태준, 김소운, 심연수, 김유정 등 22명의 문학비를 건립했다.

그러나 이 같은 사적 단체가 매년 묘지 관리까지 하기는 어려운 일이다. 아무도 돌보지 않아 오랫동안 헐벗었던 최학송의 묘를 10여 년 전부터 사비를 들여 돌보는 이가 있으니, 그는 현재 교원문학회 회장이며 신현고 교사인 정종배 시인이다. 2010년에 정종배 시인은 아예 최학송 묘의 관리인으로 이름을 올렸다. 벌초 정도야 그리 부담이 되지 않지만 때로 공사가 클 때는 부담이 적지 않으리라 생각되는데 새삼 존경을 표한다.

2015년 7월 8일, 최학송 서거 83주기 추도식이 최학송기념사업회(회장 곽근) 주최, 중랑문화연구소(이사장 남화창) 주관으로 망우리 묘역에서 열렸다. 당일 추도식에서 정종배 시인은, 앞으로 매년 기일(7월 9일)의 직전 토요일 오후에 추도식을 열 것이며, 세미나의 개최, 최학송 통일문학상의 제정 등을 추진하겠다고 밝혔다.

문학비를 바라보며 오른쪽 위로 두 번째가 그의 묘다. 묘비 앞면에 “서해최학송지묘”, 뒷면에는 “「그믐밤」, 「탈출기」 등 명작을 남기고 간 서해는 유족의 행방도 모르고 미아리 공동묘지에 누웠다가 여기 이장되다. 위원 일동"이라고 새겨져 있다. '위원 일동'은 시인 김광섭 등으로 이뤄진 이장위원회를 말한다.

불운한 천재 문학가

눈길을 끄는 것은 '유족의 행방도 모르고'인데, 문학과지성사에서 출판한 『탈출기』 권말에 있는 연보를 보면 "최학송은 위문협착증으로 사망한 후 1932년 7월 9일 미아리 공동묘지에 묻혔으며 장례는 문인장으로 치러졌다"고 하며, "그해 9월 28일 모친과 부인 그리고 두 아들이 모두 함경도 회령으로 떠났다"고 한다. 또한 비석 옆면에 '이장(移葬)일은 단기 4291년(1958) 9월 25일'이라고 새겨져 있는 것을 보면 그의 유족은 북쪽에 있으니 '행방도 모르는' 것이다.

당시 잡지 《동광》은 서해의 사망 기사를 이렇게 다뤘다.

> 서해 최학송 군이 죽었다. 누구나 아깝게 아니 여기는 이가 없다. 그는 처음 보따리 하나 가지고 혈혈단신으로 20세에 서울로 왔다. 와서 방인근 군이 경영하는 조선문단사에 투신했으나 그 역시 고생살이였다. 조운(시조시인) 군의 여동생과 결혼하였을 때도 세간 하나 없이 살림이라고 시작했다. 중외일보 기자로도 월급 못 받는 달이 받는 달보다 많았다고 한다. 그렇게 고생을 하다가 겨우 좀 안정된 생활을 하게 되니까 그만 세상을 떠났다. 의탁 없는 노모와 슬하의 두 아이를 두고 며칠째 '살아야 한다, 살아야 한다' 부르짖으며 떠났다고 한다. 그의 훌륭한 천재가 직업 때문에 충분 발휘가 못 되다가 또 요절하였으니 이것은 조선의 막대한 손실이라고 장례에 참석한 이마다 애석히 여기었다. (「박명의 문인」)

『탈출기』의 작가 최학송과 묘비 뒷면

서울에서 기자 생활을 하며 먹을 것 걱정하지 않게 된 것도 잠시, 가장이 그렇게 일찍 세상을 뜨니 아무 경제적 능력이 없는 유족의 고생은 참담한 것이었다. 사망 1주기를 맞아 《삼천리》(1933.09.01)에서 한 기자가 유족의 소식을 전하길, "7월 중순이라 재경문인들이 피서를 떠나 추도회는 9월로 미루었는데, 서해의 노모, 약처(弱妻), 유자(幼子)는 모두 두만강변에 가서 산다고 하니 일대의 재인(才人)도 이 참경에 눈이나 감고 누웠는가"라고 했을 정도다.

최학송은 재능뿐 아니라 인간성도 좋았는지 장례는 조선 최초의 문인장으로 치러졌다. 《삼천리》 1932년 8월호에는 이광수, 김동인, 염상섭, 박종화, 김동환 등 많은 문인이 최학송을 추모하는 글을 실었다. 그리고 경성의대부속병원의 외과의사 유상규(본서 '도산 안창호와 태허 유상규' 편 참조)는 《신동아》에 「최서해의 죽음, 인술의 경계표」라는 글에서 서해의 위병은 오래전부터 제대로 먹지 못해 생긴 병이라고 밝혔다.

'빈궁(貧窮)문학'의 최고봉

최학송의 소설은 매우 거친 문장이지만 독자를 끌어당기는 힘이 있다. 주로 간도에서의 비참한 삶을 생생하게 그린 유일한 작가로 손꼽히는데, 빈곤한 삶에 대한 거친 묘사는 매우 리얼해서 절절하게 전달된다.

대표작 「탈출기」의 주인공은 간도에서 비참한 삶을 산다. 그런 삶에서 아무리 노력해도 개선될 희망이 보이지 않기에 이 삶에는 뭔가 구조적인 문제가 있다고 생각한다. 개인의 노력으로도 어찌할 수 없는 빈곤에는 제도의 문제가 있다. 이 왜곡된 구조에서 삶의 희망은 없으니, 이를 타파하기 위해선 분연히 총칼을 들고 일어나야 한다고 결심하고 집을 '탈출'해 XX단에 가입한다.

여기서 '왜곡된 구조'란 '일제'를 가리켰지만, 후일 북한은 일제 대신에 '지주 및 자본가'를 거기에 대입시켜 정치적 목적으로 이 작품을 이용했다. 카프에 가입한 사실을 두고도 이론이 분분한데, 문학과지성사의 서해 연보에는 "1925년 김기진의 권유로 카프에 가입했다가 1929년(29세)에 탈퇴"한 것으로 나와 있다. 이것이 가장 정확한 듯하다.

「홍염(紅焰)」은 가난 때문에 약값 대신에 딸을 한약방집에 빼앗긴 주인공이 한약방집에 불을 지른다는 내용인데, 빈곤에 처한 하층민의 현실을 리얼하게 반영했다고는 하나, 약방 집에 불을 지르는 설정으로 나간 것은 가진 자와 못 가진 자의 투쟁 방향을 선동한 면이 다분하다. '목적의식'이 없었다 하더라도 목적적으로 이용당하기 충분한 작품이다. 그러나 이 작품은 1929년 카프 탈퇴 전에 발표된 것임을 고려해야 할 것이고, 요즘 이런 작품을 읽고 '계급투쟁 하자'고 분기탱천하는 사람은 없을 터이니, 그는 이제 우리 문학사에서 빈곤을 개인적인 문제가 아니라 사회적인 문제로 드러낸 독보적인 작가로 평가되기에 모자람이 없다.

가사가 세 번이나 바뀐 노래의 주인

| 작곡가 채동선[2)]

작곡가 채동선(蔡東鮮 1901~1953)의 가곡 「그리워」는 원래 시인 정지용의 「고향」에 곡을 붙인 것으로, 빼앗긴 고향의 이미지를 담아 일제강점기에 크게 유행했다. 그러나 같은 곡이 박화목의 「망향」으로, 다시 이은상의 「그리워」가 되었고, 최근에 다시 「고향」으로도 불리게 된 한국사의 기구한 사연이 여기 있다.

채동선의 묘는 인적이 드문 길에 있어 아는 사람이 드물다. 순환로의 반환점이 되는 정자 뒤편으로 난 작은 길을 내려가다가 갈림길을 한 번 지나쳐 내려가서 나온 갈림길의 오른쪽으로 향하면 갓머리를 쓴 큰 비석이 보인다. 필자가 대학 때 망우리공원을 찾아가 발견했던 비석 중의 하나가 채동선의 것. 학교 때 전혀 들어보지 못한 이름, 그러나 납작한 현대식 모양의 묘와 유명한 음악평론가 한상우의 글이 새겨진 비석의 주인공…. 필자는 20여 년이 지난 후 비로소 그에 대한 공부를 시작했다.

2) 채동선의 묘는 2012년에 고향인 벌교 부용산으로 옮겨져 부인 이소란과 합장되었다. 하지만 보다 많은 국민이 쉽게 찾을 수 있는 이곳 망우리공원의 묘터에도 과거 비석의 복원 등의 작업이 필요하다고 생각한다. 그 생각의 공유를 위해 본 개정판에도 이 글을 남겨 놓는다.

채동선과 그의 묘비 뒷면

채동선 씨라면 누구를 물론하고 얌전한 제금가(提琴家)인 것은 알 것이라고 믿는다. 씨는 조선에서 제일 먼저 '바요링'을 사 가지고 공부를 시작한 이다. 얼마 동안 경성에서 중학시대(제일고보)에 열심으로 바요링을 공부하다가 중학을 마치고 동경으로 건너가서 와세다 대학 문과에 통학하는 일편 역시 그 길을 닦으며 연구하다가 와세다대도 마치고 독일로 유학을 갔었다. 독일 유학을 4, 5년 동안 할 즈음 제금을 전공하였던 것이다. 그곳에서 많은 천재라는 말을 듣다가 얼마 전 조선에 돌아와서 공회당에 2, 3회의 제금독주회를 열어 반도 악단에 큰 센세이슌을 일으켰다. 그리고 제금으로 이이를 지나칠 사람은 없다고들 한동안 야단이었으며 떠들었던 것이 사실이다. 그 후 이화여전을 마친 김양과 결혼하여 동대문 밖에서 재미있는 신혼 생활에 얽매였음인지 근일 독주회커녕 음악회에까지 좀처럼 나오지 아니한다. 그리고 옛날 선배 모양으로 음악회에 구경 다닐 때엔 반드시 조선 의복을 잘 입는다. 사치와 치장을 싫어하는 우리의 제금가이다. (채규엽 「인기음악가 언파레-트(on parade 총출동)」, 《삼천리》 1932년 5월호)

예로부터 가야금, 거문고 연주가를 제금가라고 하였다. 바이올린이 처음 국내에 들어왔을 때는 역시 들고서(提) 현으로 소리를 내는 악기라 제금가라고 하였다. 채동선의 아내는 김양이 아니라 이소란(이화여전 영문과졸)이다. 누이 채선엽(소프라노, 이화여고 동창회장, 이대 예술대학장 역임)의 친구다. 그리고 이 글을 쓴 채규엽은 채동선과 같은 성이라 친척이 될지 모르나 적어도 가족관계는 아니다. 채규엽은 일본중앙음악학교를 졸업한 성악가 출신으로 국내 최초의 직업가수이다. 1935년 10월 삼천리사의 레코드 가수 인기투표 결과 남자가수 1위였다.

비문을 읽어본다. "채선생은 1901년 6월 11일 채중현의 장남으로 전라남도 보성군 벌교읍에서 출생하셨다. 선생은 경기고등학교를 거쳐 일본 조도전(와세다)대학 영문과를 졸업하고 독일 백림대학에서 작곡과 바이어린을 전공했다. 귀국 후 선생은 해방된 조국을 위해 음악예술 활동에 헌신하였고 가곡 「그리워」를 비롯한 수십 편의 작품을 남기었다. 예술원 회원으로 활동하던 중 1953년 2월 2일 피난지 부산에서 53세를 일기로 별세하셨다." (옆면)

그리고 비석의 뒷면에는 잘 알려진 가곡 「그리워」의 가사와 함께 생애와 업적이 다음과 같이 새겨져 있다.

그리워

이은상 시/ 채동선 곡

그리워 그리워 찾아와도
그리운 옛님은 아니뵈네
들국화 애처럽고
갈꽃만 바람에 날니고
마음은 어디고 붗일 곳 없어
먼-하늘만 바라본다네
눈물도 우슴도 흘러간 세월
부질없이 헤어리지 말자
그대 가슴엔 내가 내 가슴엔 그대 있어
그것만 지니고 가자꾸나
그리워 그리워 찾아와서
진종일 언덕길만 헤매다 가네

채동선 선생은 53세란 짧은 나이에 타계하셨으나 불멸의 가곡 「그리워」를 통해 살아 있는 민족혼은 영원히 우리의 마음속에 구비치고 있다. 일제의 압박 속에서는 한복에 두루마기를 입고 관직을 마다하며 초야에 묻혀 음악예술 속에 온통 마음을 불살라버린 선생이시지만, 해방이 되자 참고 살아온 정열이 일시에 폭발하려는 듯 나라를 세우는 일에 앞장스셨다. 한편 조국의 독립과 영원한 번영을 위해 「칸타타 조국」, 「한강」, 「독립축전곡」을 작곡하셨고, 우리 고유 음악을 발전시키기 위해 많은 민요를 채보하셨다. 선생의 모든 예술 작품은 애국심의 표현이라 하겠거니와 음악 속에 담겨 있는 나라 사랑하는 마음은 영원히 메아리 칠 것이다. 대한민국 정부는 이에 선생의 업적을 기려 1979년 문화훈장을 추서하였거니와 선생이 남긴 업적에 조금의 보탬이 되어지기를 바란다. 1983년 2월 2일 한상우 씀.

가사가 세 번이나 바뀐 곡

비문을 쓴 한상우 씨는 오랫동안 라디오 클래식 음악을 진행하신 분이라 클래식을 가끔씩밖에 듣지 않았던 나도 그 이름을 기억한다. 고전음악과도 같이 깊고 부드러운 목소리가 지금도 귀에 아련한데 씨는 2005년 8월 18일에 별세하였다. 「그리워」는 원래 정지용의 시 「고향」에 곡을 붙여 1933년 채동선 가곡집에 실린 것이다. 요즘 인기 있는 팝페라 가수 임형주도 앨범 『Silver Rain』(2003)에서 「그리워」를 불렀다. 돌아온 고향이 과거의 그곳이 아니라 일제하의 그곳이라는 은근한 의미로 당시 큰 인기를 얻었다. 해방 후에도 계속 교과서에 실려 사랑받던 가곡이었으나 6 · 25전쟁 때 정지용(1902~1950?)이 납북 문인이 되는 바람에 황급히 출판사는 아동문학가 박화목(1924~2005)에게 부탁하여 「망향」으로 가사를 바꾸어 출판, 한동안 「망향」이라는 노래로 불렸다.

채동선이 출간한 가곡은 12곡인데 그중 8곡이 정지용의 시를 가사로 쓴 것이었으니 필자의 학창 시절에 전혀 채동선의 노래를 접하지 못한 이유가 여기에 있다. 「향수」, 「압천(鴨川)」, 「고향」, 「산엣색시 · 들녘사내」, 「다른 하늘」, 「또 하나 다른 태양」, 「바다」, 「풍랑몽」의 8곡이 정지용 시이고, 나머지 4곡은 「그 창가에」(모윤숙), 「내 마음은」(김동명), 「새벽별을 잊고」(김상용), 「모란」(김영랑)이다.

그러다가 다시 1964년, 채동선 타계 12주기에 맞추어 유족은 「망향」을 이은상의 가사를 붙인 「그리워」로 바꾸었다. 나머지 곡들도 계속 새 가사로 발간되었지만 여전히 교과서에 실릴 처지가 되지 못하다가, 1988년 마침내 정지용의 시가 해금되자 채동선의 가곡들도

樂壇의새로운明星

提琴家蔡東鮮氏

獨逸에서六年間硏究歸國

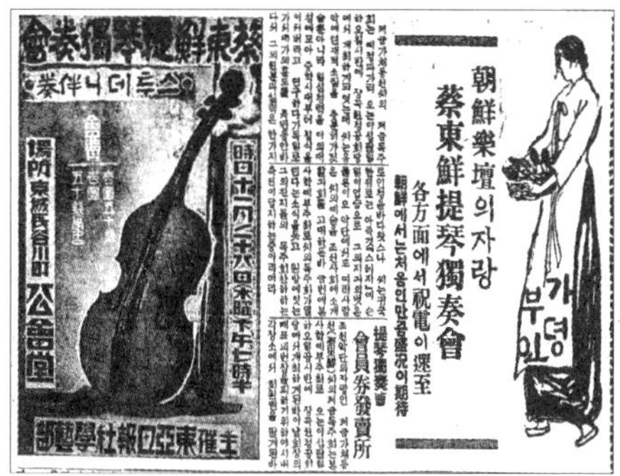

蔡東鮮提琴獨奏會

時日 十一月二十八日(木曜)下午七時半

場所 京城長谷川町 公會堂

主催 東亞日報社學藝部

朝鮮樂壇의자랑

蔡東鮮提琴獨奏會

各方面에서祝電이遝至

가뎡부인

'악단의 새로운 명성'이라는 제호로 채동선을 소개하고 있는 기사(왼쪽)와 독주회에 관한 기사(오른쪽)

동시에 부활하게 되었다. 하나의 시에 여러 작곡가가 곡을 붙이는 경우는 있어도 한 곡에 몇 개의 다른 가사가 붙여진 것은 세계 음악계에서도 매우 드물 것이니, 이는 격동의 우리 역사가 만들어낸 희한하고 가슴 아픈 사연이 아닐 수 없다.

채동선은 전남 보성군 벌교에서 부호 채중현의 장남으로 태어났는데, 부친 채중현은 벌교남초등학교 설립 당시 부지를 제공하는 등 고향에서 덕망이 높았다. 채동선의 묘 뒤에 부모님의 묘가 있었으나 2008년도 6월에 찾아가보니 이장되고 없었다. 그러한 선각자의 장남 채동선은 수십 리 떨어진 순천공립보통학교에 하인과 함께 걷기도 하고 업히기도 하면서 다녔고, 졸업 후 서울로 와 제일고보(경기중학)에 입학하였다. 재학 중에 홍난파로부터 바이올린을 배웠지만 부친의 뜻도 그러하고 자신도 당시는 음악가가 될 생각은 없었다. 3 · 1운동의 적극적인 가담으로 인해 학교를 그만두게 되자 일본 와세다대학으로 유학을 떠나 영문학을 전공하였는데, 음악에 대한 열정을 버리지 못해 결국 독일로 유학하여 5년간 바이올린과 작곡을 공부하였다.

1929년 가을에 귀국하여 동아일보 주최로 11월 28일에 첫 번째 귀국독주회를 성황리에 열고 음악 활동을 시작하였으나 일제의 압박이 심해지면서 두문불출 은거에 들어가 낮에는 농사일을 하고, 밤에는 작곡을 하며 해방의 그날을 기다렸다. 1945년 광복 후에는 나라의 음악계 발전을 위해 여러 단체를 이끌기도 하고, 「독립축전곡」, 「한강」, 「한글날 노래」, 「3 · 1절 노래」, 「개천절 노래」, 「무궁화 노래」 등을 작곡하는 등 해방 한국의 재건을 위해 노력하였다. 그러나 이 기념곡들 또한 정지용과의 관계로 채택되지 못했다. 또한 그는 우리나라 최초로 전통 민요를 귀로 들으며 양악 악보로 채보한 큰 업적도 남겼으나, 6 · 25 때 피난지 부산에서 53세를 일기로 안타깝게 병사하고 말았다. 그가 피난지에서 마지막으로 남긴 작품이 국민가요풍의 「무궁화의 노래」인데, 이는 그가 얼마나 나라를 사랑하였는지를 말해준다.

1979년 정부는 은관문화훈장을 추서하였고, 1983년에는 유족과 음악계 인사에 의해 '채동선 기념사업회'가 설립되었으며, 정지용 해금 후인 1989년에는 비로소 보성군에서도 기념비를 세우고, 최근에는 매해 열리는 벌교꼬막축제에 '채동선 음악회'를 함께 열고 있다. 그리고 지난 2001년부터 추진해온 '채동선 음악당' 건립은 우여곡절 끝에 마침내 2007년 12월에 완공되었다. 다시 최초의 곡으로 돌아간 「고향」의 가사를 옮긴다.

고향

정지용

고향에 고향에 돌아와도
그리던 고향은 아니러뇨
산꿩이 알을 품고
뻐꾸기 제철에 울건만
마음은 제 고향 지니지 않고
머언 항구로 떠도는 구름
오늘도 뫼끝에 홀로 오르니
흰 점꽃이 인정스레 웃고
어린시절에 불던 풀피리 소리 아니나고
메마른 입술에 쓰디쓰다
고향에 고향에 돌아와도
그리던 하늘만이 높프르구나

낙엽 따라 가버린 '오빠'의 원조

| 가수 차중락

60년대 가요계의 우상(idol)이요, '오빠'의 원조 차중락(車重樂 1942~1968). 멋진 남성적 외모에 대중의 감성을 흔드는 음성으로 최고의 인기를 얻었으나 27세의 아까운 나이에 세상을 떠나 이곳 망우리에 잠들었다. 동생 차중용의 증언을 토대로 살펴본 차중락 일생의 빛과 그림자…, 그리고 최초로 공개되는 연인 알린의 편지.

1966년, 대학을 휴학하고 평화봉사단으로 한국에 와 있던 미국 여대생 알린(Allen, 주로 '알렌'으로 알려짐)은, 어느 날 친구와 함께 미군 클럽에 놀러 갔다. 클럽의 무대에 오른 어느 한국인 밴드가 노래를 시작했다. 노래는 그녀도 잘 아는 엘비스의 「Anything that's part of you」. 그녀는 맥주잔을 기울이며 무심코 노래를 듣다가 갑자기 가슴이 떨려왔다. 엘비스의 노래를 엘비스보다 더 잘 부르는 리드 싱어. 잘생긴 얼굴에 건장한 몸, 그런 '남성'에서 흘러나오는 부드럽고 청아한 바이브레이션. 강인함과 부드러움, 그리고 지성과 감성이 함께 느껴지는 저 가수는 누구일까? 노래가 끝나자, 클럽 대부분의 손님은 자리에서 일어나 큰 함성과 박수를 보냈다. 알린은 떨리는 가슴을 주체할 수가 없었다. 사회자의 소개말에 귀를 기울이니, 밴드의 이름은 '키보이스(key boys)'로 미8군 무대에 오르는 많은 가수들 중에서도 특A급의 밴드라 하고, 리드 싱어는 '코리언 엘비스'라고 불리는 차중락으로 나

음반 재킷과 차중락

이는 24세. 그날, 알린의 마음에는 영원히 꺼질 것 같지 않은 사랑의 불꽃이 타오르기 시작했다.

스타 탄생

차중락은 1942년 아버지인 차준달과 어머니 안소순의 셋째아들로 신당동에서 태어났다. 형제는 위로부터 중경, 중덕, 중락, 중광, 중용, 선희, 중선, 중화, 중배, 순영, 선미의 8남 3녀. 부친은 큰 인쇄소를 경영하여 집안은 부유한 편이었다. 부친은 보성전문 마라톤 선수, 모친은 경기여고 단거리 선수였고, 1950~60년대의 대표적 시인 김수영은 큰이모의 장남. 그 피를 이어받아 형제들은 모두 머리도 좋고 예체능에도 뛰어났다. 맏형 중경을 비롯해 남자형제는 대부분 경복고 출신의 엘리트에, 역도 · 야구 · 육상 등 각 분야에서 선수로 뛸 정도로 운동에 능했고, 중경이 쓴 동시는 오랫동안 초등학교 4

학년 교과서에 실렸으며 중락이 초등학교 때 그린 포스터는 거리에 나붙기도 하였다.

장충초교를 나온 중락은 경복중고를 다니며 육상선수로 활약하였고, 대학에 들어와서는 보디빌딩을 하여 대학 1학년 때인 1961년 미스터코리아 2위에 입상했다. 그런 건장한 차중락의 이미지와는 달리, 그는 어릴 적에 몸이 약해 병도 자주 앓았고, 그 탓인지 다른 형제와 달리 유순하고 감상적인 성품을 지녔다. 중학교 3학년 때 절친한 친구가 연애사건으로 음독자살한 것이 그의 성격에 적잖은 영향을 주었을 것으로 동생 중용은 회고한다.

중락의 장래 희망은 영화감독으로, 미술적 요소를 부각시킨 영화를 만들고 싶어 했다. 중용과 영화관에도 자주 갔고 제임스 딘을 좋아했다. 한양대 연극영화과에 다닐 때, 어머니 친구의 아들 후랭키 손(「목포의 눈물」 작곡가 손목인의 아들)이 일본에서 활동하다 귀국해 중락의 엘비스 노래를 듣고, "요즘 일본에서는 사카모토 큐(坂本九)라는 가수가 엘비스를 흉내 내서 인기가 높은데 네가 훨씬 낫다. 일본에 가면 크게 성공할 것"이라는 말에 중락은 일본행을 결심했다. 그가 일본에 가려고 한 것은 노래로 아르바이트를 하며 영화를 공부하려는 목적에서였다. 그러나 당시 한일 간은 국교가 없던 상태라 일반인에게 일본에 가는 유일한 방법은 밀항뿐. 참으로 낭만적이고 저돌적인 20세의 청년 중락은 학교도 중퇴하고 부산으로 가 밀항선을 탔으나 캄캄한 새벽에 내려진 곳은 어처구니없게도 원래의 부산 해변이었다. 그렇게 밀항사기에 걸려 수중에 돈 한 푼 없는 그가 식당에 들어가 밥을 구걸하였으나 매정하게 당장 쫓겨나버렸다. 중락은 후에 중용에게 이렇게 말했다. "세상이 참 희한하기도 하지. 지금은 하늘에서 떨어진 미남이라고 난리인데, 똑같은 얼굴의 내가 그때는 거지 취급 받았으니 말이야. 인기라는 게 뭔지….”

서울로 돌아온 후, 아버지의 사업이 잘 풀리지 않게 된 사정도 있어, 중락은 키보이스 멤버인 사촌형 차도균의 권유로 1963년 10월에 키보이스에 합류했는데, 미8군 무대에 오른 첫날부터 큰 인기를 끌었다. 시민회관(세종문화회관 자리)에서 시민에게 선보인 첫 공연 때 중락은 가죽부츠 대신에 검은 고무장화를 신고 나갔는데, 이 모습까지 엘비스와 흡사하다 하여 한국의 엘비스로 깊이 각인되었다.

미8군 무대에서 만난, 늘씬한 키에 미모의 여대생 알린의 적극적인 접근에 중락은 영어도 배울 겸 호기심 반 호감 반으로 데이트를 하였으나, 중락은 이미 마음을 준 애인이 있어 알린의 사랑을 받아줄 여유는 없었다. 자기가 미국으로 돌아가 대학을 마친 후 돌아오면 결혼해주겠냐는 알린의 말에, 중락은 그저 고개를 끄덕이는 기약 없는 의사 표시로 알린을 미국으로 떠나보냈다.

중락의 애인은 이화여대생으로 같은 동네인 장충동에 살았다. 미국 여배우 에바 가드너를 닮은 미인이었다고 하고, 키보이스 멤버 윤항기의 글에서는 이대 메이퀸으로 소개되었다. 그녀의 부모는 대학 중퇴에 연예인인 중락과의 교제를 반대하였지만 둘의 사랑은 변치 않았다. 그러나 그녀는 졸업 후 스튜어디스가 되고, 중락은 밤에 무대에 서는 밴드 활동으로 서로 스케줄을 맞추기 힘들었고, 게다가 중락이 미국 여자를 비롯하여 주위에 여자들이 많다는 말을 친구로부터 전해들은 그녀의 마음은 약해질 수밖에 없었다. 마침내 어느 날, 그녀는 집안의 소개로 만난 남자를 따라 미국 유학을 가기로 했다는 말을 남기고 중락을 떠나갔다.

그해 1966년 11월 10일, 신세기레코드 사장의 아들 강찬호 작사에, 정민섭이 엘비스의 「Anything that's part of you」를 편곡하고, 실연 가수 중락의 아픔이 그대로 녹아든 「낙엽 따라 가버린 사랑」이 완성되었다.

찬바람이 싸늘하게
얼굴을 스치면
따스하던 너의 두 뺨이
몹시도 그리웁구나
푸르던 잎 단풍으로
곱게 곱게 물들어
그 잎새에 사랑의 꿈
고이 간직하렸더니
아아아 그 옛날이
너무도 그리워라
낙엽이 지면 꿈도 따라
가는 줄 왜 몰랐던가
사랑하는 이 마음을
어찌하오 어찌하오
너와 나의 사랑의 꿈
낙엽따라 가버렸으니

이 노래는 처음에 부산에서 돌풍을 일으켜 서울로 전파됐다. 키보이스는 1965년 해운대에서 한국 록그룹 사상 처음으로 단독야외공연을 해 한국의 '비틀즈' 혹은 '비치보이스'로 불리며 열광적인 환호를 받았을 정도로 키보이스와 차중락의 인기는 부산에서 특히 높았다. 부산의 음악다방 DJ는 매일 이 노래를 신청곡으로 받아 틀었

1967년 신인상 수상식에서. 왼쪽부터 동생 차중용, 차중락, 어머니, 맏형 차중경이 보이고 맨 앞줄에는 차중경 딸들이, 그리고 어머니 뒤편에 시인 김수영이 서 있다. (차중용 제공)

고, 많은 부산팬이 다시 방송국에 전화를 걸어 신청하는 바람에 이 노래는 전파를 타고 전국으로 퍼져 나갔다.

1967년 중락은 신세기레코드의 전속작곡가 홍현걸의 주선으로 솔로로 데뷔하였고, 같은 해 TBC(동양방송) 라디오 드라마 주제가인 「사랑의 종말」(이봉조 작곡)이 크게 히트를 쳐 연말에 동양방송 방송가요대상 신인상을 수상, 동갑내기 라이벌 배호와 함께 트로트와 팝으로 가요계를 양분하는 새로운 스타로 각광을 받았다.

빛과 그리고 그림자

단 세 편의 영화에 출연하고 교통사고로 죽은 제임스 딘이 지금도 사랑을 받는 것은, 청춘의 브랜드와도 같은 '저항과 고독'을 표현한 그의 멋진 연기뿐 아니라, 우수에 젖은 촉촉한 눈매로 각인되는 외모나 분위기가 크게 작용하였음은 부정하지 못한다. 중락의 시대에도 노래 잘하는 가수가 많았지만, 우상으로 팬의 사랑을 받은 이는 드물었다. 1969년 이대강당에서의 크리프 리차드 공연 때 나타난 여성팬들의 열광적 모습에 기성세대는 놀라며 이해하지 못했지만, 지금 돌이켜보면 당시 팬들은 폭발적인 사랑의 에너지를 쏟을 우상의 출현을 기다렸던 것이다. 그런 문화적 현상이 처음 우리 사회에 나타난 것은 차중락과 배호 때부터다. 시대의 요구를 충족한 차중락은 한국가수로는 첫 번째 우상, 즉 요즘 '오빠'의 원조였다. 남성적 매력이 넘치는 외모, 경복고 출신의 엘리트, 20대 중반의 청춘, 가슴을 파고드는 감성적 목소리는 대중의 스타가 되기에 충분하였다.

중락의 집에는 전화가 세 대 있었는데, 외부에서 집으로 전화를 걸면 계속 통화중인 때가 빈번했다. 그 당시의 전화 시스템은, 전화를 건 여성팬이 수화기를 놓지 않으면 집에서 수화기를 놓아도 전화가 끊어지지 않았던 것. 여성팬들이 늘 집 앞에서 진을 치는 것은 물론이고, 하루는 시골에서 올라온 듯 보따리를 든 처녀가 집을 찾아와 "더 바라지 않으니 빨래만이라도 해주며 옆에 있게 해 달라"고 애원하며 버티기도 했다. 같은 연예계의 여배우나 여가수의 공세는 말할 나위가 없었다. 또 당시의 잡지에는 미모의 이혼녀 모씨가 공연장 앞에 외제차를 세워놓고 기다리다가 공연이 끝나자마자 중락을 납치하듯 데려갔다는 둥, 모 재벌집 딸이 적극적으로 대시한다는 둥 진위를 알 수 없는 기사가 계속 실렸다.

그를 찾는 사람은 여성팬만이 아니었다. "우리 어머니 환갑잔친데 너 꼭 보고 싶대", "동창회에 꼭 나와 한곡 불러 줘야지"… 이처럼 지인들의 쇄도하는 요청을 이기적이지 못한 여린 성격의 중락은 거부하지 못했다. 부산과 서울을 오가는 프로펠러 비행기는 하루 한 편에 안개가 조금만 껴도 뜨지 않는 날이 많았다. 고속도로도 없을 때라, 지프차로 편도 18시간을 달리는 강행군이 거듭되었으니, 아무리 건장한 중락이라 해도 몸이 상하지 않을 수 없었다.

이런 에피소드도 있었다. 하루는 TBC(동양방송) 아침방송에 '차중락과 함께' 라는 코너에 출연하기로 되어 있었는데, 부산에서 비행기가 뜨지 못해 방송이 펑크날 상황에 급거 동생 중용이 대신 출연했다. 중용은 형제 중에서도 중락과 외모와 목소리가 흡사해, 카메라가 얼굴을 정면으로 찍지 않는 기교를 부리며 무사히 방송을 마쳤는데, 전국의 시청자들로부터 전화가 빗발쳤다. 가짜라는 항의가 아니라, '중락의 얼굴이 핼쑥하게 말라서 안타깝다' 는 것. 그 사건으로 중용 또한 노래 실력을 인정받아 다시 방송출연을 하게 되었다.

매니지먼트 회사도 매니저도 없던 시절, 세인의 욕망 앞에 그대로 노출된 몸은 지쳐만 갔다. 여기저기에서 던진 욕망의 덫에서 자기를 빼내지 못한 탓이었던가, 결국 1968년 9월 29일, 청량리 동보극장에서 공연 중 돌연 쓰러진 중락은 혼수상태에 빠졌고, 「낙엽 따라 가버린 사랑」을 취입한 바로 그날인 11월 10일, 많은 팬들이 병원 앞을 지키는 가운데 그는 27세의 안타까운 나이로 조용히 숨을 거두었다. 병명은 뇌막염. 중락 사후, 연예잡지에서는 중용이 중락의 뒤를 이어 가수로 나선다는 추측성 기사도 나왔으나, 중용은 형의 죽음을 통해 연예계에 환멸을 느껴, 평범한 직장에 들어가 27년간 근무하고 임원으로 퇴직, 지금은 금융컨설팅회사를 경영하고 있다.

한편, 중락이 쓰러지기 2주 전, 미국으로 떠났던 알린은 대학을 졸업하고 2년 만에 다시 한국을 찾았다. 알린은 중락을 잊기 위해 여러 나라를 여행도 해봤지만 그녀의 영혼은 항상 동쪽을 향하기만 했다. 중락의 집을 찾아와 어머니 앞에서 곱게 무릎을 꿇고 앉은 알린은 미니스커트 밑으로 드러난 다리를 감추려고 자꾸만 치마를 밑으로 내렸고, 일어날 때는 다리가 저려 일어나지 못해 주위 형제들이 부축해 주었다. 미국 여자치고는 참한 모습에 가족도 그녀를 따뜻하게 대해주었다. 어느 날 알린과 함께 중락의 공연 무대를 찾은 중용은, 옆에 앉은 알린의 눈에서 조용히 흐르는 눈물을 보고 그녀의 사랑이 여전히 그토록 깊다는 것을 알았다. 그러나 며칠 후 쓰러진 중락은 혼수상태에 빠졌고, 알린은 병원에서 밤을 지새우며 정성을 다해 간호를 했지만, 중락은 다시 깨어나지 못하고 영원한 안식처로 떠나갔다. 중락의 장례 후에도 며칠 동안 중락의 집에서 지낸 알린은 중락에게 보내는 편지를 한국 친구에게 대필시켜 중락의 어머니에게 전달했다. 상식 없는 이들로 인해 중락과의 신성한 사랑이 모독받기를 바라지 않으니 영원히 공개하지 말아달라는 부탁과 함께.

아소, 님아 너무 슬퍼마사이다

차중락의 묘는 순환로 전신주 36번에서 관리사무소 방향 30m에 있는 길로 5분 정도 내려가면 왼편에 있다. 서일대학, 면목역 방향이다. 혹은 역으로 면목역 2번 출구에서 진로아파트 가는 마을버스를 타고 종점에 내려 200미터 정도 올라가면 오른쪽에 있다. 다소 큰 무덤과 우뚝 선 큰 비석이 생전의 차중락 이미지 그대로다. 비석에는 시인 조병화의 시가 맏형 차중경의 글씨로 새겨졌고 밑 부분에는 '차중락 기념사업회' 라는 글 아래, 비석 건립에 참여한 연예계 인사의 이름이 새겨져 있다.

낙엽의 뜻

1969.2.10 시 조병화

세월은 흘러서 사라짐에 소리 없고
나무닢 때마다 떨어짐에 소리 없고
생각은 사람의 깊은 흔적 소리 없고
인간사 바뀌며 사라짐에 소리 없다
아, 이 세상 사는 자, 죽는 자, 그 풀밭
사람가고 잎지고 갈림에 소리 없다.

형 차중경 씀

그가 묻히던 날, 하늘에서 첫눈이 내렸다. 유족과 친지 그리고 알린을 비롯한 많은 여성팬들의 오열과 절규 속에 중락은 땅에 묻혔다. 그의 사후에도 무덤을 찾는 팬이 끊이지 않았고 심지어는 무덤에서 밤을 새는 팬도 있었다. 1969년 대중잡지 《로맨스》에 나온 기사 「우리 님 무덤가에 피는 꽃은…」(글 오훈)은 차중락의 무덤 앞에 있는 '싸인-북' 에 대해 소개하며, 팬의 사랑이 아직도 무덤 앞에 쌓이고

차중락의 묘지. 겨울 풍경이 그의 대표작 「낙엽따라 가버린 사랑」의 분위기를 자아낸다.

있다며 그 사연을 전했다.

사인북은 열성 팬 여고생 정숙(가명, 천호동)이 1968년 12월 24일에 무덤 앞 언 땅을 손으로 파서 돌을 깔아 만든 작은 움에 넣어 둔 것으로, 사인북에는 정숙이 그곳에 올 때마다 써 넣은 편지글뿐 아니라, 다른 많은 팬의 추모 글이 적혀 있었다. 정숙은 당시 이화여고 3학년으로 오랫동안 팬클럽 회장을 했다.

1월 16일
눈이 오기에 달려왔지요. 오빠 얼굴에 흰 눈이 소복이, 하얀 눈을 조용히 쓸어드렸죠. 이젠 춥지 않으시겠죠? 아까 먹고 온 아침밥 점심밥 이곳에서 전부 없어졌으니 이건 필시 오빠 책임. 나중에 비후스틱 2인분을 내실 각오는 돼있겠죠? 이만 가봐야겠어요. 해가 저물었군요. 춥단 말씀 아예 하지 마세요. 안녕.(정숙)

2월 1일
오빠의 노래 소리가 귓전을 울리기에 찾아왔어요. 그 옛날이 너무도 그리워서… 잠시도 잊지 못하는 오빠의 옷인 양 두텁게 입혀졌군요. 오빠! 옷을 벗겨드리면 추우시겠죠. 하지만 참아주세요. 머지않아 올 봄의 푸른 옷을 입으실 때까지… 오빠가 보고 싶다고 그리워 찾아오면 오빠의 모습은 보이질 않는군요. 오늘도 애경이는 오빠가 그리워 이렇게 찾아왔어요. 누가 뭐래도 울지 않겠어요. 오늘도 벌써 안녕을 해야겠군요. 보곺으면 찾아오겠어요. (애경)

이 글 다음에는 기자가 다음과 같은 코멘트를 달아놓았다. "중간중간 군데군데 눈물이 번진 듯 글씨가 희미하도록 얼룩이 졌다. '오늘도 애경이는 오빠가 그리워 찾아왔어요' 라는 구절과 '누가 뭐래도 울지 않겠어요' 라고 쓰인 곳은 알아보기 힘들 정도로 눈물로 지워져 있었다."

2월 2일 밤 7시 10분
오늘은 제가 한발 늦었군요. 벌써 산지기 아저씨가 눈을 치워놓으셨으니… 미안, 오빠, 저 이제 졸업했어요. 설마 그때 약속을 잊진 않으셨겠죠. 별처럼 달처럼 언제나 영원히 오빠를 지켜보았음 참 좋겠어요. 오빠 눈 좋아하세요? 요사이 눈이 너무 내려 교통이 두절되기까지 했는데 오빤 자꾸 데리고 오시니 말예요. 발 시렵고 손 곱아서 이만 쓸래요.(정숙 올림)

정숙은 나중에는 자신의 일기책도 그곳에 놓아두었다. 다음은 11월 12일 영결식 날에 쓴 정숙 양의 일기.

"오늘 그대의 영결식에서 님의 친구들이 많이 왔었답니다. 최희준 씨를 비롯하여 현미, 김상희, 이상렬, 박춘석, 이봉조, 그대와 함께 노래 불렀던 '키보이스' 멤버 여러분들이 왔었다오. 내 그대와 함께 산에 올라가 식을 하매 억울하고 분함이 터져 이루 헤아릴 수 없나이다. 내 그대 따라가지 못함을 또한 억울하게 생각하여이다. 그대 간 후에도 어찌된 일인지 밥은 먹힘네다. 님아 용서하시옵소서. 그대가 땅 속에 있다니 이게 웬말이오. 춥지는 않으시오. 또 얼마나 갑갑하시오. 내 그대의 머리맡에 국화송이 하나 놓아두니 나 보고 싶으시거들랑 그 꽃을 보옵소서. 이제는 누가 매일 임을 돌봐주며 그 누가 매일 오리이까. 아소 님아 너무 슬퍼마사이다."

정숙은 다음 해에 대학에 입학하였다. 후에 정숙과 또 다른 팬이 그 후 얼마나 자주 차중락의 묘를 찾아왔는지, 그리고 47년이 지난 지금, 할머니가 된 그때의 여성팬이 지금도 가끔 '오빠'의 묘를 찾아오는지 필자는 알 수 없다. 그럼에도 내가 부모 세대의 가수를 기리는 건 무슨 까닭일까? 얼굴도 보지 않은 가수 남인수의 「애수의 소야곡」이 좋은 것은 무슨 연유인가? 그것은, 문학에 고전이 있듯 노래에도 고전이 있기 때문이라. 그러니 '아소 님아 너무 슬퍼마사이다'.

공교롭게도 차중락의 마지막 앨범에 실린 곡은 「낙엽의 눈물」이었다.

바람이 싸늘히 지는 잎사귀
한두잎 떨어져서 흘러가다가
뒤돌아보는 마음 하도 서러워
저물고 쓸쓸한 산길에
밤새가 울어
남몰래 외로이 지는 잎사귀
한두잎 떨어져서 흩어지다가
아쉬워 서로 찾는 마음 서글퍼
어둡고 바람 부는 산길에
밤새가 울어

차중락 사후 처음 공개하는 알린의 편지

차중락이 낙엽 따라 가버린 후 오랜 세월이 흘렀다. 지금 알린의 소식은 알 수 없지만 살아 있다면 그녀 역시 조용히 일생을 정리할 나이일 것이고, 한국 가요사에 중요한 자료가 될 수 있는 편지가 이대로 묻혀버리는 것은 안타깝다는 생각에, 동생 중용은 그동안 보관하던 알린의 편지를 세상에 공개하기로 했다.

중락 씨,

당신 어머니의 두 눈을 통하여 내 이야기를 들어주십시오. 이것은 우리 영혼의 교통의 절반입니다. – 가슴 속 깊은 비밀을 모두 고해바치는 –

그 교통은 당신의 뜻하지 않은 죽음으로 결코 이룰 수 없었던 교통이긴 하였습니다만, 나는 당신을 잊을 수가 없어서 한국으로 돌아왔습니다. 또한 우리의 진실한 사랑 – 생생하고 절실한 – 의 추억이 내 가슴속에 불어넣어졌기 때문이기도 합니다.

그것은 문화와 종교의 차이를 넘어선 눈빛과 피부색의 차이를 넘어선 사랑이었습니다. 나는 당신 나라의 말을 배우고 문화에 동화되고 그리고 당신의 편에서, 한 여인으로서 당신의 아내로서 그리고 당신의 자식들의 어머니로서 살아갈 각오가 되어 있었던 것입니다.

왜냐하면 나는 당신을 사랑했기 때문입니다. 왜냐하면 나는 우리의 이룰 수 없는 사랑을 결코 잊을 수가 없었기 때문입니다.

나는 당신을 잊으려고 해보았습니다. 2년간이나 참으며 무작정 닥치는 대로, 스페인으로 간 이래 여러 나라를 여행해 보았지만 항상 동쪽을 향하여 아니 한국을 향하여 오게 되었습니다. 그것은 내 영혼이 자꾸만 돌아가고 싶은 충동을 느꼈기 때문입니다.

중락 씨, 우리들의 이별은 불가피한 것이었습니다. 우리는 따로따로 우리들 자신에 대하여 우리들 세상에 대하여 그리고 인생에 대하여 우리가 할 수 있는 모든 것을 배워야 했던 것입니다.

그래서 나는 그토록 낯설고 신비에 가득 찬 당신의 나라에서 영원히 행복하게 살 수 있을지, 그리고 당신이 하는 것보다 더 훌륭히 당신의 인생을 행복하게 해드릴 능력이 내게 있는지의 두 가지 의문을 가졌던 것입니다. 그렇지만 동시에 나는 그 이룰 수 없는 사랑을 잊어보려고도 했던 것입니다.

나는, 나무들이 그 잎사귀들로 무성하고, 길을 따라 꽃들이 줄을 잇던 9월 대보름날에 이곳에 왔습니다. 내가 약속대로 돌아올 것을 당신이 꼭 기다리고 있으리라 믿고 내 가슴은 기대로 불탔습니다.

당신이 아직도 총각이라는 것을 믿을 수만 있다면, 나는 하늘을 이불 삼고 땅을 베개삼아 당신과 함께 살아갈 용의가 있었습니다. 나는 당신을 사랑했으며, 2년간의 여행을 통하여 이 세상의 모든 편리가 허무하다는 것을 배웠습니다. 그리고 그 미소와 당신의 이 모습 저 모습을 기억하면서 결코 당신을 잊을 수가 없었던 것입니다.

당신은 찾기가 어려웠습니다. 내가 없는 동안 당신의 세계는 엄청나게 변해 있었으며 기약된 출세의 문턱에 서 있었습니다. 우리는 우미회관에서

No. 11.

인생에 장애라면 가슴속의 가시라면 나는 떠나겠읍니다. 그러나 제발 [illegible]아서 온 세상을 그 노래 - 당신의 아름다운 그 노래로 가득채워 주십시요. 그리고 당신이 완쾌 되면 나는 조용히 떠나가겠읍니다. 만일 그것이 당신의 뜻이라면"

바람이 불때마다 잡초는 움직이고 먼지가 일었읍니다. 가을의 太陽(태양)은 창백하고 낙엽은 떨어지고 찬 바람이 불어왔읍니다.

열차의 텅빈 외로운 기적소리가 찬바람을 타고 들려왔읍니다.

죽음.

이토록 자연스럽고 어쩔수 없는 인생의 한 과정.

시원하게 펼쳐진 푸른 하늘은 새로 거둬드린 눈 끝으로 조용히 내려 앉고, 바람은

처음으로 만났지요. 내가 들어섰을 때 당신은 노래를 하고 있었습니다. 나는 당신의 노란 쉐터와 두텁게 빗어 넘긴 검은 머리와 물기에 젖은 눈동자를 기억합니다.

오랜 세월을, 들을 수는 없었지만 결코 잊어본 적이 없었던, 당신의 목소리의 공명과 친근감을 아직도 기억합니다.

… (일부 생략 및 원고 일부 망실)… 없고 결코 맺지 못할 이룰 수 없는 사랑이었던가요?

아, 꿈이로군요.

과거에 나는, 어려운 문제나 얼굴이 붉어지는 처지 고통에서 도망쳤습니다. 그러나 이번만은 결과야 어떻든 여기 남아 있기로 했습니다.

당신의 친구들은, 당신이 아직도 날 사랑하고 있지만 양심의 가책 때문에 나를 멀리 했다고 일러주었습니다. 그들은 나에게 수없이 확신시켰습니다. – 사랑은 죽고 잊혀졌으니

당신은 거리낌 없이 나를 보고 모든 것을 잊고 집으로 돌아가라고 말씀할 수 있을 것이라고. -

아마도 우리가 다시 만난다면, 당신은 날 보고 모든 것을 잊고 돌아가 달라고 하시겠지요. 당신은 당신의 직업을 사랑했고 그리고 나를 사랑했습니다. 그러나 사실 당신의 직업은 인생 그것이었기 때문에, 만일 우리 사랑의 재현이 있어 그곳에서 다시 만날 때 당신은 눈물을 머금고 나를 배반했겠지요. - 내가 다시 이 땅에 온 것이 한갓 뜬구름 같은 기약이 되도록. -

꿈이 깨어지고 내 세계는 일변했습니다. 세상은 슬픔의 바다, 인생은 비애의 연속입니다.

나는 서울에 돌아와서 삶과 죽음의 수레바퀴의 돌연변이 속에, 검은 운명의 손길이 당신을 제물로 잡아, 생명의 힘보다 살겠다는 의지보다 더 힘센 질병, 뇌염이라는 한없는 혼수상태의 심연으로 내던진 것을 보고 말았습니다.

매일같이 나는 병원에 갔으며, 당신의 힘없는 사지를 보살폈고 당신의 재생을 기원했습니다. "중락 씨, 꼭 살아야 해요. 의지를 가지세요. 살아야겠다는 그 의지 말이에요. 만일 내가 온 것이 당신의 출세와 인생의 장애라면 가슴속의 가시라면 나는 떠나겠습니다. 그러나 제발 나아서 온 세상을 그 노래 - 당신의 아름다운 그 노래로 가득 채워 주십시오. 그리고 당신이 완쾌되면 나는 조용히 떠나가겠습니다. 만일 그것이 당신의 뜻이라면."

바람이 불 때마다 잡초는 움직이고 먼지가 일었습니다. 가을의 태양은 창백하고 낙엽은 떨어지고 찬바람이 불어왔습니다. 열차의 텅 빈 외로운 기적소리가 찬바람을 타고 들려왔습니다.

죽음.

이토록 자연스럽고 어쩔 수 없는 인생의 한 과정.

시원하게 펼쳐진 푸른 하늘은 새로 거둬들인 논 끝으로 조용히 내려앉고, 바람은 대지와 죽음의 냄새를 함께 몰고 왔습니다.

아, 나는 그 아침 - 슬픔에 흐느끼는 그 아침을 맞이하고 말았습니다.

당신의 장례식이 끝난 지가 얼마 안 되어 얘기하자니 너무 고통스럽습니다. 그러나 얘기하렵니다.

중락 씨, 당신의 가족들은 나에게 몹시 친절했습니다. 서로 알지 못하는 사람들인데도 당신의 병환 때 그리고 쭉 후로… (나는 당신의 어머님과 처음으로 다방에 들어간 것과 당신 아버님의 생신날 당신의 집으로 함께 간 추억을 결코 잊지 못할 것입니다.)

그리고 우리는 (어머님과 나) 언어의 장벽으로 가끔 방해를 받았지만, 오직 당신의 회복을 위하여 함께 일하고 기도함으로써 더욱 친밀해졌습니다. 나의 감동과 존경은 날이 갈수록 더해갔으며 나는 그들이 조용히 그리고 부지런히 당신을 돌봐주고 있는 것을 보았습니다. 나는 현명하게 행동하려고 노력했으며 당신이 살아생전 좋아하시던 그 옷을 입고 있었습니다.

당신의 세계, 당신의 습관은 나의 그것과는 판이하게 다르지만 나는 그것들을 보고 듣고 배웠습니다. 그러나 그것은 어려운 일은 아니었습니다. 왜냐하면 나는 당신과 가족들 그리고 친지들 – 내가 돌보아주고 싶었던 사람들을 기쁘게 해드리기로 했기 때문입니다.

중락 씨, 내 이룰 수 없는 사랑이여,

많은 사람들이 그들의 마지막 존경을 당신께 바치려고 찾아왔습니다. 나는 사실 당신의 뜻밖의 죽음을 당하여 위풍당당하고 복잡한 허례보다는 조그맣고 간략한 식(장례식)을 올렸으면 하고 얼마나 원했는지 모릅니다. 테레비 중계도 없고, 걷잡을 수 없이 많은 군중도 없는, 오직 당신의 가족과 친지들만 있었으면 하고.

* * *

우리가 만났던 조용한 날들을 기억합니다.

서울거리를 걷다가 갑자기 당황하여 다방이나 영화관으로 뺑소니치던 그 추억.

다만 당신은 한국인, 나는 외국인이라는 이유 때문에 우리를 괴롭혔던 그 무서운 눈길들을 피하여 청덕궁의 나무들이 늘어선 길을 따라 걸었던 추억.

그러나 지금 당신은 유명해지고 많은 사람들의 입에 그 이름 그 명성이 오르내리고 있습니다. 그들의 가슴속엔 당신의 노래가 있습니다.

그러나 나는 옛날 옛적의 중락 씨를 알았고 사랑했을 뿐 – 그래서 오늘의 화려한 식은 마치 거짓말같이 느껴집니다. 다만 내 가슴속에는 검은 상처가 남아 있을 뿐.

우리는 함께 울었습니다. 당신의 가족과 친지들과.

...... (중략)

다시 한 번 말씀 드리지만, 나는 당신을 잊고 새출발하려고 무진 애를

셨으나 그것은 허시였습니다. 왜냐하면, 우리의 덧없는 행복한 순간들의 아름다운 추억, 당신의 미소, 그 부드러움, 깊은 이해심, 당신의 인생에 대한 애착, 그 성실성과 친절 그리고 그 강인성이 자꾸만 나를 괴롭혔기 때문입니다.

이것이 현실입니까, 꿈입니까?

삶과 죽음의 수레바퀴가 완전히 뒤바뀌어 당신을, 그렇게 젊고 씩씩했던 당신을 잡아갔군요.

– 그 시원한 미소의 깊이와 공명, 삶을 사랑하던 당신의 투쟁. –

이 수레바퀴의 잘못된 윤회가 내 가슴을 어리벙벙하게 만듭니다만, 내가 사랑하는 그 남자 당신으로부터, 1년간의 빼앗긴 행복의 침전된 추억으로부터, 한때 청순하고 진실했던 우리의 사랑으로부터, 우리의 첫 이별의 상처로부터, 그리고 내 상처 난 가슴에 그토록 깊이 간직된 당신의 이 말씀으로부터 나는 힘과 용기를 얻습니다.

"알린, 참아주세요. 동양의 미덕은 참는 것입니다. 우리는 다시 만나 사랑할 수 있겠지요."

깊은 한숨과 함께 이 격렬하고 착잡한 생각들을 날려 보내야 할 때가 온 것 같습니다.

하지만 중락 씨, 당신은 영원토록 내 가슴속에 불타고 있을 것입니다.

그러나 내일 나는 이 끈질긴 슬픔을 이기고 햇빛을 찾아 떠나겠습니다. 그리고 다시 살아보고 싶습니다. 내 가슴으로 하여금 웃는 것이 무엇인지 가르쳐주고 싶습니다. 왜냐하면 이 세상은 불가능은 없는 세상이기 때문입니다.

그러나 이 쓰라린 가슴의 상처의 추억이 없어질 때까지는, 그리고 언젠가 때가 와 이 고통이 사라지는 날까지는, 나는 내 사랑, 이룰 수 없었던 내 사랑을 그리워하고 있을 것입니다.

한국 야구의 원조 '호무랑' 타자

| 야구인 이영민

第七回個人打擊賞
培材李榮敏君에
打數21 安打13의 高率로
從來記錄을斷然突破

本社와四俱樂部野球聯盟 共同主催의第七回(一九三一年度春季)聯盟戰의 이번個人打擊率은 全培材主將李榮敏(殊勳選手)君이 打數廿一에 安打十三、勝率六割一分九厘로써 個人打擊率로써 稀有의高率로 首位를 占하얏다、이제 그동안의個人打擊率 首位者와率을 訟하건데 第二回는 張貴男(培材)五割五分六、第三回金貞植(徽文)五割三分八、第四回金文亮(中央)四割三分九、第五回金貞植(徽文)四割四分四、第六回申泰均(徽文)四割이엇다 이로써 이번의 六割一分九가 斷然最高位이다

【三回以上出戰者打擊率】

		戰數	打數	得點	安打	壘打	二打	三打	本打	犧打	盜壘	三振	四死	率
1	李榮敏(培先)	5	21	11	13	17	2	1	0	0	6	0	3	,619
2	閔鎭圭(徽先)	3	7	2	3	4	1	0	0	1	3	1	3	,429
3	金壽永(中先)	4	19	4	7	10	1	1	0	0	1	2	0	,369

이영민(21타수 13안타 6할 타자) 기사, 동아일보

1904년 우리나라에 야구가 들어왔고 1982년에는 프로야구가 출범했다. 이제는 가장 인기 있는 대중스포츠로 자리 잡았고 우리 선수의 해외에서의 활동도 눈부시다. 우리나라 야구 스타의 원조, 동대문구장의 첫 번째 홈런 타자인 이영민(李榮敏 1905~1954)의 흔적이 여기에 있다. 야구는 숱한 기록과 스토리를 팬들이 함께 공유함으로써 더욱 감성적으로 사랑받는 스포츠인데, 그 소중한 기억의 현장은 방치되어 있다.

1928년 6월 8일 오후 4시 반, 경성운동장(동대문운동장, 1925년 10월 개장)에서 연희전문과 경성의전의 제2회 야구 정기전이 열렸다. 연전은 모두 조선인 학생이고 경의전 선수는 모두 일본인이었기에, 당시의 연-경전은 지금의 한일전보다 더 열띤 분위기였다. 어느 정도냐 하면, 1932년의 시합 때는 9회말 2사 후에 연전의 모 선수가 결정적인 실책을 범해 역전패를 당하자 기고만장한 일본인과 실망한 조선인 관중 사이에 패싸움이 일어나 경찰과 헌병이 동원되었고, 실책을 범한 선수는 자책감에 그만 학교를 자퇴하였다. 또 연전이 승리하면 조선인 관중은 어깨동무를

야구 스타의 원조 이영민

하고 거리를 누비며 기쁨을 만끽했다.

연전의 1회말 공격. 1번과 2번이 연달아 아웃된 후 팀의 주장이며 3번 타자 이영민이 타석에 들어섰다. 이영민은 제2구의 인코너 직구에 힘차게 배트를 휘둘렀다. 딱! 소리가 나며 하늘 높이 치솟은 공은 쭉쭉 뻗어나가 놀랍게도 스코어보드를 여유 있게 넘은 중월(中越) '호무랑'. '호무랑'은 홈런의 일본어 발음인데 이후 이영민의 별명이 되었다. 시합 결과는 연전의 3-2승.

6월 10일의 동아일보는 '경성구장 개설 이래 초유의 대본루타(빅 홈런)', 중외일보는 '경성구장 생긴 후 최신기록의 홈으런힛, 담장을 훨씬 넘기었다'는 제목으로 조선운동계의 '희한한 사건'이라며 크게 보도하였다. 경성구장에서 홈런을 친 사람으로는 1927년 5월 20일 미국 흑인 프로야구팀 로열자이언츠의 '케디'가 식산은행(殖產銀行 현 산업은행)과의 시합(22-4로 대승)에서 터뜨린 것이 처음이지만 동양인으로서는 이영민이 처음이며, 게다가 케디의 기록을 훨씬 초과한 375척(113m 정도)을 기록했다고 중외일보는 전했다. 또 동아일보는 이영민이 홈런을 친 배트는, 전달 5월 동아일보 주최 4구락부 연맹전에서 이영민이 전(全)배재 선수로 출전하여 3개의 홈런을 친 기념으로 수여한 배트였음을 자랑했다.

숙명의 라이벌, 이영민과 미야다케

연전-경의전 시합이 마이너 한일전이었다고 한다면, 이영민이 졸업 후 식산은행 선수로 1930년 7월 15일 경성구장에서 벌인 게이오(慶應)대학과의 시합은 메이저 한일전이라 할 수 있다. 물론 식산은행 선수는 이영민을 제외하고 모두 일본인이었으므로 팀으로써는 한일전이라 할 수 없다. 그러나 군계일학의 실력을 갖춘 이영민은 팀의 대표주자로 우뚝 선 존재였기에, 그는 비록 일본인 팀에 속했지만 조선을 대표함에 부족함이 없었다. 조선인 관중은 식산은행의 승패에 관계없이 오로지 조선의 대표 이영민의 활약에 환호를 보냈다. 박찬호와 이승엽, 추신수, 류현진 등이 미국과 일본에서 활약하는 모습을 지켜보는 우리의 마음과 다르지 않을 것이다. 아니, 나라 잃은 국민의 마음을 어찌 지금 우리의 마음에 비할 수 있으랴. 이영민은 불행한 식민지 조선인의 기대를 한 몸에 받고 은퇴하는 그날까지 고군분투의 한일전을 벌인 것이다.

게이오대학의 투수는 도쿄6대학리그의 스타 미야다케 사부로(宮武三郎). 그는 후에 '전전(戰前 1945년 이전) 최고의 천재 야구선수'라는 평을 받은 자다. 일본의 이영민이라 할 만큼 경력도 화려하다. 고교 때는 고시엔대회 우승을 이끌었고, 1927년 게이오대 1학년 때 도쿄대와의 시합에서 진구구장(神宮球場) 첫 번째 홈런을 쳤다. 투수로서는 통산 38승 8패로 현재까지 게이오대 역대 최고 승률이고 타자로서는 1930년

京城球場開設以來
初有의大本壘打
延專李榮敏君이담을넘겨
本社授與의本壘打杯로

延專 3A 醫專 2

徽文對醫專野球

普成高普校의
體育奬勵新方針

이영민과 베이브 루스가 함께 찍은 사진(왼쪽)과 경성일보가 홈런 기념으로 증정한 컵을 들고 있는 이영민(가운데), 그리고 경성구장에서 동양인 최초로 홈런을 친 이영민 선수를 보도한 동아일보 기사(오른쪽).

수위타자에 올랐고 그의 통산 7홈런은 1957년까지 최다기록이었다. 투수로서 3할(200타수 이상)의 타율은 그 외로는 괴물투수라 불린 에가와 스구루가 유일하다. 1936년 프로팀 한큐(현 오릭스) 창단 멤버로 들어가 초대 주장을 맡았다. 이영민에 버금가는 미남 스타로서 여성팬에게 인기가 많았다. 은퇴 후에는 야구해설가를 지내다 이영민과 같은 나이인 49세에 세상을 떠났고 1965년에 명예의 전당에 들어갔다. 한편, 미국의 홈런 타자 베이브 루스 또한 투타 최고의 선수였기에 그와 비슷한 이영민은 '조선의 베이브 루스'라고 불렸다. 이영민이 1934년 미국올스타와 대전한 일본대표팀에 참가해 베이브 루스와 함께 찍은 사진은 남아 있으나 미야다케와 찍은 사진은 아직 찾지 못했다.

경성구장 초유로 1만여 명의 관중이 운집한 시합의 결과는 11-3으로 게이오대의 승리. 그러나 그날의 스타는 빅 홈런을 친 이영민이었다. 조선일보(1930.07.17)는 "이영민은 6회초에 미야다케의 제1구를 쳐 중월대비구(中越大飛球)로 통쾌한 책월대본루타(柵越大本壘打)를 치고 유유

미야다케 사부로

히 본루에 돌입하는 모습에 만장군중은 박수갈채를 아끼지 않아 그 환호성은 구장을 진동시켰다"고 전했고, 총독부 기관지이며 시합의 주최자인 경성일보는 7월 16일자 스포츠면 반에 걸쳐 이영민의 활약을 중심으로 시합 결과를 상세히 쓰고, 홈런 기념으로 자사가 증정한 컵을 든 이영민의 사진을 크게 실었다. 다음은 기자 다카하시의 글.

> 수훈자 이군. 이 시합의 흥미는 이영민의 홈런이었다. 미야다케가 오버 쓰로로 내리꽂은 스피드 있는 직구를 이영민이 혼신의 힘을 다하여 치니 센터 오버하여 울타리를 넘어 만장을 놀라게 했다. 6대학의 우승팀 대투수의 호구(豪球)를 가볍게 홈런으로 친 수훈은 매우 훌륭하다고 해야 할 것이며, 그는 확실히 경성 리그의 이름을 빛냈다.

한편, 조선체육회장을 지냈고 많은 야구대회의 대회장을 역임한 윤치호는 그날의 시합을 이렇게 기록했다. "7월 15일 화요일. 맑음. 오후 4시에 일본 최강의 게이오대와 경성 최강인 식은(殖銀)의 야구 시합을 보러 경성구장에 갔다. 은행 팀의 유일한 조선인 이영민은 펜스를 넘기는 완벽한 홈런을 쳤다(made a clear home run). 일본인 관중이 그에게 환호를 보내는 것을 보니 흐뭇했다. 게이오대는 에러가 거의 없이 예상대로 4-1(11-3의 오기)로 이겼다. 내 관심은 내내 한 조선인이 펼치는 멋진 플레이를 보는 데 쏠려 있었다. 일본인들은 그들의 팀에 더 많은 조선인을 받아들여야 할 것이다."(『윤치호일기』, 원문은 영문, 필자 역)

대결은 다시 도쿄에서

미야다케와의 대결은 3년 후 일본에서 다시 이루어졌다. 1933년 8월 도쿄 진구구장에서 열린 제7회 흑사자기 쟁탈 도시대항야구대회. 프로야구 출범 전에는 이 대회가 만주, 대만, 대련, 조선에서도 참여한 가장 큰 대회였다. 이영민의 전(全)경성팀과 미야다케의 도쿄구락부(클럽)가 결승전에서 만났다. 도쿄구락부는 도쿄6대학리그 출신 우수선수가 모인 일본 최강의 팀. 프로팀 요미우리 자이언츠의 전신이기도 하다. 자본의 힘도 크겠지만 요미우리가 쟁쟁한 선수들을 보유한 명문구단의 전통을 가지게 된 것은 창단 때부터 도쿄6대학리그의 우수선수를 확보할 수 있었기 때문이다.

미야다케는 이미 5회 대회(1931) 때 결승전에서 홈런을 치며 팀의 우승을 이끈 바가 있고, 전경성팀의 유일한 조선인 이영민은 이번에는 3번 타자 및 선발투수로, 미야다케는 4번 타자 및 선발투수로 나왔다. 이영민은 1930년 7월 15일 경성구장에서 미야다케와 대결하여 친 홈런이 자신의 야구 일생에서 가장 기억에 남는다고 회상했듯(『중앙』), 이영민은 다시 만난 미야다케에 대해 왠지 자신감에 넘쳐 있었고, 미야다케는 결승에 오르기까지의 연투(連投) 탓인지 왠지 지친 모습이었다. 이영민은 투수로서 도쿄구락부 타선을 봉쇄하고, 타자로서는 미야다케의 공을 어렵지 않게 쳐내는 맹활약으로 미야다케는 5회(京4-東2)에 1루수로 물러나고, 다시 이영민의 8회 적시타로 경성팀은 1점을 추가, 5-2로 리드하여 거의 우승이 눈앞에 다가온 듯했으나, 9회말 2사에 투 스트라이크, 주자 없는 상황에서 4구와 연타를 맞아 동점을 내주고, 연장 10회말 다시 안타를 맞은 이영민은 좌익수로 교체됐으나, 결국

3루 에러로 6-5로 역전패 당했다. 동아일보(1935.08.12)는 경성팀의 석패를 보도하면서, "우수한 타수는 경성군 이영민, 세키, 오가사와라, 도쿄군 미야다케, 나카무라, 데츠카"라고 덧붙였다. 이영민에게는 평생 잊을 수 없는 경기였다. 결과적이지만 9회말 마지막 상황에서, 홈런을 맞아 1점을 내주더라도 '드롭'이 아닌 직구를 던졌어야 했다고 후에 이영민은 매우 아쉬워했다.

전경성팀은 강적 도쿄구락부에 분패하였지만, 이영민은 이 시합에서의 활약으로 '공(攻), 수(守), 주(走)를 갖춘 만능선수로 조선의 군계일학'이라며 일본야구계의 큰 주목을 받았다. 1934년, 프로팀 창설을 준비하던 미야케(三宅 후에 요미우리 초대감독)가 선수 선발차 조선에 건너와 이영민에게 입단을 권유했으나 이영민은 결정을 보류했다. 그해 10월 이영민은 요미우리 신문사가 주최한 미국 메이저 리그 올스타팀 초정 경기에 대항할 전일본팀 30명에 뽑히고 다시 제1전에 나갈 베스트 14명에 선발되자, 그 기회에 일본 현지에 가서 상황을 살펴보고 입단 여부를 결정코자 하였다. 그러나 미국 올스타와의 시합에서 대타로만 출장하게 된 차별을 받아 미래가 불확실하다는 판단을 내렸다. 그는 결국 입단을 포기하고 돌아왔다.

다음 해 제9회 도시대항전(1935)에서 이영민이 속한 전경성팀은 준준결승에서 다시 숙명의 라이벌 도쿄구락부와 2년 만에 맞붙었다. 우승후보끼리의 혈투에서 좌익수 3번 타자 이영민은 3안타(1, 5, 7회)에 1파인 플레이로 고군분투하였으나, 팀은 2년 전과 같은 기연(奇緣)의 5-6 스코어로 분패하고 말았다. 도쿄팀의 미야다케는 투수(6회, 1-6에서 교체)와 1루수로 뛰어, 2루타 1, 폭투 1, 피안타 4를 기록했다. 어렵게 경성팀을 물리친 도쿄구락부는 그 후 준결승을 거쳐 우승까지 거머쥐었는

이영민의 비석

데, 스타 미야다케는 준결승에서 홈런을 치고 결승전에서는 승리투수로 뛰어 도쿄팀 우승의 주역이 되었다.

팀으로는 매번 졌지만 개인으로는 언제나 미야다케와 대등하거나 능가한 실력을 보여준 이영민이 프로구단 요미우리에 입단하여 활동하였다면 틀림없이 한일 야구 역사에 큰 업적을 남겼을 것이다.

'조선이 낳은 10대 운동가' 투표에서 1위

이영민은 야구뿐 아니라 육상과 축구, 농구에도 능한 만능스포츠맨이었다. 축구는 연전 및 경성의 대표선수를 지냈고, 1926년 10월에 조선축구단의 일원으로 도쿄에 가 조선 최초의 원정경기를 치른 바 있다. 1933년에 시작된 경성과 평양 간의 경평전에는 경성축구단의 감독으로 활약하기도 했다. 1939년 9월 19일의 조선축구협회(회장 박승빈, 본서 '박승빈' 편 참조) 창립 당시 이사로 참여한 후, 1945년까지 이사 및 주사로 활동했다. 육상에서는, 1927년 7월 27일에 열린 일본유학생환영 육상경기대회에서 100m(11초6)와 400m(55초)에서 우승, 이어서 1928년 6월 23일 제5회 전조선육상대회에는 200m(23초6)와 400m(54초 6, 조선신기록)에서 우승한 단거리의 1인자였다.

이렇게 각 분야, 동에서 번쩍 서에서 번쩍하는 그를 보고 혀를 내두르지 않은 이가 없었다. 이는 과장된 표현이 아니다. 당시 조선의 이영민에 대한 평가가 어떠했는지 잘 보여주는 사실이 있다. 1931년 12월 27일 《동광》은 각계인사의 추천을 받아 '조선이 낳은 10대 운동가'를 뽑았는데 14표로 최다 표를 받은 이가 바로 이영민이었다.

1937년 3월 1일, 이영민은 15년간 520경기를 치루며 최우수타격상과 우승을 휩쓸고 선수의 정점에서 야구계를 은퇴, 직장 생활을 하면서 조선 스포츠계를 위해 일했다. 해방 후에는 대한야구협회의 이사장 및 부회장으로 각종 야구대회의 창설 등 한국 야구의 발전을 위해 힘썼다. 그러나 1954년 8월 12일 새벽, 집에 침입한 강도의 총에 이영민은 불귀의 객이 되고 말았다.

망우리공원의 이영민은 20여 년 전 유족(미국 거주)이 화장해 이장해가는 바람에 지금은 비석만 남아 있다. 전신주 30번 건너편에서 31번 방향 10m에 있는 길로 내려가서 조금 내려가면 좌측에 보이는 잘 다듬어진 남정 문씨 쌍묘와 안동 장씨, 경주 김씨 묘가 보이는데, 그 아래 직사각형의 묘비가 이영민의 것이다. 홈런왕에 걸맞은 큰 덩치의 비석에는, 앞면에 단지 '이영민지묘, 1905.12.26~1954.10.12(8.12의 오기. 동아일보 1954.08.13자 근거)', 뒷면에는 '대한야구협회립(立)'. 그 외로는 유족의 이름이나 추모의 글도 없다. 윤치호의 표현 'made a clean home run'

처럼 심플하고 깨끗하게 하늘로 돌아간 홈런왕의 이미지를 나타낸 것일까. 아니면 불의의 죽음을 당해 말을 잊은 것일까.

필자는 이영민 묘가 어느 위치에 있는지 알고자 양재역에 있는 대한야구협회까지 찾아간 적이 있다. 그러나 협회는 자신들이 직접 세운 비석에 관해 전혀 기록을 갖고 있지 않았다. 과거의 야구 영웅이 일반인이 아니라 협회에서조차 이렇게 대접받고 있다는 사실과 무관심한 냉대에 놀랄 뿐. 야구는 기록의 스포츠인데 협회는 자신들의 역사를 확실히 먼저 챙길 일이다.

일본인의 야구 사랑을 엿보면 놀랄 만큼 부럽다. 10여 년 전 일본 고베에 출장 갔을 때 일본 친구와 뒷골목의 허름한 선술집에 들어가 술을 마셨는데, 마침 TV에서 한신 타이거즈의 경기가 방영 중이었다. 주인과 손님들 사이에는 과거 10년, 20년 전의 어떤 시합에서 누가 몇 회에 어떤 드라마를 연출했는지 열띤 대화가 끊이지 않았다. 영화로도 나온 일본소설 『박사가 사랑한 수식』에서도 수학의 천재인 박사가 과거 시합의 데이터를 줄줄 읊어대는데, 그것은 그리 놀랄 일이 아니다. 일본에서는 그 정도 아는 야구팬들이 많다. 고교 야구팀 수는 일본이 4천 개를 넘는 반면, 우리나라는 30년 전 필자의 고교 시절과 비교해도 거의 변화가 없이 아직 60개를 넘지 못한다. 리틀야구이건 클럽 활동이건 잘하건 못하건 어디선가 선수로 뛰는 야구 인구가 일본에는 580만 명이나 된다. 그들은 선수를 그만두어도 평생 열성 팬으로 남는다.

우리 대표팀이 앞으로도 일본을 간간이 이기는 기적을 만들 수는 있다. 월드컵 4강 나라의 축구장이 그러하듯, 기본적으로 야구 인프라가 일본처럼 갖춰지지 않으면 반짝 했다가 다시 텅 빈 야구장을 바라보는 일은 반복될 것이다. 소수의 집중된 훈련에 의한 후진국형 메달 따기는 이제 그만둬야 한다. 이제 스포츠는 개인의 입신양명이나 나라를 빛내기 위한 것이 아니라 국민의 몸과 정신을 건강하게 하는 데 중점을 둔 본래의 스포츠정신으로 돌아와야 한다. 중국이 메달을 최고로 많이 따서 스포츠 최강국인가? 아니다. 선수 최강국일 뿐이다.

고인을 추모하여 협회는 1958년부터 고교생에게 '이영민 타격상'을 수여하고 있지만, 한국 야구의 선구자이면서 협회조차 관리하지 않는 비운의 스타 이영민은 대다수의 국민에겐 여전히 낯선 이름일 뿐이다.

* **흑사자기** 일본에서는 흑사자기에 얽힌 에피소드가 전해져 온다. 전경성팀은 그후 14회(1940)에 마침내 우승하고, 다시 16회(1942)에 우승을 했다. 이 대회에는 조선인으로 김옥희가 출전했다. 하지만 흑사자기 쟁탈 도시대항야구대회는 전쟁으로 1943~1945년에 중단됐고, 그동안 흑사자기는 경성전기주식회사(현 한전)에서 보관 중이었다. 해방 후, 경성전기 야구부 주장이며 전경성팀의 3번 타자였던 아키야마 미쯔오(秋山光夫)는 일본으로 귀국하면서 '목숨을 걸고' 일본 야구 역사의 상징인 흑사자기를 밀반출했다. 미군의 검문을 피하기 위해 허리에 기를 두르고 일본 귀국선을 타는 데 성공했다. 고향 마루가메에 돌아간 아키야마는 지역 유지에게 기를 맡겨두었다. 그러나 1946년 8월에 열린 제17회 대회 때 그 사실을 모르는 주최측 마이니치신문사는 우승팀에 표창장만 수여했다가, 마루가메 시장의 주선으로 아키야마로부터 기를 반환받고 10월에 새로 흑사자기 수여식을 거행했다. 낡아버린 흑사자기는 45회 대회(1974년) 때 새것으로 교체되어 야구체육박물관에 보관되었다. 우리나라에 명예의 전당이 설립된다면 밀반출된 것이 분명한 흑사자기를 돌려받아야 하지 않을까 생각하지만, 그에 앞서 우리나라 야구의 역사를 연 역사 속의 인물 이영민을 얼마나 보존하고 기리는지 먼저 묻게 된다.

비운의 영화인이 부른 '밤하늘의 부르스'

| 영화감독 노필

망우리공원에 쓸쓸히 잠든 영화감독 노필(盧泌 1927~1966). 60년대의 대표적 음악영화 「밤하늘의 부르스」(1966)로 흥행에 성공하여 음악영화의 1인자로 불렸지만 남은 것은 빚밖에 없었다. 당시 영화계의 구조적 모순과 불운한 자신의 삶을 향해 마지막 '컷'을 외친 노필 감독. 그를 비롯한 많은 영화계 선배들의 비참한 종말이 지금 세계적인 한국 영화의 밑거름이 되었음을 그 누가 의심하리.

종합 버라이어티쇼 & 세미뮤지컬 「밤하늘의 부르스」

밤하늘에 울려 퍼지는 트럼펫 소리의 기억이 있는가. 혹은 영화 「지상에서 영원으로」에서의 트럼펫 소리를 기억하는가. 노필 감독의 영화 「밤하늘의 부르스」가 내 어릴 적의 어렴풋한 기억을 불러일으켰다. 소년의 여름 밤, 잠결에 뒷산에서 가끔 들려오던 애잔한 트럼펫 소리가 오랜 세월의 간격을 넘어 들려온다. 소리와 멜로디는 잊었지만 아련한 그때의 느낌이 들려온다고 해야 하나. 어느 밤에는 산을 오르는 트럼펫의 주인공 청년을 발견한 나와 친구는 무턱대고 "아저씨 같이 가요" 하며 뒤를 따라갔다. 바위에 걸터앉아 밤하늘을 향해 트럼펫을 불던 그 청년의 얼굴은 잊었지만, 그의 이미지는 노필

노필 「밤하늘의 부르스」

감독과 오버랩된다.

트럼펫곡 「밤하늘의 부르스(Wonderland by Night)」는 심야의 음악방송 시그널에도 많이 쓰여 귀에 익숙하다. 이 곡명을 따서 만들어진 노필 감독의 「밤하늘의 부르스」는 70년대 중반까지만 해도 성행했던 극장쇼의 면면을 보여준다. 이 영화는 가수와 코미디언, 그리고 무용단이 나오는 버라이어티쇼가 탄탄한 멜로드라마와 함께 엮여져 '세미뮤지컬'이라고 불렸다. 이 작품은 노필 감독의 대표작으로 상암동 한국영상자료원에서 혹은 영상자료원 인터넷 사이트에서 볼 수 있다.

상수(최무룡)와 유미(이빈화)는 '원앙새 콤비'로 불리는 인기 듀엣. 유미는 상수를 사랑하지만 상수의 마음에는 유미의 이종사촌동생 경희(태현실)가 있고, 소속사(레코드사) 사장이며 나이트클럽 오너인 손사장(박암)은 자기 클럽에서 피아노 아르바이트를 하는 경희를 금품으로 유혹하지만 경희 또한 오로지 상수뿐이다. 상수는 사실 유미의 인기에 얹힌

파트너이므로 현실을 생각한다면 유미를 떠날 수 없다. 그렇지만 그런 모든 현실적 욕망을 버리고 오로지 순수한 사랑으로 상수와 경희는 결혼한다.

경희를 상수에게 빼앗긴 손사장은 듀엣을 해산시키고 이제 유미를 유혹한다. 유미 또한 실연의 아픔 때문에 사랑하지도 않는 손사장과 함께 프랑스로 노래 유학을 떠난다. 바로 그날, 택시를 타고 신혼여행을 떠나던 상수와 경희는 손사장 사주에 의한 교통사고를 당하여 가슴을 크게 다친 경희는 의사로부터 부부관계를 하지마라는 경고를 받는다.

생활이 어려워진 상수는 솔로로 나서기 위해 신곡을 취입하려는데 그 또한 교통사고의 여파로 노래 실력이 예전 같지 않다는 말을 듣고, 또 손사장의 방해로 가요계에서 따돌림을 받아, 생활을 위해 어쩔 수 없이 지방 극장 무대에 서게 된다. 그러나 상수가 지방 무대에서 부르는 '차분한' 팝송은 지방 관객의 귀에 들어오지 않는다. 지방 무대에서 상수가 「I Left My Heart In San Francisco」를 부르자 관객은 집어치우라고 야유를 보낸다. 이 장면에서 나는 상수와 같은 노필 감독의 마음을 읽는다.

도중에 퇴장을 당한 상수는 극장 사장에게 돈도 못 받고 구타를 당하는 모욕을 당한다. 그 장면을 우연히 훔쳐보게 된 경희는 상수의 장래를 위해 몰래 곁을 떠날 결심을 한다.

그때 파리에서 1년 만에 돌아와 컴백한 유미는 더욱 세련된 자태로 예전의 인기를 얻고 있었는데, 경희는 유미를 찾아가 마음에도 없이 "지지리 못난 남편 지긋지긋하다"고 상수 욕을 하고, 상수에게는 다시 유미와 함께 듀엣 가수로 나서길 권한다. 유미도 경희에게

'버림받은' 상수를 구하고자 자신의 높은 인기를 이용해 일류악단을 통해 상수를 끌어당기자 상수도 어쩔 수 없이 다시 유미와 재결합한다. 듀엣으로 새 출발이 결정된 그날 밤, 경희는 건강이 많이 좋아졌다는 거짓말을 하며 상수와 마지막 잠자리를 같이하고 다음날 상수가 부산 공연을 위해 떠난 후 편지를 남기고 자취를 감춘다.

상수가 경희를 찾아 친정오빠(허장강)의 목장을 찾아왔지만 오빠는 모른다며 돌려보낸다. 상수가 떠난 후 숨어서 지켜보던 경희는 견딜 수 없는 그리움에 상수가 떠난 기차역으로 달려가지만 기차는 기적소리를 울리며 저만치 떠나간다. 철로에 서서 멀어져가는 기차를 바라보며 오열하는 경희, 그녀 뒤로 한없이 뻗은 철로… 이 영화에서 가장 슬프게 아름다운 씬이 아닐까.

경희가 상수를 떠난 것은 결핵성 늑막염이 악화되어 몇 달 살지 못한다는 선고를 받았기 때문. 그 후 한동안 오빠 목장에서 요양하던 경희는 우연히 라디오에서 상수와 유미 듀엣이 방송국 개국 3주년 기념공연의 피날레를 장식할 노래를 공모한다는 말을 듣는다. 경희는 상수에게 줄 마지막 선물, 그리고 자신이 받을 마지막 선물로써 노래를 작곡한다. 결혼 전에 상수가 지어서 들려준 가사에 곡을 붙인 악보는 죽음의 막바지에 가까스로 조카 손에 들려 방송국 개국 3주년 쇼에서 이제 막 노래를 부르려는 상수에게 전달된다. "경희 고모가 위독하니 죽기 전에 노래를 들려 달라"는 조카의 부탁에, 상수는 라디오를 통해 경희에게 곧 갈 테니 죽지 말라는 말을 하며 경희가 작곡한 노래 「밤하늘의 부르스」를 부른다. 경희는 병석에 누운 채 라디오를 통해 흘러나오는 노래를 듣다 이내 숨을 거둔다.

빚더미에 絞殺된 映畵監督 盧泌씨

「꿈은 사라지고」

製作者의 橫暴에 妥協못한 映畵道

外道의製作 손대 「自虐의 블루스」

「밤하늘의 부르스」 포스터(왼쪽), 신아일보에 실린 노필의 기사(오른쪽)

적막이 스미는 밤하늘에
트럼펫 메아리 퍼지네
내 사랑 그대 고이 잠자라
저 멀리 떨어진 그대
포근히 잠들어라……

'착한 영화인'의 '꿈은 사라지고'

이 영화에는 많은 인기 연예인이 특별출연했다. 이미자, 유주용, 위키리, 안성희, 남일해, 이금희, 조애희, 쟈니브라더스, 박재란 등 당대 최고 인기가수가 극중에 노래를 불렀고, 코미디언 서영춘 외에도 이기동, 남보원, 후라이보이(곽규석) 등이 사회자나 막간 쇼맨으로 나왔으며, 박춘석과 그 악단, 보난자악단, 워커힐악단, 이기송과 그 악단 등 당시 최고의 악단들이 번갈아 출연하였고, 워커힐 댄싱팀도 좋은 볼거리를 제공하였다. 최무룡와 이빈화의 노래는 진송남과 권혜경이 대신 불렀다.

최초의 음악영화는 유동일 감독과 가수 현인 출연의 「푸른 언덕」(1949)으로 기록되었으나 「나 혼자만이」(1958)를 만든 한형모가 본격적 장르의 개척자로 인정받았고, 노필의 「꿈은 사라지고」(1959, 최초의 권투영화), 「사랑은 흘러가도」(1959)가 그 뒤를 이었으며, 마침내 1966년에 개봉된 「밤하늘의 부르스」의 성공으로 노필은 음악영화의 1인자로 인정받았다.

노필 「밤하늘의 부르스」. 프랑스에서 돌아와 무대에 선 유미. 색소폰의 전주가 흘러나오면 유미는 뒤의 계단을 천천히 걸어내려와 무대 앞으로 나선다. 색감과 구도, 그리고 가수의 아름다운 자태와 노래로, 음악과 미술이 멋지게 결합된 인상적인 신(scene)이다. 「유정」(김수용, 1966) 이후 유행된 컬러영화의 진수로 꼽힌다.

그러나 노필 감독은 석 달 후인 7월 29일 새벽 삼청공원에서 목을 매고 자살했다. 많은 정성을 들여 만든 「밤하늘의 부르스」가 4월 3일부터 20일까지 17일간 국도극장에서 개봉되어 8만 6천 명의 관객을 모았는데(지방은 통계 자료가 없다), 당시 흑백영화는 5만 명, 컬러영화는

8만 명의 개봉극장 관객을 모으면 적자는 보지 않는다는 것이 상례였다. 그래서 언제나 노필 감독 영화의 주연을 맡으며 친하게 지냈던 주연배우 최무룡도 "흥행엔 성공한 것이라 돈을 모은 줄 알았는데…"라고 말했을 정도로 그의 죽음은 많은 영화인에게 큰 충격을 주었다.

노필은 1927년 서울 화동에서 부잣집 4대 독자로 태어나 경기중학을 졸업하고 연세대 국문과를 다니다, 23세 때 「안창남 비행사」(1949)로 영화계에 데뷔했다. 39세로 생의 막을 내릴 때까지 17년간 30여 편을 만들었고 대표작은 「꿈이여 다시 한 번」, 「꿈은 사라지고」, 「심야의 고백」, 「밤하늘의 부르스」이다. 비교적 양심적인 작품 활동을 고집한 그는 주로 음악영화나 멜로물을 만들었는데, 한때는 제작자에게 잘 팔리는 감독이었으나 흥행 위주의 작품을 거부하며 제작자로부터 외면당하기 시작했고, 더구나 그가 30대의 젊은 감독 김수용, 강대진, 김기덕 등 11인과 함께 순수예술영화 활동을 기치로 내건 신우회(信友會)를 조직하자, 제작자는 더욱 노필을 멀리하게 되었다고 한다.

가난한 감독 노필. 그는 말이 없는 내성적인 성격으로 자기 돈으로 조감독을 장가보낸 일도 있는 인정 깊은 사람이었다. 그는 평소 '차분한' 음악영화를 만들고 싶어 했다. 트럼펫곡 「Broken Promise」를 내세운 「검은 상처의 부르스」(1964)와 뒤이은 「애수의 밤」(1965)의 실패로 더 이상 제작자의 연출 의뢰가 들어오지 않자, 노필은 영화에의 열정을 불태울 곳이 없어 감독으로서는 외도 혹은 모험이라는 제작에 직접 손을 댈 수밖에 없었다. 그래서 여기저기서 돈을 끌어모아 처음으로 제작에 손댄 영화 「밤하늘의 부르스」는 화려한 출연진과 코미디의 혼합 등으로 흥행성도 가미되어 성공할 수 있었다. 그러나 그가 죽은 뒤 그의 집에 남은 돈은 단돈 80원(당시 설렁탕 한 그릇 값)뿐이었고, 그가 진 빚은 갚을 수 있는 전망이 보이지 않아 죽음밖에 길이 없다고 생각하게 만들 정도였다.

왜 그랬을까? 관치 영화법의 부작용이 그를 죽음으로 몰고 간 것이었다. 당시의 영화법은 일정한 규모를 갖춘 영화사에게만 허가를 내주었기에 노필과 같은 군소영화업자는 높은 수수료(속칭 화명료)와 시설 사용료를 내면서 어쩔 수 없이 허가 영화사의 이름과 세트장을 빌렸다. 통상 화명료(畵名料)가 30만 원 정도인데 「밤하늘의 부르스」는 어쩐 일인지 50만 원으로 계약되었고(더군다나 영수증도 받지 못하는 돈), 지방 흥행사와의 계약 실수로 50만 원의 손해를 보았으며, 더구나 경영비의 예산 오버로 150만 원의 출혈이 있었다고 한다. 빚의 규모에 관해서는 설(說)이 분분하지만 대중잡지 《로맨스》(1966.10)는 이 영화로 노필이 "1백만 원의 빚만 안게 되었고 급한 빚 20만 원 때문에 고민하다 저승길을 택했다"고 했고, 《영화잡지》는 "표면으로는 50만 원이지만 배후에는 훨씬 더 많은 3,4백만 원의 빚을 짊어졌다는 얘기가 타당할 것"이라 하였다. 제작과 비즈니스 경험이 없는 예술가가 영화법이라는 핸디캡을 안고서 인간성 부재의 냉혹한 자본과 도박의 세계에 뛰어들었으니, 그의 패배는 어쩌면 당연한 것이 아니었을까. 그의 죽음은 군소영화업자의 고민을 처절하게 대변한 것이었다.

노필은 죽기 며칠 전 "여보! 내가 없어도 저 애들 삼형제를 당신 힘으로 기를 수 있겠지?"라는 말을 하여 부인은 가슴이 뜨끔했지만, 남편은 평소 착실하고 차분한 성격으로 집에서는 바깥의 고민을 말하지 않는 사람이라 차마 자살이라는 엄청난 결과까지는 예측하지 못했다. 노필은 집을 찾는 채권자를 피해 집을 나가 전전하는 날이 많았는데 불쑥 하루 전에 집에 돌아와 옷을 갈아입고는 "벗은 옷

3남 노문현 사진제공(앞줄 좌측부터 허장강, 김지미, 신영균, 한 사람 건너 노필)

빨 필요 없다"는 말을 던지고 쫓기듯 집을 나간 다음날(29일) 오후, 부인은 남편이 삼청공원의 숲에서 목을 맨 사체로 발견되었다는 비보를 접했다.

삼청공원은 경기중학 시절 꿈을 키우던 곳. '꿈이 사라진' 예술가는 그 시절이 그리웠던 것일까. 그는 피우다만 파고다 담배 한 갑과 라이터, 그리고 장례비로 쓰라며 시계를 판 돈 3,600원을 호주머니에 남겼다. 그리고 그는 죽은 후의 모습이 흉하지 않도록 감독다운 계산으로 위치를 잡아 두 발을 곱게 땅에 디디고 서 있었다고 한다. 유서는 두 장을 남겼는데, 채권자와 지인들 앞으로는 구구절절 "미안하다, 죄송하다, 용서해 달라"는 말이, 그리고 후에 부인 앞으로 우편으로 발송된 유서에는 "……내가 있음으로 오히려 집 한 칸 있는 것마저 날라갈 지경이니 차라리 내 한 목숨 죽음으로써 집이나 지니고 애들 길러가는 편이 당신 고생은 되겠지만 날 것 같구

노필의 비석

려……"라고 적혀 있었다.

다음날 30일 오후, 흐린 하늘에 간간이 부슬비가 내리는 날, 노필의 장례식은 영화감독협회장으로 거행되었고, 그 4일 후인 1966년 8월 3일, 정부는 제2차 영화법을 법률 제 1830호로 공표하였는데 이에는 국산 극영화 의무 제작편수 15편을 2편으로 줄이는 등의 등록요건 완화와 대명제작금지 조항이 포함되었다.

어느 잡지 기자는 노필 감독 기사에 아래와 같은 비명을 적어 자기 마음에 새겨두었다. "여기 젊은 방화계의 중견 감독 노필은 그의 의욕을 다하지 못한 채 죽음을 안았다. 만일 노필을 아는 사람이 이 비석을 지나갈 때 「밤하늘의 부르스」가 그의 마지막 음악 작품이라는 것을 기억해두기를 바란다. 그리고 외국감독 '마빈 드로이'를 퍽 좋아했던 감독이라는 것도…."

노필의 사후, 가족의 고생은 이루 말할 수가 없었다. 차남은 몇 년 전에 병환으로 타계하고 장남과 삼남은 평범한 직장인으로 살고 있다. 그래서인지 가족에게는 고인의 유품과 사진이 거의 남아 있지 않다. 단 한 장 얻은 사진은 「붉은 장미의 추억」(1962) 감독 때 찍은 것이다.

비석은 마치 콘크리트로 만든 듯 초라하지만 예술가다운 형태로 아담하게 조각되어 있다. 앞면에 '영화감독 교하노공필지묘(交河盧公泌之墓)', 옆면에는 '영화인 일동'이라 새겨져 있다. 묘는 순환로 반환점이 되는 정자의 뒤쪽으로 직진하여 오른쪽에 있다. 묘번 204942.

최초의 '순수한' 대중소설가

| 끝뫼 김말봉

1938년 11월 29일 동아일보에서 평론가 백철은 이렇게 말했다. "다른 이들은 신문연재소설을 쓰면서 '본의 아니게' 라고 하지만 김말봉은 유일하게 대중소설가임을 자처하며 쓰는 '순수한' 대중소설가"라고. 2014년 소명출판사에서 『김말봉전집』이 간행되는 등, 그녀의 순수한 문학성이 지금 새롭게 조명을 받고 있다.

관리사무소 주차장에 있는 정자를 바라보고 오른쪽 샛길로 들어가 아래를 내려다보면 사각 비석이 보인다. 묘번 100768. 앞면에 "작가 김말봉 장로지묘 마음 깊은 곳에 숨어 있는 - 푸른 날개에서"라고 쓰여 있는데, 「푸른 날개」는 1954년 조선일보에 연재된 소설이다. 옆면에 "1962년 2월 9일 문우와 교우들이"라고 적혀 있는데 사후 1주기에 세운 것이다.

오른쪽에는 김말봉의 두 번째 남편 낙산 이종하(李鍾河 ?~1954)의 묘가 있다. 이종하의 묘비 뒷면에 적힌 네 아들 중 오른쪽 둘은 전처 소생이고 왼쪽 둘은 김말봉 소생이다. 이종하의 차남 이현우(1933~?)는 부산 출신의 방랑시인으로 동국대 재학 당시 천상병, 김관식과 더불어 문단의 3대 걸물로 불렸다. 대학도 중퇴하고 거지들과 생활하며 어느 날 갑자기 친구 앞에 나타나 돈을 받아 다시 사라지기를 반복하다가 1983년 이후 행방을 알 수 없다고 한다. 『끊어진 한강교에서』라는 시문집이 1994년에 간행되었다.

김말봉은 부산 출생으로 딸 3형제의 막내로 태어나 부모가 끝봉이라 이름 짓고 옷도 사내 옷을 입히며 사내처럼 길렀다. 그의 호방하고 자유스런 성격은 여기서 비롯된 듯하다. 부산 일신여학교(동래여중고) 3학년을 마치고 상경하여 정신여학교를 1918년 졸업하고 황해도 재령의 명신학교에서 교사로 근무한 후, 하와이로 이민 간 언니의 도움으로 1920년 일본으로 건너가 고등학교 과정을 거쳐 도시샤(同志社)대학 영문과에 1923년 입학했다. 이때 시인 정지용과 교유했다.

감말봉의 첫사랑은 전상범(1896~1936)이었다. 3 · 1운동 후 총독부 문화정치의 일환으로 신문화 운동의 바람이 불었을 때 말봉은 김경순, 전상범, 이석현 등과 함께 부산에서의 신문화 운동의 기수였다. 상범은 1920년에 부산 제2상업학교(부산상고)를 나와 사업을 하는 훤칠한 키의 미남, 게다가 인품도 훌륭한 인텔리 청년으로 많은 여성의 사랑을 받았는데 말봉도 그중 하나였다. 하지만 아직 19세의 소녀 말봉은 친한 언니 김경순에게 양보하고 일본으로 유학을 떠났던 것이다.

김경순이 1남 1녀를 낳고 1923년 사망한 후, 1925년 3월 방학을 맞아 일본에서 귀국한 말봉은 오랜만에 상범의 집을 찾았으나, 상범의 집에는 여운영(교사)이 드나들며 혼담이 진행되던 때였다. 자존심이 강한 말봉은 가정적인 여운영에게 양보하고 다시 일본으로 돌아갔다. 그녀는 상범을 사랑하면서도 다른 한편으로는 가정생활에 자신의 미래를 희생할 자신이 없었던 것이다.

1927년 봄 도시샤대를 졸업하고 귀국한 말봉은 자신에게 꾸준히 구애해왔던 은행원 이석현과 결혼했다[3]. 말봉은 1930년 9월 1일 《삼

김말봉과 그의 묘비

천리》의 앙케트에서 '이 세상에서 가장 소중한 것이 무엇입니까'라는 질문에 "지금 세 살 된 딸 '매매'가 가장 중요하다"고 대답하였고, 한신대 명예교수 이장식은 1947년에 말봉의 딸이 한국신학대학교에 다녔다고 한 것으로 보아, 1927~8년경 출생의 딸이 나중에 전상범 호적에 오른 재금이 맞는 듯하다.

그러나 사랑 없는 결혼은 오래 가지 못했다. 혼인신고를 하지 않은 상태에서 그해 가을, 말봉은 수주 변영로로부터 중외일보 기자 권유를 받자 이석현과의 관계를 정리하고 홀로 경성으로 떠났다. 얼마 후 말봉을 잊지 못한 상범이 경성의 하숙집으로 찾아왔다. 하지만 윤리적으로 이루어질 수 없는 관계라 말봉은 상범을 받아들일 수 없었다. 상범을 부산으로 돌려보낸 후 말봉은 평양으로 취재를 떠났다. 그런데 열차 안에 상범이 나타났다. 괴로운 마음에 어디론가 멀리 가고자 부산행이 아닌 반대편 기차를 탔다는 것. 사실은 이는 변영로가 귀띔해준 정보였다. 여행 중의 남녀는 현실을 잊기 쉬운 것

3) 최근 자료는 일본에서 1924년 목포 사람 이의현과 동거했다고 한다(진성연 편, 『김말봉전집』, 소명출판사, 2014). 이 글의 내용은 김항명의 『이별 속의 만남 –김말봉』(성도문화사, 1991)을 주로 참고했다.

長篇小說豫告

紹介의말

密林

金末峯女史作
李靑田畵伯畵

作者의말

今月廿六日朝刊부터揭載

「밀림」 예고 광고, 동아일보

인가. 둘은 도중에 내려 불같은 사랑의 밤을 보내고 경성으로 돌아와 동거에 들어갔다. 소문은 부산에도 전해졌다. 작가의 길을 걷고자 신문사를 사직한 말봉은 상범과 부산으로 내려왔으나 주위의 비난 속에서 가정을 꾸리지 못하다가, 절망한 여운영이 만주로 떠나버린 후, 마침내 정식 부부가 되었다.

상범은 오륙도가 내려다보이는 좌천동에 방 하나를 얻어 집필용으로 마련해 주는 등 전폭적인 지원을 아끼지 않았다. 그렇게 작품도 쓰며 1남 2녀를 낳는 행복한 결혼생활이 이어지는 가운데 1932년에는 중앙일보 신춘문예에 단편 「망명녀」가 당선되어 부산 출신 첫 신춘문예 당선자가 되었고, 1934년에 단편 「고행」, 「편지」 등을 발표, 이윽고 1935년 9월 26일부터 우리나라 최초의 대중소설 「밀림」을 동아일보에 연재하기 시작했다. 연재는 일장기 말소사건으로 동아일보가 정간을 당하는 바람에 233회(1936.08.27)로 중단되었다. 폭발적인 인기는 끌지 못했지만 1년 가까이 꾸준히 연재된 사실 하나만 보아도, 여류소설가 최초의 연재소설, 그리고 계몽 등의 의도성이 없는 순수한 흥미 중심의 대중소설의 선구로써 김말봉은 자신의 이름을 대중과 문단에 강하게 인식시키는 데 성공했다.

그러나 「밀림」을 연재 중이던 1936년 1월에 상범은 쓰러졌다. 상범은 그 능력과 인품으로 미쓰이물산 조선 지점의 총지배인까지 승진하였으나 연이은 접대 등의 과로 탓인지 장티푸스에 걸려 1월 19일 40세의 나이로 사망했다. 사랑하는 상범을 저 세상으로 보낸 말봉은 큰 실의에 빠졌다.

전처 소생까지 합해 5남매를 부양하기 위해 국수집을 차렸으나 장사는 잘되지 않았다. 그때 상범의 친구 이종하가 김말봉을 물심양면으로 도와주었다. 이종하의 구애에 말봉은 가족을 합치기로 했다. 그녀 혼자 힘으로 글 쓰며 5남매를 키울 힘은 없었고, 이종하도 상처한 몸으로 두 아들이 있었다.

말봉을 안타깝게 생각한 변영로는 조선일보 편집국장 이은상에게 김말봉의 소설 연재를 권하자, 「밀림」을 눈여겨봤던 이은상은 기꺼이 김말봉에게 소설의 연재를 의뢰했다. 말봉이 고심 끝에 정한 제목은 '찔레꽃'. 상범이 생전에 좋아하던 기타하라 하쿠슈 작시의 가곡 「찔레꽃」[4]에서 따왔다고 전한다. 그런데 기타하라 하쿠슈 작시/야마다 고사쿠 작곡의 유명한 일본 가곡(동요)은 「からたちの花(가라타치노하나)」인데 정확한 번역은 찔레꽃이 아니라 탱자꽃(탱자나무꽃)이다. 탱자와 찔레는 둘 다 가시나무이고 꽃도 흰색이다. 당시 일본어를 번역할 때 우리나라에 흔한 찔레꽃으로 옮긴 듯하다.

그러니 이 소설은 상범이 말봉에게 남긴 마지막 유물이요, 말봉이 상범에게 보내는 마지막 추도사가 되었다. 「밀림」의 연재로 닦은 노련미 덕분인지 「찔레꽃」은 전국적으로 폭발적인 인기를 얻었다(1937.03.31~10.03). 상범의 전처 딸 혜금은 말봉의 원고를 정서해주고 매일 마감에 쫓기며 경성행 기차에 원고를 부치는 일을 도맡았다. 후에 혜금은 작곡가 금수현과 결혼했는데, 금수현의 「그네」는 말봉의 가사다. 금

4) 노래는 다음 주소에서 들을 수 있다. http://www.magictrain.biz/wp/?p=9672

부산의 다방에서 집필하는 김말봉

수현의 아들이 지휘자 금난새 씨다.

그렇지 않아도 일장기 사건으로 정간 중(1936.08.28~1937.06.02)이던 동아일보는 경쟁사 조선일보가 「찔레꽃」으로 판매부수가 계속 늘어나는 것을 애타게 바라보다가 마침내 10월 2일에 「찔레꽃」이 연재를 끝맺자, 정간으로 중단되었던 「밀림」의 연재를 1937년 11월 1일부터 다시 시작했다. 1938년 2월 7일자로 전편(삽화 한무숙)을 마치고 잠시 쉬다가 후편을 1938년 7월 1일부터 1938년 12월 25일까지 연재했으나 미완으로 끝났다. 이후로 일제가 일본어로 작품을 쓸 것을 강요하는 등의 압박을 해오자 말봉은 집필을 중단하고 해방 전까지 가정에 전념했다.

해방 후에는 서울로 이주하여 집필 외로 박애원 경영, 공창폐지 등의 사회운동에도 적극적으로 나섰다. 이종하가 아나키스트의 독립노농당에 들어가 노농(勞農)부장이 되고 말봉은 부녀부장이 되어 공창폐지 운동에 나섰던 것이다. 6 · 25전쟁 때는 부산에서 불우한 피난 문인의 뒤를 돌봐주는 문단의 대모 역할을 톡톡히 했다. 1952년 9월에는 베니스 세계예술가대회에 참가해 한국의 어려운 실상을 널리 알리는 데 힘쓰고, 1954년에는 우리나라 최초의 여성 장로가 되고, 1955년에는 미국무성 초청으로 1년간 신학교 유학을 겸해 미국을 둘러보며 펄벅 등을 만나고, 1957년에는 당당히 투표로 여류작가 최초의 예술원 회원이 되었다. 해방 후에는 여성 인권문제를 다룬 사회성을 띤 작품도 썼는데, 대표작으로는 「화려한 지옥」(1945, 부인신보)과 조선일보에 연재된 「생명」(1956~57)이 있다.

1954년 이종하와 사별하자 말봉은 슬하의 많은 자식들의 뒷바라지를 위해 심할 때는 연재를 3개나 동시에 집필하는 힘든 나날을 보내다가 결국 1960년 4월 폐암으로 입원했다. 죽음을 예감한 말봉은 어느 날 병실에서 사라졌다. 부산에서 연락이 왔다. 홀로 추억의 해운대를 거닐다 각혈을 하고 쓰러졌다는 것. 서울로 돌아와 다시 종로의 내과에 입원했으나 곧 마지막 날은 찾아왔다. 말봉은 점점 희미해지는 의식 속에서 하나의 장면이 떠올랐다. 상범과 행복한 결혼생활을 보냈던 부산의 그 집 거실, 말봉이 피아노로 「찔레꽃」을 연주하고 상범은 옆에 서서 나지막이 노래를 부르고 있었다…. 1961년 2월 9일, 향년 61세였다.

찔레꽃이 피었네요
하얀 하이얀 꽃이 피었어요
찔레꽃 가시는 아파요
파란 파아란 바늘 가시죠
찔레는 밭의 울타리예요
언제나 늘 지나는 길이죠

찔레도 가을에는 열매를 맺죠
동그랗고 동그란 노란 열매예요
찔레꽃 옆에서 나는 울었어요
모두 모두가 고마워서요

- 「찔레꽃」의 가사(필자 역)

망우리공원의 문인들

| 김상용 김이석 계용묵 이광래

'인적 끊긴 산속 돌을 베고 하늘을 보오', 월파 김상용

시 「남으로 창을 내겠소」로 유명한 시인 김상용(金尙鎔 1902~1951)의 묘비 뒷면에는 「향수」가 적혀 있다.

鄕愁(月坡先生詩)

人跡 끊긴 山속
돌을 베고
하늘을 보오.

구름이 가고,
있지도 않은 故鄕이 그립소

묘비 왼쪽 면에는 "단기 4235(1902)년 8월 17일 경기도 연천서 나셔서, 4284(1951)년 6월 22일 부산서 돌아가셨고, 4289(1956)년 2월 30일 이 자리에 옮겨 뫼시다."라고 적혀 있다.

구리시 쪽에서 산책로 거의 다 올라온 길 왼편에 마치 무명인처럼

김상용과 그의 묘비 앞과 뒤

쓸쓸한 무덤이 시인 김상용의 무덤이다. 이를 아는 이 거의 없다. 김상용이라는 이름을 기억하는 사람도 이 무덤의 김상용이 시인 김상용인지 미처 깨닫지 못하고 지나칠 정도로 무덤은 너무 평범하다 못해 초라하기까지 하다. 이정표(형제약수터/아차산) 아랫길 바로 오른쪽에 있다. 묘번 109956.

시인 박수진 씨가 쓴 글을 우연히 보고 시인 김상용의 존재를 알았다. 박수진 시인이 알려준 길을 찾아가보니, 글쎄 필자가 몇 번이나 지나다니던 길이었다. 후세인의 정서에 큰 영향을 끼친 유명 시인의 묘가 이렇게 소외되어도 좋은 것인지 하는 생각이 들었다. 구리문협 지부장 한철수 시인은 몇 년 전부터 기념비를 세우려고 노력하고 있는데, 행정당국이 나서서 도와주지 않으면 아마 10년, 20년이 지나도 아무것도 이루어지지 않을 듯하다.

월파는 1902년 경기도 연천에서 한의사 김기남의 2남 2녀 중 장남으로 태어났다. 여동생은 시조시인 김오남(1906~1996)이다. 1917년 경성제일고보를 다녔으나 3 · 1운동에 가담하여 제적당하고 다시 보성고보에 들어가 1921년 졸업하고 일본 릿쿄(立敎)대학에서 영문학을 전공했다. 귀국 후 1928년 이화여전의 교수를 지내다 1943년 일제에 의해 영문학 강의가 폐지되자 학교를 사임하고 동료 교수인 김신실(1899~1993 최초의 여성체육인)과 함께 종로 2가에서 장안화원(長安花園)을 경영했다.

해방 후 미군정에 의해 강원도지사로 발령받았으나 허수아비 같은 지위인 것을 깨닫고 곧 사임하고 다시 이화여대 교수로 복귀했다. 1946년~49년 보스턴 대학에서 공부하고 돌아와 귀국 후 다시 이대 교수와 학무위원장을 지냈다. 1950년 9 · 28 서울 수복 후 공보처장 김활란의 부탁으로 한국 최초의 영자신문 '코리아 타임스'(후에 한국일보가 인수)를 11월에 창간하고 초대 사장을 지냈다. 1951년 부산으로 피난했다가 김활란의 집에서 열린 파티에서 게를 먹고 식중독으로 사망했다. 잠시 부산에 모시다가 망우리로 이장하였고, 1954년 그의 부인 박애봉 여사가 뒤따라 하늘로 갔다. 비석은 5주기를 맞아 1956년 6월 24일에 '월파선생 이장위원회'가 세웠다.

김상용은 단신이지만 팔씨름은 평생 단 한 번밖에 지지 않았다고 할 정도로 매우 다부지고 강한 체력을 가졌다. 등산가로 전국의 영봉을 수시로 찾았고, 하루 종일 바다에 떠 있을 정도로 수영도 잘했다. 그런 강한 체력을 가지게 된 사연이 있다고 한다. 김상용은 어릴 때 동네 깡패에게 폭행을 당한 적이 있었는데 곧 수학을 위해 상경한 후, 절치부심 체력을 단련했고 마침내 5년 후에 고향의 그 깡패를 무릎 꿇렸다고 한다. 그럼에도 자연을 사랑하고 꽃을 사랑하는 관후하고 담백한 성격의 시인이요, 영문학자로 이화여대 학생들의 존경을 받은 '잊을 수 없는 스승' 이었다.

《문장》지에 주로 우수와 동양적 체험이 깃든 관조적 경향의 서정시를 발표하고, 1939년에 시집 『망향』을 발간하였다. 그가 남긴 유일한 시집이다. 광복 후에는 수필집 『무하선생방랑기(無何先生放浪記)』를 간행하여 과거의 관조적인 경향보다는 인생과 사회에 대한 풍자적이고 비판적인 안목을 보여주었다. 또한 영문학자로서 포(E.A. Poe)의 「애너벨리」 등도 번역하여 해외문학의 소개에도 이바지하였다.

일제말에 그는 김팔봉, 노천명, 김동환 등과 함께 조선 청년들의 징병을 축하하는 친일시를 발표한 바가 있다. 1937년 중일전쟁 이후 전쟁에 광분한 일제는, '인적 끊긴 산속으로 들어가 돌을 베고 하늘을 보고픈', 그리고 '왜 사냐고 물으면 그냥 웃고자 하는' 시인을 그냥 두지 않았던 것이다.

'왜 사냐건 웃지오'는 요즘은 방송 연예 프로그램에서도 자막으로 자주 인용되는 구절인데, 출처를 될 만한 고전을 굳이 찾는다면 이태백의 산중문답에 이런 글이 나온다. "어찌하여 이 푸른 산속에 사느냐고 묻는다면, 빙긋 웃을 뿐 대답하지 않지만 마음은 한가롭다(問余何事棲碧山, 笑而不答心自閑)."

묘비에 적힌 「향수」의 내용 그대로, 김상용 시인은 인적이 끊긴 이곳 망우리의 산속에서 '남으로 창을 내고' 돌을 베고 하늘을 바라보고 있는 듯하다.

남으로 창을 내겠소

남으로 창을 내겠소
밭이 한참갈이
괭이로 파고
호미로 풀을 매지오.

구름이 꼬인다 갈 리 있소
새 노래는 공으로 들으랴오
강냉이가 익걸랑
함께 와 자셔도 좋소.

왜 사냐건
웃지오.

「실비명」의 작가, 김이석(金利錫 1915~1964)

문일평 묘를 바라보고 왼쪽으로 2번째 묘에 소설가 김이석이 묻혀 있다. 묘번 203693. 뒷면에 소설 「실비명」의 일부가 새겨져 있다.

> 오색기가 하늘 높이 펴쳐지는(펼쳐지는) 매화포 소리가 쾅하고 울려지면 그 소리를 따라 백여 명의 건아들이 서로 앞을 다투어서 평양역을 향하여 달리었다. 시가 곳곳에서는 군악이 울려났고 시민들의 환호소리는 하늘을 진동했다. 참으로 장관이었다.

이 글은 평양시민대운동회의 꽃인 마라톤 경기 장면이다. 이 마라톤 대회에 3등을 한 적 있는 인력거꾼 덕구. 그러나 일찍 아내를 여

김이석과 그의 묘비

의고 재혼도 하지 않고 외딸 도화를 정성껏 키웠지만 다 큰 딸을 인력거에 태우고 가다 교통사고로 사망한다. 아버지의 무덤에서 도화가 터뜨리는 울음….

한식날 도화는 아버지 덕구의 비를 세워주는데, 딸이기에 자식의 이름마저 새기지 못해 '실비명' 이다. 지금은 생각하기 어렵지만 과거에는 비석에 딸의 이름을 올리지 못했다고 한다. 그리고 망우리의 김이석의 비석에도 부인과 자식의 이름이 없다. 박순녀와 재혼한 그는 2남 1녀를 두었다고 하는데 가족의 이름은 없다. 북에 두고 온 가족을 배려하여 적지 않은 것일까. 이 또한 실비명이 아닌가. 하지만 가족 이름 대신에 김이석은 그의 대표작 「실비명」 속의 가장 화려한 삶의 순간을 옮겨 적은 비명을 얻었다.

김이석은 1915년 평양에서 출생하였다. 1933년 평양 광성고보(光成高普)를 거쳐, 1936년 연희전문학교 문과에 입학하였으나 1938년 중퇴했다. 같은 해 이효석의 추천을 받아 단편 「부어」가 동아일보 신춘문예에 입선했으며, 1941년 평양 명륜여상 교사를 지냈다. 1951년 1·4 후퇴 때 가족을 두고 월남, 종군작가단으로 활동하였다. 1952년 「실비

이중섭 묘비를 세우고 맨 왼쪽이 김이석, 가운데가 조각가 차근호

명(失碑銘)」을 발표하고, 1953년 이후 《문학예술》 편집위원을 지내며 활발한 활동을 하였다. 1957년부터 집필에만 전념하는 한편, 1958년 소설가 박순녀(1928~)와 재혼, 안정된 생활을 하면서 활발한 창작활동을 전개했다. 창작집 『실비명』은 1956년에 간행됐다. 1957년에 제5회 아세아자유문학상을 수상하고, 1964년에 제14회 서울시문화상을 받았다. 1964년 역사장편물 「신홍길동전」을 쓰던 중 잠시 기지개를 켜다가 고혈압으로 쓰러져 사망했다.

김이석은 이중섭의 평양종로보통학교 1년 선배지만 친구로 지냈다. 월남 후에도 가깝게 교류하여, 이중섭 전시회 때는 팔린 그림의 수금도 담당했다. 이중섭 사후의 묘비 건립 사진에도 그가 보인다. 대부분의 책과 백과사전에는 그의 출생년도를 1914년으로 밝히고 있으나, 비석에는 1915년으로 새겨 있어 비석을 따르기로 한다.

부인 박순녀는 함흥 출신으로 서울사대 영어교육과를 나와 방송작가와 교사, 번역가로 활동하며 아이들을 키웠다. 1960년 조선일보 신춘문예로 데뷔, 1970년 현대문학상을 받았고, 2014년에 출간한 『이중섭을 찾아서』라는 단편집으로 한국문학상을 수상했다. 「이중섭을 찾아서」에 의하면, 박순녀는 「실비명」을 읽고 김이석과의 결혼을 결심했다고 한다.

「백치 아다다」의 작가, 계용묵(桂鎔默 1904~1961)

평북 선천 출생. 한학을 공부하다 1921년 상경하여 중동학교에 들어갔지만 조부가 신학문을 반대하여 낙향했다. 다시 올라와 휘문고보에 입학했으나 또다시 강제로 고향으로 끌려 내려가 4년간 독서로 세월을 보냈다. 1928년 일본에 건너가 동양대학 동양학과에서 공부하였으나 1931년 집안이 파산하여 도중에 귀국하였다.

1925년 「상환(相換)」이 《조선문단》에 당선되어 문단에 나왔다. 「백치 아다다」, 「최서방」, 「인두지주」(사람 머리의 거미), 「별을 헨다」 등을 남겼다. 1935년 발표한 대표작 「백치 아다다」는 영화로 만들어져 큰 인기를 끌었는데, 문예작품이 영화화되기 시작한 시금석이라는 평가를 받았다. 작품은 주로 소박한 소시민이나 소외자에 대한 관심, 인간성 회복에 관점을 두었다. 주제도 그렇고 전반적으로 큰 갈등이 없이 담담하게 풀어내는 그의 글은, 내 독서 경험으로는 마치 일본 근대의 대표적인 단편작가 구니키다 돗포의 작품을 연상케 한다.

1938년 조선일보사 기자를 지냈고, 1945년 정비석과 함께 잡지 《대조》를 창간하고, 1948년 김억과 함께 출판사 '수선사'를 설립했다.

계용묵과 그의 묘비 옆면

1961년 《현대문학》에 「설수집(屑穗集)」을 연재하던 중 58세의 나이로 타계하였다.

관리사무소 방향에서 전주 28번을 지나 10m 지점에서 내려가면, 전망이 탁 트인 곳에 큰 소나무 세 그루에 나직한 향나무 두 그루가 서 있는 화려한 무덤(한양 조씨. 105348번)이 보이는데, 그 묘에서 왼쪽 10시 방향으로 3번째 묘가 계용묵의 것이다. 비석은 현대문학사와 문우 일동이 세웠다. 묘번 105383.

한국 연극계의 선구자, 이광래(李光來 1908~1968)

극작가 · 연출가 · 연극이론가. 경상남도 마산 출생. 1928년 배재고보를 졸업하고 와세다대 영문과 3학년 때 중퇴하고 귀국하였다. 귀국 후에는 조선일보와 중앙일보 기자로 있었다. 1935년 극예술연구회에 가입하였고, 같은 해 「촌선생(村先生)」이 동아일보 신춘문예에 당선되어 극작가로 데뷔하였다. 1938년 중간극을 표방하는 극단 중앙무대를 설립하여 극작 · 연출 · 제작 등을 맡아 활동하였다.

1945년 10월 극단 민예(민족예술무대)를 조직하여 좌익연극단체인 조선연극동맹과 대항하는 우익민족연극운동을

이광래 비석

펼쳤고, 1949년 유치진, 서항석, 김영수 등과 함께 한국연극학회를 창립했다. 1950년 국립극장 창설과 함께 전속극단 신협(신극협의회)의 대표로서 민족극의 기반을 다지는 데 한몫을 하였다. 1953년 서라벌예술대학 초대연극학과장을 맡아 연기자들을 길렀고, 1957년 예술원회원이 되었다. 대한민국문화포장(1963), 예술원상(1967), 삼일연극상(1969) 등을 수상하였다.

1968년 10월 30일 숙환으로 별세하여 11월 1일 문인 · 연극인장이 예총회관 광장에서 엄수되었다. 작고 전까지 각색을 손보던 「대수양(大首陽)」(김동인 원작)이 신극 60년 기념 공연으로 12월 17일 국립극장 무대에 올랐고, 1972년에 희곡집 『촌선생』(현대문학사)이 간행되었다. 생애 38편의 창작과 9편의 극본을 각색하고 44작품을 연출하였으며, 연극 관련 논문 30편을 남긴 극단의 원로였다. 용마산 방향으로 서광조 연보비를 지나 끝까지 가면 길이 굽어지기 전에 소방장비 보관함이 나온다. 그전 50m에서 왼쪽 산 위에 있다. 묘번은 108899.

2부

이 땅의 흙이 되어

민족대표 33인의 영(榮)과 욕(辱)

| 한용운과 박희도

망우리공원에는 3 · 1운동 민족대표 33인으로 끝까지 지조를 지킨 만해 한용운(萬海 韓龍雲 1879~1944)과, 일제말기의 친일 행적으로 속죄의 말년을 보낸 박희도(朴熙道 1889~1951)가 함께 묻혀 있다. 그들이 살아서 남긴 족적과 영욕은 무엇인가. 또 우리가 지고 가야 할 짐은 과연 무엇인가.

관리사무소를 지나 순환로에서 좌측 방향으로 가면 동락천 약수터가 나오고 다시 5분 정도를 더 걸으면 오른쪽에 만해 한용운의 묘가 보인다. 독립지사이며 시인으로 유명한 만해는 모르는 이가 없으리라. 하지만 그의 삶을 온전히 아는 이는 드물다. 그 때문일까, 만해의 묘소를 찾는 많은 이는 묘소의 비석을 보고 깜짝 놀란다. 교과서의 저자 소개에서는 말해주지 않았다. 승려인 만해의 묘 옆에 부인이 묻혀 있는 것이다.

만해의 묘비에는 '만해한용운선생묘 부인유씨재우(夫人兪氏在右)' 라고 쓰여 있다. 여기서 '부인유씨재우' 는 '유씨 부인이 만해의 오른쪽에 묻혀 있다' 는 의미인데 혹자는 만해의 부인 이름이 '兪在右(유재우)' 라고 잘못 읽는다. 여기서 '오른쪽' 은 우리가 바라보는 위치에서가 아니라 머리를 위쪽으로 하고 누운 고인의 입장에서 오른쪽이다. 보통 부인은 왼편에 모시는데 현장 여건에 따라 오른쪽에도 모

한용운의 연보비에는 「조선독립에 대한 감상」의 한 구절이 적혀 있다.

신다. 그럼에도 의심하는 이가 있어 다시 한 번 묘번과 이름이 일치하는 것을 확인했으니 독자는 남들에게 자신 있게 말씀하시라. 만해 묘를 찾아가면 어느 때는 부인 무덤 앞에 꽃다발이 놓여 있는 것을 보게 된다. 추모도 알아야 제대로 할 수 있다.

승려의 결혼을 허(許)하라

2006년 7월 5일자 오마이뉴스 인터뷰 기사를 보면, 『태백산맥』의 작가 조정래는 "부친이 대처승이 된 것은 일본이 종교마저 황국화하기 위해 승려들을 대처승으로 만들었기 때문"이라고 하였는데, 이에는 이설도 있다. 이와 관련, 만해는 조선총독에게 "대처승을 허해 달라"고 건백서를 보낸 바가 있다. "조선 불교의 부흥을 위해, 승려가 거지 행각을 하면서 돌아다니는 것은 결코 바람직하지 않고 보통

만해 한용운 묘지

사람처럼 결혼도 하고 가정도 가져 안정된 바탕에서 승려 생활을 해야 불교가 발전할 수 있다"는 소신에서였다.

그는 「조선불교유신론」에서, "육체를 타고나서 식욕이나 색욕이 없다고 말하는 것은 헛소리일 뿐이다. 억제할수록 더욱 심해질 뿐이고 오직 어지러운 상태에 이르지만 않으면 군자다. 그 욕망을 억지로 억누른다면 은근한 음행을 범하게 돼 풍속을 어지럽힐 가능성이 높다. 불교를 아내 삼아 평생 독신으로 살 영웅이 있다면 그를 존경하지만, 평범한 이의 수준에 맞추자면 관세음보살이 미인으로 몸을 나타내 음탕한 사나이를 제도했다는 고사대로 하나의 방편으로 수행자에게 결혼을 허해야 한다."고 했다. 이런 만해의 언사에 "당시 만해를 따르던 청년 조종현(조정래의 부친)은 만해의 뜻에 감화돼 스스로 대처승이 되었다"고 한다(『만해 한용운』). 한발 더 나아가 만해는 총

만해 한용운 비석 앞면과 뒷면

독부에 승려의 대처를 청원한 자신의 행위를 친일이라고 비난한 불교계 인사들에게 현실적 논리를 들어 반박했다.

"이것은 당면 문제보다도 30년 이후를 예견한 주장이다. 앞으로 인류는 발전하고 세계는 변천하여 많은 종교가 혁신될 텐데 우리 불교가 구태의연하면 그 서열에 뒤질 것이다. 그리고 지금처럼 금제를 할수록 승려의 파계와 범죄는 속출하여 도리어 기강이 문란해질 것이 아닌가. 후세 사람들은 나의 말을 옳다고 할 것이라 믿는다. 또한 한 나라로서 제대로 행세를 하려면 적어도 인구가 1억쯤은 되어야 한다. 인구가 많을수록 먹고사는 방도가 생기는 법이다. 우리 인구가 일본보다 적은 것도 수모의 하나이니, 우리 민족은 장래에는 1억의 인구를 가져야 한다."(『한용운 평전』)

만해는 또 불교의 진흥을 위해서는 "절이 산에서 내려와야 한다"고 했는데, 결국 절이 산에서 내려오지 않고 대처도 하지 않아서일까? 지금의 불교는 기독교에 비해 위세를 떨치지 못하는 게 현실이다. 최근 일본이 인구를 1억 명 수준으로 유지하기 위해 1천만 명의 이민을 받아들일 계획이라는 뉴스를 접하고 보니, 만해의 탁견과 예언이 새삼스럽기 그지없다.

만해에 대한 또 다른 시각

한용운 근영

시인 고은은 『한용운 평전』에서 만해에 대한 일방적 신격화를 저어하면서 이렇게 밝히고 있다. "우리는 근대 민족사 또는 근대 문화사에 관련된 인간론이 늘 변절과 고절의 극단으로 분류해서 민족의 편에 서 있는 자를 신격화하고 그렇지 못한 자를 폄하하는 경향이 농후한 사회에서 살아왔다. 이런 사회에서는 한 사람을 진정으로 이해하기 어려운 것이다."

이런 생각에서 쓴 『한용운 평전』은 만해를 무조건 추앙하지 않고 알려지지 않은 면면도 드러내고 있다. 연설에 뛰어나고 지조가 강해 지도자적인 능력을 갖추었음은 인정하나, 수시로 파계를 한 승려답지 않은 행동, 첫 번째 처와 아들에 대한 무정한 처사, 문학적으로 자기보다 앞선 최남선에 대한 시기심, 그를 숭모해 찾아온 청년들에 대한 냉정한 대응 등도 전하고 있다. 많은 이가 이러한 내용에 반론을 제기하고 있는 것도 사실이지만, 평생 대처를 하지 않고 수행에 정진해온 승려들의 입장에선 만해가 아무리 위인이라 한들 높은 점수를 주기 어려웠을 터이다. 고은은 이 책에서 위인의 무조건적인 신격화 또한 우리의 눈을 가리는 행위라고 말하고 있다.

만해 한용운의 일생을 비석 뒷면의 약전(略傳)을 통해 살펴본다.

4212년(1879) 8월 29일 충남 홍성군 결성면 성곡리 한응준의 차남으로 출생. 본관은 청주. 모는 온양 방씨. 4220년(1887) 향숙에서 경사를 수학. 4244년(1911) 만주에 망명

독립운동. 4246년(1913) 『조선불교유신론』을 발행. 4247년(1914) 『불교대전』을 발행. 4250년(1917) 『정선강의채근담』을 발행. 4250년(1917) 12월 오세암에서 선정중 오도(悟道). 4251년(1918) 월간교양잡지 《유심》을 창간. 4252년(1919) 3.1 운동을 선도하고 행동강령으로 공약 3장을 공표. 옥중에서 독립의 소신을 장문으로 발표 3년형을 받음. 4256년(1923) 민립대학설립운동을 지원. 4257년(1924) 조선불교청년회를 조직하고 총재에 취임. 4259년(1926) 『십현담주해』 및 『님의 침묵』을 발행. 4260년(1927) 신간회 중앙집행위원 및 경성지회장에 피선. 4262년(1929) 광주학생의거시 민중대회를 발기. 4264년(1931) 불교지를 인수 편집발행인 취임. 4266년(1933) 성북동에 심우장을 건축하고 「흑풍」 등의 소설과 다수의 문장을 발표. 4276년(1943) 조선인학병지원을 반대. 4277년(1944) 6월 29일 심우장에서 입적 세수 66 법랍 39. 4295년(1962) 대한민국 건국훈장 대한민국장 수여. 만해사상연구회 識 안동 김응현 書

여기서 세수(世壽)는 세속의 나이, 법랍(法臘)은 중이 된 후로부터의 나이를 말한다. 대한민국장은 건국훈장 중에서 가장 훈격이 높다. 참고로 대한민국장 수여자는 총 30명(그중 5명은 장개석 등 중국인)이고 다음으로 대통령장 92명(중국인 10명, 영국인 베델 1명), 독립장 809명, 애국장 4,211명, 애족장 5,474명, 건국포장 1,172명의 순이다(보훈처 사이트, 2018.04.24. 현재). 도산 안창호가 1973년 도산공원으로 이장되면서 망우리공원에 묻힌 인사 중 현재 대한민국장 수여자는 만해가 유일하다. 묘비에 쓰인 글자 중 '識'은 '식'이 아니라 표지(標識)처럼 '지'로 읽어야 한다. 만해사상연구회가 글을 짓고 현대 서예의 대가 김응현(1927~2007)이 비문을 썼다.

혼자 살던 만해는 55세 때 신도의 소개로 간호사인 노처녀 유숙원과 결혼하고 조선일보 사장 방응모 등 지인들의 도움을 얻어 심우장을 지어 살았는데, 심우장은 총독부가 보이지 않도록 북향으로 지은 것으로 알려졌다. 그런데 실제로 심우장에 가보면 그럴 수밖에 없다는 걸 알게 된다. 심우장은 북한산의 북쪽 성곽 아래로 형성된 북정마을에 있는데, 집터가 남쪽을 등진 언덕배기라 북향으로 지을 수밖에 없는 구조다. 더군다나 시내가 내려다보이는 성 안쪽은 매우 비싸다. 따라서 집을 북향으로 지은 게 아니라 애초에 북향 터를 선택했다는 말로 이해해야 한다. '북향 터의 선택'이라는 말이 '남향으로 할 수도 있지만 일부러 북향으로' 세웠다는 말로 와전된 듯하다. 또 이런 가설도 가능하다. 만약 총독부가 내려다보이는 곳에 집을 지었다면, 만해께서 일제를 회피하지 않고 매일 노려보시며 경각심을 일깨우셨다는 말도 가능할 것이니, 심우장의 집터 이야기 또한 만들어진 신화가 아닐까 싶다.

심우장의 편액은 위창 오세창이 썼다. 심우(尋牛)는, 인간의 본성을 소에 비유해 이를 찾아나선다는 뜻. 불교 선종(禪宗)에서는 깨달음의 경지에 이르는 과정을 잃어버린 소를 찾는 것에 빗대어 열 단계로 나눈다. 심우는 그 첫 단계로 불도 수행의 입문을 뜻한다. 우(牛)는 즉 심(心)이다.

만해는 기미독립운동 민족대표 33인 중 끝내 지조를 지킨 오세창 등과는 죽을 때까지 교유하였으나, 변절한 최린, 최남선 등과는 아예 관계를 끊고 살았다. 하루는 만해가 집을 비웠을 때 최린이 찾아왔다가 딸에게 용돈을 주고 갔는데, 집에 돌아온 만해는 그 돈을 들고 최린의 집에 찾아가 내던져버렸다고 한다.

만해는 1944년 지병인 신경통으로 와병하다 안타깝게도 나라의 독립을 보지 못하고 유명을 달리 했다. 시신은 일본인이 경영하는 홍제동 화장터를 피해 멀리 떨어진, 한국인이 경영하는 미아리의 작은 화장터에서 불교식으로 화장했고 타지 않고 남은 치아는 항아리에 담아 망우리묘지에 안장했다. 현재 묘지 관리자는 부인 유씨와의 사이에 낳은 딸 한영숙 씨이다.

박희도와 육군정훈학교

만해의 묘를 지나 관리사무소 방향으로 조금만 내려가면 길 오른쪽 바로 아래에 글이 많이 새겨진 희끄무레한 비석이 하나 보인다. 비석의 크기도 평균 이상이다. 비석에는 이렇게 쓰여 있다.

> 기미년독립선언 민족대표 삼십삼인 중 고 박희도 선생지묘 (앞면)
>
> 고(故) 선생은 단기 4222년(1889) 6월 11일에 해주에서 출생하여 그 후 기미독립선언 민족대표 삼십삼인 중의 한 사람으로 항일투쟁을 하다 투옥되었으며 출감 후에도 계속해서 민족의 신생활운동 교육사업에 이바지하던 중 단기 4284년(1951) 9월 26일에 서거하다. 단기 4291년(1958) 7월 8일 건립 육군정훈학교 장병 일동. (뒷면)

바로 위에 있는 묘가 부모님의 묘인데 비석 뒤에 차남으로 박희도의 이름이 새겨져 있다. 민족대표 33인 중의 한 사람인데 그 이름이 생소하다. 비문 내용 그대로라면 대표적 독립지사로 관리사무소의 안내도에도 이름이 올라 있어야 마땅하다.

그러나 박희도는 일제말기의 행위로 친일파로 낙인찍힌 사람이다. 황해도 해주 사람으로 3 · 1운동 때는 조선중앙기독교청년회(YMCA) 간사로 다른 기독교 대표들과 함께 독립선언서에 서명하여 2년간 복역하였고, 출옥 후에도 좌파 계통의 '신생활사'의 사장이 되어 《신생활》을 발간하는 등 다시 민족운동에 힘쓰다가 1922년 11월에

망우리공원의 박희도 묘 전경(왼쪽)과 비석 뒷면(오른쪽)

'러시아혁명 5주년' 기념호의 필화사건으로 다시 2년간 복역하였다. 이 두 번째 출옥 이후로는 점차 자치론으로 경도되더니 마침내 1939년 1월 《동양지광(東洋之光)》이라는 친일 일문 잡지를 시작하여 1945년 5월까지 간행했다. 이러한 친일 행적 때문에, 박희도의 묘는 산책로를 사이에 두고 만해의 묘와 지근거리에 있지만, 세인이 바라보는 시선의 거리는 대극적이다. 아니 그는 아예 우리 시야에 들어오지도 않고 오랫동안 잊힌 존재였다.

박희도가 1949년 반민족행위특별조사위원회의 조사를 받고 풀려난 후, 1951년 사망 때까지의 행적은 어느 자료에도 보이지 않는다. 이 공백을 메우는 단서가 바로 고인의 비석에 나타난 육군정훈학교에 있을 것으로 생각하여 이 학교의 후신인 육군종합학교에 문의한 바, 비석이 세워진 1958년 당시의 교장은 윤태호 준장인 것으로 추정되며 학교는 용산구 한남동에 있었다는 사실만 확인되고 그 이상은 알 수 없었다.

변절자에 대한 차가운 시선

그러다가 '도산 안창호와 태허 유상규' 편을 쓰면서 만난, 유상규의 장남 유웅섭 씨의 도움으로 박희도의 행적을 알게 되었다. 준장으로 예편한 유씨는 성우회 지인을 통해 박희도가 사망 전까지 육군정훈학교에 나가 강의를 하였다는 증언을 전해주었다. 친일의 불명예 때문에 그 누구도 고인에 대해 비석 하나 제대로 세워주지 않았지만, 육군정훈학교는 사후 7년 만에 한국 기독교계의 큰 인물이었으며 민족대표 33인의 한 분이었고 말년에는 과거를 반성하며 묵묵히 백의종군하여 교육자로 생을 마친 그를 추념하며 비석을 세워준 것이다.

教育界의大波紋
醜行教育者蹶起
朴熙道의策動으로
尹信實이告白飜覆
奇怪한聲明을發表
前後矛盾續出하는
尹信實의聲明과答辯
告白飜覆의黑幕!
朴熙道暗中操縱
卒業生의偵察隊
新設里朴熙道집과

박희도의 '정조유린' 사건을 선정적으로 보도한 1934년 3월 29일자 조선중앙일보

1934년에 박희도를 중앙보육학교장에서 물러나게 한 사건이 있었다. 1934년 3월 17일 조선중앙일보는 "교육계의 대불상사, 제자들을 유인하야 정조유린을 감행"이라는 제목으로 박희도의 '정조유린' 사건을 크게 보도하였다. 보도에 따르면 중앙보육학교장 박희도는 제자이자 친구의 부인 윤신실을 자기 집에

하숙시키던 중 '정조를 유린' 했는데, 후에 그 사실을 알게 된 남편이 언론에 이를 폭로했다. 연이어 3월 19일자에는 각계인사의 의견까지 싣고, 3월 29일에는 전면에 선정적인 기사를 가득 채웠다. 그러나 이 사건은 나중에 피해자가 진술을 번복하여 진실은 오리무중에 빠져 알 수 없게 됐고, 결국 재판까지 가지도 않고 흐지부지 신문 지상에서 사라졌다. 마치 일본영화 「라쇼몽」처럼 박희도, 윤신실, 남편의 말이 다 달랐다. 그러나 어쨌거나 물의를 일으킨 박희도는 중앙보육학교장을 물러나지 않을 수 없었다.

조선중앙일보는 동아, 조선과 함께 3대 민간지로 당시 사장은 여운형이었다. 기미독립선언 33인의 한 사람으로 민족의 지도자 격인 박희도에 관한 추문을 일방 당사자의 말을 그대로 연일 대서특필한 것은 현재의 시각으론 이해하기 힘들다. 따라서 이 기사는 언론의 책임이나 선정성 여부를 떠나 저명인사 박희도에 대한 당시의 여론이 어떠했는가를 잘 말해준다.

기미독립선언 각계 민족대표 서명 당시, 많은 이들이 뒤에서 도와주었지만 이름 올리기를 꺼려했던 것과는 달리, 박희도는 31세의 젊은 나이로 기독교 대표의 한 사람으로 기미독립선언 민족대표 서명에 기꺼이 참여했고, 이후로도 조선의 독립을 위해 꾸준히 일했지만, 1926년 자치단체 '연정회' 부활에 참여하면서부터 자치론에 경도하기 시작해 신간회의 해체 무렵에는 자치론자 최린 등과 뜻을 같이하게 된다. 박희도의 친일행적은 1939년 《동양지광》 창간 후부터 뚜렷하게 그 흔적이 나타나지만, '정조유린' 사건이 발생한 1934년 당시 이미 아는 사람은 다 아는 자치론자, 곧 친일파였기에 보도에 있어 과거 민족대표라는 명예는 전혀 고려의 대상이 되지 않았다. 조선중앙일보의 보도 태도는 오히려 '잘 걸렸다'는 투다.

또 같은 해 9월 20일에는 박희도와 같이 33인의 한 사람이었던 천도교 신파의 지도자 최린이 우리나라 최초의 여류화가 나혜석으로부터 정조유린에 대한 위자료청구소송을 당한 기사가 동아일보와 조선중앙일보에 실렸다. 소송의 내용은 "정치시찰차 파리를 방문한 최린은 당시 파리에 있던 나혜석과 정분이 나 수십 회의 '정조유린'을 하면서 무슨 일이 있어도 보살펴주겠다는 약속을 했으나, 정작 그녀가 남편과 이혼하자 모른 척했으므로 이에 1만2천 원의 위자료로 보상하라"는 것.

이 사건은 나혜석이 스스로 진실을 밝히고 있어 둘의 관계는 명백했지만, 나혜석에게는 친일파 인물에 대한 공격이라는 주변의 응원도 심리적 우군으로 작용했을 가능성이 크다. 당시 최린은 천도교 구파와도 매우 대립적인 관계에 놓여 있었다. 동아일보 등의 언론에서도 사건의 당사자 최린의 인격은 존중되지 않았고, 오히려 총독부가 나서서 기사 삭제를 강제하였다. 이 사건으로 8월 31일 최린이 박희도 등과 함께 결성한 친일단체 시중회(時中會)는 큰 타격을 입었다.

한편 천도교 계열인 개벽사의 잡지 《제일선》에는 '대경실색, 가장행렬화보' 라는 제목으로 저명인사 7명의 합성사진과 촌평이 실렸는데, 한용운과 박희도는 우연히도 (5)번과 (6)번으로 나란히 실렸다. 두 사람을 바라보는 세인의 엇갈린 시선을 엿볼 수 있다.

(5) 誘之不動(유지부동) 한용운 씨 : 사진을 자세히 보십시오. 女: 키-스를 해주어요. 한: 웨! 점잔치 못하게 이러시오? 女: 점잔이 다 무어 말너비트러진거야! 엉 어서

假裝行列書報 (5)

誘之不動 韓龍雲氏

假裝行列書報 (6)

곱사춤의名人 朴熙道氏

1932년 잡지 《제일선》에 실린 만해 한용운과 박희도 합성사진과 촌평

키-스 해주어… 응. 이와가티 색씨가 조르나 한용운 씨는 그래도 끔적 아니하고 있습니다. 이 사진이 '카메라' 놈의 작난이 아니고 사실 이러한 경우를 우리 한씨가 당한다면?

(6) 곱사춤의 명인 박희도 씨 : 박희도 씨가 곱사춤으로 당대의 명인이(아니)라는 것은 세상이 다 아는 바입니다. 이것을 분개한 박씨는 이삼일전에 불국 파리를 건너가 그곳에 유명한 땐서-와 이와가티 곱사춤을 추는 광경을 텔레비존으로 본사에 피송하야 독자제군의 간담을 서늘하게 햇습니다. - '카메라' 놈도 행셋머리가 고약해!-

촌평에서 《제일선》은 한용운을 여인(일본)의 유혹에도 꿈쩍 하지 않는(誘之不動) 지조의 인물로, 박희도는 여인의 어깨에 팔을 얹은 곱사춤의 명인으로 비유했다.

이렇듯 민족대표 33인 중에 자치론으로 기운 박희도와 최린 등에 대한 민족의 시선은 따가웠다.

“그래도 조선의 양심”

죽은 자들은/ 산 자들의 짐이다/ 살아서 흘린 피/ 살아서 남긴 욕/ 살아서 피운 꽃/ 모두 짐이다

– 남태식 「짐」

시인 남태식의 말처럼, 독립군이 흘린 피와 한용운이 피운 꽃뿐만 아니라 박희도가 남긴 욕 또한 우리가 짊어지고 가야 할 짐이다. 친일파 연구로 평생을 바친 임종국(1929~1989)은 책 『실록 친일파』 중 「일제말 친일군상의 실태」라는 글에서 “…친일행위를 인신공격의 자료로 삼으려는 경향도 있었다. 그러나 이 점에서 반민법은 분명히 시효가 지났다. 또한 이런 자에게 묻노니, 그대는 저 여인을 돌로 칠 수 있다고 자신하겠는가? 전비(前非)로써 현재의 지위를 위협당할 사람도 없겠거니와, 이로써 위협을 하려는 자 있다면, 그 비열함이야말로 침을 뱉어 마땅한 일일 것이다.”라고 했다. 그는 또 같은 책 「민족대표 33인 중의 훼절」이라는 글에서 이렇게 끝을 맺었다.

> 민족대표 33인 중 10%의 변절이 한국인에게 수치만 되는 것은 아니라고 말하고 싶다. 한 민족의 한 시대의 비극이 그들의 추문이 될 수도 없는 것이다. 친일자의 전부에 해당할 말은 아니지만, 적어도 민족대표 중의 4명(박희도, 최린, 정춘수, 최남선. 최남선은 33인에 속하지 않으나 3 · 1독립선언서를 기초)만큼은 한 시대의 민족의 비극을 고뇌하면서 살다 간, 변절을 했을망정 그래도 조선의 양심이었다. 이들 4명의 죄상보다는 식민정략의 정체에 대한 인식이 앞서야 한다는 것을 말하고 싶다.

지금도 우리 사회에서는 친일파 문제가 여전히 논란에 휩싸여

있지만, 이미 오래전에 '종교의 마음'(육군정훈학교)은 고인 박희도에게 생전의 공(功)을 비석에 새겨주고 부모 밑에 고이 잠들게 했다.

2010년 11월 15일 오전, 인천국제공항으로 광복군비행장교 1호 박희성 지사의 유해가 봉환되었다. 1921년 대한민국임시정부가 임명한 비행장교인 박지사는 미국에서 훈련을 받다가 순직하여 미국 LA에 안장돼 있다가 그곳 교포 언론에 의해 알려지면서 이윽고 독립지사의 서훈을 받고 국립대전현충원으로 이장되는 것이었다. 그는 박희도의 동생이다.

안장식에는 박희도의 손자가 참석했다. 그는 작은할아버지가 형 박희도의 권유로 광복군에 들어갔다고 말했다. 그리고 남들은 친일파 가족이라 떼돈 벌어 이민 갔다고 오해하는데, 자신이 부친을 따라 미국으로 떠날 때는 거의 무일푼이었다고 했다. 조부에 대한 이야기도 어른이 되고 나서 알게 되었다고 말했다. 그는 지금 미국에서 평범한 직장인으로 근무하고 있다.

한국의 나무와 흙이 된 일본인

| 다쿠미와 오토사쿠

매년 4월 2일을 전후해 망우리공원을 찾으면 한일 양국인이 한 무덤을 둘러싸고 참배하는 광경을 볼 수 있다. 무덤의 주인은 1931년 4월 2일 식목일 기념행사 준비 중 타계한 당시 총독부 산림과 직원 아사카와 다쿠미(淺川巧 1891~1931). 그는 왜 일본 땅이 아닌 이곳에 묻혔는가. 일제강점기, 조선을 진정으로 이해하고 사랑했던 덕망의 코즈모폴리턴 아사카와 다쿠미.

공원관리사무소 위 순환로 갈림길에서 왼편으로 1.5km쯤 가면 동락천 약수터가 나오는데, 약수터에 도착하기 전에 오른쪽 위를 쳐다보면 둥근 항아리 모양의 조각품이 서 있는 산소가 보인다. 망우리공원에서 한국인들의 존경을 받으며 잠든 일본인 아사카와 다쿠미의 묘다. 본서 출간으로 총독부 산림과장 사이토 오토사쿠가 알려지기 전까지는 망우리의 유일한 일본인으로 알려졌다. 참고로 양화진 외국인묘지의 유일한 일본인은 조선 고아의 아버지로 불린 소다 가이치(曾田嘉伊智 1867~1962)인데, 그는 다쿠미가 적을 둔 경성감리교회의 전도사로 다쿠미의 장례식 때 성서를 낭독한 인연이 있다.

다쿠미는 조선총독부 농공상부 산림과 임업시험장(현 국립산림과학원)에서 조선의 산림녹화에 힘썼고, 개인적으로는 조선의 민예를 수집하고 연구했다. 단지 그것뿐이라면 그가 여기 묻힌 이유가 부족하

아사카와 다쿠마와 그의 묘지 전경

다. 당시 이 땅에서 그들만의 사회 속에서 살다 돌아간 대다수의 일본인과는 달리, 그는 조선말을 하고 조선옷을 입고 조선인의 이웃으로 살며 진정으로 조선의 마음에 접한 사람이었기에 죽어서도 이 땅의 흙이 됐다.

다쿠미의 무덤 앞 상석에는 "삼가 유덕을 기리며 명복을 빕니다"라고 쓰여 있다. 이는 1997년 임업연구원 퇴직자 모임인 홍림회가 다쿠미의 고향인 야마나시(山梨)현 다카네초(高根町)와 함께 세운 것이고, 오른쪽 작은 비석 '아사카와 다쿠미 공덕지묘(淺川巧功德之墓)'는 1966년 임업시험장 직원 명의로 세운 것이다. 얼마나 덕을 많이 쌓았으면 공덕지묘라고 했을까. 오른쪽의 항아리 모양 조각품은 다쿠미가 생전에 좋아한 청화백자추초문각호(靑畵白磁秋草紋角壺)로 그의 형 아사카와 노리다카(淺川伯教 1884~1964)가 다쿠미 타계 1주기 때 세운 것이다. 형 노리다카는 동생보다 먼저 조선에 와 조선의 도자기를 연구했는데, 전국 700여 곳의 가마터를 답사해 조선 도자의 역사를 정립하고 광복 후에도 미군정의 의뢰로 이곳에 남아 연구 결과를 정리하고 돌아간 최고의 조선 도자기 전문가였다.

왼쪽에 서 있는 검은 단비는 1984년 8월 23일에 임업시험장 직원들이 세운 것으로 앞면에 "한국의 산과 민예를 사랑하고 한국인의 마음속에 살다간 일본인 여기 한국의 흙이 되다", 뒷면에 "아사카와 다쿠미 1891.1.15 일본 야마나시현 출생, 1914~1922 조선총독부 산림과 근무, 1922~1931 임업시험장 근무, 1931.4.2 식목일 기념행사 준비 중 순직(당시 식목일은 4월 3일). 주요 업적: 잣나무 종자의 노천매장 발아촉진법 개발(1924), 『조선의 소반』(1929), 『조선의 도자명고』(1931) 저술"이라고 적혀 있다.

외국인, 그것도 국치(國恥)의 시대 총독부 산하에서 일한 사람의 묘지에 한국인이 직접 쓴, 그리고 두 나라 사람들이 공동으로 제작한 비석이 나란히 서 있는 것이 이채롭다. 아마 한국의 어떤 곳에도 이런 무덤은 없으리라. 과연 아사카와 다쿠미는 어떤 인물이었을까. 역사의 시곗바늘을 그가 살던 시대로 돌려본다.

야나기 무네요시와 아사카와 다쿠미

1923년 9월 어느 날. 경성 밖 청량리의 한 집에는 밤늦도록 불이 켜져 있었다. 방 안에는 《폐허》 동인 오상순, 염상섭, 변영로가 보이고, 집 주인인 또 한 사람은 30대 청년이다. 조선옷을 입고 조선말을 자유자재로 구사하며 대화를 나누는 것으로 미뤄 영락없는 조선인. 하지만 그는 임업시험장의 일본인 직원 아사카와 다쿠미였다.

다쿠미는 《폐허》 동인들뿐 아니라 많은 조선인과 교유했다. 그의 일기에 따르면 다쿠미는 야나기 무네요시(柳宗悅)가 일본에서 보낸 광화문 철거 반대 기고문을 당시 동아일보 장덕수 주필에게 넘겨 게

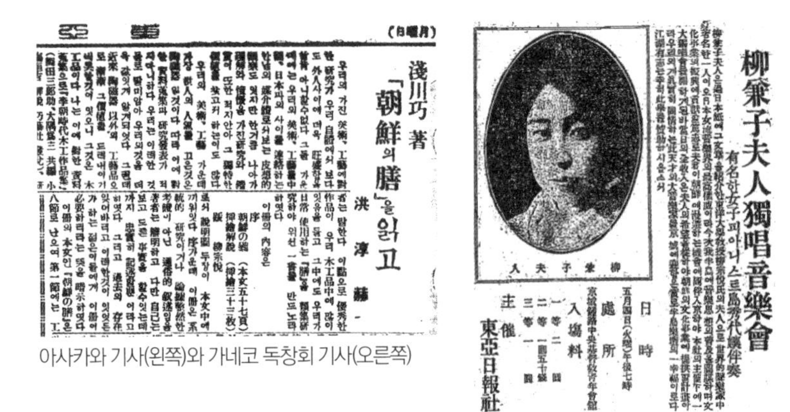
淺川巧 著

「朝鮮의膳」을 읽고

洪淳赫

柳兼子夫人獨唱音樂會

有名한女子피아니스트島秀代孃伴奏

柳兼子夫人

日時 五月四日(火曜)午後七時

處所 京城鍾路中央基督教靑年會館

入場料 一等二圓 二等一圓五十錢 三等一圓

主催 東亞日報社

아사카와 기사(왼쪽)와 가네코 독창회 기사(오른쪽)

재하게 했고, 동아일보 김성수 사장과는 정원사를 소개하고 나무를 선물한 인연으로 저녁식사를 함께 하기도 했다.

그날 다쿠미와 오상순 등은 야나기 무네요시의 아내 야나기 가네코(兼子)의 음악회 준비를 협의하고 있었다. 가네코는 일본의 유명 성악가로 1920년 5월 4일 동아일보가 주최한 첫 번째 음악회를 시작으로 조선에서 음악회를 수차례 열었고, 거기서 나온 수입은 주로 조선민족미술관 건립 등을 위한 비용으로 사용했다. 《폐허》 동인이자 동아일보 기자 민태원의 「음악회」(1921)라는 소설은 1920년의 첫 번째 음악회를 배경으로 한 남녀의 연애담인데, 음악회에 익숙지 않은 조선인 관객이 시끄럽게 떠들어 진행자가 조용히 해달라고 부탁하는 장면도 나온다. 그들이 협의한 1923년 11월 예정의 음악회는 가네코의 병으로 일정이 연기된 끝에 1924년 4월 3일 경성의 기독교청년회관에서 열렸다. 수익금은 1923년 9월 1일의 관동대지진으로 무너진 도쿄 조선기독교청년회관 재건 기금으로 기부됐다.

아사카와와 다쿠미의 존재가 대중에게 조금씩 알려지기 시작한 것은 다카사키 소지의 『조선의 흙이 된 일본인-아사카와 다쿠미』가 1982

청화백자추초문각호(일본민예관 소장)

년에 출간되면서부터다. 한국에서는 1996년에 번역판이 출간됐다. 그전까지는 야나기 무네요시가 조선과 조선의 민예를 사랑한 유일한 일본인으로 알려졌다. 야나기는 해군 장성의 아들로 도쿄대 철학과를 졸업한 지식인이었다. 그는 부친(해군 소장 전역)의 후배인 사이토 조선총독의 힘을 활용해 조선민족미술관을 설립하고, 조선의 민예를 이론적으로 전파하는 데 큰 족적을 남겼다.

야나기가 조선의 민예에 처음으로 눈을 뜨게 된 계기는 다쿠미의 형 노리다카가 야나기에게 선물로 건넨 청화백자추초문각호. 직경 10.9cm, 높이 13.5cm의 이 작은 백자는 야나기가 1936년 도쿄 고바마에 설립한 일본민예관에 다른 조선 민예품과 함께 지금도 소중히 전시되고 있다. 필자는 2007년 12월 일본민예관에 찾아가서 청화백자를 직접 보고 사진도 찍을 수 있었다. 일본민예관이라는 이름이 붙어 있지만, 2층에 마련된 방 하나에는 오로지 조선의 민예품만을 상설전시하고 있어 이 민예관의 뿌리가 어디에 있는지를 여실히 보여준다. 후에 필자는 국립중앙박물관에서 난초무늬표주박모양병(白磁靑畵蘭草文瓢形甁 보물 1058호)을 발견했는데, 이 백자의 윗부분(호리병)이 떨어져 나가 남은 것이 민예관의 그것과 똑같았다.

이런 계기로 조선을 찾은 야나기는 평소 존경해 마지않던 다쿠미를 알게 됐고, 이후 평생의 동지로 지냈다. 두 사람의 우정은 야나기의 글 곳곳에 나타나 있다. 다음은 야나기의 저서 『조선과 예술』

의 머리말에 나온 글이다. "1921년 내가 처음 도쿄에서 이조전을 기획할 무렵에는 소수 지인밖에 없었다. 오랫동안 뜻을 같이해 일해준 고(故) 아사카와 다쿠미를 지금 떠올리면 경모의 마음을 금할 길이 없다. 이 교우를 기념하고자 '조선민족미술관'이 서울 경복궁 안 집경당에 설치됐다."

이처럼 다쿠미가 경성에 거점을 두고 조선 민예의 조사 결과를 야나기에게 전수하면, 야나기는 일본에서 조선 민예의 이론을 정립하고 전파하는 노릇을 했다. 조선을 통해 민예의 미를 발견한 야나기는 후에 일본 민예로 그 영역을 넓히게 된다. 또 조선민족미술관을 설립할 때에는 장소 확보와 자금 조달 등의 임무를 야나기가 맡고, 전시품의 수집 · 관리 등의 실무는 다쿠미가 도맡았다. 야나기는 "미술관이 후세인에게 감사의 인사를 받게 된다면 그 명예는 그(다쿠미)에게 돌아가야 한다"고 했다.

언뜻 야나기와 다쿠미의 관계는 정책입안자와 실무자의 그것처럼 보이지만, 사실 야나기는 조선민예에 관한 한 다쿠미로부터 큰 영향을 받았다. 야나기도 조선을 자주 방문해 조선의 민예를 연구하기는 했으나 초기에는 관조자의 시각에서 벗어나지 못했다. 그래서 야나기는 일부 피상적 경험과 역사적 사실에 근거해 조선의 미가 '비애의 미'라는 논리를 폈다. 『조선과 예술』의 머리말에도 '가장 슬픈 생각을 노래한 것이 가장 아름다운 시다'라는 셸리의 시구와, 유명한 희곡은 대개 비극이었다는 사실을 들며 "조선의 미는 비애가 낳은 것"이라고 주장했다. 이 때문에 한국에서 번역된 이 책은 집중적인 비판 대상이 되기도 했다.

하지만 이 책이 나온 지 얼마 후 다쿠미의 영향을 받아 야나기가 생각을 바꿨다는 사실은 모르는 사람이 많다. 다쿠미는 실생활에서 얻은 체감으로 조선의 낙천성, 해학성을 이미 파악하고 있었으며, "많은 훌륭한 공예품은(조선의 미는) 조선의 융성 시기에 꽃핀 것"이라고 설파했다.

불후의 명저 『조선의 소반』과 『조선도자명고』

다쿠미는 단 두 권의 저서를 남겼다. 『조선의 소반(朝鮮の膳)』과 『조선도자명고(朝鮮陶磁名考)』가 그것인데, 한국에선 한 권으로 묶여 『조선의 소반 · 조선도자명고』(학고재, 1996)로 번역 출간됐다. 후세 한국과 일본의 연구자가 반드시 참조하는 귀중한 자료다.

다쿠미는 그 많은 민예품 중 왜 조선의 소반에 주목한 것일까. 그

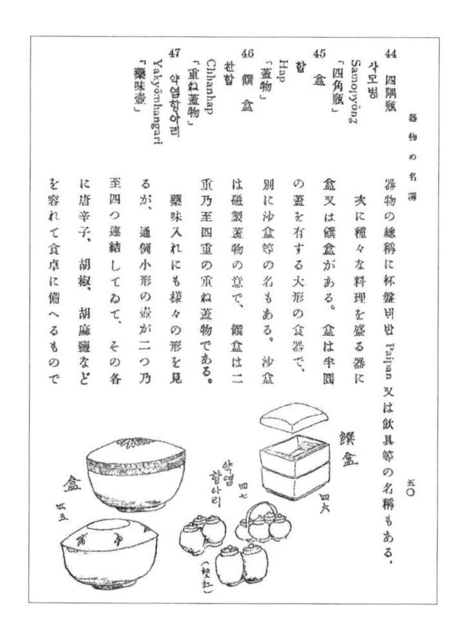
器物の名簿　五〇

44 四隅瓶 사모병 Samojyŏng 「四角瓶」
45 盒 합 Hap 「蓋物」
46 饌盒 찬합 Chhanhap 「重ね蓋物」
47 약염항아리 Yakyŏmhangari 「藥味壺」

器物の總稱に杯盤배반 Paipan 又は飲具等の名稱もある。

次に種々な料理を盛る器に盒又は饌盒がある。盒は半圓の蓋を有する大形の食器で、別に沙盒等の名もある。沙盒は磁製蓋物の意で、饌盒は二重乃至四重の重ね蓋物である。

藥味入れにも樣々の形を見るが、通例小形の壺が二つ乃至四つ連結してゐて、その各に唐辛子、胡椒、胡麻鹽などを容れて食卓に備へるもので

『조선의 소반』에 들어간 삽화(왼쪽)와
『조선도자명고』에 들어간 삽화(오른쪽)

것은 소반이 온돌방에 앉아 식사하는 문화를 가진 조선에서만 볼 수 있는, 중국에는 없는 조선 고유의 공예품이기 때문이었다. 또 소반은 사용자에 의해 아름다움이 더해가는 공예의 표본이라 생각하였다. 『조선의 소반』 머리말은 그의 이런 생각을 잘 반영한다. "올바른 공예품은 친절한 사용자의 손에서 차츰 그 특유의 미를 발휘하므로 사용자는 어떤 의미에서는 미의 완성자라고 할 수 있다. …조선의 소반은 순박 단정한 아름다움이 있으면서도 우리 일상생활에 친히 봉사하여 세월과 함께 아미(雅美)를 더해가므로 올바른 공예의 대표라고 칭할 수 있다."

출간 당시 평자들은 이 책에 대한 찬사를 아끼지 않았다. 당시 경성제대 교수로 후에 문부대신까지 지낸 아베 요시시게는 "단지 학자가 문헌을 나열하며 쓴 글이 아닌, 실제 소반을 직접 사용해보고 쓴 글로, 지식뿐 아니라 사랑과 지혜가 담긴 책"이라 했고, 교사이자 사학자인 홍순혁은 동아일보에서 "외국인 가운데는 우리의 미술, 공예를 중국, 일본과의 사이를 연락하는 하나의 매개체로서 보

지리산 소반시장 사진

는 피상적 연구도 있지만, 한걸음 나아가 이해와 동경을 가진 연구와 감상이 또한 적지 않아 그 독특한 가치를 찾고자 하는 이도 많다. …이 책이 외인의 손으로 이만큼의 재료와 연구를 우리에게 제시한 것만으로도 감사하고 부끄러운 일이다."라고 했다.

이 책의 초판본은 국립중앙도서관에 보관돼 있다. 맨 뒷면을 보면 도쿄 소재 공정회(工政會) 출판부 발행, 민예총서 제3편, 일본민예미술관 편으로 1929년 3월15일 발행, 저작자는 조선경성부외(府外) 청량리 아사카와 다쿠미로 되어 있다. 맨 뒷면 오른쪽 페이지에 있는 글은 야나기의 발문 마지막 부분인데, 이 글에서도 다쿠미에 대한 야나기의 마음을 엿볼 수 있다.

> …지금 밖에는 잔 눈발이 계속 문을 두드리고 있네. 여느 때보다 더 추운 교토의 저녁이라네. 군(君)이 있는 경성의 교외는 영도 이하 어느 정도까지 떨어졌을까. 그러나 지금쯤은 온돌방에서 조선의 소반을 둘러싸고 조선의 식기로 일가 단란한 식사를 하고 있으리라 생각하네. 이렇게 말하는 내 가족도 매 끼니 조선의 소반을 떠난 적이 없다네. 어떠한 운명이 군과 나를 평생 조선과 떨어질 수 없는 인연을 맺어준 듯하네. 가능한 한 우리 함께 조선의 일을 함세. 군의 '조선도기명휘'는 머지않아 완결되리라 생각하네. 나는 그 훌륭한 저작이 이 책처럼 하루라도 빨리 상재(上梓)되기를 바라고 있네.

야나기가 이처럼 하루빨리 상재되기를 바라마지 않던 '조선도기명휘'는 다쿠미 타계 5개월 후인 1931년 9월에 『조선도자명고』라는 제목으로 출간됐다. 이 책은 다쿠미가 오랫동안 조선 도자기의 명칭, 형태와 기원을 조사해 정리한 책이다. 다쿠미는 이 책을 집필한 이유를 머리말에서 이렇게 밝혔다. "작품에 가까이 다가가 민족의 생활을 알고 시대의 분위기를 읽으려면 우선 그릇 본래의 올바른 이름과 쓰임새를 알아둘 필요가 있다. …나아가 그릇을 사용하던 조선 민족의 생활상이나 마음에 대해서도 저절로 알게 되리라.”

그렇다. 요강을 본 어느 외국인은 그 이름이 요강인 줄 모르면 머리에 쓰거나 음식을 담아서 먹기도 할 것이다. 이름은 그 물건의 용도, 본질을 가장 잘 나타내는 것. 세월이 흘러 이름을 잊어버리면 그 물건의 본질을 찾을 수 없게 되는 경우도 생긴다. 그래서 어느 시대 어느 나라이건 역사의 기록이 소중한 것임은 말할 나위가 없으니 『조선도자명고』가 후세의 높은 평가를 받는 것은 너무도 당연하다.

우리에게는 사실 소반이나 도자기가 실생활에 사용되는 물건이었지, 예술품으로 대접받으리라는 생각은 별반 없었고 또 그럴 여유도 없었었다. 비록 그들의 조국이 저지른 죄는 크지만 후세의 연구자들이 야나기와 아사카와 형제의 업적에 큰 도움을 받은 사실은 인정하지 않을 수 없다.

그런데 세계에서 두 번째로 자기를 만든 나라, 그리고 고려청자로 중국을 뛰어넘은 독보적 미를 창조했던 우리의 지금은 어떠한가. 손님에게 유럽제 찻잔을 자랑스럽게 내놓으며 우리 도자기는(그것도 옛날 것만) 벽장 안에 모셔놓고 있지 않은가. 우리 도자기가 생활을 떠나 과시나 관상용 골동품으로 ‘전락’할 때 새로운 미는 창조되지 않는다. 아름다운 물건의 탄생은 당시대인의 생활에서 얼마나 친숙하게 사용되느냐에 달렸다. 『조선의 소반』에서 다쿠미가 마지막으로 남긴 말은 시사하는 바가 크다. “지친 조선이여, 남의 흉내를 내는 것보다 갖고 있는 소중한 것을 잃지 않는다면 언젠가 자신에 가득 찰 날이 오리라. 이 말은 비단 공예의 길에 한한 것만은 아니다.”

국립산림과학원의 정원에는 1892년생 소나무(盤松)가 크게 가지를 뻗고 서 있다. 1922년 다쿠미가 동료와 함께 인근 홍파초등학교에 있던 나무를 옮겨 심은 것이다. 나무를 심은 사람의 마음은 조선민예 연구뿐 아니라 한일교류의 가지도 크게 뻗어나게 했다.

"조선 친구들과 더욱 친해지기를…"

다쿠미의 삶에서 코즈모폴리터니즘과 참기독교정신을 읽을 수 있으나 천성적으로 그는 덕(德)이 큰 사람이었다. 그의 덕을 엿볼 수 있는 에피소드는 많다. 그는 월급의 상당 부분을 민예품을 수집하는 데 썼고, 그렇게 모은 민예품도 나중에 대부분 조선민족미술관에 기증하고 집에는 깨진 물건만 남겨 놨다. 어려운 직장동료의 자식이나 이웃집 학생 여러 명에게 드러내지 않고 학비를 대주기도 했다. 여자 걸인에게는 가진 돈을 건네줬고, 남자 걸인에겐 일자리를 주선했다. 조선인과는 기생에서 비구니까지 신분의 차별 없이 친구로 지냈다.

그렇게 진정으로 조선인과 교유한 다쿠미는 식목일 기념행사 준비

추도식 사진

국립산림과학원에 있는 1892년생 소나무. 아사카와 다쿠미가 동료와 함께 이곳에 옮겨 심은 나무다.

로 과로한 나머지 급성 폐렴에 걸려 만 40세의 나이에 사망했다. 전보를 받고 일본에서 달려온 야나기는 그의 형 노리다카의 손을 잡고 통곡했다. 많은 조선인 이웃이 찾아와 곡을 했다. 평소 교분이 있던 청량사의 여승 세 명도 영전에 향을 올리고 조용히 눈물을 흘렸는데, 다쿠미의 부인이 나와 사의를 표하자 손을 붙잡고 "아이고…!" 하며 통곡을 하니 지켜보던 이들도 눈물을 참지 못했다. 가족은 다쿠미에게 조선옷을 입혀 입관했다. 상여를 내보낼 때는 30여 명의 이웃이 서로 상여를 메겠다고 나서는 바람에 마을 이장이 그중에서 10명을 골라야 했다. 이문리 묘지로 향하는 상여의 뒤로 많은 조선인과 일본인이 따랐다. 다쿠미는 그렇게 양 국민의 따뜻한 배웅을 받으며 저세상으로 떠나갔다. 그날 봄비가 촉촉이 내렸다.

1937년 도로 건설로 이문리 묘지가 없어지면서 묘는 망우리 공동묘지로 이장됐다. 다쿠미가 죽은 뒤에도 계속 경성에서 살던 아내와 딸은 광복 후 일본으로 돌아갔다. 야나기의 배려로 딸은 야나기의 비서로, 부인은 일본민예관에 일자리를 얻었다. 그러나 오랫동안 국교가 단절된 상태에서 다쿠미의 묘소는 돌보는 이 없이 덤불 속에 가려지고 조각품도 넘어져 뒹굴고 있다가 1964년에 방한한 화가 가토가 임업시험장 직원들의 도움으로 어렵사리 묘를 찾아낸 뒤로 한국 쪽에서는 임업시험장이 묘 관리를 자청하고 나섰다. 1966년 만들어진 비석이 임업시험장 직원들의 이름으로 된 것은 이 때문이다.

그 후 다쿠미를 기리는 양 국민의 발길이 끊이지 않았고, 고향 야마나시현 호쿠토시(北杜市)는 2001년 7월에 한국 도예가의 기증품을 받아 '아사카와 형제자료관'을 개설했으며, 2003년에는 경기 포천시(광릉 국립수목원 소재지)와 자매결연을 해 중학생 홈스테이 등의 문화교류를 하고 있다. 다쿠미가 심은 나무가 자라나 한일교류의 가지를 크게 뻗은 것이다. 다쿠미는 『조선의 소반』 서문에서 이렇게 말했다. "일상생활에서 필자와 가까이 지내면서 견문의 기회를 주고 물음에 친절하게 답해준 조선의 친구들과 많은 도움을 준 분들에게 이 기회를 빌려 고마움을 표하고 더욱 친해지기를 바라마지 않는다."

필자 또한 아사카와 다쿠미의 묘를 돌아보는 계기를 통해 양 국민이 더욱 친해지기를 바라마지 않는다. 그런 의미에서 인간 아사카와 다쿠미의 면모를 엿볼 수 있는 그의 유고(遺稿) 「조선 소녀」를 국내 초역으로 올린다. 조선인을 바라보는 그의 따뜻한 시선을 느낄 수 있다.

조선 소녀(朝鮮少女)

'공진회(共進會 · 부업품 품평 및 전시회)에 20여 일 다니는 사이에 간수(전시장 도우미)인 조선 소녀들과 친해졌다. 내가 나타나면 모여드는 소녀들이 7, 8명 있었다. 대개 15, 16세로 20세가 된 자는 없었다. 고등보통학교를 졸업했거나 중도에서 그만둔 자가 대부분이므로 일본어도 유창했다.

그들은 종종 2, 3명씩 모여 일본인 여간수나 수위에 대한 불평을 토로했다. 실제로 일본인의 태도엔 우리가 보더라도 화가 날 만한 것이 많았다. 일본인 여간수는 대개 나이가 많았다. 그 때문인지 간수 동료이면서도 때때로 조선 소녀를 야단쳤다. 수위에게 소녀들의 험담을 하기도 했다. 그럴 때에 소녀들의 변명은 거의 받아들여지지 않았다. 소녀들은 분한 마음에 동료끼리 모이면 소곤거렸다. 일본인 사이에 "요보('여보'의 일본식 발음. 조선인의 속칭)는 전혀 도움이 되지 않아"라는 정평이 굳어질 정도가 되었지만 나는 대체로 소녀들의 이야기를 더 이해하는 편이었다.

친해지고 나니 오히려 소녀들이 내게 말을 걸어왔다. 사려 없는 일본인의 태도에 대해 증오를 느끼지 않을 수 없는 일이 많았다. 일본인 여간수는 조선 소녀들보다 대개 연상이지만 교육 정도는 낮은 듯 화장만 잘했지 하등한 생각의 소유자가 많았다. 이런 일도 있었다. 어느 일본인 여간수가 사무원에게 이렇게 말했다. "저는 이런 곳에서 일하는 것이 싫어요. 진열된 것은 모두 '요보' 것뿐이잖아요. 좀 더 아름다운 것이 진열된 곳으로 보내주세요. '요보'가 와서는 이거 파는 거냐, 얼마냐 하며 말을 걸거든요. 정말 귀찮아요."

이런 교양 없는 여자가 부업품 공진회의 간수이니 한심한 일이다. 이런 예는 적지 않다. 본래 간수라든지 수위, 순사, 소방관은 말하자면 번인(番人 지키는 사람)인데 그 번인이 너무 많다. 관내에 들어가면 기분이 나빠진다. 물건을 빼곡히 늘어놓고 도둑과 불량배 때문에 망을 보는 것이라는 느낌을 노골적으로 드러낸다. 여간수 등은 관람자를 위해 편의를 도모하고 매매계약이라든지 간단한 설명 정도는 알고 있어야 하는 것이 당연한데도, 질문을 받으니 귀찮다거나 조선인이니까 싫다는 둥 그런 말을 하는 것은 당치도 않다. 이런 자들이니 조선 소녀를 못살게 구는 것도 이상한 일이 아니다.

조선의 소녀들은 공진회가 끝나면 한번 청량리(다쿠미의 집)로 놀러 오겠다고 했다. 나는 공진회에 갈 때마다 무료하게 앉아 있던 의자에서 일어나 웃는 얼굴로 다가오는 그들을 보는 게 매우 즐거웠다. 심사 업무로 다니는 동안에도 그들을 만나는 일과 도자기와 생활용품 진열대를 보는 것은 매일 거르지 않았다.

때때로 잣과 피스(그린피스, 청완두)를 주면 좋아했다. 그들도 누에콩 볶은 것이나 생밤 같은 것을 주머니에서 꺼내주었다. 내 눈으로 보면 일본인이 으스대는 이유를 도저히 이해할 수 없다.

오늘 저녁 삼복이가 경성에서 돌아오는 길에 공진회에서 일하던 조선 소녀들과 만난 이야기를 해줬다. 그들은 자동차를 타고 청량리 방면에서 경성으로 돌아가는 길이었다고 한다. 나는 그제야 생각이 났다. 그녀들이 천장절(天長節 천황의 생일로 당시는 8월1일)인가 일요일에 놀러 올 테니 전차 종점에 마중 나와달라고 부탁받은 것을.

오늘은 미술관(조선민족미술관) 물품의 정리와 편지를 쓰면서 종일 시간을 보냈기 때문에 전찻길에 나가는 것을 깜빡하고 말았다. 그들이 꽤 헤맸으리라 생각하니 너무 미안한 마음이 들었다. 그러나 관청의 운전수가 배려를 해주어 자동차에 태워 보내준 것으로 보여 안심했다. 그들에겐 자동차를 타는 것이 청량리에 오고 싶은 주요한 바람이기도 했을 것이다. 그러나 비구니절(청량사)의 식사라도 대접해 마음껏 기염을 올리게 해주었다면 얼마나 기뻐하고 신기해 했을 것인가.

다음 공진회를 하게 된다면 진열이나 기타 방법 상의 연구는 물론이고 직원의 훈련부터 신경 써야 할 것이라고 절실히 생각한다.

저녁에 오(상순), 염(상섭), 변(영로) 삼군(三君)이 와서 음악회에 관한 협의를 했다.…(1923.9)

(출처 : 淺川巧著 / 高崎宗司編 『朝鮮民芸論集』, 岩波書店, 2003)

한반도에 포플러와 아카시아를 심은 일본인

| 사이토 오토사쿠(齋藤音作 1866~1936)

자작나무과의 좀고채목이라는 나무가 있다. 학명으로는 Betula Saitona이다. 이는 제주도 한라산과 지리산 천황봉에 있는 우리나라 특산 수종으로, 사이토 오토사쿠가 1914년 발견하였다. 한자로는 '齋藤樺'이고, 일본어로 사이토 간바(자작나무)라고 읽는다. 식목일을 처음으로 제정하고, 포플러와 아카시아를 심는 등 조선의 산림정책을 좌우한 총독부 고위 기술관료 사이토 오토사쿠의 삶을 살펴본다.

동락천을 거쳐 조봉암 선생 묘를 지나 약 70~80m 정도 오른쪽 위에 색다른 비석이 하나 보인다. 몸통은 직사면체에 윗부분이 사각뿔형의 육중해 보이는 비석이다. 비면의 맨 앞 글자 '재(齋)' 자가 일부 깨져 나가 잘 보이지 않았지만, 비석 이름 위의 십자가와 비석 뒷면의 '소화11년(1936년) 6월 28일 소천(召天)'이라는 비명이 기독교인이며 조선총독부 산림과장, 영림창장을 지낸 사이토 오토사쿠(齋藤音作)의 비석임을 확실하게 증명해주었다. 그러나 비석 바로 옆의 무덤은 관리사무소에서 조회한 바 사이토의 무덤이 아니었으며, 사이토의 무덤으로 추정할 만한 것도 없었다. 하지만 그의 묘가 일본으로 이장되지 않았다는 것은 확실하다. 필자가 사이토의 여동생 사쿠의 손녀 다나카 아케미(田中曉美) 씨에게 확인한 결과, 사이

사이토 오토사쿠의 묘

토는 사망 후 망우리에 묻혔고 일본으로 이장한 적이 없으며, 그 후손들이 1970년대에 망우리를 방문했었으나 무덤은 찾지 못하고 근처의 흙만 한 줌 가지고 돌아갔다고 증언했다. 즉, 사이토의 묘는 비석만 있고 봉분이 없는 일본식 묘로, 비석 밑에 사이토의 유골이 묻혀 있는 것이다.

사이토는 니가타현 이와후네군 세키가와무라에서 부친 겐사쿠의 장남으로 태어났다. 부친은 번(藩)의 재무관리인 와타나베가(家)의 가레이(家令 집사격)였다. 1891년에 고향의 다카노스 온천이 홍수로 폐허가 되었을 때 온천을 직접 인수하여 부흥시켰다. 1906년 그의 사망 후 온천이 내려다보이는 언덕에 '다카노스 온천 개조(開祖) 사이토 겐사쿠 위령탑'이 건립되어 대대로 사이토가의 묘지가 되었다.

가문은 막내여동생이 데릴사위를 얻어 잇게 하고, 사이토는 임학 공부의 길로 나섰다. 1890년 도쿄대 임학과를 나온 후 농상무성 산림국에 들어갔다. 한편으로는 민간사업에도 관심을 가져 도쿄금주회 평의원, 도쿄부인교풍회 특별회원이 되었고, 근무 외의 시간에는 메이지여학교에서 수학, 물리학 등을 가르쳤다. 메이지여학교의 제자였던 무라코와 1895년 결혼했으나, 곧 청일전쟁이 발발하여 육군 장교로 만주, 대만 등에서 군법회의 판사, 부관 등으로 근무했다. 1896년 9월 소집해제가 되었으나, 당시 대만 총독이었던 노기 마레스케의 부름을 받아 대만 총독부 무간주사(撫墾主事)직을 맡아 임이포(林圯浦) 무간서장으로 부임하였다.

그해 11월 23일 대만 최고봉인 옥산(玉山 3,952m)의 처녀 탐험에 성공하여 높이의 측정 및 생태 조사 결과를 보고했다. 이 탐험에 의해

사이토 오토사쿠

옥산은 후지산(3,776m)보다 높다고 하여 일본에서는 신고산(新高山)이라는 이름으로 부르기 시작했다. 탐험의 기념으로 사이토는 그 해에 태어난 딸을 '다마코(玉子)' 라고 명명하였다. 1898년 3월 악성 말라리아에 걸려 귀국하여 야마나시현 이치가와초에서 요양한 후, 1899년 이사카와현 산림과장, 1902년 야마나시현 산림과장, 1906년 홋카이도청 임정과장으로 부임했다. 홋카이도에서 근무하며 많은 업적을 남긴 후 1909년 12월, 대한제국의 산림 전문가 초빙에 응해 농공상부 임정과장으로 부임했다.

1910년 사이토의 기획으로 순종 황제가 선농단에서 친히 식수식(植樹式)을 거행함으로써 전국민에게 식목의 의의를 성공적으로 알린 것을 계기로, 곧 이은 한일합방 후 사이토는 '병합의 대업을 영구히 기념하는 방법으로써' 매년 진무천황(神武天皇 제1대 천황) 제삿날에 '전국적인 기념식수'를 상부에 진언하여 실행을 허락받고, 미국 등의 사례 조사와 더불어 민중의 풍습, 심리 상태를 고찰하여 그 실행계획을 수립, 1911년 4월 3일 첫 번째의 기념식수일을 거행하기에 이르렀다. 이것이 식목일의 유래이다.

또한 사이토는 임정의 기초 데이터가 되는 임야의 소재, 임상 분포의 상태, 소유권의 관계 등을 조사하여, 최초의 사업으로 임야의 현상을 나타내는 임야분포도를 작성했고, 다음으로 국유림의 존폐 구분, 그 관리, 시행안의 편성, 불요존임야(不要存林野)[5]의 대부조림, 민유림의 조림 장려 등, 임정의 기초 정책과 개척, 임야 조사의 실시에 착수하는 등 조선의 황폐한 산을 하루빨리 녹화하기 위한 정책에 진력하였다.

1915년 3월, 사이토는 영림창장(營林廠長)으로 신의주로 부임하여 압록강, 두만강 유역의 국유림 재적조사(材積調査)와 시행안을 재편하고, 신의주 제림공장의 확장, 판매법의 개선에 착수하여 목재 규격의 개정 통일을 단행하여 정량 거래를 실행했다.

한편으로 총독에게는 치산치수의 중요성을 역설하며 수리의 증진과 홍수의 방지 등을 위한 임정에 계속 진력했는데, 당시 조선에서는 건축재와 연료 조달에 어려움이 있어, 속성으로 자라는 수종인 아카시아와 포플러를 전국에 심도록 총독부에 건의했다.

1918년, 민간 산림위탁 사업의 꿈을 펼치기 위해 28년간의 관직 생활을 의원사직했다. 1920년 주식회사 황해사에 임업부를 설치하고 고문에 취임하였으며, 1921년에는 조선산림회를 창립하여 상담역이 되었다. 1931년에는 황해사 임업부 사업을 계승, 직접 사이토임업사무소를 설립하여 산림위탁경영 사업을 계속 전개했다. 그는 칙임관(勅任官 차관 · 국장급) 이상의 관료로, 퇴직 후에도 귀국하지 않고 조선에 남은 유일한 일본인이 되었다.

『조선임업투자의 유망』이라는 그의 저서를 보면, 총독부 정무총감 고다마(兒玉)가 추천사를 쓰고, 다음 쪽에는 총독이 붓글씨로 '호개소식(好個消息 귀가 솔깃해지는 정보)'이라 썼다. 즉 이 저서는 조선의 산림녹화를 꾀한 조선총독부와 사이토의 본국 일본인에 대한 투자유치 안내서였다. 이 책의 서문에서 그는 자신의 철학을 이렇게 설명했다.

---

5) 불요존임야(不要存林野): 요존임야는 국가가 계속 경영할 임야이고 불요존임야는 민간에게 처분할 임야.

"…퇴관 후도 여생을 반도의 치산에 헌신할 각오로 경성에 남아 내 머리가 다 희게 될 때까지는 전조선을 녹화시키고자 하는 염원을 계속 갖고 있다. 조선의 녹화, 즉 치산의 촉진을 기하는 것은 늙은 조선을 다시 젊게 하는 유일한 요법일 뿐 아니라 그 결과는… 임리(林利)의 증산, 부업의 진흥, 산업의 융흥, 민중생활의 안정 등에 공헌하는 바가 큼과 동시에 반도의 대장암인 한발과 수재를 퇴치하고 나아가 국토의 보안, 기후의 조화, 풍경의 정미(整美), 사상의 순화 등에도 다대한 효과를 초래하는 것은 필연이므로, 반도의 치산을 촉진하는 것은 조선 통치의 완성에 극히 중요한 근본적 대책이라 확신한다." (강조점은 원문)

이렇게 투자자를 유치하기 위해 일본 전국을 돌아다니며 노력한 결과, 사이토 사망 때인 1936년 시점에는 수탁 면적 약 3만6천 정보, 위탁회사 및 자본가 40명, 산림수 70곳의 성과를 올렸다.

사이토는 일제 산림정책의 총수로 일제의 조선 임야 수탈을 지휘했으며, 강압적이고 고식적인 식목정책을 추진했다는 비난을 받기도 하지만, 다른 한편으로는 우리나라 임업 근대화를 주도하고 녹화에 기여했다는 긍정적인 평가도 받고 있다. 아카시아의 예를 들자면, 아카시아는 뿌리 생장 속도가 빨라 다른 식물 생장을 방해한다는 주장과 아카시아 식림으로 조기 녹화와 산사태의 방지가 이루어졌다는 주장이 동시에 존재하는 것이다.

한편 사이토는 「도시계획과 공업자원 함양」이라는 글을 동아일보에 1920년 9월 7일부터 18일까지 8회에 걸쳐 발표하는 등 임업에 한하지 않은 근대 테크노크라트의 면면을 보여주고 있으며, 1918년 3월 2일 오사카아사히신문에 실린 「직공으로서의 조선인/영림창장

사이토 오토사쿠 씨 담(談)」에서는 일본인 노동자에 뒤떨어지지 않는 조선인 노동자의 우수성을 주장하기도 했다. 기타 사회활동으로는 기독교경성로타리클럽 회원, 경기도 평의원, 일본기독교회 장로, 경성기독교청년회 평의원 등을 지냈다. 1936년 6월 28일, 사이토는 71세의 나이로 경성제대 부속병원에서 숨을 거두었고, 생전 조선의 흙이 되기를 원한 그의 바람에 따라 망우리에 묻혔다.

앞서 소개된 아사카와 다쿠미는 야마나시현 산림과장이었던 사이토의 영향으로 임업계에 투신하여 조선에서도 사제의 정을 이어갔다. 다쿠미의 일기(1922~23)에는 1922년 1월 30일에 다쿠미가 신교동의 사이토 집을 방문하였는데 "사이토 씨는 감기로 누워 계셨고 부인이 부지런히 간호하며 일하고 있었다. 그는 누워서도 활기차고 재미있게 임학상의 문제나 주택론을 화제로 말씀하셨다."라는 기록이, 그리고 다쿠미 고향 야마나시 향우회에는 야마나시현의 산림과장으로 근무했던 사이토 부부도 초대를 받은 사실(4월 30일)이 보이며, 사이토의 손녀 에츠코(悅子)는 자신의 저서에서, 다쿠미와 야나기 등이 주최한 야나기 가네코의 독창회 마지막에 자신이 가네코에게 꽃다발을 전달하는 역할을 맡았다고 적었다.

마지막으로 사상적으로 뜻을 같이하는 지인 우치무라 간조의 일기를 통해 그의 일면을 엿보기로 한다.

〈우치무라 간조의 일기, 1925년 6월 1일(월) '조선의 묘목'〉

월요일 내방객이 많아 바빴으나 조선의 사이토 오토사쿠 군으로부터 자신이 지은 『덴마크 이야기』가 하나의 원인이 되어 조선반도에 매년 1억6천만 그루의 유용수목의 묘목이 심어진다는 것을 듣고 매우 기뻤다. 또 내지(일본) 및 대만에서 같은 이유로 수천만 그루의 묘목이 심어질 것이다. 이렇게 하여 앞으로 100년 후에는 자기를 국적(國賊)이라고 부르며 괴롭히는 일본인은, 그가 쓴 작은 저술의 결과로써 수십억 엔의 부를 얻게 될 것이리라. 정말로 기분 좋은 일이다. 자국인에게 미움을 받으면서 그들을 위해 노력하는 것은 특별한 명예이다. (『内村鑑三と韓國 · 朝鮮, 日記』, 원문은 일본어. 필자 역)

근대 서양의학의 선구자

| 지석영과 오긍선

우리나라 최초로 외국에서 서양의학을 배워온 분은 지석영이고, 최초의 미국의사는 1892년 조지워싱턴의대를 졸업한 서재필(1864~1951)이며, 두 번째는 1900년 볼티모어 여자의대를 졸업한 김점동(미국식 이름 박에스더 1879~1910)으로 그녀는 최초의 여의사이기도 하다. 세 번째가 1907년 루이빌 의대를 나온 해관 오긍선인데, 그는 조선인 최초의 피부과 의사이며 최초의 세브란스의전 교장이었다. 처음으로 서양의학을 도입한 지석영과, 조선 의학계의 대부라 불린 오긍선의 말을 들어보자.

"옛날 어린이들은 호환(虎患), 마마, 전쟁 등이 가장 무서운 재앙이었으나 현대의 어린이는 무분별한 불법비디오를 시청함으로써 비행청소년이 되는 무서운 결과를 초래합니다."

비디오를 틀면 맨 앞에 나오던 말이다. 당시 치사율 30%를 넘나드는 큰 재앙이며 살아남아도 곰보 얼굴로 평생을 살아야 했던 천연두(마마)를 없애준 은인이 송촌 지석영(松村 池錫永 1855~1935)이다. 지금도 왼팔에 불주사 흔적이 없는 국민이 없으니, 송촌이야말로 우리에게 가장 밀접하고 광범위한 은혜를 베푼 분이라고 할 수 있다.

관리사무소에서 동락천 방향으로 1km 정도 걸어가면 오른편에 지석영 묘 입구가 보인다. 그 길을 능선 거의 끝까지 올라간 후에 오른쪽으로 가면 너른 터에 묘 두 개가 나란히 있다.

송촌 지석영의 묘지와 지석영

의사 5대 가문

왼쪽이 송촌거사(松村居士) 지석영의 묘이다. 거사(居士)는 출가하지 않고 집에서 불교에 귀의한 자에게 붙인다. 지석영은 집에 불상을 모셔 놓을 정도로 독실한 불교신자였다. 비석의 앞뒤 글은 한문이고 게다가 흰 돌에 새긴 글이라 잘 보이지 않아 해석이 더욱 어렵다. 생전에 한글 사용을 제창하였다고 하는데, 비문도 한글로 하면 좋았을 것이라는 아쉬움이 있다.

오른쪽이 장남 춘우거사(春雨居士) 지성주의 묘이다. 지석영의 부친 지익룡은 양반이라 개업은 하지 않았지만 한의학에 정통하였고, 지석영의 장남 지성주는 경성의전에서 내과 전공으로 1919년 졸업 후 개업을 하였는데 1927년 및 1928년 동아일보에 독자를 위한 의학

관련 기사를 실을 정도로 장안의 명의였고, 지성주의 장남 지홍창은 서울의대 박사로 군의관을 거쳐 박정희 대통령 주치의를 지낸 바 있다. 그리고 지홍창의 장남 지무영은 가톨릭의대를 나와 현재 서울 송파구에 지내과의원을 경영하고 있으니, 고조부로부터 따지면 5대째 의사 가문인 셈이다.

곰보의 은인

1931년 1월 25일 매일신보는 "조선의 제너, 송촌지석영선생, 곰보를 퇴치하던 고심의 자취. 신미(辛未)의 광명을 찾아"라는 제목으로 지석영 인터뷰 기사를 실었다. 자료의 상태가 좋지 않아 읽기 어려운 부분은 일부 생략하며 현대문으로 고쳐 옮긴다.

> 음력으로 섣달 스무닷세날이었는데 좋은 재주를 배우고 또 약간의 약까지 얻기는 하였지만 도무지 그것을 시험할 데가 없구려. 비록 장가는 들어서 아내는 있으나 나에게 소생이 없으니 시험할 수 없고, 남의 자식에게 시험을 하자니 아직 우두(牛痘)가 무엇인지 모르는 그 부모가 허락할 리가 없고 해서 어떻게 할까 망설일 즈음에 마침 나이 어린 처남 아이가 생각납디다그려. 그래서 한번 시험을 해보고자 하였더니 우두라는 것은 외국사람(실제로는 일본인을 지칭)이 조선사람을 죽이려고 만든 것인데 이 아들에게 놓는다니 될 말이냐고 장인이 펄펄 뛰며 나를 미친 사람으로 돌리는구려. 그러니 어디 해볼 수가 있소? 그러다가 내가 한 계교를 생각하여 사위를 믿지 않는 처갓집에는 있을 수가 없다고 그대로 상경을 하려고 하였더니 나의 정성에 감동이 되었음인지 그때서야 장인되는 사람이 그러면 어디 해보라고 어린 아들을 내밉디다그려. 그래서 물실호기(勿失好機)라고 즉시 우두를 하였더니 사나흘 만에 팔뚝에 완연한 우두자국이 나지 않겠소? 그 나흘 동안 내가 가슴을 졸인 것은 이루 말할 수가 없거니와 팔뚝에 똑똑하게 우두자국이 나타나던 그때의 나의 기쁨이라고는 무엇에 비할 수가 없는

것이었소. 나의 평생으로만 보더라도 과거에 급제한 때와 유배에서 돌아온 때와 같은 크나큰 기쁨이 없었던 것은 아니지만, 아까 말한 그때의 기쁨에 비하면 아무것도 아니었소. 그때 나의 나이는 스물다섯이었던가?

우두법은 이미 오래전에 영국 의사 에드워드 제너(1749~1823)가 소젖 짜는 여인들이 천연두에 걸리지 않는 것을 보고 천연두에 걸린 소에서 고름을 빼내서 1796년 접종에 성공한 것이 시초인데, 우리나라에서는 지석영이 처남에게 접종을 한 1879년 12월 6일을 효시로 본다. 총독부 기관지 매일신보가 지석영 기사를 크게 다루고, 총독부는 1928년 12월 6일 종두 50주년 기념식에서 지석영을 표창하는 등 일제는 일본으로부터의 우두법 도입을 선전의 도구로 이용한 면이 있기는 하나, 그렇다고 해서 지석영의 업적이 평가절하될 수는 없다.

지석영은 1855년 서울의 가난한 선비 집안에서 태어나 한의사 박영선에게 한문과 의학을 배웠다. 중인 출신 한의사에게 공부한 것이 그의 사상 형성과 발전에 큰 영향을 끼쳤다고 본다. 본서에 소개된 위창 오세창도 중인 역관 집안이었듯, 조선말의 중인은 개화된 문물을 먼저 받아들인 계층이었기에 당시의 부패한 양반 정치에 대한 개혁 의지가 더욱 강했다. 지석영은 스승 박영선이 일본 수신사 일행의 의사로 일본 방문시에 입수한 『종두귀감』을 접하고 서양의학에 눈뜨게 되었다.

당시 조선에서는 천연두로 인해 많은 어린이들이 생명을 잃었는데 마땅한 치료책이 없어 그저 무당굿으로 치료를 대신할 뿐이었다. 지석영은 종두법을 배우려고 해도 가르침을 받을 사람이 없었다. 마침

부산에 일본 해군 소속의 서양식 병원이 있다는 소문을 듣고 서울에서 걸어서 20여 일 만인 1879년 10월에 부산에 도착하였다. 병원을 찾아가 필담으로 뜻을 전하자 일본군의가 지석영의 열의에 감동하여 종두법을 가르쳐주었다. 지석영은 이때 서양의학의 필요성을 절감함과 동시에, 배움의 대가로 조일(朝日)사전 편찬 작업을 도와주면서 국문법에 대한 관심도 갖게 되었다. 2개월 후 병원을 떠나면서 세 병의 두묘(痘苗)와 종묘침 두개와 접종기구, 서양의학서적 몇 권을 받고, 귀경길에 충주군 덕산면의 처가에 들러 접종을 실시하여 성공한 것이었다.

杏林界의先進으로
種痘法을最初輸入
壬午軍亂에는물덤이에서苦生
"곰보恩人"池錫永氏長逝

◇長逝한池錫永氏

종두법을 최초로 수입한 지석영 서거에 관한 1935년 2월 3일자 동아일보 기사

그러나 많은 사람에게 우두를 접종하기 위해서는 두묘의 지속적인 확보가 필요한데, 두묘 제조법을 알기 위해 지석영은 1880년 7월 제2차 수신사 김홍집 일행에 가담하여 도일, 1개월의 짧은 체재기간에 두묘 제조법을 완전히 습득하였다. 귀국 후 지석영은 종두장(種痘場)을 차려 본격적으로 우두접종사업을 실시하였다. 그러나 1882년 임오군란 때는 지석영의 종두법이 개화

운동이라 무당과 수구파에 의해 종두장이 불타버리는 등 많은 어려움을 겪었다. 수구파의 논리는 다음의 상소문 내용과 같았다.

> "…흉악한 지석영은 우두를 놓는 기술을 가르쳐준다는 구실로 도당을 유인하여 모았으니 또한 그 의도가 무엇인지 알 수 없습니다. 그뿐 아니라 그의 형 지운영은 외국에서 사진 기구를 사 온다고 핑계 대기도 하고, 김옥균의 무리를 생포해 오겠다고 선언하기도 했지만, 바다 건너에 출몰하며 도리어 역적의 부류와 내통해서 은근히 나라를 팔아먹는 짓을 일삼았습니다. 신기선, 지석영, 지운영 등을 다 같이 의금부로 하여금 나국(拿鞫 잡아다 심문함)하여 진상을 밝혀내도록 하여 속히 국법을 바로잡으소서…" 하니, 고종이 대답하길, "정말로 여론이 그러한가? 끝에 첨부한 문제에 대해서는 유념하겠다."고 하였다.
> –『조선왕조실록』 고종 24년(1887) 4월 26일

최초의 관립 의학교장

종두법은 그가 펼친 개화운동의 가장 대표적인 것이지만, 그 외로도 서양 의학의 도입과 이용후생에 유익한 서적 및 기계의 도입 등을 나라에 상소하였고, 농서 『중맥설(重麥說)』, 의학서 『신학신설(新學新說)』 등을 저술하였다.

1883년 그는 자신의 꿈을 펼치기 위한 날개를 얻기 위해 과거에 급제, 관직에 나섰다. 수구파에 의해 유배를 가는 고난도 있었지만, 1894년 김홍집 내각이 들어서자 지석영은 형조참의, 승지, 한성부윤, 동래부사 등에 중용되어 개화정책에 참여하였고, 1895년 모든 국민이 의무적으로 접종을 받도록 하는 종두법을 시행하기에 이르렀다.

그러나 1896년 아관파천으로 갑오경장내각이 붕괴되고 친러수구파정권이 들어서자 개화파 지석영은 한직으로 물러나고 곧 다시 유배를 가게 되었다. 하지만 이때는 서재필의 독립협회가 나서서 나라의 처사를 성토하는 운동을 벌여 정부는 지석영을 석방하지 않을 수 없었다. 독립협회는 1898년 7월 15일 종로에서 만민공동회를 개최하여 정부에 서양의학을 교육하는 학교 설립을 요구하였고, 지석영도 11월에 상소를 올리자 정부가 이를 받아들여 1899년 3월 우리나라 최초의 관립 의학교가 설립되고 지석영이 초대 교장으로 임명되었다. 관립 의학교는 후에 대한의원, 경성의전을 거쳐 지금의 서울의대로 발전하였다.

한편 지석영은 상소를 올려 "세종대왕 창제 국문이 표시하지 못하는 음이 없고 매우 배우기 쉬운 글임에도 불구하고 나라가 그저 민간에 방임한 결과 형식이 정립되지 못했으니 국문을 새로 개정하여 나라의 자주와 부강을 도모"할 것을 건의하였다. 정부는 지석영의 제안을 그대로 받아들여 1905년 7월 19일 '신정국문(新訂國文)'을 공표하였다.

지석영은 이와같이 많은 업적을 쌓았으나 1910년 나라가 일제에 강점되자 대한의원(원장은 일본인) 학감을 사임한 뒤, 두문불출 조용히 독서와 저술로 보내다가 1914년에 유유당(幼幼堂)이라는 소아과의원을 열어 봉사를 시작했고, 1915년에는 전선의생회(全鮮醫生會) 회장을 역임했다. 1935년 2월 1일 서거하였다.

그는 출세의 보증수표인 과거 급제자이며 능력 있는 의사였기에 마음먹기에 따라 얼마든지 풍족한 삶을 보낼 수 있었다. 그러나 손자 지홍창의 증언은 이러했다. "할아버지는 평생 돈을 몰랐습니다.

생기는 돈이 있으면 몽땅 우두 시술소 등을 차려 대중 진료에 쏟아 넣었지요. 유산 한 푼 안 남겼고…." (『한국의 명가』)

묘 입구에 서 있는 지석영의 연보비는 지석영의 삶을 잘 요약해 놓았다.

송촌 지석영 선생. 의학자, 국어학자. 우두 보급의 선구자이며 의학교육자, 한글 전용을 제창한 사회, 경제, 문화 각 영역에 걸쳐 선각자. '우리 가족에게 먼저 실험해 보아야 안심하고 쓸 수 있지 않겠느냐.'

조선 의학계의 대부, 고아들의 아버지, 해관 오긍선

해관 오긍선

지석영 묘 입구를 지나 500m 가량 올라가면 동락천 약수터가 나온다. 그 약수터에서 10m쯤 더 가면 해관 오긍선(海觀 吳兢善 1878~1963)의 연보비가 서 있다.

해관 오긍선 선생. 교육자, 의사. 연세대학교 의과대학 전신인 세브란스의학전문학교 최초 한국인 교장을 역임하고 현대의학 도입과 발전에 기여하였으며 일생동안 우리나라 의학 발전과 사회사업에 헌신하시다.

해관(海觀)은 인류를 생각하면서 세계를 바라본다는 의미라 한다. 묘비 뒷면에 요약된 해관의 삶은 이러하다.

1878 충남 공주군 사공면 운암리에서 출생. 1907 미국 루이빌 의과대학 졸업(의학박사 학위). 1917 세브란스 의학전문학교에 한국 최초 피부과 창설. 1919 경성 보육원 및 양로원을 설립하여 사회사업 시작. 1934 세브란스 의학전문학교 제2대 교장에 취임. 미국 센추럴 대학에서 명예이학박사. 루이빌 대학에서 명예법학박사 취득. 1949 사회사업 공로표창, 의학교육 공로상, 공익표창 등을 받음. 1963 문화훈장 대한민국장 추증.

근대의 선구자들이 그러했듯 해관은 우리나라 '최초'의 타이틀이 많다. 그는 최초의 피부과 의사였고, 세브란스 최초의 한인 교수와 교장이었으며, 고아원(1919년 경성보육원, 현재 안양의 '좋은집')과 양로원(1931년 설립, 1936년 이윤영에게 인계. 현재의 청운양로원) 설립 또한 조선인 최초였다. 그리고 동아일보 1962년 11월 3일 기사는 소파상 수상자가 해관임을 알리면서 그가 '의학박사이면서 우리나라 제1호의 의사 면허를 가진 분'으로 소개하였는데, '제1호'를 그대로 옮겨 적은 자료는 많아도 정확한 근거를 댄 자료는 보이지 않았다. 1914년 총독부로부터 받은 면허는 70번이었다. 아마 해방 후 미군정청이나 대한민국 정부가 새로 면허를 발급하는 과정에서 제1호가 되지 않았을까 생각한다. 실제로 서재필은 조선에 돌아와 독립협회 일에 분주하다 다시 미국으로 쫓기듯 돌아갔고, 김점동도 34세에 일찍 타계하였으며, 다른 의사들도 뚜렷한 흔적을 남긴 이가 없으니, 조선 의학계의 기반을 만들고 키운 대부로서 상징적인 제1호는 틀림없다.

해관은 공주 명문 양반가의 장남으로 태어나 한학을 공부하다가 1894년 과거가 갑오개혁으로 폐지되자 1896년 상경하여 내부(內部 내무부) 주사(主事)로 관직에 들어갔다. 그러나 개화에 눈을 뜬 그는 몇 달 후 공직을 사임하고 배재학당에 들어가 신학문을 배웠다. 2년 선

비석 앞 꽃다발의 리본에는 '창립 89주년에. 할아버지께 감사', '좋은집 가족 일동'이라는 글이 쓰여 있다.

배 이승만 등과 함께 독립협회 일을 하다 만민공동회 사건으로 정부가 탄압에 나서자 선교사 집에 피신한 것이 계기가 되어 배재 졸업 후 선교사의 주선으로 1902년 미국 유학을 떠났다.

그가 의사 자격을 얻고 남장로교 선교의사 자격으로 1907년 귀국하자, 순종 황제는 친히 치하하며 황실의 전의(典醫, 정3품, 월급 150원)를 제안하였으나 사양하고, 월급 50원의 군산 야소교(예수교)병원의 의사가 되었다. 그 후 목포 야소교병원장을 거쳐, 1912년 세브란스 의전 교수 및 부속병원 의사로 임용되고, 1934년 에비슨에 이어 조선인 최초로 세브란스의전 2대 교장이 되었다.

해방 후에는 트루먼 대통령이 친서를 보내 미군정 민정장관을 권하고, 이승만 대통령은 사회부장관을 제의하였으나 모두 거부하였다. 공직은 단 한 번, 부산 피난 시절에 그 자신 주사로서 황실의 은

혜를 입은 인연도 있고 구황실에 대한 정부의 처사가 너무 박하다 생각해 구황실재산관리총국장직을 잠시 맡았다가 이승만과의 불화로 그만 둔 바가 있다. 그 후로는 오로지 보육원을 비롯한 사회사업 관련 일에만 종사했다.

1962년에 소파상이 수여된 것은, 1919년 경성보육원을 설립하여 고아를 보호 육성하는 데 몸을 바쳤고, 1962년 당시에도 85세 나이에 보육원을 손수 운영하여, 평생을 통하여 깨끗한 지조의 인격자이며 고아들의 아버지라는 이유에서였다. 86세로 별세하기까지 2,400여 명의 고아를 돌보는 등 의사로서의 업적뿐 아니라 자선사업에 대한 공로로 1963년 사후에 문화훈장 대한민국장이 추증되었다.

외손녀 최숙경(이대교수)은 "팔순이 넘었을 때도 일의 분주함에 대해 말한 적이 없었고, 피곤하다는 말 한 번 없이 묵묵히 '타이핑' 하던 모습이 두고두고 뇌리에서 사라지지 않는다"고 회상하였다. (『해관 오긍선』)

필자가 2007년 5월 27일에 묘를 찾아갔을 때는 비석 앞에 꽃다발이 놓여 있었다. 리본에는 '창립 89주년에. 할아버지께 감사,' '좋은집 가족 일동'이라고 쓰여 있었다.

의술은 인술

연보비 바로 오른쪽 돌계단으로 올라가면, 입구 기둥에 해주오씨영역(海州吳氏塋域)이라고 쓰여 있다. 그 기둥 바로 왼쪽에 갓머리를 쓴 비석이 보이는데 부친 오인묵의 적선비이다. 앞면에 '감찰오인묵

해관의 가족묘는 망우리공원에서 가장 개성적인 묘에 속한다.

적선비(監察吳仁默積善碑)'라고 새겨져 있다. 적선비의 유래에 대해 오긍선의 여동생 오현관은 이렇게 회상했다.

> 아버님은 대원군 시절에 감찰 벼슬을 하셨는데, 전라도에 3년 흉년이 들었을 때 공주에서 금강으로 쌀을 싣고 내려가 기민(飢民)을 먹이신 분으로, 생전에 군산 사람들이 송덕비를 세우고자 하자 오라버니가 생전에 비석을 세움은 옳지 못하다 하여 논바닥에 묻었다가 돌아가신 후 망우리 가족묘지에 갖다 세우셨다.
> -『해관 오긍선』

적선비 옆면의 한문 내용에 의하면 소작인들이 비를 세운 것은 1926년(병인년) 봄이고, 매장하였다가 오긍선이 이곳에 옮겨 세운 것은 1939년이다.

다시 계단을 올라 묘역에 들어서면 특이한 모양의 무덤들이 보인다. 망우리공원에 이와 같이 개성적인 묘는 보기 힘들다. 원래는 통상의 봉분이었으나 후에 자손이 새로 만든 것이다. "여관에 있다가 이제 내 집으로 돌아간다"는 말을 남기고 해관이 운명하였다는 언론인 유광렬의 말을 떠올리게 하듯, 무덤은 생전에 살던 한옥의 지붕을 연상시킨다. 서양식이되 전통을 살린 모양이다. 미국 체험의 개화사상과 전통의 유교 정신이 함께 융합된 해관의 삶을 엿볼 수 있다. 해관은 매일 조석으로 부모에게 문안을 드리는 것은 물론, 부모 방의 불도 손수 땔 정도로 효자였고, 14세 때 결혼한 5살 연상의 부인과도 해로하였다.

맨 오른쪽이 오긍선 부부이고 왼쪽은 부모의 묘다. 부모 묘 왼쪽 밑에는 오긍선의 사촌간인 듯한 오창선의 묘이고, 밑에 있는 묘는 오긍선의 장남 오한영 부부의 묘이다. 오한영은 세브란스의전과 미국 에모리대 의학박사, 교토대 의학박사를 취득하였다. 일본 박사를 취득한 것은 총독부가 규정한 교수 자격 여건 때문이다. 세브란스 교수와 병원장을 지냈고, 6 · 25때 국립경찰병원장을 거쳐 제2대 보건사회부 장관을 지내다 과로로 55세의 나이로 부친보다 먼저 세상을 떴다. 비석 가득히 적힌 글은 친우 주요한이 짓고 원곡 김기승이 썼다.

그리고 가족묘역에 함께 묻히지 못했지만 오한영의 장남 오중근은 국립마산결핵병원장을 지냈고, 차남 오장근은 국립철도병원장, 국립서울병원장을 거쳐 1981년부터 해관재단 이사장을 지내고 2009년 별세했다. 두 분 다 연세의대 의학박사로, 특이한 것은 오긍선의 직계 자손들은 의사로서 공직에 있었을 뿐 은퇴 후에는 개업을 하지 않았다는 점이다. 해관은 "의료가 축재의 목적이 되어서는 아니되며 개업의가 한 사람 늘면 그만큼 조선에 가난한 사람이 더 생긴다"고

하였고, 한때 장남 오한영이 개업의 뜻을 비치자 "서양 사람들은 남의 나라에 와서 청년교육을 위해 일생을 바치는데 항차 우리나라 청년교육을 외면하고 돈을 벌기 위해 개업을 하겠다는 것은 이기적"이라고 크게 책망을 한 일도 있다. 이러한 조부의 가르침에 따라 손자 중근과 장근도 공직을 은퇴한 후에도 개업을 하지 않았다.

묘역 맨 앞쪽에 있는 정희라리(鄭喜羅利 힐러리)는 오중근의 처인데, 재미교포로 일찍 사망해 이곳에 잠들었다.

오긍선의 후계자 이영준

이영준의 비문은 윤보선 전 대통령이 지었고, 서예가 정필선이 썼다.

해관 묘역을 내려오다 중간 오른편에 세브란스 3대 교장인 이영준(李榮俊 1896~1968)의 묘가 있다. 묘번 203620. 이영준은 초등학교 교사를 하다가 처자식이 있는 28세의 나이에 세브란스에 입학하였다. 원만한 성격에 지도력을 갖춘 이영준은 당시 학감 오긍선의 눈에 들어 1927년 졸업 후 곧바로 오긍선의 조교로 임용되었고, 세브란스 출신 임상의로는 최초로 동경제국대학에서 박사학위를 받은 후, 피부과 주임교수와 부속병원장을 거쳐 1942년 오긍선에 이어 세브란스 3대 교장이 되었다.

당시 미국과 전쟁 중이던 일제는 미국계 학교를 적산(敵産)으로 간주하였고 미국인 교수는 모두 추방했다. 미국으로부터의 지원이 끊기고 총독부의 압박에 학교의 존립이 위태로울 때, 이영준은 능력을 발휘하여 여러 민족재산가의 기부를 이끌어내고, 총독부와도 교묘한 교섭을 통하여 해방 때까지 학교를 지켜낸 인물로 평가된다.

그러한 정치력을 증명이라도 하듯, 이영준은 해방과 동시에 교장을 물러나 정계로 진출하였다. 국회의원(4선), 국회부의장, 동아일보 고문 등을 역임하고 1968년 72세를 일기로 이곳 망우리공원에 묻혔다. 비문은 윤보선 전 대통령이 지었고, 서예가 정필선이 썼다. 세브란스의 역사를 말하는 많은 사진에서 이영준이 항상 오긍선의 바로 옆에 서 있는 것을 볼 수 있다. 그렇게 이영준은 고인이 되어서도 존경하는 스승 오긍선 밑을 떠나지 않았다.

한편, 오긍선과 이영준은 세브란스 교장 시절 친일 행위를 했다는 점을 지적하는 사람이 있다. 특히, 인터넷 위키백과는 오긍선을 적극적 친일파로 묘사한 글과 함께 "오긍선의 생애에 대해서는, 한국 최초의 양의사로서 서양의학의 선구자이며 기독교적 양심을 지닌 사회사업가, 또는 기독교와 의술을 출세에 이용한 기회주의적 친일인사라는 이중적인 판단이 상존하고 있다"고 하였는데, 저술자가 그의 삶을 개관한 글을 전체적으로 한 번이라도 읽어보았다면 친일파 서술에 상투적으로 붙이는 '…을 출세에 이용한 기회주의'라는 표현을 앞의 말과 비슷한 무게로 늘어놓을 수는 없을 것이다. 인터넷상의 온갖 정보를 빠짐없이 갖다 붙이기만 하면 사전이 되는 게 아니다.

박사 학위를 취득하면 큰 뉴스요, 주요 고등보통학교 졸업생 명단도 해마다 신문에 실리던 시절, 우리에게 청년교육은 총성 없는 독립운동이었다. 그것이 지금까지 이어져 내려와 세계 속의 대한민국을 이룬 원동력이 되었음은 아무도 의심치 않는다. 그래서 해관은 개업보다는 교육에 큰 의미를 두었다. 정치적으로 얽매이지 않기 위해 일찌감치 개업의가 되었다면 명예도 지키고 큰돈을 모았을 것이다. 그 당시 교장을 맡는다는 것이 얼마나 어려운 일인지, 윤치호는 1940년 연희전문 교장직을 수락하면서 이렇게 토로한 바 있다. "교장직을 수락해서 속을 끓이게 될 게 뻔하다. 만족시켜야 할 사람들이 너무나 많다. 군당국, 경찰당국, 도청 및 총독부 당국자들이 바로 그들이다. 그런가 하면 연희전문 내부에도 달래기가 쉽지 않은 파벌들이 도사리고 있다." (『윤치호 일기』)

또 그렇게 어려운 교장직에 있는 오긍선에 대한 평가는 이러했다. "이 학교는 매년 20만 원 정도 적자를 냈다. 하지만 그는 학교와 병원의 책임을 맡기가 무섭게 수지를 맞추는 데 성공했다. 그에게 결점이 있다면 교수로 있는 선교사들을 너무 고압적으로 다룬다는 점이다. 이 점 때문에 외국인 그룹 전체가 그의 적이 되고 말았다." (『윤치호 일기』)

그리고 당시의 통계를 살펴보면, 경성의전 등의 관립 학교는 조선 학생보다 일본 학생이 더 많았다. 윤치호는 1933년 6월 30일의 일기에서 "사범학교는 일본인 80%에 조선인 20%였고, 경성의전은 조선인 20%였던 것이 8%가 만주국 학생에게 할당되어 12%로 더 낮아졌다"고 한탄했다. 그리고 유일한 대학인 경성제대 의학부도 비공식적으로 일본인과 조선인을 7:3의 비율로 뽑았다. 이에 반해 세브란스의전은 조선인 학생이 100%였다.

조선인의 고급 인재 교육을 철저히 억제하는 정책 하에서 세브란스에 대한 총독부의 접수 시도는 계속되고 미국의 지원도 끊긴 상태에서, 두 조선인 교장의 일제에 대한 불가피한 협력이 방패가 되어 조선 청년교육이 지켜진 공은 결코 무시될 수 없다. 따라서 사료에 나타난 그들의 친일 흔적을 지적하려면, 위와 같은 시대 상황의 인식이 전제되어야 할 것이다.

개화에 앞장선 근대 최고의 서화가

| 위창 오세창

일찍이 언론인으로서 개화의 주역으로 활동하였고, 일제강점기에는 3 · 1운동 민족대표 33인으로 참여하고 끝까지 지조를 지킨 위창 오세창(葦滄 吳世昌 1864~1953). 그는 또한 근대 최고의 서화가로서, 특히 우리나라의 옛 서화를 수집하고 정리한 공이 크다. 해방 후에도 민족의 어른으로 나라를 위해 힘쓰다 가신 그의 삶을 들여다본다.

위창 오세창

방정환 묘를 지나서 좀 걸으면 왼편에 정자가 나타나고 양편에 오세창과 문일평의 연보비가 서 있다. 그 건너편으로 올라가면 먼저 문일평의 묘가 나오고, 그 위 오른쪽으로 올라가면 오세창의 묘가 나타난다. 묘비명을 읽어본다.

이 묘에 잠드신 위창 선생 오세창 어른은 1864년 7월 서울에 나시어 1953년 4월 세상을 떠나시니 향년 90. 민족의 개화를 위하여 몸소 그 선구를 잡으셨고 조국의 광복을 위하여 독립선언 33인 중에 열하시었을 뿐 아니라 문화의 발전에 크게 힘주시어 서예와 금석 고증의 거벽(巨擘)을 이루시니 평생에 남기신 위공은 길이 빛나 비길 바 없다. 어른 가신 지 3년 후생과 유족이 뜻을 모아 선생이 끼치신 빛을 오래 계승하려 이에 1956년 10월 이 묘비를 세우다. 1956년 10월 일 전홍진 찬(撰) 손재형 전(篆) 김응현 서(書)

오세창 비석의 앞면은 전서체로 소전 손재형이, 뒷면은 현대 대표 서예가로 손꼽히는 김응현이 썼다.

찬은 지음, 전은 전각(篆刻)의 전으로 고대 한자체를 말한다. 비석의 앞면 글씨가 전서(篆書)이다. 위창 오세창은 특히 전서와 전각에 뛰어났다. 전각을 단지 도장 파는 것쯤으로 생각하기 쉬운데, 막상 오세창의 도록을 보니 전각의 종류에는 인장용, 편지봉함용, 서화감정용, 서화수장용, 해(年) 표시용 등 용도도 다양하고 모양도 기기묘묘하다. 그래서 서예계에서는 전각을 하나의 소천지(小天地)라고 하며 예술적 차원에서 다루고 있다.

전을 쓴 서예가 소전(素筌) 손재형(孫在馨 1903~1981)은 추사의 「세한도(歲寒圖)」(국보 180호)를 일본에서 찾아온 일화로 유명하다. 「세한도」는 추사 연구로 박사학위를 받고 경성제대 교수를 지낸 후 일본으로 돌아간 후지쓰카 치카시(藤塚鄰)가 소유하고 있었는데, 소전은 1944

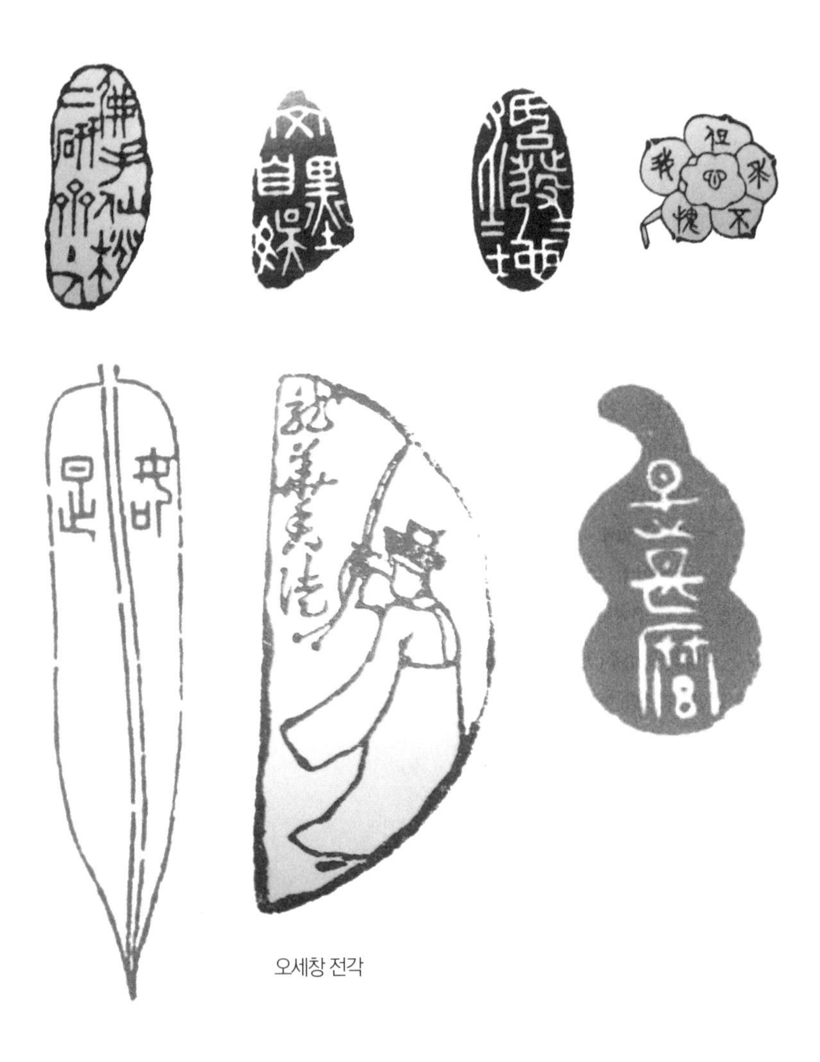

오세창 전각

년 전쟁의 소용돌이 속에서 거금 3천 엔을 전대에 차고 도일, 후지쓰카 교수에게 석 달 동안 매일 문안 인사를 가며 팔기를 종용했다. 결국 후지쓰카는 "내가 돈을 받고 넘긴다면 지하의 완당 선생이 나를 뭐로 보겠소"라는 말과 함께 그냥 넘겨주었다. 한편, 후지쓰카의 아들 아키나오(1912~2006)는 부친이 남긴 추사 관련 자료 100상자 분량을 2006년에 과천시에 기증, 과천시는 2013년에 추사박물관을 개관하기에 이르렀으니, 그 아버지에 그 아들이 아닐 수 없다. 소전은 돈 대신에 답례로 공사업자를 불러 소장품 창고를 지어주고 돌아왔다고 한다. 그러나 훗날 소전은 국회의원 선거 때 자금 부족으로 「세한도」를 사채업자에게 담보로 넘기고 다시 돌려받지 못했다.

필자도 초판 출간 때는 여기까지밖에 알지 못해 솔직히 마음이 좀 불편했다. 일본인에게 그저 넘겨받은 것을 우리는 돈 받고 팔아야만 했던가 하며. 다행히도 그동안 흐뭇한 사실이 밝혀졌다. 그 후 「세한도」는 다시 개성 거상 손세기에게 넘어갔고, 그 아들 손창근 옹(89)은 2010년에 언론 비공개 조건으로 국립박물관에 무상으로 기탁했다. 그는 수년 전에는 국립박물관에 미술사 연구기금 1억 원을 기부하고, 서강대에는 유명 화가의 작품 100여 점도 기증했으며, 2012년에는 시가 1천억 원대의 임야를 국가에 기증하고, 2017년에는 50억 원 상당의 부동산을 KAIST에 기증한 위인이니, 문화 선진국으로 가는 노정의 기록에 손세기, 손창근 부자의 이름은 반드시 기록되어야 할 것이다. 이분들로 인해 이제야 우리는 후지쓰카 부자에게 얼굴을 들 수 있게 되었다.

위창은 1949년 86세 때 소전의 청에 의해 「세한도」에 제발(題跋)을 써주었다. 제발이란 훌륭한 서화에 붙은 두루마리에 당대 인사들이 써 넣은 찬사문으로, 작품의 유래나 진품 여부를 파악하는 중요한 단서가 된다. 「세한도」에는 오세창, 이시영, 정인보 외에도 청나라 인사 17명의 글이 붙어 있다. 오세창은 소전이 「세한도」를 입수하게 된 경위를 적고, 다음과 같은 시를 남겼다.

완당의 작은 그림이여 그 명성 널리 떨쳐
북경, 동경을 전전하였네
인생백년 참으로 몽환과 같으니
비탄과 득실 따져서 무엇하리
阮翁尺紙也延譽 京北京東轉轉餘
人事百年眞夢幻 悲嘆得失問如何

소전은 오세창으로부터 전각과 서화 감정을 배웠고, 해방 후 한국 서예계의 거목으로 서도(書道) 대신 서예라는 말을 정립시켰다. 민의원, 예총회장, 국회의원 등을 지냈고, 박정희 대통령의 서예 선생도 했다. 원곡 김기승이 그의 제자이다.

뒷면의 글을 쓴 김응현은, 형 김충현과 함께 현대 대표 서예가로 손꼽히는 인물인데, 2007년 2월 1일에 작고하였다. 해방 전에는 오세창과 김규진, 다음 세대가 손재형과 유희강, 그리고 그 뒤를 이어서 김충현과 김응현이 서예계를 대표한다는 평도 있다. 비문의 한자는 김응현이 특히 잘 쓴다는 육조체(六朝體)이고 한글은 정음체이다.

비문을 지은 전홍진은 보성전문을 나와 동아일보 경제부 기자를 거쳐 한국일보 편집국장, 서울신문과 조선일보의 주필 등을 지낸 언론인이다. 오세창은 한성순보 기자와 만세보, 대한민보의 사장을 지낸 경력으로 해방 후에 서울신문 사장을 지내며 언론계의 최고 원로로 대접받았다.

참고로 망우리의 언론계 주요 인사로는 오세창, 문일평, 장덕수, 설의식을 들 수 있고 문인 박인환, 계용묵, 최학송, 김말봉과 정치인 조봉암도 기자 출신이다. 그 밖에 최용환(동아일보 1939몰)을 비롯하여

서너 명의 기자가 더 있으니 이곳에서의 언론계 인사의 비중은 매우 크다. 미술계나 의학계도 그러하지만, 적어도 언론계는 이곳에 최초의 순직기자인 장덕준('장덕수 편' 참조)의 추모비라도 세우며 망우리를 언론계의 메카(성지)로 만들 법하지 않을까.

개화의 주역인 역관 집안

위창의 집안은 조선 중기 중종 때까지는 양반이었으나 그 후부터 역관과 의관의 길을 걸어 중인 신분이 되었다. 명분만 찾는 가난한 선비보다는 실질을 숭상한 피가 이때부터 흘러내렸던 것 같다. 조부 오응현은 역관의 최고직인 정3품 당상역관(堂上譯官)과 지중추부사(知中樞府事 종2품 명예직)를 지냈다. 부친 오경석도 역시 당상역관에 오른 자로 사신을 수행하여 수시로 중국을 왕래하며 무역으로 상당한 부를 축적함과 동시에, 많은 신서적을 중국에서 들여와 조선 개화파의 정신적 기반을 형성하는 데 크게 기여하였다. 삼국시대부터 고려시대까지의 금석문 146종을 수록한 『삼한금석록』을 남겼다.

오경석이 중국에서 가져온 서적은 『해국도지』, 『영환지략』, 『박물신편』 등 서양의 사정과 과학문명에 대한 것이 많았는데, 오경석은 이 책들을 역시 같은 중인 출신 학자 대치 유홍기에게 주어 연구케 하고, 유홍기는 서적에서 얻은 개화사상을 후에 갑신정변의 주역이 되는 김옥균, 박영효, 홍영식, 유길준 등에게 전수하게 된다.

오경석 또한 1876년의 강화도조약 때는 개화를 위해서는 적극적으로 일본과 수호할 것을 막후 지원한 것으로 알려졌다. 비록 역관이지만 그만큼 외교 경험이 많은 이가 없기 때문이었다. 조약이 체결되자 보수파는 역적 오경석을 죽이라고 들고 일어났고, 이에 오경석은 갓 쓰고 변장하고 다니다가 아예 병을 가장하고 1년간 방 안에 누워 있었더니 진짜 병이 나서 타계하였다고 한다.

위창 또한 어려서부터 유홍기 집을 드나들며 자연스럽게 개화파와 교류를 하게 되었다. 20세에 역관이 되고, 1886년 박문국 주사로 있으면서 우리나라 최초의 신문인 한성순보 기자를 겸임했다. 우정국 통신국장 등의 관직을 거쳐 1897년 일본 문부성의 초청으로 1년간 일본에 머물면서 도쿄외국어학교 조선어 교사를 지냈다. 1902년 6월 개혁당 사건으로 다시 일본으로 망명, 이때 이미 일본에 망명 중이던 손병희의 권유로 천도교에 입교하고, 이후 손병희의 참모로서 활동하여 '만세보'를 발행하는 등 국민계몽운동에 힘썼다.

3 · 1운동 때는 손병희와 함께 천도교를 대표하는 인물로 민족대표 33인 중 한 사람으로 서명하였다. 손병희 사후 보수파와 개혁파의 갈등 속에서 위창은 끝내 일제에 비타협적인 보수파 노선을 견지하였고, 해방 후에는 건국준비위원회 의원 등 많은 중책을 맡았다. 1946년 8월 15일에는 민족대표로 일본으로부터 대한제국의 국새를 돌려받았고, 또한 백범 김구가 암살당했을 때는 장의위원장직을 맡는 등 1953년 90세로 장서하는 그날까지 민족의 원로 지도자로 존경받았다.

당대 최고의 서화가

위창은 독립운동가, 정치가였을 뿐 아니라, 조선인 화가들의 모임인 서화협회 정회원으로 서화가로서도 큰 이름을 남겼다. 서화사 연

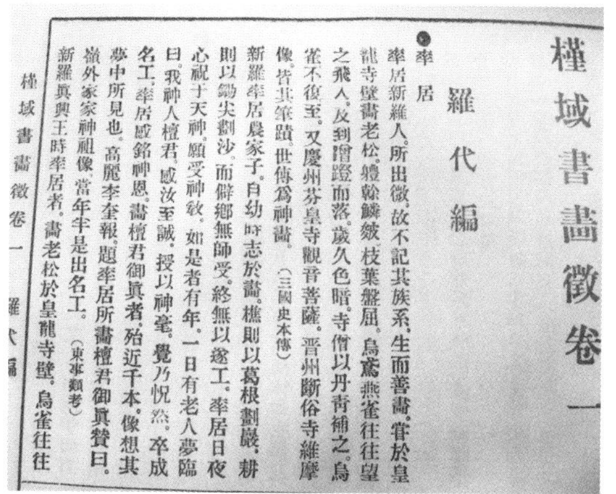
槿域書畫徵卷一

羅代編

率居

率居新羅人。所出微。故不記其族系。生而善畵。嘗於皇龍寺壁畵老松。體幹鱗皴。枝葉盤屈。烏鳶燕雀往往望之飛入。及到蹭蹬而落。歲久色暗。寺僧以丹靑補之。烏雀不復至。又慶州芬皇寺觀音菩薩。晉州斷俗寺維摩像。皆其筆蹟。世傳爲神畵。（三國史本傳）

新羅率居農家子。自幼時志於畵。樵則以葛根劃巖。耕則以鋤尖劃沙。而僻鄕無師受。終無以遂工。率居日夜心祝于天神。願受神敎。如是者有年。一日有老人夢臨曰。我神人檀君。感汝至誠。授以神毫。覺乃悅然。卒成名工。率居感銘神恩。畵檀君御眞者。殆近千本。像想其夢中所見也。高麗李奎報。題率居所畵檀君御眞贊曰。嶺外家家神祖像。當年半是出名工。（東事類考）

新羅眞興王時率居者。畵老松於皇龍寺壁。烏雀往往

槿域書畫徵卷一 羅代編

『근역서화징』 첫 장

구에도 힘써, 솔거 이후 역대 서화가를 망라하여 편년체로 정리한 『근역서화징(槿域書畵徵)』(1928)을 펴낸 업적이 크다. 근역은 우리나라의 별명이고 근역서화 '사(史)'가 아니라 '징(徵)'인 것은, 자신의 의견을 쓴 것이 아니라 실증적 자료에 근거하여 사실을 모았다는 의미에서이다. 징(徵)은 징수, 징발과 같이 모은다는 의미. 집안의 재산을 다 써가며 모은 서화는 방대한 실물자료가 되어 『근역서화징』을 쓰는 데 큰 도움을 주었다.

만해 한용운도 오세창의 집을 찾아가 무려 2박 3일 동안 소장 작품을 감상하고 돌아왔다는 기록이 보일 정도로 상당한 양을 소장하고 있었다. 그리고 거부의 아들 전형필은 위창의 지도 아래 평생 많은 국보급 문화재를 사들여 지금의 간송미술관을 열게 되었다.

『근역서화징』은 한문판이라 필자가 해독하기 어렵지만, 추사 김정희에 관한 내용이 무려 5쪽(p.219~223)이나 할애되어 추사에 대한 평가가 매우 높은 것을 알 수 있다. 마지막 부분에는 이완용이 해서와

위창 오세창의 연보비

행서에 뛰어나다는 기록도 보인다.

『근역서화징』의 머리말 일부가 연보비에 적혀 있는데, 그 의미가 심장하여 여기 옮긴다. 괄호로 추가된 글은 이해를 돕기 위해 『위창 오세창』에서 옮겨왔다.

> 글과 그림이 대대로 일어나 끝내 사람에게서 없어지지 않는 것은 사람이 본디 가지고 있는 성품이 서로 비슷하고 사물의 연원이 있었던 까닭이다. (마음이 통하는 사람끼리 서로 감응하는 것은 산도 강도 막지 못하는데…) 이에 솔거 이하 근대 사람에 이르기까지 서화를 밝혀놓고 높고 낮음을 품평하였다. (이렇게라도 하지 않는다면 전현에 미치지 못함을 개탄하고 참된 근원을 밝힐 수 없음을 염려하게 될 뿐 대개 갈팡질팡하여 재단할 바를 알지 못하게 될 것이다.)

옛날 사람이 남긴 서화나 서양인의 그림을 보고 좋다고 느끼는 것은 동서고금을 통해 사람의 본성이 같음을 말하는 것이다. 그러므로 고인이 남긴 서화는 잠시 시대의 유행에 따라 부침이 있을 뿐 영원히 사라지지 않는다. 즉, 예술은 동서고금의 사람을 통하게 한다는 말이다.

‘조선의 마음’을 일깨운 사학자 · 언론인

| 호암 문일평

호암 문일평(湖岩 文一平 1888~1939). 언론인, 사학자, 독립운동가로 특히 ‘조선’에 관한 모든 것을 쉽게 알리는 데 노력했다. 1997년에 새로 세워진 비석에는 문일평의 상세한 일생을 후학 이규태(1933~2006 조선일보 대기자)가 기록해 놓았다. 다소 길지만 국학의 대가를 가장 짧게 정리한 명문이라 전재한다.

선생의 본관은 남평, 문씨 족보에 적힌 이름은 명회, 자는 일평, 호는 호암인데 호암(虎巖)으로도 쓰고 호암(湖岩)으로도 썼다. 불우한 세대를 짧게 살면서 큰뜻을 세웠기로 그 그늘을 오늘에 길게 드리우고 여기 고히 잠들고 계시다.

1888년 5월 15일 평안도 의주에서 한학자 천두공과 해주 이씨 사이에 태어나 조국이 광복되기 전인 1939년 서울 내자동 백송이 자라던 담 너머 집에서 숨을 돌리니 나이 52세로 긴 뜻을 담기에는 너무 짧은 생애였다. 얼굴에 비해 눈이 큰 편이었으며 항상 한복에 두루마기 차림이었다. 담배는 안 하시고 술만 드시면 일본의 압제에 분통을 터트려 화를 못 가누곤 하셨다. 이웃에 어려운 사람이 도움을 청하면

문일평 묘기

벽시계를 떼어 전당 잡혀주고 쌀자루를 갖고 오라 시켜 뒤주 바닥을 긁어 퍼주었으며, 어렵게 사온 장작을 날라다주고 냉돌에서 자기 일쑤였다. 일제의 불의에 대항할 때는 호암(虎巖)으로 노호하였고, 민족을 연명시키는 국학의 밭을 가꿀 때는 호암(湖岩)으로 자적하셨다.

3 · 1운동이 일어나던 해 3월 12일 32세의 선생은 조선 13도 대표자 명의로 된 '애원서' 를 보신각 앞에서 낭독시위를 주도하다가 왜경에게 붙들려가 그해 11월 16일 경성지방법원에서 8개월의 징역형을 받고 옥고를 치루셨다. 이미 그 이전인 1912년 중국 상해로 건너가 임시정부 대통령 박은식 국무총리 신규식 김규식 신채호 조소앙 홍명희 등과 동제사(同濟社)라는 비밀결사를 만들어 활동하였고, 1927년에는 국내 독립운동의 통합전선인 신간회의 발기인이 되어 중앙위원과 간사를 역임하셨다. 이 광복운동과 언론 및 문필 보국의 보훈으로 박정희 대통령은 서재필 선생과 더불어 선생을 녹훈하였고, 1995년 광복절에는 김영삼 대통령으로부터 헌법규정에 따른 건국훈장 독립장을 수여받으셨다.

18세에 상투를 자르고 일본으로 건너가 정칙(正則)학교 명치학원 와세다대학에서 수학하면서 안재홍 정인보 이광수 김성수 송진우 장덕수 등과 뜻을 나누었고, 압제 속에서 민족을 존명시키는 것은 국학을 살려 후세들을 기르는 일로 작심을 하고, 고국에 돌아와 물려받은 천석 전답을 팔아 백낙준 씨의 장인과 더불어 고향 의주에다 양실(養實)학교를 세워 손수 역사를 가르치셨다. 이어 평양의 대성학교 개성의 송도고보 서울의 경신학교 중앙고보 배재고보 중동고보 등에서 역사를 가르쳐 민족의식을 고취하였다. 그 무렵 선생에게 배운 사학자 홍이섭은 '세상을 보는 눈, 앞으로 살아가는 데 필요한 심지, 역사 공부를 해야겠다는 의욕을 심어주신 분이 바로 호암 선생이었다' 고 회고한 것으로 미루어 당시 학생층에 끼친 영향력이 대단했음을 미루어 알 수가 있다.

한편으로 조선일보와 동아일보 그리고 30년대의 잡지 《개벽》《학생계》《청년》《동명》《별건곤》《신생》《삼천리》《조광》《신동아》 등의 잡지에 논설 역사 풍속 자연 등 선생의 국학 탐구의 글이 실리지 않은 달이 거의 없었다시피 하여 말살 당해가는 민족의 자질 보존에 발악을 했다 하리만큼 기력을 쏟으셨다. 그간에 쓴 글은 총 150편으로 그중 『호암전집』 4권으로 출판되어 후학의 길잡이가 돼 왔다.

벽초 홍명희는 자기 연배에서 조선사를 논하고 쓸 만한 사람이 꼭 두 사람 있는데 천분이 탁월한 신채호와 연구가 독실한 문일평이라 했다. 선생은 중외일보의 논설기자로 재직하셨으며 타계하시기까지 7년 동안 조선일보 편집고문으로서 붓을 놓지 않았

문일평의 묘지

호암 문일평

는데, 절필은 돌아가시기 보름 전에 쓰시고 3월 11일자 조선일보에 실린 「눌제집(訥齊集) 독후감」이다.

평생 선생이 계몽해온 것이 '조선심'이요 이를 지탱하고저 골몰해온 것이 '조선학'이다. 역사만이 아니라 자연 예술 풍속 생업 의식주 감정 심정 등 조선심이 스며 있는 것이면 그 모두가 선생이 탐구하고 쓰는 대상이 되었다. 선생은 한국의 존재가치를 추구하고 알알이 구슬처럼 닦아내는 한국학의 선구자로 국제화가 진행이 될수록 선견적 업적이 기리 각광을 받을 것이다.

호암의 조선심이 『삼국사기』나 『고려사』에 박혀 있다는 말인가. 그가 사랑했던 압록강에 묻혀 있다는 말인가. 삼각산 바위에 새겨져 있다는 말인가. 부음을 듣고 통곡했던 벽초의 조사로 이 명을 마무린다. 유명을 달리하신 지 58년 만에 아들 딸 손자 손녀들이 흠모의 정을 이 돌 그릇에 소복이 담아 받치오니 기리기리 명목의 거름이게 하옵소서.

서기 1997년 8월

후학 이규태(李圭泰) 근찬

비석은 1997년에 세워진 것인데 컴퓨터 글씨인 것이 아쉽다. 오기도 하나 있다. 차남의 이름이 동욱(東彧)인데 한글로 '동혹'이라고 잘못 새겨져 있다. 그리고 비문 옆 아래쪽에 외손서(외손녀 사위)로 방우영(조선일보 명예회장)과 임철순(전 중앙대 이사장)이 보인다. 옛날에 세워진 비석은 무덤 왼편에 있는데, 친우 정인보가 한문으로 비문을 짓고 김승렬이 썼다.

새 비문을 쓴(撰 찬) 이규태는 유명한 조선일보 대기자로 2006년에 별세하였다. 이규태는 오랫동안 '한국학' 관련 글을 써온 분이다. 특히 〈이규태 코너〉는 1983년부터 장장 22년 11개월 10일간이나 연재되며 독자의 많은 사랑을 받았다. 필자도 매일 아침 아무리 바빠도 〈이규태 코너〉만은 꼭 읽고 문을 나선 기억이 어제 같다. 칼럼 외로도 그동안 펴낸 책만 100권이 넘는다. 이렇게 현대의 한국학 대가 이규태가 자신의 학문적 선배로 존경한 이가 바로 조선학의 대가 호암 문일평이다.

호암은 '조선심(朝鮮心)', '조선학(朝鮮學)'이라는 단어로 대표된다. 호암은 신채호나 정인보와는 달리, 평이한 역사 서술을 통한 민중 계몽에 중점을 두었다. 역사 연구의 관점은 '조선학'으로, 조선학의 여러 역사적 사실을 통해 '조선의 마음(朝鮮心)'을 일깨우려고 하였다. 역사를 통한 민중의 계몽을 위해 여러 학교에서 교육활동을 하는 한편, 언론을 통해 왕성한 저술과 강연 활동을 벌였다.

그의 저술은 다양한 분야에 걸친 많은 지식의 전달, 평이한 문체와 단문이라는 특징으로 조선학의 대중화에 기여하였다. 소위 "사실적 뼈에 아름다운 문예적 살을 붙여야 한다"는 말이다. 민족주의 사학인 점은 신채호 등과 다름없으나, 그는 역사를 통한 민족운동을 전개한 일제하의 민중계몽가라 고 할 수 있다. 문일평이 동아일보에 실은 아래 글을 읽으면 한국 근대기의 무력함이, 국토 회복의 기회를 갖지 못한 것이 안타깝지 않을 수 없다.

이규태 조선일보 기자가 쓴 호암의 비문

> …만주는 역사로 볼 때 조선민족의 생장하던 요람이요 활약하던 무대이다. 멀리 단군의 번지(繁地)로부터 주몽의 패업에 이르기까지 고조선의 대중심이 여기 있었던 것이다. 불행히 구려(句麗) 씨의 통일운동이 수당(隋唐)의 저해로 실패되자 남북국으로 갈라진 조선민족은 반도의 신라와 대륙의 발해 이렇게 두 중심을 이루어 이로부터 각기 발전을 달리 하였다. 그러나 남북국 때도 오히려 만주는 대조선의 한 테 안에 들어 있었지만은 발해(渤海) 씨가 한번 망한 뒤 그 유중(遺衆)이 흩어지고 만주는 아주 이민족의 축록장(逐鹿場 각축장)으로 내어 맡기게 되었다.

호암은 이순신 연구에도 관심이 많았다. 일본인이 쓴 『조선 이순신전』(1892)을 번역하여 발표(1920)하면서 본격적인 역사가로 나섰는데 이런 일화도 전한다. 하루는 홍명희가 찾아와 누가 고무신 공장을 시작했는데 상표를 지어달라기에 호암에게 상의하러 왔다고 했다. 호암은 그 민족자본가가 장하다며 이순신의 철갑선 '거북선'을 지어주었는데, 거북선표는 곧 유명 브랜드가 되어 나중에는 '유사상표가 나도니 유의 바란다'는 광고를 신문에 낼 정도로 성장했다.

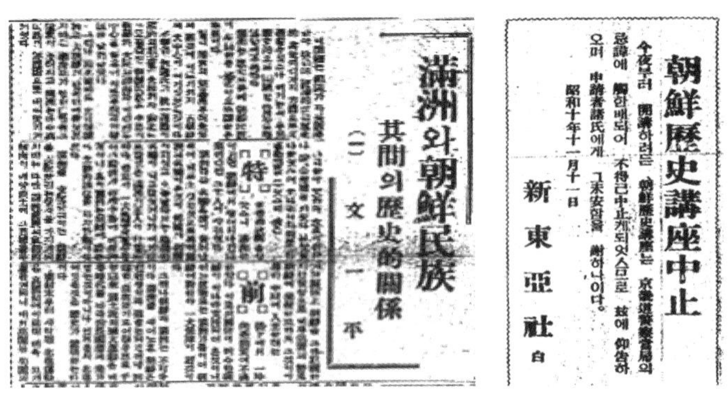
滿洲와朝鮮民族
共間의歷史的關係
(二) 文一平

朝鮮歷史講座中止
今夜부터 開講하려든 朝鮮歷史講座는 京畿道警察部의 急諭에 依하게되어 不得已中止케되엿슴으로 玆에 仰告하오며 申請者諸氏에게 그未安함을 謝하나이다。
昭和十年十一月十一日
新東亞社 白

무력한 근대 조선에 대한 안타까움을 토로한 호암의 동아일보 기고문

문일평의 인물됨에 관한 증언을 『한국의 명가』에서 옮겨 보면 다음과 같다. 셋째딸 소영 씨와 결혼한 이영조 씨(서울대 교수)의 회고이다.

> 내가 바로 저분(소영)과 결혼하게 된 동기는 사실상 호암 선생님의 따님이었던 때문이지요. 당시 정인보, 문일평, 최남선 선생님 등이 길에 지나만 가셔도 우리 젊은이들은 민족의 지도자, 대학자로 알아보고 쫓아가 인사를 할 만큼 존경을 받아왔으니까요. 그때 경성제대생 하면 실상 좀 특권을 누린 셈인데, 결혼쯤 누구든지 원하면 된다는 식으로. 마침 여자 전문 졸업생(중앙보육) 앨범이 《신여성》 잡지에 소개되었는데, 그때 저분이 호암 선생님 따님이란 사실을 알고서 사귀기로 마음먹었지요. 이태영 씨 등과 YMCA웅변대회에 나온 것을 직접 가보았지요.

다음은 셋째딸 소영 씨의 회고.

> 얼마나 꼿꼿하신지는… 가산을 교육 사업에 다 내놓으시고 가난하게 되어 자식들 공부시키기기 어렵게 됐을 때도, 매일신보 간부로 취임해 달라는 총독부의 권유를 끝내 뿌리치셨지요. …도산 선생이 경찰에 잡혔다는 호외를 보시고는 흑흑 흐느껴 우시는 거예요. 그렇게 슬피 우시는 것을 평생 보지 못했습니다.

문일평은 1939년 4월 3일 급성단독[6]으로 사망했다. 문일평의 1934년 일기를 보면 그때 이미 건강이 좋지 않은 것을 알 수 있다. 1934년 일기 내용을 분석해 보면 불면증 9일, 심한 기침 4일, 숙취 13일, 소화불량 6일, 심기불편 5일, 손목 통증 1일, 두통 15일로 모두 합하면 1년 동안 53일이나 몸이 좋지 않은 상태였다. 그만큼 몸의 면역력이 약해졌다는 것을 알 수 있다. 그런데 북에 있는 외손자(장녀의 아들)는 호암은 일제에 의해 독살되었다고 주장했다(『민족21』). 즉 일경이 가택수색을 하면서 은밀히 면도칼날에 독약을 발라놓고 사라졌는데, 다음날 면도를 하다 피도 나오지 않게 살짝 베인 곳이 크게 붉어지더니 다음날 아침에 사망했다는 것이다. 그런 식으로 일제는 많은 독립지사를 독살했다고 하는데, 의혹은 가지만 증거는 없다. 그해 12월, 조선일보는 『호암전집』 전3권을 간행했다.

필자가 80년대 대학생 때 정독도서관에서 1930년대의 조선일보를 읽은 적이 있는데, 신문에 문일평이라는 이름이 거의 매일 나왔다. 그토록 유명한 분을 어째서 그때 처음으로 이름을 접했는지 의아하게 생각한 적이 있었는데, 이제 보니 가족의 월북 때문이었던 것 같다. 차남 동욱은 연희전문 학생 때 사망하고, 장남 문동표는 중앙고(야구선수)를 거쳐 교토대학 유학 후 1936년에 조선일보에 입사하여 1947년에 조선일보 편집국장, 1949년 4월에는 합동통신 편집국장을 지냈는데 6 · 25 때 월북했다. 호암의 미망인 김은재, 장녀 문채원 부부 등이 따라갔는데, 일제 때 근우회 활동을 한 바가 있는 김은재는 월북 후 한때 평북 여성동맹 위원장을 지냈고, 문동표의 아내 심희

6) 단독(丹毒) : 세균에 감염되어 생기는 피부 및 피하조직의 질환. 항생제 페니실린은 1943년 이후에나 사용되기 시작했다.

성은 공훈교원이 되었으며, 손자 문병우는 사회과학원 역사연구소 교수라고 한다(『민족21』). 호암의 독립지사 서훈이 1995년에야 이루어진 사연을 알 법하다.

독특한 국어학자였던 조선의 변호사

| 학범 박승빈

대한제국의 검사, 일제강점기에는 변호사로 활동하는 한편, 보성전문학교 교장, 초대 조선축구협회장을 지냈고, 『조선어학』을 저술하며 최현배 등의 조선어학회에 대립한 소수파 국어학자 등 각 방면에서 사회지도급 인사로 활동한 학범 박승빈(學凡 朴勝彬 1988~1943)의 일생을 살펴본다.

해관 오긍선의 가족 묘역 입구에 들어서자마자 왼편에서 우연히 발견한 비석의 주인공은 학범 박승빈. 우리에게 거의 알려지지 않은 이름이나, 비문의 내용은 범상치가 않았다.

앞면에 '학범반남박공승빈지묘(學凡潘南朴公勝彬之墓)', 뒷면에는 '단기 4213년(1880) 9월 29일 생. 대한제국 검사 변호사 보성전문학교장. 저 조선어학. 단기 4276년(1943) 10월 30일 졸. 室礪山宋氏 父榮晦(부인 여산 송씨, 부 영회)'. 부인은 성만 적고 이름도 없이 부인의 부친 이름을 새기던 습관을 볼 수 있다.

학범 박승빈은 이 책에 실린 독립유공자 박찬익과 같은 반남(潘南) 박씨이다. 조상으로는 연암 박지원, 박영효 등이 있고 현대 인물에는 소설가 박완서(2011년 몰), 영화감독 박찬욱, 배우 박신양 등이 있다.

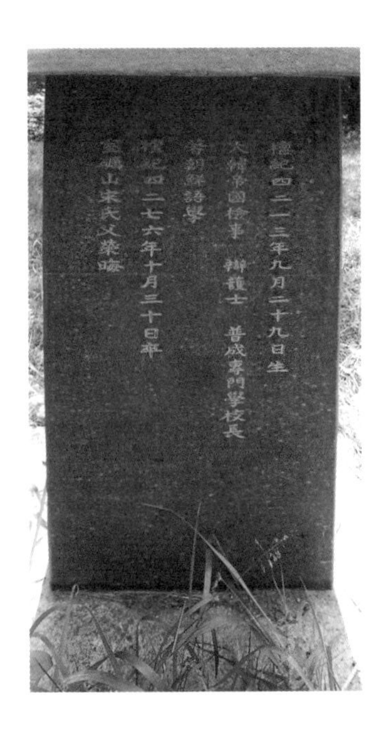

변호사이자 국어학자로 활동했던 박승빈(왼쪽)과 그의 비석

박승빈은 1880년 진사 박경양의 6남매 중 독자로 강원도 철원에서 태어나 한학을 공부했으나, 1894년 과거가 폐지되자 1899년 판임관 시험에 수석으로 합격하여 관리가 되었다. 덕원감리서 주사, 외부(外部) 주사로 근무한 후, 1904년 관비 유학생으로 일본 주오(中央)대 법대에 들어가 1907년 우등으로 졸업했다. 1908년 평양지법 검사를 거쳐 1909년 변호사를 개업하고, 1925~1932년 보성전문학교 교장을 지냈다.

장남 박정서도 일본 주오대 법대를 나와 변호사를 지냈는데, 부친처럼 국어학을 연구해 동아일보 1955년 7월 28일부터 「한글철자법 소고」를 5회에 걸쳐 연재한 사실이 있다. 막내딸 박성원은 경성여자고보(경기여고)와 도쿄여자대학을 나와 1962년 외대 일어과 초대 학과장을 지냈으며, 1990년대까지만 해도 일어 공부해본 사람은 거의 다 아는 『박성원 일본어』의 저자이다. 그리고 장손 박찬웅은 경기고와 서울법대를 나와 인하대 교수를 지내다 1975년 캐나다로 이민, 그곳에서 오랫동안 반독재·민주화투쟁을 벌였으며, 말년에는 북한 민주화운동에 힘을 쏟다가 불의의 사고로 타계하였다. 대작 『박정희·전두환의 난』을 비롯하여, 『서울 1991년』 등 많은 정치·사회·문화 평론서를 펴냈다. 차손은 고대 독문과 교수, 한국독문학회장, 괴테학회장을 지낸 박찬기이다.

1969년 출판문화협회가 주관한 '가족저서전'이라는 이색적인 전시회가 열렸는데, 3대(代) 저서 부문에 박승빈의 『조선어학』, 『조선어학강의요지』, 『어근고』, 아들 박정서의 『국어의 장래와 한자의 재인식』, 손자 박찬기의 『독문학사』가 전시된 바가 있을 정도로, 박승빈의 가문은 학문적으로 많은 업적을 남겼다.

박승빈은 보성전문 및 중앙불교전문학교(현 동국대학교) 강사로 조선어학을 가르치는 한편 저술에도 힘을 쏟았다. 그가 조선어에 관심을 갖게 된 것은 법전 편찬을 기획하면서 혼란스러운 국어표기법의 정립이 필요하다고 느꼈기 때문이다. 1930년 2월에 총독부가 제정한 언문철자법을 제정하면서 첫 번째 조치로 된소리는 'ㅺ, ㅼ' 대신에 'ㅆ, ㄸ'처럼 병서를 강제하여 훈민정음 체제를 뒤흔들었는데, 공교롭게도 조선어학회는 후에 이와 비슷한 '한글마춤법통일안'을 제정하여 공표하였다(1933.10). 이에 박승빈은 1931년 조선어학연구회를 조직하고 《정음》(1934~1941)을 격월간으로 간행하며 주시경 계통의 학설과 조선어학회에 대항하였다. 『윤치호 일기』의 1933년 12월 23일자를 보면, 박승빈, 최남선 등이 윤치호와 만나 조선어학회의 필요 이상의 복잡한 한글철자법에 이의를 제기하자는 내용이 나온다. 박승빈, 윤치호, 지석영, 이병도, 문일평 등은 최남선의 작성으로 1934년 7월에 '한글마춤법 통일안 반대 성명서'를 발표하였고, 박승빈은 그동안의 한글 강의를 집대성한 『조선어학』을 1935년에 발간하였다.

손자 박찬웅은 박승빈이 펴낸 『한글마춤법통일안비판』을 1973년에 영인본(통문관)으로 새로 내며 서문에서 말하길, "이 비판이 나오자 '한글마춤법'은 당장 개정판을 냈는데 우선 그 표제인 '마춤법'이라는 철자법부터 '맞춤법'으로 고친 것을 비롯하여 그 내용을 처음부터 끝까지 손질하지 않을 수 없었다"고 하였고, 그 책의 독후감을 쓴 국어학자 남광우는 "물론 비판의 대상이 될 것이 적지 않지만 가급적으로 역사적 기사를 존중하려는 정신은 존중할 만한 견해"라고 하였다.

이렇게 평생의 작업이 된 조선어 연구뿐 아니라, 최남선, 오세창 등과 함께 계명구락부를 조직하고 잡지 《계명》을 발간함으로써 조선문화의 증진을 도모하였고, 조선축구협회의 초대 회장(1933~1934)을 지내는 등 사회 각 분야에서 지도층 인사로 활약하였다.

박승빈의 묘는 일반 묘처럼 보이나 아내와 장남 박정서도 함께 묻혀 있는 가족납골묘이다(시정곤 『박승빈』). 박승빈은 양력의 사용, 혼례 및 상례의 간소화, 한복 개선(흰옷 폐지), 아동의 경어 사용 등의 신생활 문화 전파에 노력하고 자신도 몸소 실천하였는데, 묘의 형태도 그중의 하나인 셈이다.

변호사 박승빈

변호사로서의 활동도 주목할 만했다. 1913년 1월, 조선인 변호사 모임인 경성 제2변호사회 창립에 참여하였고, 후에 제2변호사회가 조선변호사협회로 바뀐 뒤에는, 박승빈이 그 대표 자격으로 1921년 10월에 다른 변호사 11명과 함께 중국 북경의 제2회 국제변호사대회에 참석하였다. 그런데 그 대회에 참석한 일본변호사협회는 조선에는 별도의 조선변호사협회가 존재할 수 없다는 이유로 이의를 제기하였으나, 조선변호사들은 중국과 필리핀 변호사들의 동조를 얻어내 주최측으로부터 참석 자격을 인정받았다. 그러자 일본변호사들은 도중에 퇴장했다. (『33인의 법조인상』)

정치적으로는 1919년 3 · 1운동 후 자치권을 얻기 위한 운동에 나섰다. 1919년 7월 19일 『윤치호 일기』에는 이렇게 쓰여 있다.

> 오전에 박승빈 씨가 잠깐 들렀다. 그는 이기찬 씨를 비롯한 몇몇 인사와 함께 일본 정계 지도자를 만나러 도쿄에 갈 거라는 사실을 내비쳤다. 그는 조선인이 원하는 건 자치이며, 동화는 불가능하다고 말했다. 그는 또 자기를 포함한 조선인들이 감옥에 가는 걸 두려워하지 않게 되었다고 말했다. 박씨는 정직하고 사리 분별력이 있는 사람이다….

1930년 9월 6일 동아일보는 창간 10주년 기념사업으로 조선어문 공로자의 한 사람으로 표창한 박승빈을 이렇게 소개하였다.

> 씨의 한글 연구는 독특한 맛이 있는 단독연구자이다. 그는 종래 모든 연구자의 논한 바보다 독특한 이채를 내었으니 이것이 씨의 공로라 할 것이며, 현재 보성전문 교장

으로 계시며 학생들에게 또한 한글 보급을 시키고 있다.

여기서 '독특한 이채' 라는 것은 주류와는 다르다는 의미일 것이나 주류와 다르다 하더라도 다양한 의견의 충돌이 발전의 토대가 됨은 말할 나위 없기에 동아일보는 박승빈을 공로자로 표창한 것이다. '독특하다' 는 그의 이론은 지금의 맞춤법에 익숙해진 우리로서는 좀 어렵고 생소하기만 하다.

간단히 예로 들면, 어간과 어미의 구분에 있어서, '머그니, 머거서' 에서 '먹'을 어간으로 본 것이 아니라, '머그, 머거' 음까지가 식(食)의 뜻을 나타내는 음(어간)이고 '니, 서'가 조사의 뜻이 표시되는 음(어미)이라고 본 것. 경음부호 'ㅅ'은 자체로 음가가 있으니 새로운 부호를 만들어 표시할 것. 'ㅎ' 은 받침으로 쓸 수 없다는 것(히읗). 발성음(發聲音 자음), 담음(淡音 강모음), 농음(濃音 약모음) 등의 술어를 사용한 것. 음성과 음운을 구별한 것(이 점은 최현배도 말하지 못한 부분으로 지금은 상식에 속한다). 경음표기는 'ㄲ, ㄸ, ㅃ, ㅆ, ㅉ'의 쌍서(雙書)가 아니라 'ㅅ'을 써야(ㅺ, ㅼ…) 할 것. 동사의 기본형 표기는 '짓다, 짖다, 짙다' 가 아니라, '지으오, 지즈오, 지트오'처럼 '하오'체를 기본형으로 해야 알기 쉽다는 것 등이었다.

또, 동아일보는 1932년 11월 7일~9일 사흘 동안 계속된 동사 주최 '한글토론회' 의 속기록을 11월 11일부터 12월 27일까지 지면이 허락되는 대로 실었다. 토론회에 참가한 이들은 크게 신명균, 이희승, 최현배 파와 박승빈, 정규창, 백남규 파로 나뉘었다. 최현배의 '한글전용파'는 어간과 어미를 엄격히 구분하는 형태주의 표기를 주장했고, 박승빈의 '정음파'는 '머그며(먹으며),' '하겟다(하겠다)' 등 옛 철자

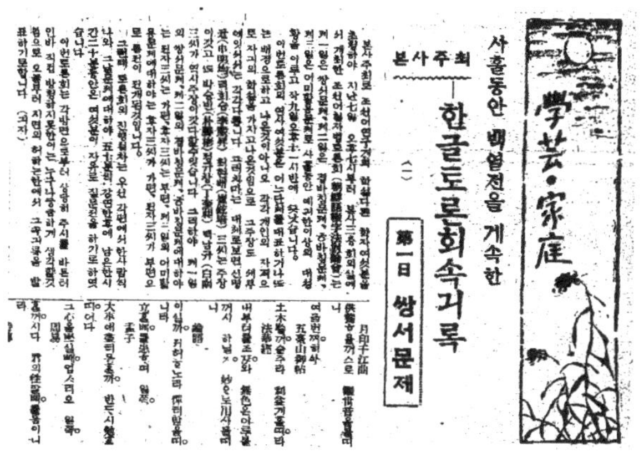

學藝·家庭

사흘동안 백열전을 계속한

본사주최

한글토론회속기록 (一)

第一日 쌍서문제

1932년 11월 7일~9일까지 사흘 동안 열린 '한글토론회'에 관한 동아일보 기사

법을 그대로 이어받아 소리나는 대로 쓰는 표음주의를 주장해 설전을 벌였다.

그러나 조직적으로 오랫동안 연구를 거듭하여 대다수의 지지를 얻은 조선어학회의 이론은, 동아일보 토론회와 같은 의견수렴을 거쳐 현재 맞춤법의 골간이 되었다. 그런데 최현배 등의 '조선어학회(현 한글학회)'가 만든 맞춤법이 소리와 글이 반드시 일치하지 않는 일본식이라 친일적이라고 주장하는 사람도 있다. 이는 일부의 주장이라 차치하더라도, 지금의 맞춤법이 과학적이기는 하지만 대학을 나와도 어렵기는 마찬가지고, 하물며 글 쓰는 작가들도 맞춤법 틀리는 사람이 많은 것도 사실이다. '한글맞춤법' 총칙 제1항에 "표준어를 소리대로 적되, 어법에 맞도록 함을 원칙으로 한다"고 하여, 마치 대다수의 말이 소리대로 적으면 된다는 착각을 불러일으키지만, 실상 소리대로 적으면 틀리는 것이 얼마나 많은가.

의견이 달라 치열한 논박을 벌였지만, 일제 식민지 하에서 우리글 한글을 정립하고자 하는 마음은 똑같을 터. 이러한 과정이 있었기에 오늘날의 한글이 존재하게 된 것이 아닌가. 토론회에 관한 동아일보 기사를 읽어보면 최현배와 박승빈이 상대방이 지식이 있네, 없네 하는 인신공격성의 공방도 벌인 것을 볼 수 있는데, 그것은 다 나라와 글에 대한 사랑에서 비롯된 것이리라.

1972년에 손자 박찬웅은 『조선어학』을 새로 펴내면서 서문에 이렇게 말했다. 이 글의 끝맺음으로 적당할 듯하여 옮겨 적는다.

> 이 책이 주장하는 바 학설은 현재 통용되고 있는 학설과는 몇 가지 중대한 차이점이 있다. 그럼으로 해서 저자는 당시 조선어학연구회를 조직하여 기관지 《정음》을 격월간으로 발행하면서, 《한글》지를 내는 조선어학회(한글학회)와 치열한 논쟁을 벌였던 것이다. 1930년대의 이 역사적인 학술 논쟁의 내용이 오늘날 잘 소개되어 있지 않은 것은 유감스러운 일이다. …(조선어학회의 표기법은) 존귀한 민족의 언문에 대한 불충이라고 소리 높여 외쳤던 것이다. 그러니까 그(박승빈)는 '꿈'의 'ㄲ'을 'ㅺ'으로 쓰고, '먹으며'를 '머그며'로 쓴 500년 계주의 최종주자가 되었다가 손에 그 '바통'을 쥔 채 이 세상을 떠난 것이다.

한국 민속학의 원조

ㅣ석남 송석하

조선민속학회를 발족하고 서울대에 인류학과를 만들었으며, 해방 후 초대 민속박물관장을 지낸 민속학의 원조 석남 송석하(石南 宋錫夏 1904~1948). 그는 또한 진단학회 회장을 지내고 해방 후에는 조선산악회(한국산악회) 회장을 지내는 등 다방면으로 우리 문화 발전에 크게 기여했다. 문화선진국의 중추라 할 수 있는 딜레탕트의 원조 송석하를 찾는다.

한국 민속학의 원조

> 본래 향토예술이라는 것은 그 땅과 환경이 낳은 가장 적절한 것이며 게다가 가장 민중과 친밀한 것이 특색으로, 제 아무리 숭고한 예술도 이것을 모태로 한다. 그러므로 현대인은 반드시 이를 재음미하고 감상할 여유를 갖추어야 한다.
> – 송석하 「조선의 가면연극무용」 《관광조선》 1939.9.

송석하의 윗글은 '민속학이란 무엇인가'에 대한 적절한 설명이라고 할 수 있다. 송석하는 경남 언양에서 고종의 시종원부경(侍從院副卿 청와대 비서실 차장급)을 지낸 부산의 대지주 송태관의 장남으로 태어나 부산상고(1920)를 졸업하고 도쿄상과대(현 히토쯔바시(一橋)대학)에 유학했지만, 그의 관심은 역사와 민속에 있었다.

송석하의 비석

관동대지진(1923년, 20세)을 계기로 그는 학업을 중단하고 돌아와, 당시 우리나라에 아직 생소한 민속학에 뛰어들어 전국을 누비고 다녔다. 마침내 1932년 4월, 송석하는 손진태, 정인섭과 함께 발기회를 꾸미고 일본인 아키바 다카시(경성제대 교수)와 이마무라 도모(재야학자. 대작 『인삼사 (전 7권 1934~1940)』 저자)를 끌어당겨 '민속학 자료의 심채(深採) 및 채집, 민속학 지식의 보급'을 목적으로 조선민속학회를 창립하고 대표가 되었다. 일본인과 함께 학회를 구성한 이유에 관해 훗날 정인섭은 "아키바는 우리 무당 연구에 특히 취미를 갖고 상당한 연구를 거듭하고 있어 학자로서는 그가 우리 민속 연구에는 제1인자라 할 수 있었고, 이마무라는 바가지, 부채 등 기타 민속에 대한 연구가 상당하였다"고 하였다(《민족문화》 제2호, 고려대 민족문화연구소 1966). 또 실제로 송석하 등은 경찰서장 출신인 이마무라의 소개장을 들고 채집여행을 다닌 적도 있어 연구 활동에 도움을 받은 것은 사실이다.

민속학계에서는 우리나라 민속학의 태동을 실학사상에서 찾고 있으며, 1920년대에는 최남선과 이능화가 각기 「살만교차기(薩滿敎劄記)」와 「조선무속고」를 《계명》(19호, 계명구락부 1927)에 발표함으로써 비로소 한국민속학이 출발했다고 보고 있다. 이후로 문일평, 이은상, 이병도 등 많은 학자가 글을 발표하였으나 그때까지 그들의 저작은 대개 역사문헌상의 자료에 근거한 한계를 가졌는데, 실제 현지를 답사(field work)하면서 민속학을 하나의 독립된 학문으로 정립한 핵심 인물은 송석하와 손진태라고 평가한다. 또 와세다 사학과를 나온 손진태가 이론적으로 민속학을 발전시켰다고 한다면, 송석하는 이론의 체계화보다는 민속자료의 수집과 민속예술의 진흥에 큰 공헌을 하였다고 볼 수 있다.

딜레탕트(Dilettante)

전업작가가 아닌 필자가 송석하를 대하는 마음은 남다르다. 송석하는 딜레탕트(호사가, 취미인)로서 자신의 관심 분야에서 큰 업적을 남겼기 때문이다. 그는 대학 중퇴에 사학을 전공하지도 않았다. 해방 후에도 서울대학에서 강의는 했으나 아카데미의 폐쇄성으로 정교수가 되지 못했다. 그렇지만 그가 한국 민속학을 독자적 학문으로 발전시킨 공적은 아무도 의심하지 않는다. 그는 학문적 능력과 열정, 그리고 재력과 행정력까지 갖춘 사람이었다.

채집여행 때의 에피소드가 「민속무용쇄담」이라는 글에 나와 있다. 강강술래 춤을 찍기 위해 전남 장흥에 내려갔으나 여자들이 벌건 대낮에 추는 것이 부끄럽기도 하고 또 양잠기라 모두 낮에 돈 벌러 나간다는 이유로 춤을 추지 않겠다고 했다. 송석하는 한 시간 공연에 하루치 삯을 주겠다고 설득했지만 그래도 부끄러워 춤을 못 추겠다는 여자들을 며칠 동안 간신히 설득하여 촬영에 성공했다. 또 조선민속학회의 기관지 《조선민속》을 사비를 들여 출간할 정도의 열정과 재력을 쏟아 부었다.

그는 민속학 자료를 자신의 독일제 고급 카메라에 담고 그것을 체계적으로 분류, 관리하였기에 최근에 그는 영상민속학의 선구자로 새롭게 각광받는다. 2007년 국립민속박물관은 송석하가 직접 찍거나 수집한 사진 자료 1,761장을 정리한 『처음으로 민속을 찍다』(DVD)를 발간하며 그를 '최초의 영상민속학자', '한국 최초의 아키비스트'로 칭하였다.

그리고 답사의 결과를 학문적으로 정리하고 홍보하는 능력도 있었다. 특히 황해도 사리원에서 봉산탈춤을 일본인 관리를 설득하여 방송으로 전국에 중계하고, 마침 백두산 동물 생태 조사를 위해 입국한 스웨덴 동물학자 베르그만을 유도하여 동영상을 촬영케 하여 유럽에 소개한 사실은 그의 저서 『한국민속고』에서 동료 임석재가 증언한 바 있다.

그런데 2008년 출간된 『조선민속학과 식민지』(남근우, 동국대출판부)에서는 송석하 등의 '저항적 민속학'은 사실은 내용적으로 일제에 영합한 것이라는 주장이 보인다. 즉 송석하의 '오락 선도론'은 민중 오락의 교화적 측면을 강조한다는 점에서 총독부의 식민지 '건전오락론'과 흡사한 내용이라는 것이다. 상기 봉산탈춤의 중계방송과 베르그만의 촬영 주도 건에 관해서도 이미 총독부는 '민중 교화에 적합한 오락'으로 인식하고 있었으며, 송석하가 "부흥운동에 관여한 것은 사실로 확인되지만, 그렇다고 사리원 당국자를 부추겨 임시로 봉산탈춤을 놀게 하고 게다가 총독부 직할의 중앙방송국을 동원하여 중계시킬 만큼의 정치적 영향력이 당시의 그에게 있었다고 보이지 않는다"고 부정하며, 근거로는 1946년 9월 4일 조선일보의 기사에 송석하의 이름이 보이지 않고

조선민속 4인방 (왼쪽부터 이마무라 도모, 손진태, 송석하, 아키바 다카시)

총독부만 보인다는 것이다.

사실이 어쨌거나 동료와 후대는 명맥이 끊어져가는 봉산탈춤 등을 다시 살려낸 주역으로 송석하를 꼽고 있다. 그의 민속학 운동 취지가 총독부의 의도와 동색이라고 할지언정, 그가 우리나라 문화의 발굴과 보존, 발전에 쌓은 지대한 공은 전혀 폄하되지 않는다. 총독부가 '오락 진흥을 위한 국민 총화'를 목표로 했건 아니건 상관없이 단지 우리가 주목해야 할 것은, 어쨌거나 그 상황에서 우리가 원하는 방향으로 갈 수 있었다는 점이다. 총독부가 봉산탈춤을 중계하며 부추기는 의도가 불순하니 공연하지 말자고 주장한 사람은 한 명도 없었다. 또 총독부가 무조건적인 민족문화 말살 정책으로 나갔다고 가정한다면 송석하의 운동은 더욱 조명을 받을 것이지만, 그럼 과연 그 상황에서 '민속학'은 존립이나 했겠는가.

조선산악회의 초대 회장

송석하는 1945년 8월 16일 해방 후 첫 번째 사회단체인 진단학회를 재발족하여 위원장으로 추대되었으며, 다시 9월 15일에는 두 번째 사회단체가 된 조선산악회(1948년 정부 출범 후 한국산악회로 개칭)에 회장으로 추대되었다. 조선산악회는 단지 등산만 즐기는 모임이 아니었다. 1946~1954년까지 11회에 걸쳐 한라산을 시작으로, 태백산맥, 울릉도, 독도 등 전국에 각계 전문가들로 구성된 전문가학술조사단을 파견하여 그동안 일제에 의해 유린된 국토를 구명하자는 의미의 국토구명학술조사사업을 벌였다. 현지 조사 후에는 보고서의 작성, 전시회의 개최 등으로 정부 및 일반에게 많은 관심을 불러일으켰다. 1948년 1월 《국제보도》(3권 1호, 국제보도연맹)에 「고색창연한 역사적 유적 울릉도를 찾어서!」라는 울릉도학술조사대장 송석하의 글이 한 예로 남아 있다.

그리고 동년 12월 20일에 결성된 조선연극동맹에도 위원장으로 이름이 올랐는데, 현대극에 익숙한 우리는 낯설지만, 연극계에서는 그가 1929년 일본에서 발표한 「조선의 인형극(朝鮮の人形芝居)」이 한국연극학의 출발점이라고 보고 있다.(유민영)

1945년 11월에는 일제 때 야나기 무네요시와 아사카와 다쿠미 형제가 설립한 조선민족미술관의 많은 도자기 등의 민예품에 자신이 수집한 민속 가면 등을 합쳐 국립민족박물관을 설립하고 초대 관장으로 취임하였다. 이후 1946년 5월 8일에는 조선인류학회를 창설하며 활동하였으나, 지병인 고혈압으로 1948년 8월 5일 44세의 아까운 나이에 세상을 떠나 이곳 망우리에 묻혔다. 1959년에 송석하의 글 모음 『한국민속고』가 나오며 이병도, 손진태, 임석재 등이 추도사를 실었고, 1996년 정부는 문화훈장으로서는 최고인 금관문화훈장을 추서하였으며, 1997년 1월의 문화인물로 선정하였다.

평생의 동지 손진태는 송석하 추모사에서 "선생은 인류학, 고고학,

민속학, 조선사학, 판본학, 민속예술, 연극, 산악운동, 서화, 골동 등 여러 방면에 모두 일가를 이룬 분"으로 말하며 "선생의 영이 우리 민족을 영원히 지킬 것이며, 또 우리 민족은 영원히 선생의 공적을 찬양할 것"이라며 끝을 맺었다.

망우리의 묘는 1996년 충남 태안군 근흥면 두아리로 이장되었고 지금은 비석과 상석, 그리고 양편의 망주석이 그대로 남아 있다. 묘터에 심어진 나무가 지금은 크게 자랐다. 7번 전신주에서 25보를 더 간 후 왼쪽의 광산 김씨 묘의 오른편으로 올라가 다시 전주 최씨 묘를 지나자마자 왼쪽으로 숲을 헤치고 들어가면 송석하의 묘비가 나온다(묘번 206370). 덧붙이자면 송석하의 묘터를 찾게 된 것은 2009년 5월 본서 출간기념행사로 연 첫 번째 답사 때 참석한 서립규 씨(한국산악회 자문위원, 2015.8 별세)와 정위상 씨(면목동, 부산상고 출신)의 도움이 컸다. 덕분에 이곳 망우리공원에 계신 선구자들에 덧붙여 또 한 분야의 위대한 선구자 석남 송석하를 추가하게 되었음을 기쁘게 생각한다.

새로운 발굴 그리고 못 다한 숙제

석남 송석하 탄생 100주년을 기념하여 국립민속박물관에서 펴낸 『석남 송석하-한국 민속의 재음미』(2004)에 「조선의 가면연극 · 무용」이라는 글과 「민속무용쇄담(瑣談 잡담의 의미)」이라는 글이 실려 있다. 두 글 다 제목의 각주에 이렇게 적혀 있다. "이 원고는 인쇄된 것이 없고 손으로 베껴 쓴 필사본만 남아 있어서, 오자 · 오식 비문이 현저하다. 문맥에 따라 일부 수정하였으나 그래도 내용을 잘 알 수 없는 곳이 많음을 밝혀둔다."

동아일보 1935년 7월 20일

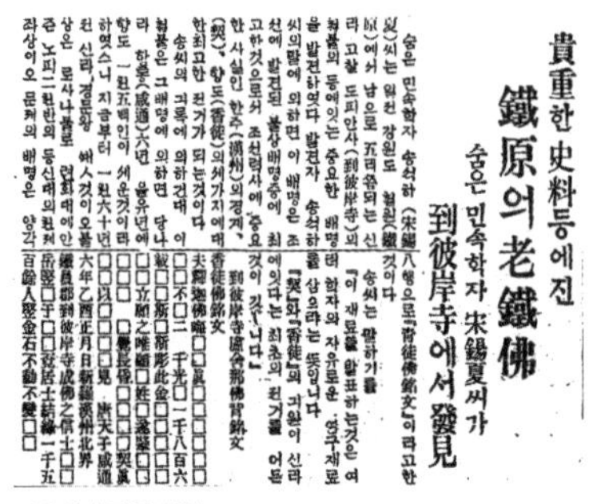

貴重한 史料등에진

鐵原의 老鐵佛

숭은 민속학자 宋錫夏씨가

到彼岸寺에서 發見

1931년 5월 8일

그런데 필자는 운 좋게도 이 두 원고가 실린 《관광조선》(일본어판)을 국립도서관 서고에서 찾아냈다. 대조한 결과, 기존 번역문에는 잘못된 곳과 누락된 곳이 많아 새로 번역하여 「조선의 가면연극 · 무용」은 《계간 리토피아》 2009년 가을호에 발표하였고, 「민속무용쇄담」의 번역본은 필자의 블로그에 올려놓았으니 참조하기 바란다.

그리고 또 하나의 숙제가 남아 있다. 1935년 7월 20일자 동아일보에 의하면, 송석하의 가면극에 관한 논문이 독일어로 번역되어 오스트리아의 권위 높은 인류학지 《안트로포스》에 실린다는 기사가 있었다. 우리 민속학의 연구 논문이 전세계에 처음으로 소개된 사건일 터인데 독어를 모르는 필자는 아직 그 논문을 찾지 못했다. 관련 학계나 관심 있는 분의 노력을 기대한다.

민족애의 꽃

| 이경숙(李景淑 1924~1953)

묘번은 203364. 아사카와 다쿠미 묘 바로 아래에 있다. 2014년에 다쿠미 묘 옆에 너른 자리가 마련되기 전까지는 다쿠미 추도식에 참석한 이들은 이경숙의 묘 앞자리에서 신세를 졌다. 비명을 읽어본다. 앞면에는 '李景淑 무덤'이라고 적혀 있고 아래에 뒷면을 옮기되 한문은 한글로 옮겼다.

소녀시절엔 일정하 민족애의 꽃
청년 때엔 정열적인 어린이의 스승
장년엔 크리스챤홈의 태양
이 나라 MRA운동의 개척자의 하나
순수한 신앙 착한 덕행의 30년
일생은 이 고장 여성의 영원의 거울

1953년 11월 18일 서울대학교 교수 유달영 씀

유감스럽게도 이경숙은 뚜렷한 행적을 사료에 남기지 못했다. 우리나라의 농학의 선구자요, 소설 「상록수」(심훈)의 실제 모델 최영신을 알린 유달영(柳達永 1911~2004) 선생이 비문을 짓고 썼는데, 이분의 글과 글씨가 이 비석의 문화적 가치를 높여주었다. 그는 최영신을 비롯한 우리나라 여성 사회운동가에 대한 글도 몇 편 남겼는데, 이경숙에 관해서는 유달영 수상집 『눈 속에서 잎 피는 나무』(1967, 중앙출판공사)에 자세히 나온다. 그 내용을 간략히 소개한다.

유달영이 20대에 개성 호수돈여고 재직시, 입학 때부터 졸업 때까지 이경숙 반의 담임이었다. 아버지도 오빠도 없는 가난한 가정 탓인지 입학 때는 우울한 성격이었으나 1년이 지난 후부터는 유달영을 아버지처럼 믿고 따랐고 유달영도 이경숙의 성장을 놀라운 눈으로 바라보았다. 얼굴도 화기가 돌고 빛나서 딴 사람이 되었고, 평균 97점의 놀라운 성적으로 졸업했다. 그렇지만 늘 자신은 보잘것없는 사람이라고 겸손해 했다. 유달영이 제자 G라는 청년을 중매해주어 유달영의 주례 하에 간소한 결혼식을 올렸다.

"이 겨레를 위해 나의 모든 것을"이라는 것이 이경숙의 한결같은 신념이었다. 시골학교에서 교편을 잡았고 페스탈로치와 같은 삶을 살고자 하여 개성시의 큰 학교에서 불러도 가지 않았다. 시어머니는 미신덩어리의 완고한 노인으로 가혹하게 며느리를 다루었으나 몇 년이 가지 않아 시어머니는 며느리를 따라 크리스천이 되었다. 시어머니는 유달영에게 이렇게 말했다. "제 며느리는 성인이죠. 이 하늘 아래 그런 사람이 또 있을까요. 나도 그 착하고 어진 마음씨에 결국 항복하고 말았어요, 선생님!"

이경숙의 묘비 앞과 뒤

늘 너그럽고 부드럽고 남 앞에서 말하기 쑥스러워하

는 그녀였지만, 불의에는 엄숙하고 날카로운 얼굴로 맞섰다.

추도회 때에 한구석에서 눈물을 흘리는 사람이 있었는데, 그는 피난처에서 이경숙 부부가 피나게 모은 돈을 빌려서 시작한 사업에 실패하여 조금도 갚지 못한 사람이었다. 이경숙은 친구의 돈을 갚지 못하는 그의 마음이 더 괴로울 것이라고 하며 오히려 그를 찾아가 격려해주었다는 것이다.

화장터에서 이경숙의 뼈에서 큰 사리가 나왔다. 시어머니는 며느리의 거룩한 재를 강에 뿌리고자 했으나 유달영이 이곳 망우리의 묘를 마련하여 묻어주었다. 자식들이 또 그의 친구들이 이 무덤을 찾을 때마다 그 아름다운 인격을 추억하는 시간을 갖도록 하자는 노파심에서였다.

마지막으로 유달영은 이렇게 끝을 맺었다. “이 여사는 내가 본 가장 아름답고 숭고한 여성이었다. 공중을 떠다니는 비누풍선 같은 종로와 명동 거리의 여성들을 우두커니 서서 바라볼 때마다 나는 이 여사를 간절하게 회상한다. 이 나라의 썩은 끄트러기에서 돋아날 희망의 움이 있다면 그것은 가정에서 구해야 할 것이다. 사나운 탁류를 막아내어 민족의 생명을 건지는 마지막 방파제가 있다면 그것도 건전한 가정에서 찾아야 할 것이다. 나는 이경숙 여사의 짧은 인생에서 내가 가슴에 그리는 이 나라 여성의 영원의 거울을 발견하였다고 믿는다.”

비록 이경숙은 사회적으로 뚜렷한 흔적을 남기지는 못했지만, 유달영이 남겨준 비석으로 인해 우리는 평범하되 아름다운 한 여성의 삶을 생각하게 된다. 이 나라 여성의 영원한 거울이 되기를….

한국인 최초의 몰몬교 신자, 콩 박사

| 영양학자 김호직(金浩稙 1905~1959) <개인 묘지>

평북 벽동에서 출생. 1924년 3월 수원고등농림학교(서울농대)를 우등으로 졸업하며 졸업생 답사를 하였다. 전주 신흥고보 영어교사를 거쳐 대구 계성학교 박물교사로 근무 중, 교감 박정근의 여동생 박필근을 만나 결혼했다. 교사 생활 2년 후에 김호직은 다시 일본으로 건너가 1930년 도호쿠제국대학 생물학과를 졸업했다.

귀국 후 1931년 이화여전 교수, 1939년 숙명여전 교수로 생물학 및 영양학을 지도. 우리나라 음식물의 영양가를 연구 조사하여 『한국음식물개론』을 간행, 한국 음식물의 우수성을 알리고, 아울러 한국 음식물에 대한 연구법을 제시했다. 1945년 9월 숙명여전의 재건에 진력하여 교장이 되고, 1946년 2월 국립수원농사시험장을 거쳐 1947년 12월 농사개량원 부총재가 되었다. 1948년 11월 정부 대표로 FAO 제2차 총회에 출석하고, 1949년 2월 정부 유학생으로 도미하여 1950년 2월 코넬 대학에서 영양학 석사 학위를 받고 귀국(1951), 9월 동 대학원에서 논문 「콩 단백의 영양학적 연구」에 의해 이학박사(Ph. D.) 학위를 받았다.

김호직은 코넬 대학 유학중인 1951년, 한국인으로서는 최초로 시스케하나 강에서 말일성도교(몰몬교) 침례를 받았다. 그가 물 밖으로

김호직과 그의 비석

나오는 순간 강하고 부드러운 음성이 들려왔다. "내 양을 먹이라(Feed my sheep)." 이는 그의 삶의 지침이 되었다.

1951년 부산수산대 학장 취임, 1953년 2월 국민 영양 계몽 · 개선 · 농사 교육 보급에 공헌하여 대통령상을 받고, 그해 3월 연희대학교 교수가 되었다. 1955년 3월 문교부 차관에 취임, 1956년 11월 인도의 뉴델리에서 개최된 유네스코(UNESCO) 제9차 총회에 정부 대표로 참석했다. 서울농대 강사, 학술원 회원, 유네스코 한국 집행위원, 서울시 문화위원, 한국생물과학협회 부회장, 한국영양협회장, 한글학회 이사장, 홍익대 학장, 건국대학교 축산대학장 등 다방면에 걸쳐 왕성한 사회활동을 하였는데, 타계 당시에도 명함이 26개나 될 정도였다. 당시 미국에 유학하여 박사까지 딴 인재가 부족한 탓도 있었지만, 많은 직함은 '내 양을 먹이라'는 신앙적 봉사 정신에서 비롯된 것이었다.

박사논문이 콩에 대한 연구였듯, 비싼 고기를 자주 먹을 수 없는 우리에게는 단백질 공급원으로 중요한 콩의 연구와 콩 음식의 장려로 '콩박사' 라는 별명이 붙었고, 콩을 주 재료로 한 보강식을 발명하여 특허를 받았다.

1959년 8월 28일 서울시 교육위원회 회의 중 졸도하여 세브란스병원으로 옮겨졌으나 혼수상태에서 끝내 깨어나지 못하고 31일 뇌일혈로 사망했다. 장례시에는 종로에서 동대문까지의 차량이 통제되었으며, 건대 축산대 59학번 제자 60여 명이 전후좌우에서 꽃상여차에서 늘어진 상여줄을 붙잡고 행진했다. 건대 체육관에서 거행된 장례식에는 정부요인을 비롯한 1천여 명이 참석하여 몰몬교 의식으로 진행된 후, 고인은 다시 학생들의 인도 하에 망우리 묘지로 향했다. 묘는 망우리고개에서 공원입구로 들어서자마자 10m 왼쪽에 있는 계단으로 올라가면 나온다.

장남 김신환(1932~)은 부친의 뜻을 이어 서울대 생물학과를 나왔으나 프랑스 유학 후 성악으로 진로를 변경하여 유럽에서 성악가로 크게 이름을 떨친 후 귀국하여 영남대 음악대학장, 서울시오페라단 초대 단장, 세종문화회관 이사장을 지낸 성악계의 거장이다.

동아일보의 편집국장

| 소오 설의식(小梧 薛義植)과 그 가족

한용운 묘 오른쪽 위 능선 바로 아래에 유학자요 민족운동가인 설태희와 그 아들인 동아일보의 편집국장 설의식이 함께 있는 가족묘가 나온다. 이 두 분의 이야기 외에도 형제와 후손의 가족사가 매우 흥미롭다.

베를린 올림픽 마라톤 우승자 손기정의 가슴에 있는 일장기를 조선중아일보와 동아일보가 말소한 사건은 유명하다. 동아일보에서는 이길용 기자가 주도한 것으로 알려졌는데, 이 사건으로 편집국장이었던 설의식(1901~1954)도 신문사를 퇴직할 수밖에 없었다. 그래서 대중적으로는 일장기 말소사건에 읽힌 인물로서만 기억되고 있는 게 사실이다. 필자도 공부가 부족해 초판본에는 소개하지 않았는데, 그 후로 계속 자료를 수집하던 중, 설의식 본인뿐 아니라 설의식의 부친과 형제, 그리고 지금의 후손에 이르는 이야기가 줄줄이 엮어져 나왔다. 설의식의 묘 위에 있는 부친 설태희부터 먼저 살펴보자.

오촌(梧村) 설태희(薛泰熙 1875~1940)는 함남 단천 출생의 유학자이다. 총독부의 자료에 의하면 설태희는 "한학에 능통하고 일본어도 대략 이해한다. 동경사립대학교(메이지대학)의 청강생이 되어 법률, 경제의

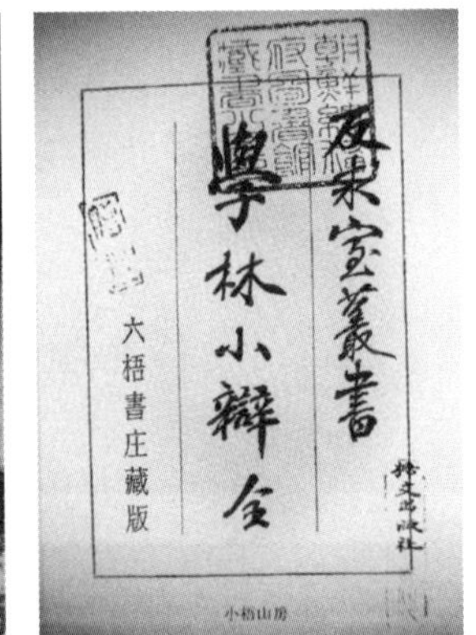

설태희와 『학림소변』

모든 과목을 수학하고 기개가 풍부하다. 함경도의 저명인물이다." 라고 되어 있다. 1906년에는 대한자강회 설립에 참여하고 이동휘, 이준 등과 함께 한북흥학회를 조직하고 대한협회 단천 지부에 참여해 강연과 논설을 통해 활동했다. 1908년부터 갑산군, 영흥군수를 지냈지만 1910년 국권피탈로 사직하고 고향에서 유학 연구에 몰두하여 『학림소변(學林小辯)』, 『대학신강의(大學新講義)』 등을 저술했다. 설태희는 "화담(花潭 서경덕) 실학을 계승하여 양명학을 절충함으로써 유가의 일가견을 이룬 인물"(동아일보 1940.04.10)로 평가되듯, '유교 타파'를 주장한 당시 대부분의 신지식층과는 달리, 또한 고루한 유학에 매달린 구지식층과 달리, 현실감각을 가진 개신 유학파였다.

설태희는 3 · 1운동이 일어난 1919년에 가족을 이끌고 경성으로 이주하여 12월 조선경제회 이사, 1920년 6월에 조선교육회 발기인, 1922년 민우회 참여, 1923년에는 조선물산장려회 총회에서 이사(경리)로 선임되며 강연활동에 나서고, 기관지 《산업계》에도 논설을 발표했다. 이렇듯 애국계몽운동과 교육구국운동에 공헌한 민족주의

계열의 선각자였다.

비석의 글은 위당 정인보가 짓고 김순동(김응현의 숙부)이 쓰고 전(篆 제자)은 위창 오세창이 썼다. 설의식은 "부친의 뜻을 진실로 아는 사람이 위창 선생이요, 그리고 위당"이라고 하였으니(「양주길38선」『소오문장선』), 위당과 위창이 비석에 이름을 남긴 인연을 알 법하다.

묘는 원래 서초리 우면산에 있다가 이곳으로 이장되었다. 한용운 묘에서 오른쪽 위쪽에 있는데, 능선길(용마산 방향)에서는 좌측에 연두색 철책이 나타나면 그 바로 전의 수풀을 헤치고 들어가면 설태희가 나온다. 묘번은 204329. 비석이 크고 한문이 가득하다[7].

영원한 언론인, 설의식

설태희는 슬하에 4남 1녀를 두었다. 먼저 딸 정순의 남편은 사위 김두백인데, 그는 김두봉(한글학자, 조선노동당 최고인민위원회 위원장)의 동생으로 좌익 성향의 동아일보 기자였다.

장남 설원식은 만주에서 농장을 경영하기도 하고 광산업도 벌인 장수 같은 씩씩한 외모의 사업가였다. 『조선은행회사조합요록』에 따르면 조선도기의 회장(1938, 설의식은 감사 및 대주주), 조선농산(1938, 감사는 설정식) 사장, 삼화흑연광업(1938)의 대주주로 참여한 사실이 보이

7) 비문의 번역문은 『설정식 문학전집』의 부록에 실려 있다.

설의식

며, 조선의 고전을 출판하는 오문(梧文)출판사도 경영하는 등 다방면에서 사업을 벌이면서 부친의 민족운동을 측근에서 도왔다. 부친의 왼편에 묘가 있는데 '石泉居士薛公之墓(석천거사 설공지묘)'라고 새겨져 있다. '石泉'은 한샘 주시경의 친교를 받아 지은 호 '돌샘'을 한자로 쓴 것이다. 원식은 1936년에는 '(조선어)사전 편찬 후원회'에 부친과 함께 참여하기도 했다. 설원식의 아들 국환은 한국일보 워싱턴 특파원을 지낸 언론인이고, 딸 순봉은 서울대 영문과 출신의 영문학자이며, 그 남편은 김우창 고려대 명예교수, 그 아들이 옥스퍼드대 수학과 김민형 교수다.

차남이 소오 설의식인데, 호 소오는 부친의 호 오촌에서 따왔다. 고조부가 오산(梧山), 증조부가 오석(梧石), 조부가 삼오(三梧)로 대대로 오(梧)자를 이어 받았다. 1916년에 원산공립상업학교를 졸업하고 1917년 서울중앙학교에 입학했다가 3 · 1운동에 관여하여 퇴학당한 후 니혼대학 사학과를 졸업했다. 중앙학교 교사였던 송진우와의 인연으로 1922년 동아일보 사회부기자로 언론계에 들어가 주일특파원, 편집국장 등을 지냈다. 1929년 주일특파원을 마치고 귀국하여 동아일보의 〈횡설수설〉 단평란을 집필했고, 1931년 잡지 《신동아》를 창간할 때에는 편집국장 대리로 있으면서 제작을 총괄하였다. 편집국장으로 재직하던 1936년 8월 손기정의 일장기 말소사건으로 신문사를 떠났다.

광복 후 동아일보가 복간되자 주필과 부사장을 지냈으나, 송진우가 타계하자 그도 퇴사하여 1947년 순간(旬刊) 새한민보를 창간하였

설의식의 묘

다. 1948년 4월에는 '문화인 108인 연서 남북회담 지지성명서'를 기초하고 6월에는 언론협회를 발족하고 회장이 되었다. 1951년 충무공기념사업회에서 발간한 『민족의 태양』 편집에 관여해, 최초로 이순신의 『난중일기』를 발췌해 번역했다. 1953년에는 충무공기념사업회 상무이사로서 이순신의 『난중일기(抄)』를 자신의 이름으로 저술하는 등 충무공 연구와 강의에 열심이었고, 전시(戰時) 신흥대(경희대)에 출강하기도 했다. 서울로 돌아와 서울신문 고문을 지내고 이듬해 1954년에 작고하였다. 주요 저서로 『화동시대』, 『민족의 태양』, 『통일조국』, 『소오문장선』 등을 남겼고, 2006년에는 주요작품을 모은 『소오문선』(나남)이 발간되었다. 그의 유명한 글 「헐려짓는 광화문」(동아일보 1926.08.11)은 문학 교과서에도 실려 있다. 묘번은 204325.

3남은 월북 시인 설정식

3남 오원 설정식(梧園 薛貞植 1912~1953)은 시인, 소설가, 영문학자인데,

설정식

월북 문인이라 오랫동안 그 이름을 드러내지 못하다 1987년 해금 후 그의 시가 단편적으로 소개되기 시작했다. 2012년에는 『설정식 문학전집』이 설정식의 3남 설희관에 의해 출간되면서 널리 알려지기 시작했다.

정식은 서당에서 한문과 유교 교육을 받고 교동공립보통학교 시절에는 윤석중 등과 독서회 활동을 하여, 교동의 윤석중(5학년)과 설정식(4학년) 2명은 1925년 1월 1일 동아일보에서 경성의 '장래 많은어린 수재'의 '작문 잘하는 아동' 28명 중에 뽑힐 정도로 글 잘 짓는 아동으로 유명했다. 1937년에 연희전문 문과를 최우등으로 졸업하고 미국 유학을 떠나 오하이오주의 마운트유니언 대학 학사 졸업 후, 컬럼비아 대학에서 셰익스피어를 연구했다. 1940년 부친의 위독으로 귀국하여 별다른 활동을 하지 않고 일제 말기를 견뎠다. 해방을 맞아 미군정청 여론국장, 입법위원 부비서장을 지내고, 1948년 영문일간지 《서울타임스》 주필 및 편집국장을 지냈다. 이 시기에 시와 소설을 왕성히 발표하고, 특히 셰익스피어의 「하므렡(햄릿)」은 1949년에 그가 처음으로 국내에 번역 소개하였다.

1950년 전쟁이 발발하자 남로당원이었던 그는 자진하여 인민군에 입대하여 월북하였다. 그가 다시 남쪽의 신문에 나타난 것은 휴전회담 때로, 소좌 계급을 달고 통역장교로 나타났는데 남루한 옷에 농민화를 신고 얼굴이 창백했다고 1951년 7월 19일자 동아일보는 전했다. 1953년에 남로당계 숙청 과정에서 시인 임화 등과 함께 간첩 협의를 받고 처형당했다. 정식은 숙명여학교를 졸업한 김증연

(1914~1977)과 결혼하여 희한, 정혜(이대 국문과 졸), 희순, 희관(전 한국일보 기자)의 3남 1녀를 두었다.

넷째 설도식(薛道植 1915~1975)은 일본의 호세이(法政)대학 법과를 졸업한 엘리트였는데, 일제강점기 말에 가수로 활동하다가 해방 이후에는 사업가로 이름을 남겼다. 1936년 빅터레코드사의 전속가수가 되어 1938년 10월까지 21개의 음반을 냈는데, 대표곡은 「애상의 가을」, 「달려라 호로(포장)마차」, 「헐어진 쪽배」[8]라고 전한다.

「산유화」의 작곡가 김순남(1917~1986)은 월북인사라 알려지지 않았지만, 해방 전후의 유명 작곡가로, 영화음악 프로그램의 진행자였던 김세원의 부친이다. 도식은 김순남과 친구였다. 그리고 "설의식은 음악을 좋아하여 거문고와 가야금을 모으고 그 감상을 좋아했다"고 주요한이 회고했듯, 설의식은 동아일보 퇴직 후, 일제의 언어

말살정책에 대항하기 위해 서항석과 함께 '라미라 가극단'을 만들어 향토가극운동을 벌였는데, 그 모임에 설정식·설도식·김순남이 참여한 사실이 있으며, 설정식은 1940년 뉴욕의 '한인 음악구락부'에 이름이 보이니 설도식이 대중가수가 된 혈통을 가늠하게 한다.

설도식은 해방 후에는 실업계로 나갔다. 1947년에 삼익상사 사장, 1958년에 범한무역의 사장으로 정부 산하의 삼화제철을 인수하기도 하고, 1964년부터는 인천제철 이사로도 참여했다. 그렇게 철강업계에서 분투했으나 얼마 후 자신 소유의 한국제강이 1969년 7월에 공매 처분을 받는 등의 좌절을 맛보고 그 이후로는 실업계에서 은퇴한 듯하다.

---

8) 「헐어진 쪽배」는 국립중앙도서관에서 디지털 음원을 들을 수 있다.

1965년 10월 1일의 동아일보에 "허윤오 씨 4남 영(英) 군, 설도식 씨 질녀 정혜 양, 2일 오후 2시 종로예식장"이라는 기사가 보인다. 부친 정식이 월북했으니 삼촌 도식이 아버지를 대신한 것이다. 이 부부 사이에 난 아들이 바로 영화배우 김보성(본명 허석) 씨다. 외증조부, 외조부의 두 형님이 있는 망우리와의 인연이 남다르니 '망의리(望義理)' 홍보대사로 모시면 어떨까.

대한민국 엔지니어의 선구자

| 대한중석 초대 사장 안봉익

2006년 10월 20일, 서울대 공대는 개교 60주년을 맞이하여 한국공학한림원, 매일경제신문과 함께 '한국을 일으킨 엔지니어 60인'을 선정 발표했다. 일제강점기와 6·25전쟁으로 불모지와 다름없던 한국의 산업을 이만치 키우는데 공헌한 엔지니어 또한 나라의 위인이 아닐 수 없다. 그 60인의 행렬 맨앞을 걸어간 선구자, 대한중석(주)의 초대 사장 안봉익(安鳳益, 1910~1957, 묘번 204419) 선생의 묘를 찾는다.

안봉익 근영

"이런 내용으로 미국에 보내는 것이 좋겠습니다." 42세의 안봉익 대한중석 사장이 건넨 영문 원고를 받아든 77세의 노인은 원고를 찬찬히 읽어보더니 "잘 만들었소. 역시 안 사장이야. 근데 영어는 언제 배웠소? 내가 조금만 손보면 되겠군!" 하며 고개를 끄덕였다. 그리고 노인은 곧바로 책상의 타이프라이터를 앞으로 당기더니 원고를 옮겨 치기 시작했다. 때는 1952년 3월 모일, 노인은 이승만 대통령이었다.

대한중석 산하의 상동 광산이 텅스텐 매장량과 수출량에 있어서 세계 최대라는 사실은 교과서에서 배운 바 있지만, 그렇게 나라의

기술지도하는 안봉익사장_상동광산(안택준 제공)

부를 창출한 '자원개발' 을 성공리에 수행한 주역에 대해 우리는 잘 알지 못한다. 우리의 근현대사는 이 시기가 한반도 역사상 전무후무한 대격변기였던 만큼 독립운동가와 정치가에 주목하고 있지만, 이젠 '한강의 기적' 을 거쳐 이제 경제대국으로 우뚝 선 대한민국을 위해 뒤편에서 묵묵히 헌신한 테크노크라트와 기업인에게도 눈길을 돌릴 필요가 있다. 솔직히 말해 '금강산도 식후경' 으로 지금 우리가 '금강산' 을 바라볼 수 있게 기반을 만들어준 '식(食)' 의 공로자를 이제는 돌아볼 때가 되지 않았을까.

2006년 10월 20일, 서울공대 · 한국공학한림원 · 매일경제는 '한국을 일으킨 엔지니어 60인' 을 발표하였는데, 거기에 1952년 대한중석 사장으로 임명되어 한미중석협정의 체결, 채광의 기계화 및 화학처리공장의 착공 등을 통해 한국전쟁 직후 거의 유일한 외화 획득원이었던 중석산업을 부흥시킨 업적을 인정받아 안봉익도 이름을 올렸다. 더구나 안봉익은 강진구(삼성전자 회장), 김수근(건축가), 박태준(포스코 초대 회장), 이용태(삼보컴퓨터 회장), 진대제(정보통신부 장관) 등이 열거된 전체 60인 중에서 나이와 경력에서 가장 이른 시기에 활약한 선구자적 인물이었다.

6·25전쟁으로 전국토가 폐허가 되어 나라를 먹여 살릴 수출 자원이 거의 없어 외화 부족으로 단돈 1달러의 지출도 대통령이 직접 결재하던 시절, 1952년 3월말에 체결된 한미중석협정(5년간 1만 5,000톤)으로 본격적으로 시작된 수출로 중석은 우리나라를 기사회생케 한 '구국의 자원'이 되었다. 『대한중석 70년사』에 따르면, 한미중석협정이 체결된 1952년 국가 총수출 2,660만달러 중 중석이 1,650만달러(56%)를 차지하고, 53년에는 3,960만달러 중 2,072만달러(52%)를 차지하며 50년대에는 압도적으로 늘 1,2위의 순위에 올랐으며 60년대에 들어서도 10대 수출업체에 대한중석은 1964년 3위, 1966년에는 2위(1,096만달러)를 정점으로 1969년에도 8위(1,300만달러)를 차지했으니 60년대까지 중석이 우리 경제에 끼친 영향은 막대한 것이었다.

중석(重石)은 스페인어 텅스텐(Tungsten, 무거운 돌)에서 나온 말이다. 무겁고 단단하며 금속 중에서 가장 높은 융점과 비점으로 고온상태에서 산화되지 않는 희귀한 특성을 지녀 각종 무기류, 기계공업 및 전자산업에 널리 활용되데 특히 전함, 전차, 철갑탄 등의 군수산업에 필수적인 금속이다. 그래서 각국은 일정 기간(한국 60일)의 소비량을 상시 비축물자로 지정하여 관리하고 있다. 우리나라의 경우, 중석광은 한일병합 후 일본인이 처음 발견하여 개발에 착수하였고, 1914년 제1차세계대전 때 일약 전쟁물자의 총아로 부각되면서 1915년부터 생산을 개시하였다. 종전 후 급락하여 침체(폐광) 상태였다가 다시 1937년 중일전쟁, 1941년 태평양전쟁으로 크게 수요가 늘었고 해방 후에는 6·25전쟁과 냉전의 본격화로 중석의 수요가 더욱 늘었던 것이다.

대한중석(주)의 초대 사장, 청렴한 엔지니어의 일생

안봉익은 1910년 함경북도 경성군에서 과수원을 하는 안병헌의 장남으로 태어나 경성(鏡城)고보를 졸업하였다. 1931년 경성고등공업학교 광산과(현 서울공대 에너지자원공학과)에 진학하였는데 총 11명 중 조선인 2명 중의 1인이었다. 당시는 '황금광 시대' 라고 불렸던 시대라 광산과는 최고의 인기학과였고 이는 60년대까지 이어졌다.

1934년 3월 제12회 경성고공 졸업생 59명 중 조선인은 모두 10명. 광산과의 안봉익은 우등생으로 얼굴 사진이 실렸는데(동아일보, 1934. 03. 20), 부친의 우등상장을 지금도 간직하고 있는 안봉익의 장남 안택준 씨(1930년생)에 따르면, 부친은 조부가 장남이 고향에서 가문을 잇기를 바라며 학업을 지원하지 않아 모친이 몰래 건네준 금가락지를 팔아서 경성에 유학, 밥도 제대로 먹지 못하며 고학을 했다고 한다. 이후 그는 학교를 졸업하고 미쓰비시 광업을 거쳐 대한중석의 전신인 고바야시 광업의 기획부장으로 일했고 대한중석 사장 취임 전에는 충북 제천에서 월악중석광산을 동업으로 경영하고 있었다.

중국의 공산화로 중국으로부터 수입이 중단된 미국은 급거 한국으로부터의 중석 수입을 타진해 왔지만 당시 정부는 미국과의 협상에 내세울 전문기술자가 없었다. 이승만 대통령이 긴급히 중석 전문 기술자의 추천을 지시하자, 장기봉(1927~1995, 후에 신아일보 사장) 비서관은 각계에 자문을 얻은 바 모두가 하나같이 안봉익을 추천하여 1952년 2월 이승만 대통령은 안봉익을 대한중석의 이사장으로 임명했다.

한미중석협정 계획안을 수립하여 보고하라는 대통령의 지시에 안

사장은 중석광업권 대표자 회의를 열어 중석을 최대한도로 증산하기 위한 제반 시설의 보완, 수출품 및 물자의 수송, 기술 제휴 등 다양한 문제점을 보완하는 계획을 세우고 중석 가격도 설정했다. 이러한 기획안에 기초해 1952년 3월 31일에 한미중석협정이 체결되었던 것이다.

1954년 아시안게임 출전 농구국가대표와 함께.
앞줄 맨 우측 이동헌, 맨 왼쪽 최충식(육상 1만m 금), 안봉익 뒤 1시 방향 최윤칠(육상 1500m 금). '농구대표'라고 했는데 육상선수가 들어간 사정은 모른다. 회사 직원이 찍고 정리한 사진이다.(안택준 제공)

당시 안 사장이 미국과의 협상 문안을 작성하여 보고하면 대통령은 직접 타이프라이터까지 쳐가면서 함께 문안을 만들었다고 하는 에피소드가 전해질 정도로 안 사장에 대한 대통령의 신임은 각별했다. 자연히 많은 관료와 정치인이 대통령에게의 청탁이나 면담을 안 사장에게 부탁해왔고 어느 때는 백두진 총리조차 대통령에게 하기 곤란한 말이 있으면 안 사장에게 전언을 부탁했다. 상동 광산에 필요한 기계 설비가 부산항 세관에 도착했을 때 해당 관세분류번호가 아직 없다며 통관이 중단되자 안 사장이 직접 세관까지 내려가 '경무대'라고 사인하고 통관시킨 적도 있다. 지금으로서는 이해되지 않는, 모든 제도와 시스템, 법령이 미비했던 시절의 이야기다.

그렇게 대통령의 절대적인 신임을 받는 최고 공기업의 사장 안봉익은 자리를 노리는 이들의 시기와 모략의 대상도 되었다. 암살 사건도 종종 일어나곤 했던 시절인지라 그는 자택에서 창가를 피해 종로서에서 대여해 준 권총을 옆에 두고 잠을 잤다. 윤치영 국회부의장은 국회 본회의(1952. 11. 7)에서 그를 좌익이라며 공격했던 적이 있는데, 그러한 비난에 대해 이승만 대통령은 "그런 공산당이라면 나는 열 명이라도 쓰겠다"며 절대적인 신임을 보여줬다. 훗날 윤치영은 유족에게 사과하고 안 사장 장남의 결혼식 주례까지 섰다.

중석협정 종료(1954. 3. 31) 후 안 사장은 경영합리화를 기하는 한편, 저품위 분광을 화학처리하여 고품위 광석으로 생산하기 위해 미국의 유타사와 협의하여 55년 12월 화학처리공장 건설 협정을 체결, 56년 4월 공장을 착공했다. 그는 중석 선광 공장을 지을 때 귀를 땅에 대고 진동을 들으며 어느 기계에 이상이 있는지 알았다는 에피소드가 전해질 정도로 뛰어난 능력을 발휘하며 공장 건설을 지휘했다. 안 사장 사후, 화학공장은 1일 처리량 80톤의 세계 최대 규모로 1959년 5월 20일 준공되었다.

한강의 기적을 이끈 안봉익 사장과 대한중석

안봉익 사장은 경성고보 축구부 주장(동생 안봉식은 '김용식'과 함께 활동한 북한의 축구선수)을 맡았을 만큼 건강한 몸을 가졌으나 사장 재임 중인 1957년 8월 9일 간경화로 47세의 장년에 순직했다. 정경유착과 부정이 난무했던 시절, 한국 제일의 공기업 대표를 지내며 대통령

중석을 싣기위해 줄지은 트럭_상동광산 1952

의 절대적인 신임을 받았던 안 사장은 마음만 먹으면 얼마든지 재물을 모으고 얼마든지 명예를 얻을 수 있었으나 개각 때마다 권유받은 상공부장관 자리도 거부하며 오로지 중석산업을 통한 구국에 생애를 바쳤다.

안봉익은 부인 마옥순(부친은 대원군의 수하로 마대감이라 불림)과의 사이에 2남 4녀를 두었다. 맏사위 이동헌 위스콘신대 교수는 농구 국가대표 출신으로 MIT가 1984년 펴낸 『경제학석학 인명록』에 한국인으로는 유일하게 등재된 세계적 경제학자이다. 장남 안택준은 유타대학 학부와 대학원에서 광산학(비철금속)을 전공하고 28세인 57년에 돌아와 서울대 교수를 제의받았으나 그는 세계적인 광업회사를 만들 야망으로 대한금속광업(주)을 설립, 1966년 한국 100대 회사로까지 키우며 부친의 유지를 잇고자 노력했으나 시운이 맞지 않아 결과는 여의치 못했다. 그의 부인 오봉림(38년생, 경기여고 · 이화여대 졸)과의 사이에 2남 2녀를 두어 장손 안재현은 현재 SK건설의 사장, 차손 안재용은 SK케미칼의 전무로 산업계의 중추적 역할을 하고 있다. 두 손자는 어려서부터 망우리 조부의 산소를 다니며 느낀 바가

안봉익 비석

있어 편한 공직을 마다하고 기업을 선택했고 지금도 중요한 일이 있을 때마다 망우리를 찾아와 조부와 침묵의 대화를 나눈다고 한다.

망우리의 묘는 조봉암 묘를 바라보고 좌측으로 올라가 능선에 놓인 두 개의 벤치 뒤편으로 들어가 11시 방향으로 50미터쯤 아래에 있다. 비석은 그해 8월 15일에 건립된 것으로 우측면에는 회사 중역의 이름이 좌측면에는 간략한 생애가 적혀 있고 뒷면의 추모 글은 아래와 같다.

> 선생은 하로도 편히 쉴사이 없이 한국 광업계의 발전에 공헌하고
> 중석광 생산과 처리의 현대화에 진력하여 한국경제 재건에 분투하던 중
> 아깝게도 사십팔세를 일기로 세상을 떠나시다
> 평소에 선생의 굳은 신념과 뜻을 받들어 일하던 동지들로서
> 선생을 추모하는 마음을 둘 곳 없어 말 없는 돌에나마
> 정성으로 글자를 새겨 기리 애도의 정을 표하나이다

대한중석은 그 후로도 계속 대통령의 신임을 받는 인물이 사장으로 임명되어 활약했다. 특히 지금 세계적인 철강기업이 된 포스코는 대한중석 박태준 사장(1964~1968)이 준비하고 최초 자본을 투자(대한중석 25%, 정부 75%)함으로써 그 기반이 만들어졌으며, 60년대 이후로도 중석의 국제 시세에 따른 부침은 있었지만 대한중석은 광석 위주에서 중석 가공품 위주로 옮기고 중석의 최종 제품인 초경합금(절삭

공구 등의 용도)을 생산하여 수출하는 등의 사업 다각화의 노력으로 76년도 법인세 납부 기업 제4위를 차지했고 80년대초까지 호황을 누리다가 민영화 추진으로 1994년 거평 그룹에 661억원에 매각되었다.

京城高工

天氣豫報

동아일보 기사(경성고공 우등졸업생 안봉익 맨왼쪽)

그러나 외환위기 때인 1998년 거평그룹의 부도로 현재는 워렌 버핏이 소유하고 있는 이스라엘계 IMC그룹에 전량 인수되어 대구텍으로 개명되어 운영되고 있다. 한편 상동광산의 광업권은 2006년에 대구텍에서 캐나다 울프 마이닝으로 넘어갔고, 울프 마이닝은 2015년 다시 알몬티에 인수되어 지금은 알몬티의 소유가 되었다. 최근 뉴스에 따르면, 알몬티사는 상동광산 재개발을 위해 2017년 12월 28일에 포스코건설과 EPC(설계, 기자재조달, 시공 총괄) 계약을 체결하고 2018년부터 공사를 개시하여 2019년 하반기부터 상업생산을 개시할 예정인데, 3월 12일에 벌써 세계적 텅스텐 가공기업과 10년간의 장기공급계약(약 4,100억원)을 체결했다.

"매장량에서는 중국이 세계제일이지만 단독으로는 세계제일이요, 광맥도 굵어 경제성 최고의 상동광산을 소유한 대한중석을 솔직히 제가 불하받고자 하는 욕심도 있어 조건을 갖추려고 회사 규모를 무리하게 키우다가 실패했습니다. 그 후로도 기회가 있을 때마다 주위에 상동광산 인수를 권했으나 진가를 알아보는 사람이 없어 결국 외국인에게 넘어갔죠. 자원개발은 미래를 내다보는 국가의 중요한 사업인데…….”라며 장남 안택준 씨는 그것이 마치 자신의 책임인 양 인터뷰 내내 회한을 감추지 못했다.

이름을 팔지 않고 묵묵히 시대의 사명을 성공적으로 완수하고 역사 속으로 사라진 개인 안봉익 선생과 법인 대한중석에 대해 경제대국 국민의 한 사람으로서 감사의 인사를 올린다.

중석불(重石弗) 사건

종교기관을 통해 들어온 달러를 종교불, 중석을 수출하여 받은 달러를 중석불이라 하였는데, 당시 중석불은 대한중석 자사용 외로 광산 자재, 전기 자재, 기계, 선박 등에 사용이 한정되었던 외화로 재무부가 직접 관리했다. 그런데 1952년 전쟁 중에 식량, 비료 부족 실정에 주목한 어느 무역상사가 정부고위층과 결탁하여 ‘대한중석 근로자 양곡도입’이라는 명목 하에 중석불 20만달러를 정부로부터 불하받았다. 당시 공정 환율은 1달러 6천원이었으나 시장에서는 2만원이었으니 불하 자체가 3배 이상의 이익이 되었다. 중석불로 밀가루와 비료를 수입한 것까지는 괜찮았으나 정부는 수입품을 무역업자들의 자유 처분에 맡겨 그들은 수입량의 80%(20%는 군수용)를 정부 지정 판매가의 2배 이상의 고가로 처분하여 결국 환차까지 합해 5배의 폭리를 취했다. 이 과정에서 거금이 정권으로 흘러들어간 의혹이 제기되어 재판이 진행되었으나 아무것도 제대로 밝혀지지 않은 채 사건은 종결되었다.

금괴를 찾아라

대한중석의 전신인 고바야시 광업의 사장 고바야시 우네오는 1938년 경성광업전문학교(현 서울대 에너지자원공학과)의 설립자이며 성남중학교(현 성남중고) 설립에 거액을 기부한 사람이기도 하다. 고바야시는 해방 후 고품위 금광석(금 30kg 상당)을 회현동 옛집의 마루 밑에 묻고 일본으로 갔는데 1972년 한국 방문시 다시 찾아가보았지만 동네가 너무도 달라져 옛터를 찾지 못하고 그냥 돌아갔다고 한다.

3부

한 조각 붉은 마음은

묵살된 도산의 유언

| 도산 안창호와 태허 유상규

망우리공원 도산 안창호 묘터 인근에는 애국지사 유상규(太虛 劉相奎 1897~1936)의 무덤이 있다. 도산을 모르는 사람은 없지만 상해 임시정부에서 도산의 비서로 일한 유상규를 아는 이는 드물다. 도산의 정신적 아들이기도 했던 그는 경성의전 부속병원의 의사로, 독립운동가로 많은 업적을 남겼다. 불혹의 나이에 타계한 유상규의 자취를 쫓아 도산의 유언과 도산과 그의 관계, 업적을 발굴해 여기에 싣는다.

망우리공원 관리사무소 앞에 난 오르막길을 100m쯤 걸어가면 양옆으로 갈라진 산책로가 나오고, 그 왼쪽으로 20여 분을 걸어가면 동락천 약수터가 나온다. 약수터 오른쪽에 애국지사 유상규의 연보비가 있다. 망우리공원의 연보비(年譜碑)는 앞면에 고인의 말을, 뒷면에 연혁을 새겨놓은 큰 돌을 말한다.

> 도산의 우정을 그대로 배운 사람이 있었으니 그것은 유상규였다. 유상규는 상해에서 도산을 위해 도산의 아들 모양으로 헌신적으로 힘을 썼다. 그는 귀국해 경성의학전문학교 강사로 외과에 있는 동안 사퇴 후의 모든 시간을 남을 돕기에 바쳤다.

이 글은 춘원 이광수가 쓴 『도산 안창호』에 나온 문장을 그대로 옮긴 것이다. 웬만한 애국지사라면 그의 글을 새겼을 터. 왜 이 연보

태허 유상규의 연보비

비에는 고인의 글이 아닌 춘원의 글이 실렸을까. 유상규에 대한 기록을 그만큼 찾기 어려웠다는 얘기다. 관계 당국은 망우리 묘지의 공원화 작업 때 보훈처나 흥사단에 의뢰해 고인의 글을 찾고자 했으나 여의치 않자 어쩔 수 없이 춘원의 글을 올렸다 한다.

고인의 장남 유옹섭 씨의 도움으로 그와 관련된 글을 두루 찾을 수 있었다. 사실 그는 생전에 많은 글을 발표했으나, 본명 대신 아호를 필명으로 썼기에 그 글의 저자가 고인인지 알 수 없었다. 말은 있었지만 말의 주인을 알 수 없었고, 주인은 있었지만 주인의 말은 보이지 않았던 것이다. 필자가 찾아낸 '주인의 말'은 후술하기로 하고 일단 연보비 뒷면의 내용으로 고인의 약력을 살펴본다.

1897 평북 강계군 강계읍 서부동에서 출생, 1919 대한민국 임시정부에서 조직한 임정 조사원 강계지역 책임자로 독립운동 자료조사 및 수집 등 활동, 1920 상해에서 임정요인 안창호 선생의 비서로 활동하며 흥사단 원동지부에 가입, 1925 도산 안창호

선생의 주창으로 조직된 '수양동우회'에 가입하여 활동, 1927 경성의학전문학교 졸업, 1931 수양동우회 강령 선전과 발전을 위해 '청년개척군' 조직을 협의하는 등 활동, 1990 건국훈장 애족장 추서

연보비 옆 좁은 길 1시 방향으로 50m 가량 올라가면 고인의 묘가 나온다. 비석의 앞면에는 "愛國志士江陵劉公諱相奎(애국지사강릉유공휘상규)/ 配孺人淸州李氏(배유인청주이씨)"[9]라고 적혀 있다. 비석의 뒷면에는 이렇게 쓰여 있다.

공은 1919년 3 · 1운동 후 경성의학전문학교를 중단하고 상해 임시정부 교통국 및 국무총리 도산 안창호 비서 근무. 1920년 흥사단 입단 활동함. 인재가 필요한 민족이니 고국에 돌아가 학업을 마치라는 도산의 권고로 1924년 귀국 (1925년) 복학하고 수양동맹회, 동우회에서 독립운동을 계속함. 1927년 경의전 수료 후 동 외과 강사 근무 중 졸. 당 40세임. 1990년 8월15일 건국훈장 애족장 추서

1990년 고인이 뒤늦게 훈장을 받은 것은 장남 유옹섭 씨의 증거자료 제출에 의해 정부가 그 공적을 인정하게 됐기 때문이다. 옛날 비석을 땅에 묻고 새로운 비석이 세워진 것도 훈장 수여 후의 일이다.

의학을 통한 민족 계몽

도산이 자신의 비서로 있던 유상규에게 귀국을 권고한 것은 그의 독립사상에 근거한 것이다. 유상규는 3 · 1운동에 참가한 이력 때문

9) '휘(諱)'는 고인의 이름을 의미하고 '유인(孺人)'은 원래 9품 관리의 부인에게 붙이는데, 남편이 벼슬을 하지 않아도 가장 말단인 9품으로 추증하여 부여하기도 한다. 참고로, 정경부인(貞敬夫人)은 1품, 정부인(貞夫人)은 2품, 그리고 건너뛰어 단인(端人)은 8품 관리의 부인에게 주는 작호다.

에 경성의전에서의 학업을 중단하고 상해로 가 임시정부에서 일하고 있었다. 도산은 "우리가 나라를 잃은 것은 이완용 일개인 탓도 아니오, 일본 탓도 아니라 우리가 힘이 없어서였다. 그러하니 나라의 독립은 국민 개개인이 힘을 가질 때 비로소 얻을 수 있는 것이므로 점진적으로 힘을 키워나가는 방향으로 투쟁할" 것을 주장했다.

도산의 제자 격인 춘원 이광수 또한 나이 27세로 상해에 있을 때 "독립국민의 자격자를 키우라"는 도산의 권고에 따라 귀국해 흥사단 활동과 저술을 통한 국민계몽에 나섰다고 한다. 춘원은 흥사단의 국내 조직으로 수양동우회를 조직했고 도산의 장례를 주관했으며, 광복 후에는 기념사업회의 권유로 『도산 안창호』를 집필했다. 춘원의 정신적 지주는 도산이었다.

경성의전은 당시 최고의 의학교로 서울대 의대의 전신이다. 유상

常識講座

第一講

가정위생학 (5)

정결한생활과 주부

劉相奎

1936년 5월 23일자 조선중앙일보에 실린 유상규의 의학기사

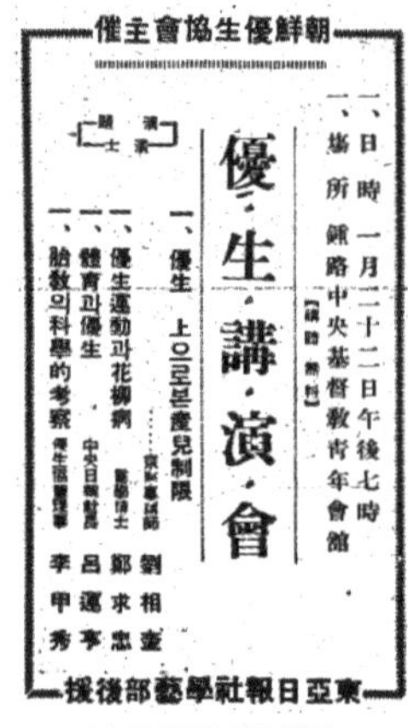

朝鮮優生協會主催

一、日時 一月二十二日午後七時
一、場所 鍾路中央基督敎靑年會館 【聽講無料】

優·生·講·演·會

演題 講士

一、優生上으로본産兒制限 ……京城醫專講師 劉相奎
一、優生運動과花柳病 醫學博士 鄭求忠
一、體育과優生 中央日報社長 呂運亨
一、胎敎의科學的考察 優生協會理事 李甲秀

東亞日報社學藝部後援

1935년 동아일보에 실린 강연회 광고

규는 1916년 3월 경신중학을 졸업하고 경성의전 1기생으로 입학했으나 3 · 1운동 후 상해로 망명해 임시정부에서 활동하다가 도산의 권고로 다시 돌아와 1927년에 졸업했다. 경성의전 출신 의사로서 백병원 설립자 백인제(동기), 민중병원 설립자 유석창, 한국의 슈바이처 장기려 등이 유명하고, 독일로 간 이미륵(2기생)도 유상규와 친했다. 이미륵의 저서 『압록강은 흐른다』의 전반부에 '상규'가 이미륵을 조용히 불러내어 거사 참여를 권유한 내용이 나온다.

유상규는 졸업 후 경성의전 부속병원 외과의사 및 학교의 강사로 박사학위를 준비하면서, 동아일보사 주최 강연회에 꾸준히 연사로 참석해 열심히 의학적 계몽활동을 했다. 1930년에는 조선의사협회 창설을 주도했다(중외일보 1930.02.22). 또한 《동광》이나 《신동아》 등에 많은 글을 실었다. 이 시기 그의 글들은 대부분 일제의 감시를 피해 본명을 밝히지 않고 '태허(太虛)'라는 호로 발표한 글이 많아, 실명으로 실은 의학 관련 기사 외에는 그의 글을 거의 찾을 수 없었다.

태허는 꾸준하고 점진적인 독립운동이 중요하다고 주장한 도산의 독립사상을 이어받아, 의학으로 민족의 건강을 돌보는 공중위생 계몽을 실천했다. 그는 치료비를 받지 않는 왕진에도 열심이었고, 휴가 때도 친구의 병간호를 할 만큼 마음이 따뜻한 사람이었다. 그러다 환자를 치료하던 중 세균에 감염되어(丹毒) 세상을 떠났다. 유상규는 죽을 때까지 도산의 독립노선을 헌신적으로 실천한 대표적인

지사였다.

그의 장례는 마침 대전에서 출옥해 국내에 체재 중이던 도산이 주관했다. 당시 기록에 따르면, 그의 장례식은 불법집회로 의심받을 만큼 많은 친지와 동지가 모였으며, 그의 은사 오사와 마사루 교수도 슬픔에 떨리는 음성으로 조사를 낭독했다고 전한다.

태허가 세상을 떠난 후 부인은 30세 청상과부의 몸으로 삯바느질과 하숙을 치며 어렵게 두 아들을 키웠다. 부인은 옹섭 씨를 데리고 도산의 병문안을 간 적도 있었는데, 현존 인물 중 도산을 직접 눈으로 본 유일한 사람이 자신이 아닐까 하고 옹섭 씨는 회고하였다. 옹섭 씨가 필자에게 보여준 오래된 사진에는 도산과 흥사단원의 모습이 있고, 네 살의 옹섭 어린이는 사진 맨 앞줄에 서 있었다. 그리고 본인 이름의 옹(翁)자는 도산의 다른 호 '山翁'에서 따온 것이라고 알려주었다.

옹섭 씨가 '태허(太虛)'가 곧 아버지라는 사실을 알기까지 많은 시간이 걸렸다. 그는 고인의 유품을 뒤지던 중 작은 쪽지에서 '태허'라는 단어를 발견했지만, 당시에는 그게 무슨 의미인지 알지 못했다. 시간이 흘러서야 그 쪽지가 집으로 찾아온 심훈(『상록수』의 작가)이 출타 중인 부친 앞으로 남긴 것임을 알 수 있었다. 여러 문헌 속 '태허'라는 필명의 글이 모두 부친 유상규의 글이라는 게 확인되는 순간이었다.

2007년 12월, 그는 독립기념관의 도움을 얻어 찾은 부친의 원고와 집에 보관 중인 미발표 원고 일부를 묶어 전기 『애국지사 태허 유상규』를 출간했다.

“정치인만이 위인은 아니다”

태허가 남긴 글 중에 눈에 띄는 글이 있다. 1925년 《동광》 창간호부터 1926년 8호에 걸쳐 연재한 「방랑의 일편, 특이한 결심을 가지고 상해를 떠나 나가사키, 오사카로 노동생활을 체험하던 작자의 회상기」라는 글이다. 이 연재물은 고인이 일본으로 건너가 막노동을 하며 겪은 일을 적은 수기 형식의 글로, 당시 일본에 간 조선노동자들의 삶이 리얼하게 묘사되어 있다. 또한 1931년 23호에 실린 「피로 그린 수기 젊은 의사와 삼투사」, 1931년 29호와 30호에 쓴 「의사평판기」는 당시 의학계를 엿볼 수 있는 소중한 자료이기도 하다.

《동광》 29호에 쓴 “우리 조선 사람은 위인 혹은 세계적 위인이라면 곧 정치가를 연상한다. 더군다나 근일의 신사조로 인해서 위인과 영웅의 의미를 혼동해서 민중시대에 모순되는 것으로 여겨 위인을 부정하려는 경향까지도 보인다. 이렇게 문화적으로 뒤떨어진 사상환경 속에서 과학적 위인, 그야말로 인류 영겁에 행복을 주는 위인이 자라나긴 고사하고, 싹트기도 바라기 힘들다고 보는 것이 당연하지 않을까.”라는 글귀가 의미심장하게 다가온다.

정치가만이 위인이 아님을 설파한 것이다. 각 분야에서 나름대로 최고의 실력을 연마해 그것이 자기실현에 그치지 않고 나라에 보탬이 되도록 하는 자는 모두 위인이라 할 수 있다는 말이다.

국내 흥사단 조직인 동우회는 ‘수양단체를 가장한 독립운동’ 혐의로 1937년 일경에 검거됐는데, 이때 붙잡힌 도산은 서대문형무소에서 옥고를 치르다 병환을 얻어 경성제대부속병원에 입원했다가 1938년 3월 10일 60세로 운명했다. 도산의 시신은 망우리공원 유상규의 묘지 바로 오른쪽 위에 묻혔다.

그러나 망우리 묘지를 찾아 유상규의 무덤 오른쪽 위로 올라가면 도산의 묘는 오간 데 없고 묘가 있던 자리임을 알리는 묘지석만 남아 있었다. 앞면에 '도산 안창호 선생 묘지(墓址)', 뒷면에는 '1973년 11월10일에 이 지점에서 서울특별시 강남구 압구정동 도산공원 내로 이장'.

도산 안창호(앞)를 중심으로 오른쪽부터 유상규, 전재순, 김복형, 상해 임시정부 시절(유옹섭 제공)

필자는 유상규 관련 자료를 찾다가 도산 안창호 선생이 망우리 묘지에 묻힌 사연을 발견했다.

뒤늦게 밝혀진 도산의 유언

… 도산은 돌아가기 전 며칠 전에 이런 말씀을 하였다.
"나 죽거든 내 시체를 고향에 가저가지 말고."
"그러면 엇더케 할래요."
"달리 선산 가튼데도 쓸 생각을 말고."
"…"
"서울에다 무더 주오."

"… "

"공동묘지에다가…"

"…"

"유상규 군이 눕어잇는 그겻 공동묘지에다가 무더주오."

… 유상규란 경성의전 청년 교수로 상해 당시부터 도산의 가장 사랑하든 애제자인데, 그만 연전에 서울서 작고하였다. 그날 장례식은 춘원이 주재하였다.

- 「도산의 임종, 서울 공동묘지에 묻어달라는 일언(一言)이 세상에 끼친 유언」《삼천리》

유상규 위 오른쪽의 그 자리는 도산의 조카사위 김봉성(金鳳性 1900~1943)이 가족을 위해 미리 마련해둔 자리였다고 한다. 김봉성 또한 2005년에 건국포장을 추서받은 독립지사로 1945년 도산의 오른쪽에 묻혔으니, 도산은 사후에 좌우로 조카사위와 애제자의 보필을 받는 훈훈한 모양으로 잠들고 계셨던 것이다.

하지만 도산이 이런 유언을 했다는 사실을 기억하는 사람은 없었다. 1973년 정부는 서울 강남의 새로 닦은 큰길에 도산의 이름을 붙이고, 도산공원도 만들어 도산의 묘를 망우리 묘지에서 이장했다. 유상규의 장남 옹섭 씨도 부친의 자료를 정리하던 중 이 사실을 접하고 깜짝 놀랐다고 한다. 도산의 이장이 추진될 당시만 해도 도산의 이런 유언을 전해들은 부친의 동지 몇 분이 생존하던 때인데 어떻게 그렇게 되었는지, 흥사단을 비롯하여 지금 살아 있는 사람 중에서는 대답해줄 사람을 찾지 못했다. 어찌됐든 결과적으로 도산은 자신의 희망과는 관계없이 다른 곳으로 이장된 셈이다. 망우리보다는 도산공원의 조성이 민족의 지도자 도산 안창호를 격에 맞게 잘 모시게 된 것이라 볼 수 있지만, 망우리 떠나간 빈자리에 남겨진 사연은 바람에 흔들리는 풀처럼 애절하다.

망우리공원에 방치된 도산의 묘터(위)와 중학생 때 도산의 묘를 찾은 유옹섭 씨(유옹섭 제공)

도산과 태허가 혈연의 부자지간과 다름없었음을 알 수 있는 글이 또 하나 있다. 흥사단 동지 장리욱이 지은 『도산의 인격과 생애』에는 다음과 같은 글이 나온다.

> 유상규 의사는 도산을 스승으로만이 아니라 분명히 어버이로 모셨다. 도산 앞에서의 행동거지는 물론이지만, 도산의 신상 모든 일에 대해서 갖는 유군의 그 세심한 정성은 훌륭한 '효자' 바로 그것이었다.

도산의 묘 이장 문제는 고인과 유족에게는 원통한 일이지만 되돌리기에는 불가능한 일이 되어버렸다. 이미 도산은 개인의 도산이 아니라 국민의 도산이기 때문이다. 그러나 문제는 망우리공원의 안창호 묘지석이 제대로 관리되지 않는다는 사실이다. 도산의 묘지석은 사람들이 붐비는 능선 길 바로 아래에 위치해 있으면서도 수풀로 뒤덮여 모습이 잘 보이지 않다가, 몇 년 전부터 옹섭 씨가 부친 유상규의 묘를 벌초할 때마다 함께 돌보면서 일반인의 눈에 띄기 시작했다. 옹섭 씨가 경기중학 시절에 도산 묘를 찾아가 찍은 사진에서 당시의 비석 모양을 볼 수 있는데, 지금은 사라졌다. 아무리 주인이 떠난 자리라지만 민족의 큰 위인이 있던 묘터의 관리가 이렇게 허술할 수는 없다.

도산이 망우리에 묻힌 후 수주일간 양주경찰서는 묘지 입구에서 방문객을 일일이 심문했고, 그 후 1년간이나 묘지기에게 도산의 묘를 묻는 자의 주소와 이름을 적게 했다고 한다. 일제는 죽은 도산을 무서워했고, 도산을 찾는 국민의 마음을 두려워했다. 하지만 그 누구도 감시하지 않는 지금, 망우리 묘지의 선현들을 찾는 국민은 거의 없다. 나라가 무관심하니 국민도 모르고 지내는 것이다. 혹자는 구태여 무덤까지 찾아갈 필요가 있느냐고 말할지 모른다. 그러나 아는 것만큼 보이고 느낀 만큼 발걸음이 닿게 마련이다. 존경하는 분의 흔적이 망우리공원에 있다는 사실만 알려줘도 기꺼이 찾아갈 사람은 많다.

죽은 자의 소원

필자는 지난 10여 년간 숱하게 망우리공원을 찾는 동안 거의 매번 일본인 아사카와 다쿠미의 묘 앞에는 꽃다발이 놓여 있는 것을 보았다. 그만큼 다쿠미의 묘를 찾는 일본인의 발길이 끊이지 않는다는 의미다. 그렇다면 그 사람들은 무엇 하러 아무 볼 것도 없는 자

서울 강남 도산공원의 안창호 동상. 둘 다 도산의 동상이지만 벤치에 앉은 동상의 뒷모습이 마치 서 있는 도산을 바라보는 유상규처럼 느껴진다.

국인의 묘를 찾아오는 것일까. 우리에게 망우리 묘지는 그저 용마산 등산로나 산악자전거 순환로일 뿐인데 말이다. 등산을 하다, 자전거를 타다 "어, 그분 무덤이 여기 있네" 하고 지나치는 게 우리네 자화상이다.

이런 현실이 변하지 않는다면 우리는 머지않아 다시 치욕의 역사를 되풀이할 수도 있다. 도산의 묘를 지키던 일제는 이미 알고 있었다. 묘를 찾는 사람들의 마음이 합해지면 무서운 힘으로 변할 수 있다는 것을.

도산은 그가 원해서 망우리 묘지에 묻힌 후 35년 만에 자신의 의지와 상관없이 이장됐다. 그러나 그의 넋만은 강남으로 이장되지 않았으리라. 죽은 도산이 말을 할 수 있었다면 이장을 거부했거나 사랑했던 유상규도 함께 데려갔을 것이다. 하지만 후세인은 도산대로를 장식할 도산의 유해가 중요했지, 도산의 말은 중요하지 않았다. 도산은 민중과 같이, 독립운동의 동지와 함께, 평범한 국민들과 함께하는 공동묘지에 묻히기를 원했다. 세상은 산 자들의 것, 고인의 말은 세인의 필요에 따라 인용되고 때로는 묵살된다. 도산이 떠난 자리에 홀로 남은 유상규의 묘비가 지금 이토록 쓸쓸해 보이는 것은 그 때문일까. 어버이처럼 사랑한 도산의 묘터가 저렇게 방치된 것을 바라보는 고인 유상규의 마음은 또 얼마나 애절할까.

옹섭 씨는 2007년 국가로부터 아버지 유상규 선생을 국립묘지로 이장할 수 있다는 허가를 받았다고 한다. 건국훈장을 받은 애국지사가 국립묘지에 묻히는 것은 당연하고, 공군 장성 출신인 옹섭 씨도 국립묘지에 갈 자격이 있다. 부자가 국립묘지에 나란히 묻힐 수 있는 기회가 온 것이다. 부자가 함께 묻히니 좋고, 나라의 관리를 받게 되니 후손도 여러 모로 편할 것이다. 하지만 그는 부친의 묘를 망우리공원에 그대로 두기로 했다. 국립묘지로 가게 되면 자신과 후손은 좋지만, 정신적 부자 사이였던 도산과 태허는 영원히 헤어지게 된다. "비록 도산 선생은 떠났지만 흔적이나마 남은 그 자리를 아버님은 떠나고 싶지 않으실 것"이라며, 옹섭 씨는 도산에 대한 아버지의 마음을 헤아렸다. 비록 후손이 유상규 선생의 묘를 국립묘지로 이관해도 뭐라 할 수는 없지만, 도산의 유언을 알게 된 이상 도산과 태허의 넋까지 갈라놓을 수는 없는 일이다. 산 사람의 소원도 들어주는데 죽은 사람의 소원에는 귀를 기울이지 않은 세태가 안타까울 뿐이다.

유상규의 장남 옹섭 씨는 경기중학을 거쳐 6·25전쟁 때 공군에 입대, 1976년 공군 시설감(준장)으로 제대했고, 대림산업을 거쳐 표준

건축사사무소의 대표 건축사를 지낸 후 부친과 도산의 위업을 기리는 일로 여생을 보냈다. 특히 도산의 장녀 안수산의 편지를 행정당국에 전달하는 등 망우리 도산 묘터의 복원에 애쓰다가 2014년에 향년 81세로 별세했다.

필자는 유웅섭 선생의 유지를 이어받아 도산 묘터의 복원 방안을 모색하던 중, 첫 번째의 석비 외에 1955년에 건립되어 1973년 도산공원으로 옮겨진 비석이 있다는 사실을 알게 되었다. 이광수 글, 손재형 찬, 김기승 글씨의 9척 비석이 도산공원 내에 보관되어 있었고, 도산공원 내 도산선생 부부의 묘 앞에는 새 비석이 있었다. 필자가 구비석의 이전 제안서를 서울시에 제출하고 한국내셔널트러스트의 김금호 국장이 관계기관과의 조율에 발 벗고 나선 결과, 마침내 도산기념사업회의 양해를 얻은 바, 서울시는 2016년 2월말에 비석을 망우리로 이전하고 3월 1일에 제막식을 거행했다.

도산의 조카사위, 김봉성(金鳳性 1900~1943)

도산 안창호의 형 안치호의 사위. 안치호의 딸 안맥결은 해방 후 경찰관이 되어 서울특별시 여자경찰서장(1952년)을 지냈다. 김봉성은 1919년 3월 1일 평북 선천군에서 전개된 만세시위를 주도하였다. 이로 인해 일경에 체포되어 옥고를 치렀다. 출옥 후에는 일본으로 유학하여 1922년 주오(中央)대학 경제학과를 졸업하였고, 1927년에는 미국 남캘리포니아대학 경제학과에서 수학하였으며, 1930년 흥사단에 가입하여 활동했다. 1933년 동아일보 선천지국 기자, 1934년 3월 안맥결과 결혼했고 부부는 함께 안창호가 세운 점진학교의 교사로 복무하다 1938년 동우회 사건으로 구속되었다. 김봉성은 1943년 12월 18일 연탄가스 중독으로 아들 자영(8세)과 함께 사망해 도산 묘터 오른쪽에 묻혔다. 묘번 203550이고, 그 앞의 묘(203547)가 아들 김자영의 묘다. 관리인은 아들 김선영으로 되어 있다. 3·1운동의 공로로 2005년에 건국포장을 받았다.(유족은 관리의 어려움으로 비석만 남기고 2006년 현충원 납골당으로 이장)

죽어서도 도산 옆에 잠든 흥사단원

향산 이영학

2018년 4월, 한국내셔널트러스트의 김금호 국장은 도산 안창호 묘터의 바로 위 능선 위, 이인성 묘의 바로 왼쪽 뒤편에 수풀로 뒤덮인 묘 앞에 멋진 전서체의 비석이 서 있는 것을 발견했다. '香山李英學先生之墓(향산이영학선생지묘)'. 흥사단원(No. 1095)으로 평북 선천에서 독립과 문화운동에 헌신한 분이었는데 어째서 이렇게 방치되어 있을까.

이영학 서대문형무소 수형시 1937

비석 뒷면에는 "선생은 단기 4237년(1904) 3월 24일에 평안북도 선천군 선천면 창신동에서 나서 실업계와 사회사업에 허다한 공적을 남기고 4288년(1955) 11월 10일(양력 12월 10일)에 부천군 소사읍 오류리에서 별세하다. 단기 4289년(1956) 8월 추석 동지 일동"

동지는 흥사단우를 말한다. 이영학은 선천의 대지주 이창석의 3남으로 태어나 1922년 정주 오산학교를 졸업하고 중국 남경금릉대학에서 2년 수학한 후 1924년 돌아와 명신학교의 교사를 지냈다. 1925년 4월 미국으로 건너가 로스앤젤레스의 모 하이스쿨에서 공부하다 5개월 만에 귀국, 1925년 10월 24일에 동아일보

선천회관과 부친
이창석(1935)

선천지국의 기자로 임용되었다.

1928년 3월 20일에는 이영학이 선천 지국장으로 임명되었는데 이후 그의 활약상이 눈부시다. 1928년 7월 13일 신의주에서 열린 국경기자대회(남만주와 평북 일대 중심) 회장으로 피선되었고 1929년 7월 6일 선천체육회 창립 의원으로 참가하여 동년 7월 26일 제1회 전조선개인정구대회 대회장으로 우승기를 수여하기도 했다. 1929년 7월 30일에는 선천에서 열린 제5회전조선정구대회의 대회장, 1930년 평북소년육상경기대회의 대회장을 지냈고 1933년 8월 22일에는 선천군신문기자단을 창설하고 회장에 피선되며 선천 지역의 문화체육활동을 이끌었다.

특기할 것은 1935년에 4층 건물의 선천회관을 건립한 사실인데, 동아일보는 6년 동안 모은 선천지국 수익금 1만원을 기초로 사재 2만원, 의연금 1만원 도합 4만원 예산으로 시작한다고 착공시에 보도

제1회 동우회 수양회(1931.08, 대동강)
1열 좌부터 이영학, 김병연, 이인수, 김동원, 이광수, 박선제, 유기준
2열 좌부터 김배혁, 조명식, 노준탁, 김윤경, 정재호, 백영엽, 유상규, 오익은
3열 좌부터 주요한, 김기만, 최능진, 이종수, 박원규, 장리욱, 채우병, 전재순, 김용장

했다. 하지만 당시 과연 신문사 지국에서 모을 만한 수익이 났을지 의문스럽다. 역시나 조선중앙일보(1935. 01. 11)는 회관 낙성식을 알리는 기사에 "이영학 개인이 일금 5만원이란 거액을 들였다"고 하고 매일신보(1934. 12. 13)는 "이영학이 6만원을 희사했다"며 실상을 밝히고 있다.

부친 이창석(1860~1941)은 동아일보 창간시 선천지국의 첫 지국장이었고 형 이영찬이 2대, 이영학이 3대였다. 부친 이창석은 29세에 무과에 급제하였고, 38세에 개신교인이 되었으며, 장로였던 51세에 '105인 사건(혹은 선천사건, 데라우치총독 암살미수사건)'으로 구속되어 3년간 복역했다. 평북도 평위원 등 각방면의 공직에 있으면서 사회교육사업에 전력하였는데, 주요한 것을 들면 고아원, 유치원, 양로원, 보성여학교, 명신학교, 상업실수학교 등의 설립자나 이사장을 지냈다. 또 지역의 재해 때마다 기부를 하였고, 특히 선천회관 준공시에는 토지 5만평(시가 6만 2,000원)을 기부하여 회관을 도합 12만 5,000원의 재단법인으로 만들어 경영을 든든하게 뒷받침했다. 81세를 일기로 1941년 1월 19일 별세하여 장례는 21일 선천회관에서 사회장으로 거행되었다.

이영학도 기자 활동 외에 태양상회(미국 텍사스 석유 총판)의 경영주서 1934년 출신 오산학교 부흥 성금으로 500원을 기부한 기사 등이 보이기는 하나 대규모의 사업에서는 부친의 도움이 큰 것으로 보인다. 부친의 도움을 받은 선천회관의 설립, 실업학교의 설립 등 그의 많은 사회 활동은 동우회의 목적 사업을 실현한 것이기도 하다.

이영학은 수양동우회 사건으로 피체(치안유지법)되어 고등법원에서 문명훤(2006년 망우리에서 이장) 등 24명과 함께 '징역 2년에 집행유예 3년' 의 선고를 받았는데(2016년 이장된 김봉성은 2년) 동사건 판결문의 이영학 관련 내용을 살펴보면, 이영학은 1924년 1월 중순 상해 흥사단 원동지부에서 흥사단에 가입하고 다시 1월말에는 경성 이광수 집에서 수양동우회(=흥사단의 국내 조직)에 가입한 이후, 누차에 걸쳐 이광수, 장리욱 등과 회원 모집과 활동 방안 등에 관해 협의를 하고 수행한 사실, 개인적으로 동우회 기관지 『동광』을 출간하는 동광사에 100원을 기부한 사실, 그리고 선천의 목욕탕에 포스터를 붙여 민중을 선동한 사실 등이 적시되어 있다. 목욕탕 포스터 건에 대한 일경의 자료를 번역하여 소개한다. 경고특비(京高特秘) 제5078호, 경기도 경찰부장이 총독부 경무국장에 보고한 3쪽짜리 기밀문서다.

불온광고 취체(단속)에 관한 건

평북 선천군 소재 한영 목욕탕 내에 게시된 선전 포스터 광고 중, 동아일보 선천지국의 신문 구독 선전문 중에 "장래 다가오는 신조선의 주인이고자 하는 자는 동아일보를 구독해야"라는 불온 자구를 발견, 조사한바…동우회 사건 관계자로서 종로경찰서에 신병 구속 취조중인 동아일보 선천지국장 이영학의 작(作)임이 판명되어…이영학을 취조한바 '다가오는 신조선'이란 소화 4년(1929) 11월 23일 이후 동우회의 약법에 기재된 자구로 즉, '조선을 독립시켜 새로 건설해야 할 조선'을 의미한다고 진술하므로…동우회의 활동이 얼마나 철저한 것인가를 엿볼 수 있는 것이므로 이에 통보함.(사상에 관한 정보(부본)2. 1937.10.19 발신, 국사편찬위원회 사이트)

최종심에서는 전원 무죄로 풀려났으나 그동안의 고초는 굳이 말할 것도 없다. 부친 이창석과 아들 이영학이 각기 일제강점기의 두 가지 큰 독립운동 탄압사건(신민회 및 동우회 말살)으로 옥고를 치렀으니 대를 이은 독립운동가 집안이라 할 수 있고, 이 두 단체의 지도자요, 초기 임시정부의 지도자가 도산 안창호 선생이었으니 우리 독립운동사에서 도산 선생의 큰 비중을 새삼 느끼지 않을 수 없다.

해방 후에는 건국준비위원회(위원장 여운형)의 제1회 위원회 개최를 위한 초청장 발송 명단에 오세창을 비롯한 135명 중의 한 사람으로 이름을 올렸고, 다른 많은 동우회원과 함께 한민당 발기인으로 적극 참여했다. 이후 남북의 분단으로 이북에서 고초를 겪다가 1·4 후퇴시에 단신 남하한 후 쓸쓸한 생활을 보내던 중 심장마비로 오류동 자택에서 영면했다. 『조선인사흥신록』(1935)에 부인은 강경신(1903)으로 이화여전 문과 출신으로 기재되어 있다. 한편, 김원모 단국대 명예교수는 동아일보(2009. 09. 22)에서 밝히길, 이광수의 창씨개

명 이름인 가야마 미쓰로(香山光郎)의 '향산'은 단군조선이 창건된 묘향산에서 유래된 것인데, 이광수가 이영학에게도 이 향산의 호를 지어 주었다고 하였다.

이영학 비석 앞

이영학 비석 뒤

같은 흥사단 동지로 죽어서도 망우리 도산 선생 주위에 함께 모인 유상규, 김봉성(동아일보 선천지국 기자 및 선천회관 초대 총무), 문명훤, 조종완은 모두 독립지사 서훈을 받았는데 이영학 선생은 유족이 없어서인지 지금껏 서훈을 받지 못했다. 더구나 흥사단의 과거 기록에서는 70년대말에 이영학 단우의 묘를 발견하여 계속 돌보고 있다고 했는데, 최근 흥사단 내에서도 세대교체가 이루어지는 과정에서 묘역 관리마저 끊긴 듯, 묘소는 황폐하여 차마 바라볼 수가 없다.

글 없는 비석이 전하는 침묵의 소리

| 죽산 조봉암

태초에 말이 있었다. 그리고 말 이전에 침묵이 있었다. 망우리공원 죽산 조봉암(竹山 曺奉岩 1899~1959)의 비석에는 글이 없다. 공원의 안내문도 그가 왜 여기에 묻혀 있는지 알려주지 않는다. 글 없는 비석이 전하는 침묵의 소리를 들어본다.

1980년대, 대학생이던 필자는 당시 망우리 공동묘지를 산책하다 우연히 죽산의 묘를 발견했는데, 비석의 크기로 보아 꽤 유명한 분일 것이라는 생각을 했다. 그러나 필자는 교과서에서건 어느 책에서건 그의 이름을 본 적이 없었다. 다른 많은 월북인사처럼 죽산 조봉암은 대한민국에서는 입 밖에 낼 수 없는, 오로지 그 시대를 산 사람의 머릿속에서 존재하다 사라지는 기억의 하나였다. 태초에 말이 있었지만 죽산의 말은 사라졌다. 말은 입술의 침을 먹고 목숨을 이어가는 것인데, 아무도 말을 나누지 않아 말은 그 시대 사람의 머릿속에서만 바싹바싹 마르고 있었다. 그러니 당연히 필자 같은 후세 사람에게는 그 말이 귀에 들어올 리 없었고, 수십 년간 오로지 유족과 일부 지인의 머릿속에서만 그들 가슴의 고동에 의해 간신히 명맥을 이어왔을 뿐이다.

1980년대까지만 해도, 지금 크게 조명을 받는 월북작가 임화, 백

죽산 조봉암 묘소와 연보비

죽산 조봉암

석, 이태진의 말은 접할 수 없었다. 일본에선 아쿠타가와상 후보에도 올랐지만, 6 · 25전쟁 당시 인민군 종군기자로 죽은 김사량도 동대문도서관 한구석에 꽂힌 일어판 일본문학전집 안에서 우연히 내 눈에 들어왔다. 그리고 이곳 망우리공원에서 찾은 소설가 최학송과 극작가 함세덕의 말도 내겐 닿지 않는 거리에 있었다.

망우리공원 관리사무소에서 50m쯤 올라가면 순환로 갈림길이 나오는데, 여기에서 왼쪽 길로 1km 정도 길을 따라 걸어올라가면, 길 좌우로 유명인 묘소 입구에 서 있는 연보비가 하나둘 나타난다. 동락천 약수터를 지나 한용운 선생 묘 다음에 죽산의 묘가 있다. 입구에는 연보비가 서 있고 계단도 만들어져 있다.

큰 비석의 앞면에는 단지 '죽산조봉암선생지묘(竹山曺奉岩先生之墓)'라고 새겨져 있을 뿐 비석 좌우 뒷면에는 아무런 글이 없었다. 보통 이 정도 유명한 사람, 혹은 이 정도 크기의 비석이라면 생몰년과 경력, 그리고 추모의 글이 가득한 게 상례다. 그때 내가 답사한 다른 유명인의 비석에는 글이 가득했다. 그래서 묘지 입구의 연보비를 찬찬히 훑어보기로 했다.

1898 경기도 강화군에서 출생. 1919 3 · 1독립운동 가담 1년간 복역. 1925 '조선공산당', '고려공산청년회' 간부로 모스크바 코민테른 회의 참석. 1930 항일운동에 연루되어 신의주 감옥에서 7년간 복역. 1946 조선공산당과 결별, 중도통합노선 제시. 1948 제헌국회의원. 초대농림부장관 역임. 1950 국회부의장 역임. 1952 제2, 3대 대통령 출마. 1956 '진보당' 창당 위원장 역임 및 평화통일 주창

조봉암의 비석 뒤에는 글이 없다.

그런데 이 연보비에 적혀 있지 않은 사실이 있다. 그가 무엇 때문에 언제 죽었는지는 단 한 자도 쓰여 있지 않았다. 필자는 조봉암 비석 주위를 맴돌며 "왜 아무 글이 없을까…" 하고 혼잣말을 되뇌었다. 그때 옆을 지나던 어르신이 "고인이 사형을 당해서 그렇다"고 알려주었다. 후에 안 사실이지만, 연보비의 제일 마지막에 들어갈 말은 이것이었다. "1959년

국가보안법 위반으로 대법원에서 사형선고를 받고 처형당했다."

죽산의 장남인 조규호 씨는 "비석에 글을 새기고 싶어도 국가가 허락하지 않아 새기지 못했다"고 말했다. 조선시대 역적의 묘에 비석을 세우지 못하게 한 것과 다르지 않다. 그는 "이 비석 또한 자유당 정권 몰락 후에 세운 것이지, 매장 당시에는 아무것도 할 수 없었다"고 한다.

즉 조봉암 묘소에 자리 잡은 무언의 비석은 X자를 그린 마스크를 쓴 채 '침묵의 항변'을 한 게 아니라, 국가가 '불온한 무리'의 준동을 억제하려고 죽은 사람의 말문을 막은 결과이다. 도산 안창호가 죽어 망우묘지에 묻혔을 때 일본 순사가 묘를 지키고 불순분자의 방문을 막은 것과 다를 바 없다.

다행히 2007년 9월27일 진실화해위원회는 국가보안법 위반죄로 1959년 사형당한 조봉암과 유가족에게 사과하고, 그 피해를 구제하며 명예를 회복시킬 것을 국가에 권고했다. 이에 따라 유족은 2008년 8월에 대법원에 재심을 신청하였고, 마침내 2011년 대법원은 무죄의 판결을 내렸다. 조규호 씨는 2007년 인터뷰 당시에는 "진행 중인 재심에 대해 공식적인 판결이 나오면 비로소 비석에 글을 새길 것"이라고 다짐했는데, 지금은 "글 없는 비석 또한 시대의 아픔을 증거하는 유물이므로 그대로 두는 것도 좋지 않겠냐"는 생각이라고 한다.

'거짓 운명'을 받아들이다

조봉암 묘지 비석에 글이 없는 사연을 알고자 도서관에서 조봉암에 관한 당시의 신문기사와 책을 찾아 읽어보았다.

반공이 국시(國是)이던 시절, 죽산은 극우와 극좌를 배척하는 중도의 길을 걸었다. 제2대 대통령선거 때는 불과 57만 표를 얻었으나, 제3대 대통령선거에서는 200만 표를 넘게 얻어 이승만의 장기 집권을 위협하는 존재로 떠올랐기에 당시 정권의 제거 대상이 됐다. 선거부정이 판치던 시절이라 실제로는 이겼을 것이라고 추정하는 사람도 많다. 진보당 사건의 처리과정에서 드러난 사실을 읽어볼 때, 이는 다분히 이승만 정권의 과도한 정치행위로 보인다.

재판 당시에도 언론은 끊임없이 의혹을 제기했으나, 자유당 강경파는 1959년 끝내 조봉암의 사형을 집행했다. 돌이켜보면 죽산의 죽음이 오히려 이승만 정권의 붕괴를 앞당겼다는 역설도 가능할 것이다.

조봉암의 인물됨을 누구보다 잘 알고 있었으며, 광복 후 경찰청장으로 좌익 검거에 앞장서 국무총리까지 지낸 장택상은, 자신의 구명운동에도 불구하고 죽산의 사형이 집행되자 후에 이렇게 회고했다.

> 법은 법이라 뭐라 자신은 판단하기 어려우나 죽산은 공산주의 테두리를 벗어났다고 믿고 있다…법무장관을 만나 죽산의 형 집행을 3 · 15선거 후로 미루는 것으로 합의를 보았는데…집행되었다. 법무장관의 배신이었고 식언이었다. 이 배신에 대한 심판은 이 세상에서 받지 아니하면 천국에 가서라도 받게 될 것이다.
>
> – 장택상 『상록의 자유혼』

죽산에 대한 명예회복 작업이 오랫동안 지체된 이유 중의 하나가 북한이 혁명열사릉의 김규식, 조소앙 선생 묘 옆에 죽산의 허묘(虛墓)를 만들고 모신다는 사실 때문이었다. 원래 공산당에서 출발했지만 광복 후 박헌영의 노선을 비판하면서 공산당과 결별한 죽산은 당시 북쪽에서조차 '반역자'로 매도됐다. 그러나 북한은 죽산을 복권시켜 북쪽의 편으로 만들어버렸다. 죽산에게는 청하지도 않은 불리한 증인이 수십 년 동안 꼬리표처럼 따라다닌 셈이다.[10)]

조용히絞首臺의이슬로
死刑囚曺奉岩處刑瞬間의모습
「說敎」와「祈禱」를自請
…마지막술한盞과담배한대도請하고…
蒼白해진얼굴에! 끝내無表情
遺族의表情
「그게정말이냐」고
消息듣고놀라며痛哭
두派로갈라진「勞總」
丁·金氏派따로따로會合
梁明山은發惡言辭
西大門刑務所앞엔數百名群衆
曺奉岩屍體를보고자

동아일보에 실린 조봉암 사형 집행 기사

죽음을 초월한 인간

국가보안법 철폐를 주장하는 이들은 조봉암을 대표적인 '국보법 희생자'라고 말한다. 그래서 그는 보수파에 의해 좌파 인물로 취급받는다. 하지만 죽산의 사형이 위법이라는 진실화해위의 발표에 대해 민주노동당과 조선일보가 함께 찬동의 의사를 나타낸 것은 죽산이야말로 좌우로부터 동시에 존경받는 한국 정치의 표본이기 때문이다. 죽산은 대법원에서 사형을 선고받은 후 다음과 같은 말을 남겼다.

> 법이 그런 모양이니 별수가 있느냐. 길 가던 사람도 차에 치여 죽고 침실에서 자는 듯이 죽는 사람도 있는데 60이 넘은 나를 처형해야만 되겠다니 이제 별수가 있겠느냐. 판결은 잘됐다. 무죄가 안 될 바에야 차라리 죽는 것이 낫다. 정치란 다 그런 것이다. 나는 만 사람이 살자는 이념이었고 이(승만) 박사는 한 사람이 잘살자는 이념이었다.

10) 2003년 현재 죽산의 묘는 여운형과 함께 혁명열사릉에서 사라졌다고 한다.(월간 《민족21》, 2003년4월호)

이념이 서로 대립할 때에는 한쪽이 없어져야만 승리가 있는 것이다. 그럼으로써 중간에 있는 사람들의 마음이 편안하게 되는 것이다. 정치를 하자면 그만한 각오는 해야 한다.

죽산은 죽음의 순간에도 "내 억울하게 죽으니 후세가 내 한을 풀어 달라"고 호소하지 않았다. 그랬다면 그 인물됨은 현세에 국한된 것이다. 하지만 그의 도량은 시대를 초월할 만큼 컸다. 죽음을 앞에 두고 죽산이 남긴 이 말은, 인간과 세상을 꿰는 안목을 가진 사람이 아니면 입 밖에 낼 수 없는 명언이었다.

죽산의 연보비 앞면에 새겨진 글 또한 우리의 가슴을 뭉클하게 한다. "우리가 독립운동을 할 때 돈이 준비되어서 한 것도 아니고 가능성이 있어서 한 것도 아니다. 옳은 일이기에, 또 아니하고서는 안 될 일이기에 목숨을 걸고 싸웠지 아니하나."

'독립운동'이라는 말을 당신이 하고자 하는 그 무엇으로 바꾸어 읽어보라. 내일 지구가 멸망하더라도 한 그루의 나무를 심는, 비록 아무 가능성이 보이지 않는다 해도 진리와 순수를 찾아 순간을 열심히 살아가는 불굴의 의지가 담긴 문구다. 이런 사람에겐 굳이 종교가 없더라도 죽음이 두렵지 않다. 죽음 앞에서도 초연했던 죽산의 마음이 그대로 전해지는 글이다.

정치 지도자로서 죽산의 생애를 따라가다 문득 비명에 쓰이지 못한 죽산의 가족사가 궁금해졌다. 그래서 수소문 끝에 어렵사리 죽산의 장남인 조규호 씨를 만나 '아버지 조봉암'은 어떤 사람이었는지, 또 죽산이 죽고 난 후의 생활은 어떠했는지 물었다.

슬픈 망부가(亡父歌)- 가족 모두 가톨릭에 귀의

조봉암 선생의 장남 조규호 씨

"저는 1남 3녀 중 셋째로 태어났습니다. 그간 누님(조호정)이 언론에 나왔기 때문에 저의 존재는 세상에 알려지지 않았습니다. 어릴 적 아버지에 대한 기억은 늘 책상에 앉아 몇 시간이고 글을 쓰시던 뒷모습입니다. 제가 방에 들어가면 '규호 왔느냐' 하시고 한번 안아준 뒤 다시 책상으로 돌아앉아 글을 쓰셨습니다. 나이 들어 정치인에 대해 갖게 된 인상은 낮에는 입만 놀리고 밤에는 술 마시는 이미지였는데, 아버지의 모습은 그와 전혀 달랐습니다. 그때 아버지가 쓰신 글이 요즘 많은 학자가 연구하는 '평화통일론'이 아닐까 싶습니다."

죽산이 세상을 떴을 때 그의 나이 불과 열 살이었다.

"어린 제게 충격을 줄까 봐 아버지는 면회 때도 저를 못 데려오게 하셨습니다. 친척 어른들이 자세한 이야기를 들려준 것은 고등학생이 되고 나서였습니다. 아버지가 돌아가신 후 집 주변엔 새끼줄이 둘러쳐지고 경찰이 지키고 서 있었습니다. 어른들은 집 드나들기가 쉽지 않았죠. 끼닛거리가 없어 하루 한 끼 먹는 날도 많았습니다. 주린 배를 움켜쥐고 동네 대학생 형 집에 가서 역기를 들며 시간을 보냈습니다. 이상한 게, 잘 먹지도 못했는데 몸은 단단해지기만 했다는 거예요. 동네에서 싸움으로 저를 이길 아이가 없었지요. 젊을 때는 누구와 팔씨름을 해서 진 적이 없습니다. 장충고등학교에 들어가서도 공부에는 마음이 없어 밖으로만 돌아다녔죠. 선생님의 권유로 야구를 한 적도 있으나 적성에 맞지 않아 그만뒀어요. 후에 조직폭력배 두목이 된 아무개를 두들겨 팬 적도 있습니다. 그때 자칫하면 길을 잘못 들었을 거예요. 제 의식 속 어딘가에 계신 아버지가 항상 저를 지켜주신 것 같습니다."

그러던 어느 날 갑자기 공부를 해야겠다는 결심을 했다. '무식하게' 파고들어 1등을 했다. 학생회장도 했다. 대학은 약대에 진학했지만 가정형편이 어려워 중퇴한 뒤 공수특전단에 입대했다. 그런데 1년 후 갑자기 공병대로 전출 명령을 받았다. '특수 임무 부적격자'라는 통지가 온 것이다. 회사에 다닐 때도 미국에 가려고 여권 신청을 하자 계속 거부당했다. 군 장성 출신의 회사 사장이 인맥을 통해 이유를 확인하니 그가 '요시찰 인물'이라고 했다. 그는 지금껏 외국에 한 번도 나가보지 못했다.

"결국 저는 이 세상에 저를 드러내지 않은 채 평범하게 살아야겠다고 생각했고, 또 그렇게 살아갈 수밖에 없었습니다. 다행히 주위의 도움도 있어 사업으로 돈을 좀 번 때도 있죠. 그때는 아버지 기념사업을 한다고 돈을 뜯어가는 사람도 있었지만, 지금은 그런 형편도 되지 않습니다. 아버님이 돌아가신 후 우리 가족이 기댈 곳은 세상에 없었습니다. 기댈 곳은 오로지 종교뿐이었죠. 가족 전체가 가톨릭에 귀의한 것도 그 때문입니다. 제 둘째아들은 일반 대학을 나온 후 신부가 되기 위해 다시 신학대학에 들어갔습니다.

아버지가 한국 정치사에 남긴 큰 족적은 김대중과 김영삼도 이루지 못한 (신익희와의) 야당 후보 단일화라고 생각합니다. 아버지의 평화통일론은 앞으로도 크게 조명을 받을 것입니다. 아버지의 정치철학을 연구해 박사학위를 받은 사람이 수십 명인 것으로 압니다.

김영삼, 김대중 대통령 때도 큰 기대를 걸고 아버지의 명예회복을 위해 재심 신청을 했지만 정부는 묵묵부답이었습니다. 오히려 그전의 노태우 대통령 때는 '재심이 필요한 사람이 한두 사람이 아니라 누구는 해주고 누구는 안 해줄 수 없으니 지금은 때가 아니다'라는 말이라도 들었죠. 섭섭했지만 희망은 보였거든요. 지금 정부에 와서 명예회복의 길을 텄으니 개인적으로는 노무현 대통령에게 감사하지 않을 수 없습니다.

아버지를 그렇게 만든 모든 사람, 저는 이미 용서했습니다. 아버지의 마음도 그러하실 겁니다. 재심 결과가 잘 나와 만약 국가로부터 아버지에게 훈장이 내려지는 날이 온다면, 그날 저는 그 자리에서 나라에 큰절을 올릴 겁니다." (취재 2007년 11월)

그 후로 인터뷰 당시에 필자가 미처 알아내지 못했고, 조규호 씨도 말하기를 꺼렸던 죽산의 가족 관계가 소설가 이원규의 『조봉암 평전』(2013)에서 보다 자세히 밝혀졌다.

조봉암은 고향 강화의 교회에서 청년회 활동을 하며 김이옥을 만났다. 김이옥은 경성여고보생 때 강화도의 3·1운동에 조봉암과 함께 참여했다. 체포된 조봉암은 끝내 김이옥의 이름을 함구하여 그녀를 지켰고, 이후 김이옥은 조봉암을 깊이 사랑하게 되었다. 하지만 김이옥의 오빠는 불안한 삶의 조봉암을 반대하여 둘은 헤어지고 김이옥은 이화학당에 들어갔다. 조봉암은 1924년 조선청년총동맹 상무집행위원 때 사상적 동지인 김조이와 결혼했다. 그런데 조봉암이 혼자 상해에서 활동할 때 김이옥이 찾아왔다. 폐결핵에 걸려 오래 살지 못한다는 선고를 받고 마지막으로 사랑하는 이를 만나기 위해서였다. 둘은 곧 동거에 들어갔다. 사랑의 힘이었는지 김이옥은 1928년에 딸 호정을 낳고 1934년까지 살았다. 그동안 김조이도 다른 남자와 살았다. 1939년 조봉암은 서대문감옥 출소 후 김조이와 재결합했다. 둘 사이에 아이는 없었고, 조봉암은 인천에서 비강업조합장 시절 비서였던 여인과의 사이에 임정(1947), 의정(1950)의 2녀를 얻고, 또 다른 여인에게서 규호(1949)를 얻었다. 1950년에 납북된 김조이는 2008년에 독립지사 서훈(건국포장)을 받았지만, 조봉암은 1941년 인천비강업조합장 시절 국방성금 150원을 낸 사실이 매일신보에 실려 있어 독립지사 서훈이 보류되었다.

2011년 1월 20일 무죄 판결을 받은 그날, 유족은 곧바로 망우리로 달려와 묘소에 참배하고 장남 규호 씨가 아버님께 판결문을 읽어드렸다. 울음 섞인 목소리로 몇 번이고 몇 번이고 읽었다.

좌우의 투쟁 속에 사라진 젊은 혼

| 삼학병(三學兵)

못다 핀 꽃들이여…. 세상에 나와 열심히 배우며 큰뜻을 품게 되었으나 막상 그 뜻을 펼쳐 보지 못하고 사라진 젊은이의 죽음만치 애절한 것은 없다. 더구나 암울했던 일제강점기, 억지로 전장에 끌려갔던 학병들이 해방된 조국에 돌아와 겪은 현실은 어떠했겠는가.

학병 도라오다

무거운 거름은/ 날마다 넓은/ 땅에 있었고/ 바라다 보는/ 하늘의 방향은/ 밤마다 달렀다/ 오늘은 남쪽/ 내일은 북쪽// 이르는 곳마다/ 고향의 위치는 바뀌어/ 정오면 해가/ 지내가는 천심엔/ 언제나 별이 가득하였다// 외로움이/ 주검보다 무서운 밤/ 그대들은 적과/ 적의 적이 널린/ 망망한 들가에/ 기적처럼/ 위태로이 서서/ 절망 가운데/ 용기를 깨닫는/ 조국의 속삭임을/ 들었으리라// 주검도 삶도 없는 마음의 한 가닥 길 우/ 죽은 사람도 없이/ 산 사람도 없이/ 고시란히 그대들은/ 어머니 아버지 나라로/ 도라왔다// 아아 어린 영혼들아/ 젊은 생명들아/ 그대들의 청춘을/ 외로움과 주검으로/ 내어 몰은/ 패망한 적과/ 부유한 동포에게/ 이젠 경건한 인사를/ 드려도 좋을/ 때가 왔다.

– 임화 『찬가』

공원관리사무소에서 순환로 왼쪽으로 10여 분을 가면 이정표(형제약수터/아차산)가 나타난다. 이정표 바로 아랫길로 내려가면 철책이 나오는데, 철책을 지나지 않고 철책 안쪽의 왼쪽으로 따라 내려가면 왼편에 소담한 향나무 네 그루를 앞에 둔 무덤 셋이 나란히 보이는데 여기가 바로 삼학병의 무덤이다. 나란히 선 세 무덤 앞쪽 양옆으로 망주석*이 서 있다.

학병 3인의 무덤은 왼쪽부터 '학병 김명근, 박진동, 김성익 의사지묘(義士之墓)' 라고 쓰인 비석과 함께 상석이 나란히 자리 잡고 있다. 세 비석의 뒷면에는 '1946년 1월 19일 祖國(조국)을 爲(위)하여 죽다' 라고 똑같이 쓰여 있다. 출생년도나 본관도 쓰여 있지 않은 비석이다. 궁금하지 않을 수 없다. 일제 때 학병으로 나갔다가 전사한 사람도 아니고, 6 · 25전쟁 때 학병으로 나가 전사한 사람도 아니다. 그럼 전쟁과 무관한 이들은 도대체 누구인가? 광복 후인 1946년 1월 19일에 무슨 일이 있었던 것일까?

1946년 1월 19일은 '학병동맹사건'이 일어난 날이다. 학병동맹은

삼학병 묘소의 전경. 세 비석에는 출생년도나 본관도 쓰여 있지 않다.

삼학병 장례식(보현당 제공. 기자였던 조부의 유품에서 나왔다고 한다.)

1944년 일제의 학병 제도 시행 후 전쟁에 나갔다가 광복 후 돌아온 학생들의 모임이다. 이들은 일제강점기의 희생자이며, 혈기왕성한 젊은 지식인들이었기에 당시의 불합리한 시대적 상황에서 좌파 세력에 가담했던 사람들이다. 그 탓에 학병동맹은 결국 오랫동안 우리에겐 잊힌 존재가 되고 말았다.

1945년 12월 27일, 모스크바 삼상회의에서 한국의 신탁통치를 발표하자, 남한 사회는 반탁의 우파와 찬탁의 좌파로 갈려 격렬한 대립의 소용돌이에 빠져들었다. 그 얼마 후인 1946년 1월 18일 결국 일이 터졌다. 반탁전국학생연맹과 찬탁파인 학병동맹원 사이에 충돌이 일어나 양쪽에서 40여 명이 부상하는 사건이 발생했다. 경찰은 이튿날인 19일 새벽 서울 삼청동의 학병동맹본부를 포위했고, 학병동맹과 대치하는 과정에서 총격전이 벌어졌다. 이날 경찰의 총격으로 학병동맹원 3명이 피살됐는데, 그 세 희생자가 바로 이곳 망우리에 묻힌 삼학병이다.

역사의 한 페이지에서 사라진 학병동맹사건은 그 피해자의 본명조차 잘못 알려져 있다. 『해방기 시의 현실인식과 논리』에 따르면 사회과학대사전에 의거해 삼학병의 이름을 박진동, 김성익, 이달이라고 써 놓았지만, 실제 무덤 비석에는 이달의 이름은 보이지 않고 대신 김명근이 쓰여 있다. 어느 것이 맞을까. 국립중앙도서관에서 찾은 1946년 1월 29일자 조선일보는 필자에게 그 해답을 보여주었다. 이달의 본명이 김명근이다.

‘좌우익은 회개하라!’

삼학병 중 김성익은 학병동맹의 부위원장이었고, 박진동은 진주고보 졸업생으로 학병동맹의 군사부장이었다. LG그룹 일가를 취재한 2005년 5월 16일자 서울신문은 “박진동은 남해군수를 지낸 박해주의 아들로 LG그룹 창립자인 구인회 회장의 장녀 양세와 결혼하였으나, 광복 후 좌우익 투쟁 중 학병동맹본부 피습 사건으로 사망하였다”라고 보도했다. 그리고 그 동기 백석주는 후일 증언을 통해 박진동의 죽음에 대해 이렇게 밝혔다. “19일 아침 7시 학병동맹회관에 이르니 전쟁터를 방불케 할 정도로 어지러웠다. 경찰은 모두 철수하고 없었고, 박진동은 마루에 쓰러져 있었는데 눈을 감지 못하고 있어 눈을 감겨주었다.”

左右翼은悔改하라

亂局에悲憤 非政治人士蹶然

聲明書

심학병 장례식 기사의 오른쪽에 실린 기사

좌우파가 대립하던 혼돈 정국

에서 벌어진 비극이다. 그러나 그 후 우파 권력은 미군정과 함께 학병동맹을 해산시켰고, 그 이후 학병동맹사건은 세인들의 머리에서 잊혔다. 다만 망우리공원 한쪽 구석에 나란히 선 비석 세 개는 다른 아무런 설명도 없이 단지 이들이 '조국을 위해 죽은' 학병임을 알리고 있을 따름이다. 그렇게 그들은 죽어서도 오랫동안 잊힌 존재가 됐다. 좌이건 우이건 민주정부를 추구한 것은 다를 바가 없는데, 이념이 달라 대립할 수밖에 없었던 시대의 아픔을 고스란히 간직한 채 세 명은 죽어서도 아무 말을 할 수 없었다. 우연히 무덤을 발견한 필자에게도 그들은 여기 묻힌 사연을 말하지 못하고 단지 이름 석 자의 단서를 던져줄 뿐이었다.

세 학병의 장례식은 1946년 1월 31일 거행됐다. 다음날 조선일보는 '천일(天日)조차 무색(無色)하다. 3학병 연합장의 성대'라는 제목으로 장례식을 상세히 보도하며 애도했다.

> 봄날같이 조용하게 밝은 1월 31일 하나님도 슬퍼하심인지 우리 세 학병이 무참하게도 쓰러져 열열한 영혼이 영원히 잠자는 이날 아침은 서울 장안에는 안개가 자욱하고 흐린 날씨에도 눈물 먹어 우는 것 같다. 잘 가거라 우리의 박진동, 김성익, 리달 세 영혼이여. 서울 삼청동 학병동맹회관의 3학병 연합장의장 앞뜰에는 이른 아침부터 각 단체 학생 일반시민과 삼청동 내 유지분들이 팔에 붙인 조장도 슬프게 이렇게 비장한 안색으로 모여 들었다. … 이리하야 열한 시 지나 세 영구차는 수백의 동지에 에워싸여서 안국정 동대문을 거쳐서 망우리 장지로 향하얏는데 거리거리에는 일반 시민이 도열하야 세 영혼을 애도하였다. 오후 두 시경 장지에 이른 영구는 잠시 안치되었다가 세 시경에 심한 슬픔 속에 안장되었다.

그리고 그 기사의 오른쪽에는 이런 제목의 기사가 실렸다.

'좌우익은 회개하라 난국에 비분 비정치인사 궐연(蹶然)'

해방 후 「학병 도라오다」를 기쁘게 노래했던 시인 임화는 1946년 1월 22일 삼학병의 영령에게 다시 「초혼」이라는 시를 바쳤다.

초혼

1946년 1월 19일 새벽 서울 삼청동 조선학병동맹회관 전투에서
사몰한 세 용사의 영령 앞에 드리노라

도라오라
박진동/ 김성익/ 이 달
외로운 너의 영혼은 어느 하눌가에 있나뇨
밤 하눌 차운 길에 간단 말도 없이 호올로 나서
너이는 동무도 없이 어데로 거러 가나뇨

어느 동족이 있어 너이를 죽이되 전사로써 아니하고
도적의 떼와 같이 어두운 밤 소리도 없이 하였나뇨

원수의 쫓임에 어린 사슴처럼 주검의 따에 이르러서도
조국의 하눌을 우러러 보든 눈은 어듸메서 조국을 바라 보나뇨

너이의 영혼은 아즉도 조국의 하눌에 있느냐
도라오라 가든 길 멈추어 다시 우리에게 도라오라.

– 임화 『찬가』

망주석(望柱石)

큰 무덤 양 옆에는 망주석이라는 것이 서 있다. 망주석은 중국에서 유래하여 무덤을 지키는 수호 신앙과 기념적인 기능을 가진 석조물로 주로 왕릉과 상류층에 있는 것이었으나, 망우 묘지의 큰 묘지에는 거의 다 서 있다.

망주석에는 다람쥐가 밤을 좇아 올라가는 것과 내려가는 것이 각각 양쪽에 새겨져 있는 것을 많이 볼 수 있는데, 다람쥐 같은 것을 세호(細虎)라고 한다. 천(天)과 지(地)의 복을 가져다준다는 민속적 문양이라고 하고, 해가 뜨는 동쪽(陽)의 다람쥐는 위로 올라가고 해가 지는 서쪽(陰)의 다람쥐는 아래로 내려가는 모양으로 새겼으며, 다람쥐는 부와 다산의 상징이라는 글도 있다 그러나 『왕릉풍수와 조선의 역사』에 의하면, 원래 조선 왕릉의 망주석을 신하와 서민이 흉내를 내게 된 것으로, 왕릉의 망주석에 새겨진 세호는 원래 귀여운 다람쥐가 아니라 거북, 사자, 뱀, 코끼리 등 온갖 동물을 닮게 만들었다고 한다.

망주석은 풍수(風水)에서 능침(임금이 누운 곳)의 생기가 터진 곳으로 빠져나가므로 이를 방지하기 위해 수구(水口)막이 기능을 담당하는 것이고, 그 효과를 높이기 위해 세호를 새기고 그 세호는 모두 상향(양)이었다. 그렇듯 원래 세호는 상향 운동성을 보여주는 것이었는데, 장희빈의 묘에서는 한쪽 세호가 하행(음)을 하여 음기를 눌러주는 기능을 하고, 중전이 아니라 궁녀(무수리)의 아들인 영조의 능도 세호가 하행하고 있다. 하행의 세호가 있는 것은 음의 기운을 누르는 의미도 되어, 그 문중이 첩의 후손이나 여자가 시끄러운 집안이라는 표시가 될 수도 있다 한다.

그러나 세월이 흐르면서 민중에서는 그저 좋은 게 좋다고, '음양의 조화'라고 해석하며 상하행을 하는 세호를 새기고 생김새도 다람쥐 모양으로 단순화시켰으며, 또 다람쥐 모양이 되고 나니 이왕이면 밤톨 하나씩 새겨 넣게 된 것이 아닐까 추정한다. 서화가 위창 오세창 묘에 있는 망주석에는 밤톨이 아니라 포도 비슷한 열매가 새겨져 있다.

깊이 감추고 팔지 않음이여 지사의 뜻이로다

| 남파 박찬익

임시정부 김구 주석의 최측근이었던 남파 박찬익(南坡 朴贊翊 1884~1949)을 아는 사람은 적다. 임시정부에서 헌신하다 해방 후에도 중국에 남아 중국 정부와의 교섭과 교포의 귀환을 돌보다가 타계하였기에 그 이름이 해방정국에 나타나지 못했고, 무엇보다 그가 이름을 팔고 싶지 않았기 때문이다. 그러나 우리는 남파를 통해 진정한 지사(志士)의 모습을 보게 된다.

망우리공원에서 우연히 박찬익의 묘를 발견했던 필자는 감동적인 비문을 읽고 오랫동안 기뻐했으나 얼마 후 혼란스러워졌다. 보훈처 사이트에서 검색하니 박찬익의 묘가 국립묘지에 있는 것으로 나타났기 때문이다. 무슨 말인가? 봉분과 비석을, 그리고 뒤로는 부친 묘소까지 직접 눈으로 확인했는데 그럴 리가 없다고 생각했다.

그러나 다른 자료에서도 국립묘지에 있는 것으로 나타나, 결국 확인차 동작동 국립묘지에 가보았다. 애석하게도(?) 동일인물 박찬익의 묘가 확실히 그곳에 있었다. 다음 주말에 망우리공원으로 달려가 관리사무소에 물어보니 1993년에 이장된 기록이 있다.

망우리공원에 있는 묘는 독립투사이기에 국립묘지로 이장을 했지만, 가족묘지이기 때문에 허묘(虛墓)를 둔 것으로 보인다. 그러나 필

국립묘지로 이장되고 허묘만 남아 있는 박찬익의 묘

남파 박찬익

자가 크게 감명을 받은 비명(碑銘) 중의 하나이므로 독자에게 꼭 소개하고자 한다. 순환로의 반환점이 되는 정자 뒤편으로 난 오솔길을 내려가 갈림길이 나와도 그대로 직진한 후, 다시 두 번째 갈림길에서 오른쪽을 보면 갓을 쓴 비석이 50여 미터 거리에 보인다. 박찬익의 비석이다.

김구의 오른팔

건국훈장의 훈계는 대한민국장, 대통령장, 독립장, 애국장, 애족장, 건국포장의 순이다. 망우리공원에 있는 독립운동가 중에 대한민국장을 받은 이가 만해 한용운이고, 대통령장을 받은 이가 위창 오세창, 그리고 독립장을 받은 이로 문일평이 있다. 공원관리사무소에서 소개하는 다른 독립유공자 방정환, 서병호, 오기만은 애국장이고 서광조, 유상규 등은 애족장이다. 위계를 따지는 것이 뭐하지만, 호암 문일평은 1995년에 독립장이 추서되었으니, 1963년에 독립장을 받은 남파가 이곳에 남아 있었다면 망우리공원 제3위였을 것이다. 조완구와 함께 김구의 양팔로 불린 큰 인물이었다.

비석은 타계 후 1949년에 세운 것과 아들 박영준이 1964년에 새로 세운 것이 나란히 서 있다. 1949년에 세운 것은 글자가 많이 훼손되어 잘 보이지 않는다. 새로 세운 비석을 읽어본다.

> 한 마음 지키기에 생애를 온전히 바치어 성패와 영욕에 아랑곳없이 심혈을 다 기울이고 가는 것이 지사의 천고일철(千古一轍)이다. 이역풍상 40년을 광복운동에 구치(驅馳)하다가 해방된 조국에 병구를 이끌고 돌아와 말없이 눈감은 이가 계시니 남파 박찬익 선생이 그분이시다.
> … 경술국치 후 선생은 큰뜻을 품으시고 대종교에 입교하여 동지로 더불어 북간도에 망명하시니 이로부터 40년을 길림 봉천 북평 상해 아령(俄領) 등지의 우리 광복운동에 선생의 발길이 이르지 않은 곳이 없었다. … 백범 김구 주석을 보좌하여 낙양군관학교 한생반(韓生班)의 창설을 성취한 것도 선생의 공이었다. 4272년 을묘 봄에 중경에서 임정의 법무부장이 되시고 이듬해 경신에는 국무위원에 선임되어 6년간을 그 임(任)에 당하였으며 을유 해방으로 임정이 환국한 뒤에도 선생은 주화(駐華)대표단장으로 중국에 잔류하여 3년간을 남북화 각지를 분치(奔馳)하며 교포의 구호와 귀환알선 사무를 주관하였다.
> 극무(劇務) 과로의 나머지 불기(不起)의 중환을 얻어 4281년 무자 4월에 귀국 요양을 하였으나 약석(藥石)의 효(效)없이 장서(長逝)하시니 향년이 66이요 서울시 외 망우리 묘지에 묻힌 바 되었다.
> … 금년은 선생이 돌아가신 지 열일곱 해 되는 해이다. 선생의 자 영준의 뜻을 듣고 선생 일대의 자취를 간추리노니 깊이 감추고 팔지 않음이여 지사의 뜻이로다. 한 조각 붉은 마음이사 백일(白日)이 비치리라.
> 조지훈 찬(撰) 최중길 서(書) 4297(1964)년 8월 일 불초자 원준 시준 영준 경립(敬立)

박찬익의 타계 후 1949년에 세운 것(왼쪽)과 아들 박영준이 1964년에 새로 세운 비석이 나란히 서 있다.

※오른쪽 비석은 2008년 여름의 태풍에 앞으로 쓰러져 두 동강이 나 있던 것을 관리사무소가 2014년 3월에 복원한 것이다.

이 비를 세운 3남 박영준(1915~2000)은 중국에서 독립군으로 활약하였고, 1948년 귀국 후 육군 소령으로 임관하였다. 1951년 3대 정훈감, 1961년 5 · 16 후 현역 소장으로 통합된 초대 한국전력 사장에 취임하여, 62년 12월 예편하고, 1968년 4월까지 7년간이나 한전을 이끌었다. 그 후로도 광복군 동지회장, 백범기념사업회장, 독립유공자협회 회장을 지냈다. 부친과 같은 건국훈장 독립장을 받았다. 박영준은 독립군 중령이었으나 귀국 후 나라를 위하는 길에 계급이 무슨 상관있냐며 흔쾌히 소령으로 임관하였다고 전해지는데, 그 아버지에 그 아들이라는 생각이 든다.

박영준의 부인 신순호(1922~2009) 또한 광복군 여군 출신의 독립지사로, 예관 신규식(1879~1922)의 동생 신건식(1889~1955)의 딸이다. 신규식과 박찬익은 공업연구회인 '공업계'에서 인연을 맺어 의형제까지 맺은 사이다. 1943년의 결혼식 후에 받은 결혼증서에는 주례 김구, 증혼 조소앙으로 되어 있으나 실제 당일 주례는 조소앙이 섰다고 한다. 이 두 분 사이의 딸 박천민 씨는 부모의 결혼증서를 비롯한 조부와 부친의 유물을 2014년에 경기도박물관에 기증했다. 그는 몇 년 전 KBS '진품명품' 시간에 조부 장례식 때 사용된 신익희 선생 글씨의 만장(輓章)을 소개하기도 했다.

글을 지은 조지훈은 청록파 시인의 한 사람으로 1940~1960년대의 대표적인 시인이자 국문학자인데, 그의 부친 조헌영(1900~1988, 6 · 25 때 납북) 또한 제헌 및 2대 국회의원, 반민특위위원을 지낸 독립지사였다. 글을 쓴 최중길(1914~1979)은 국전심사위원을 지낸 당대의 유명 서예가이다.

대종교와 독립운동

무덤을 바라보는 방향으로 오른쪽에 있는 옛날 비석은 임정 동지 조완구가 쓴 것으로, 그는 박찬익과 함께 김구의 최측근이었다. 조완구는 해방정국에서 김구를 도와 큰 영향력을 행사하였으나 6 · 25 때 납북되었고, 오랜 세월이 지난 1989년 건국훈장 대통령장이 추서되었다.

그리고 비석을 세운 날은 개천 4406년 6월, 단기 4282(1949)년 7월 31일로 되어 있다. 대종교에서는 단군의 아버지 환웅이 하늘과 땅, 나라를 연(開天) 때를 원년으로 하므로 124년이 소급된다. 조완구와 박찬익은 대종교의 중심인물이었다. 독립운동가 신채호, 박은식, 정

국립묘지에 안장된 박찬익의 묘

인보, 신규식, 주시경, 최현배, 이시영, 이범석, 이동녕, 김좌진, 홍범도, 홍명희, 서상일 등도 모두 대종교 신자였다. 그럼에도 우리가 대종교에 대해서 잘 알지 못하는 것은 일제의 대종교 말살정책 때문이었다. 일제는 기독교, 불교, 유교는 종교로 인정하였지만, 대종교는 단군을 시조로 하는 종교이므로 일본의 동화정책에 저해되는 이단적 종교로 간주하여 철저히 말살하는 정책을 취해 대종교의 중심 인물은 거의 다 제거되었던 것이다. 그 영향으로 해방 후에도 그러하고 지금까지도 대종교는 세를 떨치지 못하고 있다.

박찬익은 중국 국민당에 적을 둔 적도 있어 국민당과의 인맥도 있을 뿐더러, 중국어에 매우 능통하여 임시정부가 손문, 장개석 등의 도움을 받는 데 크게 공헌을 하였다. 옛 비문은 한문체라 매우 읽기 어렵다. 이곳에 묻히게 된 사연이 적힌 앞부분만 옮긴다.

> 남파 박공이 40년을 조국 광복에 헌신하다가 작년 봄에 병구를 끌고 고국에 돌아와 년여를 경(經)한 금년 2월 20일에 필경 환원하니 그 장의를 응당 사회의 공거로 할 것이나 공의 심각한 의념이 다만 평생에 경봉하는 대종교 의식으로 무성입토(無聲入土)를 절원하야 누누히 동지들에게 전촉(專囑)함으로 그의 의원(意願)을 준수함이 애국지

사에 대한 경의라 하야 동지들이 간소하게 보통 공동묘지에 공의 유원대로 형해를 봉장하였다.

박찬익은 임종 시 동지들이 효창공원에 모시겠다는 것을 거절하고, 조용히 흙으로 들어가기(無聲入土)를 간절히 원하여 시민들의 공동묘지에 간소히 묻혔던 분이다. 새로운 비문에 쓰여 있듯, 자신을 깊이 감추고 팔지 않음이 진정한 지사(志士)의 뜻이 아닐까. 비슷한 말은 독립기념관의 남파 어록비에도 새겨져 있다. "대의에 사는 사람은 항상 소아(小我)나 소의(小義)나 소리(小利)나 소국(小局)에 구애되지 말아야 한다. 더구나 명리를 좇아서는 안 된다. 모름지기 공명심을 버리고 조국독립의 무명의 전사가 되자."라고.

나라의 일을 한다면서 실상은 자신의 명예와 부와 표를 챙기는 많은 정치인들을 바라볼 때 남파의 이 말이 더욱 절절하게 다가온다. 그의 한 조각 붉은 마음(一片丹心)에 망우리의 햇빛이 내리비친다.

동아일보의 초대 주필

| 설산 장덕수

1947년 12월 2일, 한국민주당 정치부장인 설산 장덕수(雪山 張德洙 1894~1947)의 동대문구 제기동 집에서는 같은 당의 서울시당 재정부장 이영준 등 몇몇 동지가 술상을 앞에 두고 담화를 나누고 있었다. 그때 밖에 두 청년이 장덕수를 찾아왔다. 한 사람은 보통 양복 차림의 청년이고, 한 사람은 경찰관 복장에 카빈총을 메고 있었다….

순환로의 반환점이 되는 정자에서 서울 방향 쪽으로 비스듬하게 굽어진 길을 따라 내려가면 왼편에 장덕수의 연보비가 보인다. 묘로 올라가 먼저 비문을 읽어본다. 1966년 12월 2일, 장덕수 기일에 새로 세워진 비석으로 1963년에 타계한 부인 박은혜의 비문이 함께 새겨져 있다.

> 장공의 이름은 덕수이요 본관은 결성이니 설산은 호이다. … 이때는 우리 전국민이 거족 동원으로 3.1운동을 일으킬 형세가 격랑같이 물결칠 때이라 상해로 망명하여 신한청년당을 조직 후 비명을 띠고 귀국하였다가 적경에 잡혀 옥고를 겪고 하의도에 유배되었다가 다시 여운형과 함께 동경에 가서 일본전국기자의 앞에서 조선독립의 대의를 역설하여 일본조야를 경해(警駭)케 하였다. 귀국후 민족지 동아일보의 주간 겸 주필로 악악(諤諤)의 논전을 편 것이 26세 때이다. … 귀국 후 보성전문 교수로 후진을 양성 중에 1945년 8.15 광복을 맞으니 그 심오해박한 국제지식은 일세의 지도자이었다. 38선으로 양단된 조국과 세력각축의 미소공위 개회 중 한국민주당의 정치부

설산 장덕수의 연보비

장으로 심혈을 경주하여 자주독립을 위해 싸우다가 1947년 12월 2일 저녁 7시 제기동 자택에서 흉탄에 우해(遇害)하니 향년 54세이었다. 친우로는 인촌 김성수 고하 송진우와 선(善 친하게 지낸다는 의미)하였다. 중형 덕준은 1921년 훈춘(琿春)사변 취재 중 일군에게 피살되고 그 후 백형 덕주는 일경의 고문으로 치사하고 아우 덕진은 상해에서 독립운동비 조달 중 피살되니 일문 4형제가 모두 나라 일에 순국한 것은 사상 희유의 일이다. … 공은 조국애의 정열이 배인(倍人)하되 세심주도하여 옆의 사람이 그 심천을 엿보기 어렵고 인(人)을 대함에 화기가 넘치면서도 대의를 위하여서는 용감하였다. 국(國)이 난(難)하매 현상(賢相)을 생각하기 간절할 때 공을 흉탄에 잃으니 아! 어찌 천도(天道) 무심하다 하지 않으랴. 공의 묘는 정당사회연합장으로 망우리에 안장되었다. 1966년 12월 2일

나라에 목숨을 바친 4형제

장덕수 형제들은 모두 나라를 위해 일하다 세상을 떠났다. 두 살 위의 둘째형 덕준(1892~1920)은 황해도 재령의 명신학교를 졸업하고 평양일일신문의 조선어판 주간을 지냈다. 도쿄에서 조선기독교청년

장덕수의 묘비

회 일을 보다가 3 · 1운동 후 총독부가 민간지 발행을 허가하려는 움직임이 보이자, 매일신보 편집장 출신의 이상협과 함께 신문 창간을 준비하였다. 그러나 백방으로 뛰어도 자금이 확보되지 않자 마침내 자산가인 인촌 김성수에게 타진한 것이 1920년 4월 1일의 동아일보 창간으로 이어졌다.

덕준은 동아일보의 발기인으로 동생 덕수와 함께 참여하였고, 설립 후에는 편집국의 초대 사회부장 및 정리부장을 맡았다. 초기의 사설은 장덕수, 장덕준, 김명식, 최무순 4명이 돌아가며 썼는데, 논제를 둘러싸고 매번 열띤 토론을 벌였다. 그중 장덕준이 가장 성격이 괄괄하여 논쟁이 고조되면 책상을 치고 의자를 던지기도 했다. 이 광경을 보고 동정을 살피러 온 미와 경부는 동아일보 간부들이 싸운다는 보고를 했다는 에피소드도 전한다.

그러나 그해 10월 일제가 사건을 조작하여 조선인을 학살한 '훈춘사건'이 터지자, 통신부장 겸 조사부장이었던 덕준은 주위의 만류에도 불구하고 "사람의 목숨은 정의를 위해 살고 정의를 위해 죽은 것"이라며 자원하여 취재하러 갔다가 일경에 암살되어 우리나라 최초의 순직기자로 기록되었다. 후에 간도의 동포가 전하길, 어느 날

아침 일본 헌병이 와서 취재를 안내하겠다며 데리고 나간 후 돌아오지 않았다는 것이다.

동생 덕진은 3 · 1운동 후 오동진 등과 광제청년단을 조직하여 항일투쟁에 뛰어든 테러리스트였다. 헌병파출소 습격, 경찰주재소 습격, 그리고 평양경찰서에 폭탄을 던졌다. 1922년 12월에는 상해교민단 의경대원에 임명되어 교포 재산과 생명의 보호 임무를 맡기도 하였는데, 독립운동 자금을 모으고자 중국인들의 도박판에 뛰어들었다가 피살당하였다. 그리고 배가 다른 맏형 덕주 또한 일경의 고문에 병을 얻어 세상을 떠났으니, 네 형제가 모두 나라에 목숨을 바치게 된 것이었다.

장덕수는 진남포 이사청의 급사와 평양부청 고원(雇員)를 지내다가 독학으로 1911년 판임관 시험에 합격하였으나, 관리의 길을 포기하고 일본 유학을 떠나 1912년 와세다대학에 입학했다. 고학하는 가운데 김성수, 송진우, 최두선 등과 인연을 맺었다. 1916년 와세다대 정경학부를 차석으로 졸업하고 상해로 가 김규식, 문일평, 여운형 등의 신한청년단에 가입, 국내와의 연락 임무를 띠고 3 · 1운동 전에 국내로 잠입하였다가 체포되어 전남 하의도에서의 유배형에 처해졌다.

그런데 3 · 1운동 후에 일본의 하라 다카시 내각은 임시정부의 지도자 여운형을 동경으로 초청하여 의견을 청취한다는 이유로 반항의 기운을 무마하려 하였는 바, 여운형에게 통역으로 지명된 장덕수는 유배에서 풀려나 여운형과 함께 1919년 11월에 동경으로 갔다. 여기서 여운형은 일제의 의도를 뒤집고 오히려 조선독립의 당위성을 크게 선전하고 돌아왔는데, 젊은 장덕수의 통역이 크게 기여하였다.

장덕수는 와세다대학 때 전일본 대학생 웅변대회에서 1위를 한 웅변가였다. 이로써 장덕수는 국내에 명성을 크게 알렸다.

일본에서 돌아와 유배가 풀린 장덕수는 1920년 김성수의 동아일보 창간 때 불과 26세의 나이로 초대 주필 및 부사장으로 참여했다. 그 후 주도적으로 조직한 서울청년회 내부에서의 계파 갈등이 격화되어, 사회주의계의 김사국이 장덕수를 암살하려 한다는 소문까지 돌았다. 신변의 위험을 느낀 장덕수는 1923년 김성수의 후원으로 미국 유학을 떠났는데, 그 당시 일제는 용의(容疑)조선인 명부에 장덕수를 기재하길 '절대독립, 배일사상의 소유자, 농후한 민족주의자'라고 하였다. 그러나 컬럼비아대학에서 박사를 받고 귀국한 1936년부터 해방 전까지 보성전문학교 교수를 지내며 남긴 친일적인 행적은, 시대 상황이 어쩔 수 없는 선택을 강요했다 하더라도 장덕수의 일생에 지울 수 없는 오점이 되었다.

장덕수는 해방 후에 김성수, 송진우 등과 한국민주당을 창립하여 정치 일선에 뛰어들었는데, 한국민주당 정치부장이었던 1947년 12월 2일, 집을 찾아온 현직 경관 박광옥의 흉탄에 피살되었다. 그 배후로 김구 측이 주목되었으나 사건은 우야무야 종결되었다.

이제 나라를 되찾아 새 나라 건설에 벅찬 희망을 안고 힘을 합해 뛰어야 하던 시절, 우리는 다시 좌와 우, 중도와 극한으로 갈라져 생각이 다른 상대에 대한 정치 테러를 서슴지 않았다. 1945년 12월 30일 송진우, 1947년 7월 19일 여운형, 1947년 12월 2일 장덕수, 그리고 1949년 6월 26일에는 김구가 정적의 흉탄에 사망하였다. 격동과 혼란, 그리고 정적에게는 법보다 총이 앞선 무법의 시기가 우리나라에 있었다. 그래서 당시를 '야인시대' 라고 했던가.

왼쪽부터 장덕수와 형 덕준, 동생 덕진

그해 겨울 유난히 눈이 많이 내렸는데, 흰 눈이 하얗게 내린 날, 설산(雪山) 장덕수는 먼저 간 동료 고하 송진우의 묘 가까운 곳에 묻혔다. 송진우의 묘는 1966년 영등포구 신정동 지향산으로 이장되었다가 다시 1988년 동작동 국립묘지로 이장되었다.

장덕수가 동아일보 창간 때 쓴 사시(社是)인 3대 주지가 묘 입구에 서 있는 연보비에 적혀 있다.

> 조선민중의 표현기관으로 자부하노라.
> 민주주의를 지지하노라.
> 문화주의를 제창하노라.
> -〈주지(主旨)를 선명하노라〉에서

장덕수의 부인, 경기여고 교장
난석 박은혜(蘭石 朴恩惠 1904-1963)

부인 박은혜는 평남 평원에서 목사의 장녀로 태어나 간도 용정에서 어린 시절을 보냈다. 정신여학교를 거쳐 1929년 이화여전 영문과를 졸업했고, 1932년 미국 아이오와주 더뷰크대학에서 교육학을 전공했다. 1933년에 뉴욕의 성서신학교에서 사회종교학을 공부할 때 장덕수를 만났다. 둘은 허드슨 강변에서 소나기를 맞으며 밤을 새운 낭만의 기억도 쌓으며 결혼을 약속했다.

1935년 종교교육학 학위를 받고 귀국해 이화여자전문학교에서 종교학을 강의했다. 1937년 10월 장덕수와 결혼했고, 8 · 15해방 후 고황경의 뒤를 이어 경기여중고 교장으로 부임해 15년간 재임하며 경기여중고를 명문으로 키웠다. 1950년에는 대한기독교여자청년회 중앙위원을 지내고, 1960년 10월 10일 종로갑 국회의원 보궐선거에 민주당 공천을 받아 학교를 사직하고 출마하였다. "암담한 사회를 명랑히 시키기는 오직 여자들의 교육의 힘이라야 한다. 그 교육의 힘으로 국가의 행정, 입법, 사법 각부의 실권를 갖고자 한다."며 출사표를 던졌으나, 당시 집권 민주당은 정파 싸움에 골몰하여 민심이 돌아선 탓도 있고, 아직 여자를 무시하는 시대였기에 낙선했다. 당시 더욱 유명했던 김활란도 제헌국회의원 선거에서 낙선한 바가 있다. 1962년 12월 재단법인 은석학원을 설립하고, 1963년에 은석국민학교(65년에 동국학원에 합병)를 개교했다.

숙원, 혜원(남편은 6 · 3데모의 주역이었던 시민운동가 김중태)의 2녀와 지원, 사원 2남을 모두 미국 유학까지 공부시켰다. 저서로는 연설문과 작품 등을 모은 『난석소품』(1955)이 있다. 그 책의 맨 앞장에는 이렇게 적혀 있다. "나를 사랑하여주고 믿어주고 격려하여주던 남편 설산의 영 앞에 이 작은 책자를 드린다."

1967년에 세워진 비석은 원곡 김기승이 썼는데, 먼저 유광렬이 지은 장덕수의 비문이 적혀 있고, 그 다음에는 김활란이 지은 박은혜의 비문이 이어진다. 김활란은 후배 박은혜뿐 아니라 장덕수와도 인연이 깊다. 김활란은 미국 유학 중에 장덕수를 몇 번 만났는데 "김활란은 빙산이다. 감정이라는 것을 모르는 빙괴(氷塊)이다."라는 장덕수의 말을 나중에 지인에게 전해들을 만큼 장덕수의 거듭된 구애를 거절하였으나, 후에 친한 후배의 남편으로서 담담한 교제를 이어갔다고 한다.

『난석소품』에 실린 설산 6주기 추도회 인사말을 인용해 본다.

> 설산은 해방 후 어느 봄날, 뜰 앞에 심었던 목련이 원 가지는 죽고 새 움이 나서 흰 꽃이 예쁘게 핀 것을 보고 이렇게 말했다. "이것 보오. 원 가지는 죽었어도 여전히 새 가지에서 예쁜 꽃이 피었구려! 역시 우리는 가고 어린것들이 자라서 이렇게 되어야 하는 것이 자연이라오."

반민특위의 선봉장

| **현포 이병홍**(玄圃 李炳洪 1891~1955)

경남 산청 출생. 20세까지 한학을 공부하고 경성 오성학교(현 광신고 · 광신정보고)를 졸업했다. 애국심이 특히 강했던 그는 고종이 승하하자 곧바로 서울로 달려가 3 · 1운동을 체험하고 '독립선언서'를 바지 댓님 속에 감추고 진주로 돌아와 강재순에게 전달, 강재순은 이를 인쇄하여 진주 3 · 1운동을 이끌었다. 이어 이병홍은 고향 산청군에서의 시위를 지도한 후 일경을 피해 중국으로 망명, 상해 임정 요인을 만나 산청군의 조사원 및 자금조달 역을 지시받고 귀국하여 활동했다.

해방 후 9월에는 한민당 발기인으로, 10월에는 조선독립운동사 편찬위원회에 참여했다. 1948년 5월 10일의 제헌국회 총선에는 무소속으로 출마해 차석으로 낙선하고, 1949년에는 반민특위에 참여했다.

반민법이 1948년 9월 22일 법률 제3호로 공포된 후 반민특위가 10월 22일에 설치되었다. 조사위원은 각도에서 1명씩 선출된 국회의원이 맡았고, 그중 김상덕(임정 문화부장 출신)이 위원장으로 선출되었다. 조사부는 정치사상, 경제산업, 일반사회 분야로 나누었는데, 그 누구보다 강직하고 열정적인 이병홍은 가장 중요한 정치사상 분야를

이병홍의 묘비

다루는 제1조사부의 장으로 선임되었다.

반민특위는 1949년 1월 5일부터 활동을 개시했는데, 1월 13일 거물 친일파 최린을 체포할 때는 직접 이병홍이 부하를 데리고 최린의 자택을 방문하였고, 특위로 출두한 김우영(2월 1일), 이광수(2월 9일) 등을 문초한 기록이 확인된다.

이광수에 관련된 에피소드가 있다. 이광수의 아들 이영근(중앙중학 6학년)이 21일 이병홍 앞에 나타나 부친이 고혈압으로 고생하고 있으니 병원에 입원 가료(加療)케 해달라고 자기 왼쪽 넷째손가락을 깨물어 탄원서를 써서 위원장에게 전해달라고 제시했는데, 반민자의 아들이기는 하나 애비를 섬기는 그의 효심에 직원 여러 사람을 감격시켰다고 2월 22일자의 연합신문은 전한다. 이광수가 칩거하던 사릉리의 농민 300명의 진정서와 함께 이것이 주효했는지, 이광수는 3월 4일 병보석되었고 8월에는 반민특위의 기소여부 심사에서 4:3으로

부결되어 불기소처분을 받고 풀려났다.

반민특위를 압박하는 친일파의 지속적인 공작으로 이승만 대통령이 1949년 2월 15일에 반민법 개정 필요성을 언급하자, 이에 대해 이병홍은 경향신문(1949.02.17)에 「조령모개의 처사」라는 제목으로, "자신이 서명 공포한 법률이 아직 때도 묻기 전에 조변석개한다면 그 나라의 장래가 어떻게 될 것인지 생각만 하여도 심히 유쾌하지 않은 노릇이다. 더욱이 반민법은 민족의 정의를 세계와 후세 자손에 밝히는 것으로, 말이 법률이지 우리로서는 그 법률을 일종의 민족적 성전으로 생각하고 이 법률을 발동할 때에는 언제나 옷깃을 바르게 하여 경건하고 엄숙한 태도를 가지는 것이다. 이 감정은 3천만 국민이 동일하게 가지고 있으리라고 믿는다"며 반박했다. 연이어 차분한 성품의 김상덕 위원장도 즉각 반박성명을 냈고, 김병노 대법원장도 법의 개정은 헌법위원회에서 심의할 성질의 것이며, 반민특위의 체포 구속하는 조사활동은 불법이 아니라고 본다며 사법부의 견해를 밝혔다.

그럼에도 이승만 정권은 반민특위를 저지하는 방향성을 가속시켜 1949년 6월 6일 경찰로 하여금 반민특위 산하의 특경대를 무장 해제시켰다. 이병홍의 집에도 경관 10여 명이 와서 무기를 달라고 하였으나 이병홍은 완강히 거부하고 후에 총기를 내무부에 반납했다. 이어서 이승만 정권이 7월 6일 국회에서의 결의를 통해 반민법의 시효를 1950년 6월 20일에서 1949년 8월 31일로 단축시키자, 반민특위 위원장 및 조사위원 전원이 사퇴함으로써 반민특위는 사실상 기능이 정지되었다.

1949년 9월 5일 오전, 중앙청 제1회의실에서 국회의장 신익희, 대법원장 김병로, 국무총리 이범석 등 3부 요인이 참석한 가운데 반민특위 총무과장 이원용의 사회로 열린 회의에서 제1조사부장 이병홍은 반민특위가 발족한 49년 1월 5일부터 공소시효가 만료된 8월 31일까지 추진해온 조사활동에 관한 최종 보고를 했다. 이 회의를 끝으로 특위는 문을 닫고 9월 21일 폐지안이 국회에 제출되어 통과(22일)됨으로써 반민특위의 활동은 종지부를 찍었다. 마지막으로 이병홍이 보고한 반민특위 활동기록만이 유일한 기록으로 남았을 뿐으로 682건 중 478명 구속영장, 305명 체포. 그러나 결국 체형을 받은 이는 11명뿐이라는 용두사미의 결과가 되었다. 이에 대해 국회의장 신익희는 "나는 반민특위 간부에게 큰 놈은 처단하고 작은 놈은 다스리게 하라고(殲厥巨魁섬궐거괴 脅從罔治협종망치) 지시한 바 있었다. … 시효가 지나도 도피자는 처리하여야 할 것이고 … 과거는 과거대로 우리는 장래를 위한 신생활인 만치 반민행위의 악몽에서 깨어나 오늘날의 현실에 맞도록 민족은 더욱 결속하여 국가만년대계에 적극 노력하기 바란다"고 소감을 피력하였다.

이병홍은 반민특위를 그만둔 다음 해, 1950년 5월 30일 제2대 국회의원 선거에 경남산청에서 무소속으로 당선된 후 민국당(신익희, 김성수 등)에 입당하고 탄핵재판소의 헌법심판관, 사회보건위원으로 활동하였다. 이어서 1954년의 제3대 총선에도 무소속으로 당선되어 무소속구락부의 대표간사, 농림위원으로 활발한 의정 활동을 벌였다.

평소 '청렴강직하며 실천력이 강한 인물'이라는 평을 받던 이병홍 의원은, 1955년 10월 연이틀간이나 농림분과위원회에서 협동조합 문제로 밤을 새우다시피 격렬한 논전을 전개하다가 16일 삼청동 집에 돌아와 양복을 입은 그대로 잠이 든 후 17일 새벽 심장마비로 급서했다. 향년 64세. 10월 19일 국회의사당 앞 광장에서 이기붕 국회의장이 장의위원장이 되어 국회의원장으로 엄숙히 거행되고 이곳 망우리에 묻혔다.

민의원 부의장 곽상훈은 이병홍에 대한 회고에서 "지조가 굳어서 정사의 유혹에 좌우됨이 없었고, 청렴하여서 탐욕이 없었고, 실행에 있어 열성적인 인물이었다. 그러므로 사생활에 있어서는 지극히 빈곤하였다. 이 빈곤이 그의 사거의 주된 원인의 하나일 것이다"라고 하였다.

솔직히 필자는 고인에 대한 공부가 부족하여 초간본에는 글을 싣지도 않았고, 이번에는 해공 신익희의 비문 글씨에 중점을 두어 글을 쓰기 시작했지만, 많은 자료를 찾는 중에 고인에 삶에 적잖이 감동했다. 남파 박찬익처럼, 자신의 이름을 팔지 않는 진정한 지사의 모습을 그에게서 본다.

묘비에는 '민의원 의원 현포 이병홍지묘'라고 쓰여 있다. 민의원은 양원제 하에서의 참의원(상원의원) 및 민의원(하원의원)이지만, 제헌국회는 단원제였다. 양원제는 1952년 7월 4일 대통령 직선제와 양원제를 골자로 한 '발췌개헌' 의 통과로 시작되었지만, 정권은 참의원 구성을 지연하며 민의원만으로 국회를 진행시켰고, 4 · 19후에 잠시 양원제가 구성되었으나 5 · 16으로 해산되었다. 이후 우리나라는 단원제로 현재에 이른다. 현포(玄圃)는 중국 곤륜산에 있다는 신선의 동산을 말하는 것으로, 고인의 한시 취미를 엿보게 한다.

글씨는 해공 신익희가 썼다. 신익희는 임시정부 출신으로 국회의장과 대통령 후보를 지냈던 인물이다. 해공의 글씨는 추사 김정희 이

후 가장 개성적인 서체가 아닐까 감히 생각한다. 마치 호랑이가 날아가는 듯한 기운이 느껴지는 서체다. 이병홍의 지조와 열성이 신익희의 글씨로 인해 생생하게 전해지는 듯하다. 역시 비석은 글과 글씨로 고인의 모습을 축약하여 전해준다는 것을 새삼 느낀다.

뒷면에는 '단기 4288년(1955) 10월 22일 동지일동 건립 해공 신익희'라고 적혀 있는데, 여기서 '동지(同志)'란 국회의원 동지이기도 하지만 독립운동을 함께한 독립지사 동지의 뜻이 더욱 강하게 전해온다. 용마산 방향으로 가면 남쪽 순환로 마지막 부분에 화장실이 나온다. 화장실 오른쪽에 비석이 보인다.

몰락한 왕조의 상징

| 명온공주와 부마 김현근

일제에 의해 조선 왕조가 사라지고, 해방 후의 새로운 대한민국 정부는 왕조를 부활시키지 않았다. 시대가 바뀌었으니 어쩔 수 없다고는 하지만 명온공주(明溫公主 1810~1832)와 부마 김현근(金賢根 1810~1868)의 묘가 수풀에 뒤덮여 있는 것을 바라보는 후세의 마음은 착잡하기 그지없다.

방정환 묘에서 11시 방향으로 조금 올라가면 오른편에 갓머리를 쓴 큰 비석이 있고 왼편에 장명등(長明燈)이 서 있는 묘가 나온다. 장명등은 사악한 기운을 쫓는 의미가 있다. 조선시대에는 정1품 이상의 묘에 설치하였다. 비석의 앞을 읽어본다.

上輔國崇祿大夫東寧尉 贈領議政金公賢根之墓 明溫公主祔左
(상보국숭록대부동녕위 증영의정김공현근지묘 명온공주부좌)

'상보국숭록대부' 는 고종2년(1865)에 생긴 정1품의 문무관, 종친, 의빈의 품계이다. 공주, 옹주의 부마는 의빈(儀賓)이라 했다. 부마에게는 '○○위' 라는 작위를 내렸는데 위(尉)는 벼슬 위자로, 왕자의 군(君)보다는 한 단계 아래이다. '증영의정' 은 사후에 영의정을 내렸다는 말. '명온공주부좌' 의 부(祔)는 합사, 합장의 의미이다. 비석은

수풀에 뒤덮여 방치되어 있는 명온공주와 부마 김현근의 묘 전경(2018년 현재, 안동 김씨 문중에서 관리하는 듯 깔끔히 단장되어 있다)

고종 29년(1892) 8월에 건립된 것이다. 비석의 한문은 "명온공주 가신 지 이미 37년 도위(부마도위) 김공이 세상을 떠난 지 2년 후에 합장되었다"로 시작된다.[11)]

결혼과 사망

김현근이 부마가 되는 과정을 『조선왕조실록』 순조 23년(1823) 5월 10일 등에서 옮기면 다음과 같다.

> 부마를 간택하기 위해 순조가 하교하기를, "명온공주의 부마를 이제 간택하여야겠으니, 15세에서 12세까지는 금혼하고, 제외 대상자 이외는 단자(單子 후보자를 적은 종이)를

11) 비문의 전체 내용 번역본: http://cafe.naver.com/mangwoopark/109

받아들이도록 하라." 하여, 5월 22일 17명의 후보 중에 초간택 8명, 25일 재간택 3명, 6월 2일 세 번째 간택에 진사 김한순의 아들 김현근으로 정하였고, 동녕위(東寧尉)에 봉작한 후 결혼은 7월 17일에 거행되었다.

그러나 명온공주는 순조 32년(1832) 23세의 나이로 사망했다. 조선왕조실록(순조 32년 6월 13일)은 이렇게 적었다.

명온 공주가 졸서(卒逝)하였다. 하교하기를, "병이 비록 짙고 오래 끌기는 하였으나 그래도 만에 하나 다행하기를 바랐는데 지금 길이 갔다는 기별을 듣게 되니 서럽고 서럽도다. 상위(喪威)가 이토록 겹쳐 참으로 인정으로는 감내하지 못하겠으니, 서럽고 서럽도다."

김현근은 고종 5년(1868) 8월 26일에 사망하였다. 고종은 이렇게 전교했다.

뜻하지 않게 한 번 병이 들어 문득 세상을 떠났으니, 지나간 일을 돌이켜봄에 슬픔을 금할 수 없다.…전 동녕위에게 영의정을 증직하는 의전을 당일로 거행하라.

명온공주의 오빠, 효명세자

명온공주가 오라버니인 효명세자(1809~1830)와 나눈 오언절구(五言絶句)가 『조침문』에 전해온다.

낫것(낮 음식) 잡사오시고 안녕히 다녀오시나잇가? 이 글은 소인이 지섰사오니, 감(鑑 살피다)하오시고 어떠하온지 보아 주오심을 바라옵나이다.

九秋霜夜長 구추 서리 밤이 길으니

獨對燈火輕 홀로 등잔꽃 가벼움을 대하였도다.
低頭遙想鄕 머리 숙여 멀리 고향을 생각하고,
隔窓聽雁聲 창을 사이에 두고 기러기 우는 소리를 듣더라.

이에 대하여 효명세자가 답하길,

글씨 보고 든든하며 이 글 오절 지었기 두어 구 고쳐 보나니 보아라. '低頭遙想鄕' 은 나를 생각함인가 그윽히 감사하노라.

山窓落木響 뫼창의 나무 떨어지는 소리에
幾疊詩人愁 몇 첩이나 시하는 사람의 근심인고.
瘦月夢邊苦 파리한 달이 꿈가에 외로우니
殘燈爲誰留 쇠잔한 등잔은 누구를 위하여 머물렀는고.

효명세자는 2005년 11월 문화관광부의 이달의 문화인물로 선정되었다. 역대 왕 중에서도 가장 문화예술에 재능이 뛰어나 궁중무용을 직접 창작하기도 하였다. 19세 때인 1827년부터 부왕을 대리하여 정치에 나서 안동 김씨를 견제하며 왕권 강화에 진력하였으나, 대리청정 3년 만인 1930년 22세의 아까운 나이에 급서하였다. 세자는 개화당의 원조라 불리는 박규수와 가까운 사이였기에 기득권층에 의한 독살설도 있다. 구리시에 있는 동구릉 내의 수릉(綏陵)이 효명세자와 신정왕후 풍양 조씨(1808~1890)의 합장릉이다.

『조선왕조실록』 순조 30년(1830) 7월 15일자에 효명세자의 지문(誌文 능 비문)이 나온다. 세자의 생김새는 "이마가 융기한 귀상에다 용의 눈동자로 천표(天表 제왕의 위용)가 빼어나고 아름다웠으므로, 궁중의 상하가 모두 말하기를, '장효왕(莊孝王 정조)과 흡사하다' 라고 하였고, 명온공주와는 나이가 서로 비슷하였기 때문에 정의가 더욱 돈독하였다."고 한다. 또 명온공주는 성품이 명민하고 시에도 능통하여 효명세자는 '매란여사(梅蘭女史)' 라는 호를 주었다고 한다.

그리고 효명세자의 부인 신정왕후는 후에 대원군의 아들을 고종으로 올린 조대비인데, 왕위에 오른 고종은 익종(효명세자)의 양자가 되어 대통을 이었으니, 고종에게 조대비는 어머니요, 명온공주는 고모가 되고 김현근은 고모부가 되는 것이다. 그래서인지 고종의 김현근에 대한 배려는 남달랐다.

부마의 수수께끼

한편, 김현근은 "안동 김씨 김상용의 5대손으로 어려서부터 말과 글이 똑똑하여 순조의 눈에 들어 15세에 부마가 되었다. 성실히 공무에 종사하고 사정에 매이지 않았으며 정자를 지어놓고 거문고와 서책을 벗하였다."고 비문에 적혀 있는 것으로 보아 그 또한 문화예술에 조예가 깊었던 것 같다.

그런데 이해할 수 없는 사실이 하나 있다. 종로구 관훈동 관훈빌딩(맥도날드 본사) 앞에 죽동궁터(竹洞宮址)라는 기념동판에는 이렇게 적혀 있다.

> 죽동궁은 순조의 장녀 명온공주와 그 남편 김현근이 거주하던 곳이다. 이곳은 당시 김현근이 앓고 있던 병을 치료하기 위해 무당들이 대나무칼춤을 추며 병이 낫기를 기원했다고 하여 죽도궁(竹刀宮)으로 불리다가 후에 죽동궁이 되었다. 고종 때에는 명성황후의 조카 민영익이 살기도 하였다.

명온공주와 부마 김현근의 비석

병은 정신질환이었다고 한다. 옛사람들은 크게 놀라면 정신병이 낫는다고 믿었는데, 김현근도 병을 고쳐보려고 무당을 불러 칼춤을 추다 칼을 갑자기 들이대게 했다고 한다. 명온공주가 죽은 후에도 오랫동안 공직에 몸담은 명민한 김현근이 어찌하여 정신병에 걸렸는지, 어떻게 나았는지, 또 그게 그리 쉽게 낫는 병이었는지 의아스럽다. 또 병의 원인은 무엇이었을까.

어쨌거나 김현근은 그 후 병이 나아 27세와 36세 때는 각기 동지사(冬至使 매해 동짓달에 중국으로 보내던 사신)와 주청정사(奏請正使 동지사 외에 중국 조정에 청할 일이 있을 때 파견한 사신의 대표)의 임무를 수행한 기록이 보이고, 말년에는 약방제조(藥房提調 임금에게 올리는 약을 감독하는 관리), 빙고제조(氷庫提調 얼음창고 담당), 내의원제조(內醫院提調 궁궐의 의약 담당), 그리고 사옹원제조(司饔院提調 궁궐 음식 담당) 등을 지낸 후, 고종 2년(1865)에

묘 앞 상석의 흔적

는 의금부의 최고직인 판의금부사에 임명되었다. 대개 사위는 실제 역직이 주어지지 않는다고 하는데, 김현근은 국왕의 근친으로서 궁궐의 일을 열심히 돌본 것으로 보인다.

이 묘는 원래 종암리 보성전문학교(고려대학교) 앞쪽에 있었고(《삼천리》), 이곳 망우리에 이장된 것은 관리사무소 전산기록에 의하면 1968년 8월 27일인데(신청자 김백현), 서울시의 『서울 600년사』에는 "1936년 총독부 고시에 따른 토지 구획정리에 의해 망우리 묘지 조성시 이장되었다" 하며, 또한 "이장 전에는 묘비와 장명등 1기 문인석과 석수(石獸)가 각 1쌍씩 있었다"고 기록되어 있으나 현 묘역에는 묘비와 장명등만이 있다.

왕족의 무덤, 명문가의 무덤답지 않게 필자가 찾아갔을 때는 무덤에 풀이 무성했다. 장명등은 조선 후기의 양식을 볼 수 있는 중요한 것이라 하는데, 머리 부분이 불에 검게 그을렸고, 모서리도 훼손되어 마치 떨어져 뒹굴다가 다시 올려놓은 듯하다. 또 묘 앞의 상석 위에는 네 명의 영문 이름 및 이니셜과 태극 마크가 새겨져 있다. 조사해보니 이곳은 6 · 25전쟁 때 격전지였다. 망우리공원 곳곳에는 지금껏 총탄의 흔적이 남아 있는 비석이 많다.

명온공주와 김현근의 상석에 새겨진 영문 이름 중, 한가운데 있는 'smith' 라는 미국인의 이름에 주목한다. 그래서 필자는 전쟁 당시 이곳에 진을 치고 적을 기다리던 미군과 한국군이 기념으로 이름을 새기지 않았을까 하는 추측을 해본다. 죽어서 비석을 남기지만, 죽기 전에도 무언가 흔적을 남기고 싶어 하는 인간이 가진 '각인의 욕망' 을 본다. 그들은 당시 모두 전사했을까? 아니면 누군가는 살아서 다시 이곳을 찾아왔을까…? 아래 고은의 시는 당시의 상황을 축약하여 보여준다.

망우리 묘지

공동묘지도 전쟁은 가만두지 않았다

망우리 공동묘지는
서울의 저승
1950년 9월 30일
그곳조차
싸움터였다
6천 개의 무덤들은 엎드려 있고
유엔군과
인민군은
무덤 사이

총탄 빗발치다가
서로 달겨들어
총검으로 찔렀다

전사자의 시체가
무덤 사이
여기저기 널브러졌다
흑인병사
백인병사의 시체
인민군의 시체
벌초하지 않은 풀 깔고 나뒹굴었다

사투 1시간 15분
쌍방 시체 73구
이상

망우리 공동묘지는 다시 묘지로 돌아갔다

– 고은 『만인보』 16권 273p, 민음사

신립 장군의 아들

| 영의정 신경진(申景禛 1575~1643) <개인묘지>

평산 신씨의 시조는 고려 개국공신 신숭겸이고 그중 문희공파 · 정언공파 · 사간공파 등이 다수를 차지한다. 지금은 폐장된 용마랜드 근방 8만여 평이 평산 신씨 종중 소유로 25기의 묘가 분포되어 있다. 용마랜드 아래, 봉화중학교 정문 건너편으로 담이 둘러쳐진 큰 묘역이 보이고, 더 아래 주차장 근처에는 인조 때의 영의정 신경진의 묘와 신도비가 있다.

여기 묻힌 인물들은 평산 신씨 문희공(文僖公)파에 속한다. 문희공 신개(申槪 1374~1446)는 세종 때 좌의정까지 올라 영의정 황희와 함께 세종을 보필하고, 사후에 세종의 묘정에 배향되어 문희공파의 시조가 되었다.

이곳 묘역의 시조격으로 가장 위쪽에 전첨공 신말평(申末平 1469~1494)의 묘가 있다. 신개의 아들이 충청도 관찰사 신자준이고, 그의 아들이 신말평이다. 종6품 장악원 주사 때 성현의 『악학궤범』 편찬에 참여했다. 벼슬은 종친부(宗親府) 전첨(典籤 정4품)까지 올랐는데 비석에는 추증 '좌참찬(左參贊)'이 새겨져 있다.

그 앞쪽에는 신말평의 2남 신탁(申鐸)이 있는데, 중종 2년(1507) 증광시에서 진사에 급제하였으나 일찍 사망해 후사가 없다. 다시 그 앞

신경진의 묘

에 장남 신상(申鏛 1480~1530)이 있다. 신상은 관찰사, 한성판윤, 이조판서, 형조판서를 지냈다. 호는 문절(文節)로 1628년에 신도비가 세워져 묘역 입구의 문절각(文節閣)에 안치되어 있다. 사림과 훈구의 중재를 위해 노력한 인물로 전한다.

신상의 오른쪽에 신상의 2남 신홍국(申弘國)이 있다. 비석에는 통훈대부(通訓大夫) 조지서(造紙署) 별제(別提 종6품)라고 새겨져 있다. 통훈대부는 정3품 당하관의 품계이다. 당상관은 통정대부(通政大夫). 홍국의 외아들이 신락(申硌)으로 그의 묘가 홍국의 오른편 자리에 방향을 좌로 틀어 자리 잡고 있다. 비석에는 '이천 현감'이라 새겨져 있다. 신락은 후사가 없어 사촌 신확(광국의 4남)의 4남 경시(景禔)를 아들로 삼았다. 경시의 묘는 신광국의 아래 우측에 방향을 좌로 틀어 자리 잡았는데 '양지(陽智 용인) 현감'이라 비석에 새겨져 있다.

신상의 아래에 있는 장남 신광국(申匡國)은 중종 20년(1525)에 진사시에 급제하여 개성부(開城府 옛 도읍 관리) 경력(經歷 종4품)을 지냈다.

다시 그 아래 맨 밑에 신여철(申汝哲 1634~1701)이 있는데, 그는 신경진의 차남 신해의 2남으로 그 또한 무인 출신으로 이조, 공조판서를 지냈다. 비석에는 '판중추부사(判中樞府事 종1품)'라고 새겨져 있고 시호는 장무(莊武)이다. 독도의 인물 안용복이 조정의 허락 없이 외국을 출입하여 문제를 야기했다는 이유로 조정에 압송되어 사형까지 논의되었으나 신여철이 말하기를, "안용복의 일은 매우 놀랍기는 하나, 국가에서 못하는 일을 그가 능히 하였으므로 공로와 죄과가 서로 덮을 만하다"고 말한 것이 『조선왕조실록』에 전해온다.

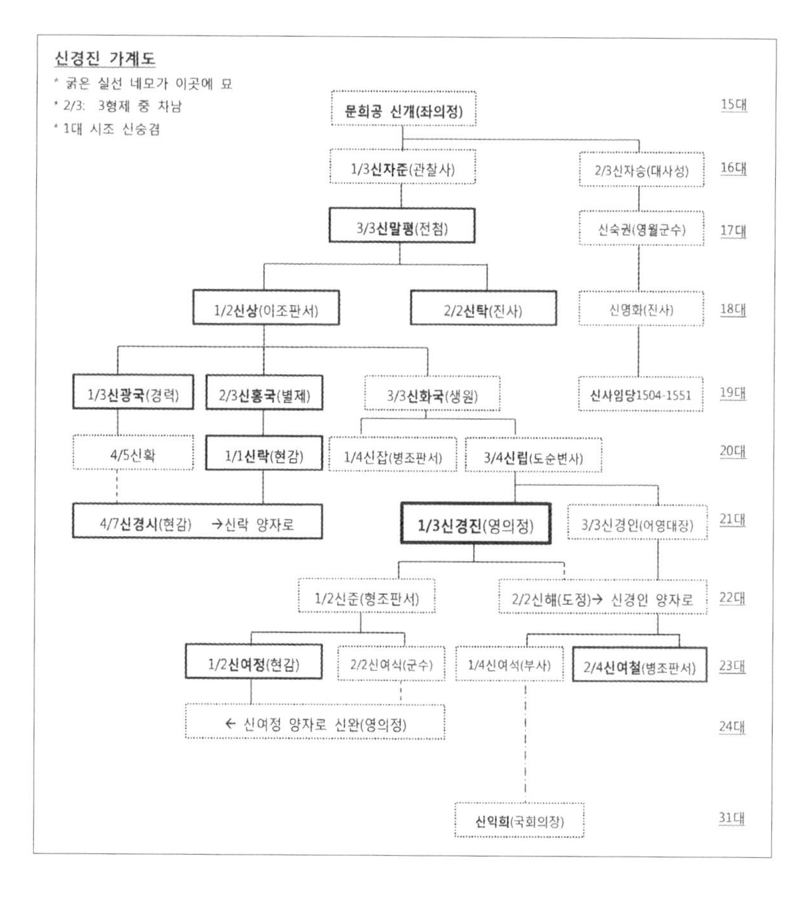

신여철의 오른쪽으로 가면 방향을 좌로 튼 묘가 있고 비석에는 '양성(陽城 안성) 현감 신여정(申汝挺 1615~1651)'이라 새겨져 있다. 신경진의 장남 신준(형조판서)의 장남이다. 신여정의 아들 신완(1646~1707)은 양자로, 생부는 숙부 신여식이다. 신완은 숙종 때 영의정을 지냈다.

다시 족보를 거슬러 올라가, 신상의 3남 화국(華國 1517~1578)은 생원시에 합격했으나 벼슬에 나가지 않았다. 처가인 충북 진천에서 명을 마치고 그곳에 묻혀 이후로 진천군에는 평산 신씨가 번성했다. 장남 신잡(申磼 1541~1609)과 3남 신립(申砬 1546~1592)이 유명한데, 신잡은 임란 때 선조를 호종한 공로로 호송공신 2등으로 평천부원군에 봉해졌으며 형조판서를 지냈다. 삼도순변사 신립(申砬 1546~1592)도 임진왜란 때 충주 탄금대에서 배수진을 치고 왜적과 싸웠으나 패하고 강물에 장렬히 몸을 던졌다. 두 아들 모두 추증 영의정이고, 부친 화국도 두 아들 덕분에 영의정이 추증되었다.

신립 장군의 장남이 신경진인데 묘는 종중묘역에서 별도로 떨어져 있다. 예전에는 전체적으로 같은 묘역이었지만 지금은 주차장과 건물이 중간에 들어서서 홀로 떨어진 모양이 되었다. 신경진은 드물게도 조선에서 무인으로서 영의정에 오른 2인 중의 한 사람이다. 또 한 사람은 중종반정(연산군 폐위)의 공신 박원종이다.

신경진은 광해군을 몰아낸 인조반정의 공신이었다. 신경진은 외직에 보임되어 반정에 직접 참여하지는 못했으나 제일 먼저 계획을 도모했다고 하여 일등공신에 녹훈되었고, 이후로 이괄의 난, 병자호란 때 공을 세우고 사은사로 청나라에도 파견되었다. 반정 이래로 인조의 절대적인 신임을 받아 항상 훈련도감 · 호위청 등의 친병을 장악하며 왕의 경호실장을 책임졌고, 외교 교섭에 능해 청나라의 과도한

평산 신씨 묘역

주문과 잦은 내정 간섭을 철회하게 하는 성과를 거두었다. 또한 송시열 등의 사림을 천거하고 적극 등용하여 그들의 환심을 사기도 했다. 그런 인연으로 신경진의 신도비는 좌의정 송시열이 지었다.

신경진의 손자 신여석(신여철의 형)의 후손이 해공 신익희로 31대손이 된다. 그리고 이곳의 시조 신말평의 숙부 신자승(신개의 2남)의 아들이 신숙권이고, 그 아들이 신명화, 그 딸이 신사임당이다. 사임당은 이곳의 신광국, 홍국과 같은 19대손이다.

신씨 문중 및 신경진 묘는 들어가지 못하도록 입구가 자물쇠로 잠겨 있다. 종중 사무실로 가서 조사차 왔다고 하니 문을 열어주었다. 신경진 묘 건너편에 신도비가 별도로 서 있다. 신경진 묘 입구의 안내판과 신도비 앞의 안내판 내용을 옮긴다.

충익공(忠翼公) 신경진 묘역

지정번호: 서울특별시 유형문화재 제95호 / 시대 : 17세기

소재지: 서울특별시 중랑구 망우동 산 69번지 1호

이곳은 조선 인조 때 영의정을 지낸 무신 신경진(1575~1643)과 그의 부인 순창 조씨의 합장묘가 있는 묘역이다. 묘역의 봉분은 단분이고, 신도비를 비롯하여 묘표, 혼유석, 상석, 향로석, 망주석, 문인석 2쌍 등의 석물이 있다. 그의 본관은 평산이고 자는 군수(君受)이다. 그는 임진왜란 때 충주 탄금대에서 왜군과 싸우다 전사한 도순변사 신립의 아들이다. 그는 인조반정이 성공하여 정사공신 1등으로 책봉된다. 그는 병조참판 등을 거쳐 인조14(1636)에는 한꺼번에 훈련원과 호위청, 포도청의 대장을 맡았다. 그는 병자호란 때 공을 세워 우의정과 좌의정을 거쳐 인조18(1640)에 평성부원군에 임명되었다. 인조20(1642)에 영의정이 되었다가 병으로 사퇴하였는데 이듬해 다시 영의정으로 임명된 지 열흘 만에 세상을 떠났다. 그의 시호는 충익이다.

충익공 신경진 신도비(忠翼公申景禛神道碑)[12]
시대: 1683년(숙종 9)
소재지: 서울특별시 중랑구 망우동 산 69번지 1호

이 비는 조선 인조 때 영의정을 지낸 무신 신경진(1575~1643)의 신도비이다. 신도비는 죽은 사람의 행적을 기록하여 묘에 이르는 입구에 세우는데, 조선시대에는 종2품 이상의 관직과 품계를 갖추어야 건립할 수 있었다.

신경진 신도비

이 신도비는 옥개석(屋蓋石) · 비신(碑身) · 귀부(龜趺)의 형태이다. 옥개석의 지붕 위에는 두 마리의 이무기가 서로 몸을 꼬아 양 측면을 바라보고 있다. 귀부는 거북 몸에 용머리를 하고 있는데, 입에는 여의주를 물고 있다. 비문은 좌의정 송시열이 짓고, 사간원 정원 박태

12) 신도비 번역문: http://cafe.naver.com/mangwoopark/286

유가 글씨를 썼으며, 전액은 판돈령부사 이정영이 써서 숙종9년(1683)에 세워졌다. 비문에는 고려 왕건의 충신이었던 신숭겸과 조선 세종 때의 명신 신개 등 그의 선조에 대해 약술되어 있고, 이어 광해군 · 인조 때 활약한 그의 행적이 새겨져 있다. 또한 비문에 의하면 묘소는 원래 청주 땅에 있었으나 뒤에 현재의 이곳으로 이장되었고, 이후에 신도비가 건립되었음을 알 수 있다.

원래 이 신도비만 유형문화재로 지정되었으나, 2008년에 신경진 묘역까지 확대하여 유형문화재로 지정하여 이 신도비를 포함시켰다.

독립운동의 역사를 말하다

| 망우리공원의 독립지사들

망우리공원에는 시대의 성격상 일제강점기의 독립지사가 많이 묻혀 있다. 한용운, 오세창, 문일평, 방정환 등의 유명 독립지사 외에도, 1910년 한일합방 이전인 1907년부터 일제와 싸운 '13도창의군'을 비롯하여, 세상에 이름을 크게 알리진 않았지만 일생을 독립을 위해 싸우다 돌아가신 분들의 비석을 통해 독립운동의 역사와 양상을 간략하게 살펴본다.

13도창의군(十三道倡義軍)

'동부제일병원' 정거장[13]에 내려서 망우리공원으로 올라가면 운동장이 나오고 그 운동장을 왼쪽이나 오른쪽으로 끼고 돌아가면 묘지로 올라가는 길이 나온다. 운동장 한편에는 높은 탑이 서 있는데 바로 '13도창의군탑(十三道倡義軍塔)'이다. 13도는 당시 조선의 전국 13개도를 말하는 것이고, 창의(倡義)는 국난을 당하였을 때 의병을 일으킨다는 의미이다. 탑 왼쪽에 서 있는 안내판을 읽어본다.

13) 이제 정거장명도 민간 병원명이 아니라, '망우리공원입구'라고 바꿔야 한다.

이 탑은 구한말인 1907년 11월 전국의 13도에서 모인 의병들이 일제 침략의 본거지가 있는 서울을 탈환하여 국권을 회복할 목적으로 경기도 양주에 집결, 동대문에서 30여 리 떨어진 이곳 망우리 일대에서 서울진공작전을 펼친 것을 기념하기 위하여 1991년 8월 14일 동아일보사가 건립하였다. 당시 48진 1만여 명에 이르는 의병은 13도 창의대진소를 설립하고 총대장에 이인영을, 군사장에 허위를 추대하였다. 다음 해 1월 허위는 3백 명의 선봉 결사대를 이끌고 서울로 진격하다 이곳에서 일본군과 혈전을 벌였으나 후속 부대의 도착이 늦어 중과부적으로 퇴진하지 않을 수 없었다. 그 후 허위는 임진강을 근거지로 서울을 공격하였으며 전국적으로 의병전쟁이 더욱 치열해졌었다, 이곳은 비록 서울을 탈환하지는 못하였으나 민족의 독립과 자유를 쟁취하려는 연합의병들의 고귀한 뜻이 깊이 숨 쉬고 있는 곳이다.

13도창의군탑

망우리공원에서 가장 높은 훈격인 건국훈장 대한민국장을 받은 이는 한용운인데, 여기 13도창의군의 군사장 허위(許蔿 1854~1908)도, 묘는 경북 금릉에 있지만, 건국훈장 대한민국장이 수여된 분이다. 총대장 이인영(1860~1909)은 대통령장을 받았다. 청량리에서 동대문까지의 대로를 왕산로(旺山路)라고 하는데, 이는 허위의 호에서 딴 것이다.

허위는 1895년 명성황후가 시해되자 1896년 3월 10일 이은찬 등

13도창의군탑
안내표지판

과 의병을 일으켰는데, 왕산의 3형제가 참여하였다. 큰형 방산은 진보, 셋째형 성산은 선산과 진보, 왕산은 선산에서 의병을 일으켰다. 의병을 해산하라는 고종의 밀서를 받고 자진해산하고 학업에만 전념하다가, 1899년 고종의 부름을 받고 중추원 의관, 의정부 참관 등을 지냈다. 그러나 1905년 을사조약이 체결되자 모든 공직에서 물러나 1907년 대한제국 군대의 강제해산을 기점으로 경기 · 강원 일대에서 의병을 일으켜 13도창의군에 합류하였다.

13도창의군에 관한 글을 읽어보면, 결전을 앞두고 있는 상황에서 총대장 이인영이 갑자기 부친상으로 귀향을 하였고, 부하들이 복귀를 건의하여도 3년상을 지내야 한다며 돌아오지 않았다고 한다. 지금은 전장이 아니라 올림픽 출전 중에 갑자기 부모의 부음을 들어도 선수는 눈물을 머금고 끝까지 선전하고 돌아와 메달을 영전에 바치는 것이 자연스럽다는 생각이 드는데, 일반병도 아닌 총대장이 개인사로 자리를 비웠다는 것이 지금 시각으로는 이해하기 힘들다.

거사가 실패한 결정적인 이유는 진공작전의 사전 정보 누출과 중과부적인 병력이었다. 또 내부적으로는 의병의 구성원이 모두 양반이었고 다른 계층의 사람과 함께하지 못하였다는 지적이 있는데, 이런 사실과 이인영의 귀향은 조선이 근대에 쇄국으로 치닫게 된 원인을 엿보게 한다. 실리추구나 부국강병보다는 전통과 원칙이 우선된 쇄국정신의 잔영이 남아 있던 것이다.

학자들은 13도창의군 결성 시점을 본격적 의병활동의 기점으로 삼는다. 이전의 의병은 무기나 조직이 없는 상태라서 일제에 위협이 되지 못하였으나, 1907년 대한제국 군대의 해산에 대항하여 많은 군인들이 의병에 합류함으로써 성립된 13도창의군은 일제에 큰 위협이 되었기 때문이다. 필자의 욕심으로는, 13도창의군은 의병활동이 아닌, 일본군대와의 대등한 독립전쟁이라고 평가하고 싶다. 실제로 총대장 이인영은 공격 개시 전에 서울 주재 각국 영사관에 격문을 전달하여 교전단체로 인정해줄 것을 요청한 바 있다. 비록 작전상의 패배로 창의군은 전국으로 흩어져 지속적인 투쟁을 하게 되었지만, 1907~1910년간 3,500여 회의 교전과 약 15만 명의 의병수로 보아, 이는 '13도창의군 사건'이 아니라 일제와의 '독립전쟁'이라고 평가해도 좋지 않을까.

1908년 허위는 거사 실패 후 양평에 은거하다 일본헌병대에 체포되어 사형을 당하였다. 이인영도 1909년 은거 중 헌병대에 체포되어 사형에 처해졌다. 허위는 심문을 받는 과정에서 당당한 지조, 깊은 경륜과 학문의 조예로 헌병사령관 아카시(明石)를 감복시켰다고 한다.

허위에 관해 후에 안중근은 이렇게 말했다.

우리 2천만 동포에게 허위와 같은 진충갈력(盡忠竭力) 용맹의 기상이 있었던들 오늘과 같은 굴욕을 받지 않았을 것이다. 본시 고관이란 제 몸만 알고 나라는 모르는 법이지만 그는 그렇지 않았다. 따라서 그는 관계(官界) 제일의 충신이라 할 것이다.
– 안중근 《순국》

왕산 허위의 장남 허학(애국장)과 맏사위 이기영(애국장)도 1907년의 의병에 참여하여 왕산의 순국 후에도 국내에서 독립운동을 계속하다, 이기영은 1918년 옥중에서 타계하였다. 이후 왕산의 친외가 유족들은 일제의 탄압을 피해 1910년대 서간도로 망명하고 그 후 다시 여러 나라에 흩어져 살게 되었다. 허학의 가족은 소련 연해주로 갔다가 1937년 강제이주정책에 의해 우즈베키스탄으로 옮겨져 황무지를 개척하며 살았는데, 허학은 1940년 갑자기 붙잡혀간 뒤 소식이 끊어졌다고 한다. 그의 딸, 즉 왕산의 장손녀 로자(1926~)는 언론에 의해 세상에 알려져, 2006년 10월 정부의 초청으로 방한하여 10월 6일 추석 때는 여러 나라에서 모인 유족들이 구미 금오산의 왕산 묘를 참배하고, 정부가 왕산의 아들 허학에게 1991년에 추서한 건국훈장 애국장을 대신 받았다. 훈장을 받아든 그녀는 "아버님(허학)께선 이런 날이 오리라고는 꿈에도 생각지 못하셨을 거야" 하며 울먹였다(《순국》). 허로자 씨는 2008년 8월 15일 광복절 기념식 때 다시 정부의 초청을 받았다. 「청포도」로 유명한 시인 이육사가 왕산 사촌의 외손자이다.

망우리고개에 집결하여 저 아래로 멀리 청량리와 동대문 쪽을 바라보던 창의군의 고귀한 뜻은 창의군탑이 되어 푸른 하늘을 찌르고 있는 듯하다.

춘파 서동일(春波 徐東日 1893~1966)

보훈처 공훈록 요약

경북 경산 출생. 1923 중국 북경으로 망명하여 국민당에 가입, 재정부장을 하였다. 1924년 군자금 모집 밀명을 받고 대구로 와 군자금 1,300여 원을 모집하여 북경에 전달하고, 다시 1925년 귀국하여 군자금 모집을 전개하였다. 동년 4월 불언실행을 행동지침으로 하여 일제 앞잡이를 처단하는 다물단(多勿團)에 가입하여 활동하다가 일경에 검거되어 3년의 옥고를 치렀다. 정부는 1990년에 건국훈장 애족장을 추서하였다.

연보비 앞면에는 다물단의 뜻이 기록돼 있다. "다물이란 옛 땅을 회복한다는 뜻으로, 용감 · 전진 · 쾌단 등의 뜻과 함께 불언실행(不言實行)을 의미한다."

춘파 서동일의 묘는 필자가 혼자 몇 번이나 찾아봐도 보이지 않았다. 결국 관리사무소에 문의한 바, 춘파의 묘비는 그의 이름으로 되어 있지 않고 부인 이름 최옥경으로 되어 있다고 한다. 이게 무슨 말인가? 관리사무소에 의하면, 원래 이 묘는 부인의 묘였는데, 1995년에 춘파를 이곳으로 이장하여 합장시켰다고 한다. 묘지가 1973년에 만장되어 더 이상의 묘나 합장조차 허용되지 않았지만, 1990년에 독립유공자로 인정받아 특별히 예외적으로 허용되었을 것이라는 추측이다. 하지만 유족의 형편이

다물단名義로
死刑宣告書
여러 군대에 송달된 모양
警察은 血眼活動中

다물단에 대한 신문기사

서동일의 연보비

어려운지 새로 춘파의 비석 하나 제대로 세우지 못한 채 그대로 부인 이름의 비석만 있다.

망우묘지에 있는 묘는 모두 개인이 관리하고 있다. 독립유공자라고 해서 묘지 관리에 나라에서 예산이 나오는 것은 아니므로, 관리사무소 입장에서도 안타깝지만 어찌 할 수 없는 일이다. 많은 유명인의 묘 중에서, 기념사업회나 기념재단 혹은 관련협회가 관리해주는 묘는 사철 내내 깨끗한 모습을 하고 있지만, 개인이 관리하는 묘소는 기껏해야 1년에 한 번 추석 전의 벌초 정도가 대다수이다.

관리사무소가 가르쳐준 지역으로 찾아가 한참을 헤맨 후에 묘번 107266을 찾을 수 있었다. 오재영 연보비 전에서 5분 정도 내려가면 페인트가 칠해진 나무가 나오고, 거기서 다시 우측으로 내려가면 리본이 달린 향나무가 나온다. 그 왼쪽으로 가면 다시 리본 달린 나무가 보이는데, 그 나무를 지나면 나온다.

서동일 부인과의 합장묘

먼저 눈에 들어오는 비석 뒷면에는 자식들의 이름이 페인트로 적혀 있고, 앞면에는 부인 이름 최옥경(1891~1950)이라 되어 있다. 관리사무소의 말대로 형편이 안 되어 비석 하나 제대로 세우지 못하였다는 것이 사실이라면 매우 안타까운 일이다. 공동묘지이지만 여기 있는 많은 유명인들 전부는 아니더라도 적어도 우선 독립유공자들은 나라에서 예산을 내어 비석을 세워주고 묘를 관리하도록 추진해야 할 것이다. 나라를 위해 몸을 바친 사람은 개인의 조상이 아니라 나라의 조상이다. 그리고 나아가 후세에 큰 영향을 미치고 귀감이 되는 문인과 예술가도 나라의 조상으로 관리해야 하지 않을까.

다행히도 2017년 10월 문화재청은 서동일 선생을 포함한 망우리의 독립지사 8인을 등록문화재로 지정하기에 이르렀다. 올해부터는 일정 부분 국가의 지원을 받게 되는데 부족한 부분은 지자체가 보완하여 독립지사에 대한 예우를 갖추었으면 한다.

오재영(吳哉泳 1897~1948)

이중섭 묘 정면을 바라보고 왼쪽으로 20m 정도에 있다. 묘비 이름은 그의 호를 따라 오준영(吳晙泳)으로 되어 있다. 순환로 길가의 연보비에는 "강도 일본의 통치를 타도하고 우리 생활에 불합리한 일체 제도를 개조하여 인류로써 인류를 압박치 못하며 사회로써 사회를 박삭(剝削 깎아내다)치 못하는 이상적 조선을 건설할지니라"고 적혀 있다.

보훈처 공훈록

1897 부산 출생. 1920년 9월 의열단원 박재혁이 상해에서 나가사키를 거쳐 부산에 입항하여 오재영 집에 묵고 다음날 중국서적상으로 가장하여 부산경찰서장을 방문하여 폭탄을 투척, 서장이 중상을 당한 거사가 일어났다. 이때 오재영은 박재혁의 폭탄 한 개를 맡아두었다가 9월 14일 거사를 거행하는 박재혁에게 내주는 등 의거를 돕다가 공동혐의자로 피체되었다. 1921년 8월 3일 징역 1년형을 선고받고 대구형무소에서 옥고를 치렀다. 1990년 건국훈장 애족장을 추서.

우리나라 독립운동사에서 의열단처럼 화끈한 운동가들이 없었다. 영화 「아나키스트」(유영목 감독)가 의열단을 소재로 만들어졌다. 의열단이 우리에게 잘 알려지지 않았던 것은 의열단의 이념은 사회주의적 민족주의였고, 단장 김원봉(1898~1958)은 1948년 월북하여 노동상까지 지낸 사람이기 때문이다.

연보비의 내용은 의열단의 '조선혁명선언'의 마지막 부분에 있는 내용이다. 단장 김원봉의 부탁으로 신채호가 썼다. 신채호 또한 급진노선파였다. 선언서에서 임시정부의 온건파들, 즉 외교론(이승만 계)

오재영의 연보비

이나 준비론(안창호 계)을 비판하며, 무장투쟁이 유일한 무기라고 주장하였다. 의열단은 1919년 11월 9일 13명의 조선 청년이 중국 길림에서 회합을 가지고 결성되었는데, 22세의 김원봉이 단장으로 추대되었다. 단원은 엄격한 심사를 거쳐 뽑았는데, 사격과 폭탄 투척 연습, 무술 연마 및 예절 교육까지 시켜 깔끔한 국제 신사의 이미지를 유지했다. 상해에 폭탄 제조소 12곳을 두었고, 국내에도 조직망을 만들었다.

1920년부터 국내로 잠입한 단원들은 연달아 주요 일제 기관에 폭탄을 던지는 의거를 감행하였다. 1920~1926년의 기간에 부산경찰서(박재혁), 밀양경찰서(최수봉), 조선총독부(김익상), 상해에서의 육군대장 다나카 기이치(김익상, 오성륜), 일본 황궁 앞(김지섭), 종로경찰서(김상옥), 동양척식회사 및 식산은행(나석주) 등에 폭탄을 투척하거나 총격을 가했다. 육군대장 다나카 기이치 저격 사건으로 체포된 오성륜은 목욕탕에서 주운 못으로 수갑을 풀고 탈옥하여 신출귀몰한 의열단의 이미지를 심어주었다.

오재영이 관련된 사건의 내막은 이러하다. 의열단은 제일 처음 밀양경찰서를 표적으로 하였으나 부산경찰서에서 꼬리가 잡혀 단원 16명이 검거되었다. 이 사건으로 의열단의 실체가 일부 드러나게 되고 무기 반입이 엄격히 통제되었다. 김원봉은 이 소식을 듣고 부산경찰서장을 죽일 계획으로 박재혁에게 임무를 맡겼다. 박재혁은 등에 고서를 진 고서판매상으로 위장하여 서장을 만난 자리에서 고서를 꺼내는 척하며 폭탄을 투척, 서장은 중상을 당하고 박재혁도 부상된 몸으로 체포되었다. 사형이 확정된 후 그는 단식으로 옥중에서 목숨을 끊었다. 박재혁에게는 1962년 독립장이 추서되었다.

비록 실패하여 체포되거나 자살한 경우가 더 많았으나, 의열단의 거사는 조선 민중에게는 가슴이 후련해지는 쾌거가 아닐 수 없었다. 물론 이런 식의 무장투쟁이 오히려 조선의 독립을 요원하게 할 것이라는 생각을 가진 신중파도 있었지만, 군대를 가지지 못한 망국민에게는 장기적으로는 꾸준한 실력 양성과 동시에 단기적으로는 최소의 희생으로 최대의 효과를 얻는 이런 식의 투쟁도 피할 수 없는 선택이었다고 본다. 김구의 임시정부도 결국 의열단과 같은 노선의 한인애국단을 조직하여 1932년 1월 8일 이봉창은 천황에게 폭탄을 투척했고, 1932년 4월 29일 윤봉길은 홍구공원에서 도시락 폭탄 투척 의거를 일으켰다. 이 사건들은 해방 때까지 임시정부에 대한 중국 국민당의 전폭적인 지원을 이끌어내는 데 큰 도움이 되었다.

문명훤(文明煊 1892~1958)

평남 평양 출생. 을사늑약으로 나라를 빼앗기자 1914년 중국으로 망명하여 항일투쟁 방략을 모색하다 병을 얻어 귀국하였다. 1919년 3·1운동이 일어나자 맹산(孟山)에서 시위를 주동한 후 다시 상해로 건너갔다. 상해에서 영어전문학교를 수료하고 1920년 4월 14일 임시정부 내무부의 서기로 임명되었다가 동년 6월 24일 의원 사직하고 미국으로 유학을 떠났다.

문명훤

1923년 미국에서 흥사단에 가입하여 기고와 강연 등의 활동을 하였는데, 1925년 7월에 총독부가 작성한 '재구(在歐)요주의 조선인 명부'에 '조선 통치의 방침을 공격하는 자'로서 당당히 이름이 올라가 있다. 1929년 6월 아이오와주의 더뷰크대학 화학과를 졸업하였다. 이어서 노스웨스턴대학 석사 과정에 들어갔으나 도중에 학비가 없어 행상으로 미국 동부 각 도시를 돌아다니다가 더 이상의 공부보다는 고국을 위해 활동하자고 결심하여 1931년 4월에 귀국했다고 자서전(1973, 어린이문화관)에서 밝힌 바 있고, 1931년 4월 5일의 동아일보 기사에도 문명훤이 뜌북(더뷰크)대학을 졸업하고 1년 동안 응용화학을 연구하고서 금의환향했다고 보도했다.

이후 국내에서 상업에 종사하면서 흥사단의 국내 조직체인 수양동우회에 가입하여 민족주의 사상을 고취하는 등 활동하다가 체포되어 4년의 옥고를 치렀다.

그는 한글 연구서로 수기 프린트판인 「제글제문화」(1958), 「국어의 참두루미」(1948년)를 남겼고, 자서전 『환난의 정복자』(1973, 어린이문화관)가 미국 거주 후손에 의해 간행되었다. 애족장(1990)을 받았고, 2006년 대전 현충원으로 이장되었다.

연보비

말에는 본이 있고 글에는 법이 있다. 말과 글이 같은 민족의 사회에서 말의 본이 글의 법이오, 글의 법이 곳 말의 본이다. - 「고등 한국말의 본」 중에서

서병호(徐丙浩 1885~1972)

서병호의 연보비

연보비

내가 있기 위해서는 나라가 있어야 하고 나라가 있기 위해서는 내가 있어야 하니 나라와 나와의 관계를 절실히 깨닫는 국민이 되자.

- 〈좌우명〉 중에서

비문

송암 서병호 장로님은 1885년 7월 초이레 황해도 송천에서 달성 서격조 목사 차남으로 태어나시어 송천교회에서 개척 선교사 언더웆 목사에게 세례를 받으시니 한국 최초의 유아 수세자가 되시다. 1906년 서울 경신학교의 유일한 제1회 출신으로써 개

서병호의 비문

화기의 기독청년으로 활약하시다 1914년에는 중국 상해로 망명하셔서 남경 금능대학을 졸업하신 후 대한민국 임시정부 의정원 의원 신한청년당 당수로 파리 만국평화회의에 한국 대표로 파견하는 일을 추진하신 것을 비롯하여 독립운동에 공이 크시다. 1945년 조국 광복 후에는 모교 교장이 되시어 학교 재건과 영재 교육에 심혈을 기울이시는 한편 사회복지사업에도 온갖 정성을 다하시다. 1957년 선친과 언더욷 목사와 함께 설립하신 새문안교회에서 장로로 임직되시며 1968년 원로장로로 모심을 받기까지 오로지 민족과 교회를 위하여 충성을 다하시다. 님의 호 송암(松岩)이 뜻하는 바 믿음의 반석 위에 굳게 선 소나무의 푸르름마냥 나라와 겨레와 민족과 교회를 위하여 평생을 신앙의 본이 되시며 사사다가 1972년 6월 7일 향년 87세로 주님 곁에 가시다. 대한 예수교 장로회 총회는 장로님의 업적과 그의 높으심을 기리어 총회장으로 모셔드리다. 1972년 7월 21일 새문안교회 당회장 강신명 올리다. 김구례 집사님은 황해도 송천에서 1882년 1월 2일 광산 김응기의 장녀로 태어나 1898년 결혼하신 후 친척간에 화목과 효부로 알려졌으며, 1920년 중국으로 망명생활중 독립운동자들에게 희생적 봉사로 평생을 바쳐 지내시다가 광복 후 귀국하셔서 1953년 11월 26일 주님 곁에 가시다.

묘소는 2008년에 국립묘지로 이장되었으나 비석은 그대로 남아 있다. 경실련 사무총장을 지낸 서경석 목사가 그의 손자이다.

서광조(徐光朝 1897~1964)

서광조의 연보비

연보비

우리 한국은 한국인으로서 중국은 중국인으로서 자치의 자유를 향유할 희망을 가지고 있다. 따라서 장래 이 목적을 달성하기 위하여 금일에 동지의 결속을 도모하여 그 준비를 해야 한다.

- 〈조선국민회 결성 취지〉 중에서

보훈처 공훈록

목포 출생. 1917년 3월 23일 평양에서 장일환, 강석봉 등과 함께 조선국민회를 비밀 결사하고 전라도 지역 책임자로 선임되어 항일운동을 하다 일경에 피체되었다. 1918년 3월 16일 평양지방법원에서 보안법 위반으로 징역 8월형을 받아 옥고를 치렀다. 1990년에 건국훈장 애족장 추서.

묘비에는 '1964년 7월 24일 가심'으로 표기되어 있으나, 보훈처의 공훈록과 연보비에는 1972년으로 잘못 표기되었다. 묘번 108919.

오기만(吳基萬 1905~1937)

오기만의 묘비

초판 출간 후 모대학 도서관에 계시는 독자의 소개로 찾은 묘다. 오기만의 동생인 오기영(吳基永 1909~?)부터 소개한다. 성대 출판부는 2003년 7월에 오기영의 저서 『사슬이 풀린 뒤』(1948, 성각사)를 복간했다. 오기영은 배재고보를 중퇴하고 1928년부터 동아일보 기자로 재직하다가 동우회 사건에 연루되어 1937년에 퇴사하였는데, 1938년 서거한 도산 안창호의 병실을 마지막까지 지키고 도산의 장의까지 앞장서서 치렀다.

해방 후에는 경성전기주식회사에 근무하면서 정치문화평론을 언론에 발표하며 예봉을 휘둘렀는데, 경성전기 총무부장 시절에는 경전의 노동조합을 탄압한 '악질' 간부로도 등장한 기사가 보인다. 오기영의 아버지는 우익이고 형과 동생은 좌익인데 본인은 '우도 아니오 좌도 아닌, 그렇다고 기회주의자는 아닌 자유주의자'를 자처하다

1949년 이승만 정권에 회의를 느끼고 월북했다. 그래서 그는 후에 '전쟁 전 월북인사(A급)' 로 분류되어 저서의 출판이 금지되었기에 우리가 그 이름을 접하지 못한 것이다.

『사슬이 풀린 뒤』는 3 · 1운동 때부터 해방 때까지 독립지사 가족이 겪은 고난의 수기인데, 수난의 가족사가 많은 이의 눈물을 자아내 몇몇 학교에서는 임시교재로도 썼다고 한다. 그래서 해방 후 학교 교육을 받은 사람 중에는 이 책을 기억하는 이가 많다.

부친 오세형과 형 오기만은 1919년 3월 30일 황해도 배천읍 장날의 3 · 1운동의 주모자로 일경에 구금되어 고초를 당했고, 오기영 또한 11살의 나이로 친구들과 만세운동에 참여해 일경에 잡혀 고초를 겪었다.

오기만은 배재고보 2학년을 수료한 후 면학을 목적으로 수차례 중국을 왕래하면서 민족운동가들과 교유하였으며, 1928년 4월 16일 신간회 배천지회 설립대회 당시 준비위원으로 격문을 배부하려다 일경에 피체되어 옥고를 치렀다.

출옥 후 상해로 망명하여 1929년 1월 유일독립당 상해촉성회에 가입, 동년 겨울 홍남표, 김형선, 구연흠 등과 함께 유일독립당 상해촉성회를 해체하고 유호한인독립운동자동맹을 결성하여, 민족운동 기념일마다 재류한인들에게 격문을 반포하여 민족의식을 고취시키는 활동을 전개하였다. 또한 구연흠, 조봉암 등과 사회주의운동에 참여하여, 중국공산당 산하의 청년반제상해한인청년동맹(青年反帝上海韓人青年同盟)을 결성하고 집행위원장으로 활동했다.

1931년 6월 상해에서 김단야로부터 국내의 적색노동조합과 조선공산당 재건 명령을 받고 귀국하여, 동년 7월 경성에서 김형선을 만나 협의한 결과 함남 진남포에서 활동하라는 지령을 받았다. 1932년 1월 진남포로 간 그는 적색노동조합 결성을 기도하여 동년 10월 적색노동조합부두위원회를 조직하고 활동하였다. 이외에도 진남포상공학교 적색비밀결사를 조직하였고, 평양에서는 면옥노동자총파업을 선동하는 등 활동을 전개하다가 1933년 9월 상해로 돌아왔으나 1934년 4월 총독부에서 파견한 일경에 의해 피체되어 국내로 압송되었다. 동년 12월 치안유지법 위반으로 징역 5년을 받고 서대문형무소에서 옥고를 치르다가 중병으로 인해 1936년 6월 형집행정지로 출옥하였으나, 옥고여독으로 순국하였다.

上海韓青委員長
吳基萬昨日押來
三년전에는 잠입하야 운동을 지휘
共産運動의 巨頭로 活動

동아일보

오기영의 첫 부인 김명복(1906~1943 경성치과의학교 졸업)은 치과의사로 시숙 오기만에게 계속 자금을 지원해주었다. 오기영의 매제 강기보(1905~1935)는 고려공산청년회 활동으로 옥사했고(애족장 2007), 동생 오기옥도 독립운동으로 복역하다가 해방으로 석방되었다. 정부는 오기만의 공적을 인정하여 2003년에 애국장을 추서하였는데, 지금까지 망우리공원 관리사무소에서 관리하는 애국지사 명단에 이름이 없었기에 독립지사 오기만의 존재를 아는 이는 거의 없었다.

망우리의 묘는 가족 납골묘 형태로, 일제강점기말에 서서히 일본식의 '경제적인' 묘가 하나둘 생기기 시작한 것을 보여준다. 묘의 앞에 있는 비석에는 한가운데 '오세형가대대지묘(吳世炯家代代之墓)' 라고 새겨져 있다. 묘번 204390. 조봉암 묘에서 위쪽 1시 방향으로 능선 바로 밑에 있다.

〈오른쪽 글〉

전생 다생에 인연 있는 우리들이 부모처자로 금생연을
지어 피를 물려가며 고락을 가티 하였더니 때가 이르매
사랑하는 이들의 슬픔을 알면서도 도라갔다
본시 생자필멸이라 무상을 깨다르니 남아서 슬퍼하는
이들도 백세 차기 전에 가티 흙으로 도라갈 것이매
살아 한집에 들었드시 여기 한 무덤을 지어 대대지묘로
삼았노라

銘(명)

세월이 얼마되랴 나도 가티 흙일 것을
그래도 정이로다 압세우기 이대섧어
무덤에 풀옷 입히며 눈물 다시 새로워라
계미년(1943년) 3월 22일
기영 합장

〈왼쪽 글〉

제1대
부 세형
처 인의
자 기만(을사(1905) 8월 21일생/정축(1937) 8월 23일 향년 33)
제2대
부 기영(기유(1909) 4월 13일생/)
처 명복(병오(1906) 11월 13월/계미(1943) 2월 2일 향년 38)

오기영은 자신이 들어오기로 예정한 이 자리에 들어오지 못했다. 1946년 3월 한글학자 김윤경의 생질녀 김정순과 재혼하고 1949년 초에 월북, 6월 조국통일민주주의전선 중앙위원으로 피선되고, 후에 북한 정권의 기관지 《조국전선》 주필(1958), 과학원 연구사(1962)를 지냈다. 사망년은 알 수 없다.

박원희(朴元熙 1899~1928)

박원희는 남편 김사국(金思國 1892~1926)과 함께 2002년 독립지사 서훈(애족장)을 받고 국립묘지로 이장되었으나, 박원희의 비석이 이곳에 남아 있다. 앞면에 '여성운동선구자 박원희', 뒷면에는 '1928년 1월 9일 입(立), 조선사회단체연합장의위원회'라고 되어 있다. 과연 무슨 일을 했던 것일까?

박원희와 남편 김사국

박원희는 대전 출신으로 경성여고보(경기여고)를 졸업하고 철원에서 보통학교 교사로 재직하다가 1921년 뜻이 맞는 김사국과 결혼 후 11월에 함께 도쿄로 건너가 양복 직공으로 일하면서 고학했다.

귀국 후 간도로 건너가 1923년 남편 김사국과 용정에 동양학원을 설립하여 사회주의 운동가 양성 교육을 실시하는 한편, 항일선전문을 배포하고 폭탄으로 일제 기관의 파괴를 계획하다 일경에 함께 체포되었으나 임신 중이라 기소유예로 풀려났다.

귀국 후 1924년 5월에 창립된 한국 최초의 사회주의 여성운동단체인 '조선여성동우회'에 발기인으로 참가하고 창립총회에서 세 명의 집행위원 중 한 사람으로 선출되었다. 집행위원으로 함께 선출된 두 명은 허정숙과 주세죽인데, 허정숙(1902~1991)은 북에서 조선노동당 비서를 지낸 인물이고 주세죽(1901~1953)은 박헌영의 아내로 모두 사회주의 여성운동계의 거물이었다.

조선여성동우회는 강령으로 "사회진화법칙에 의하여 신사회의 건설(즉 무산계급 해방)과 여성해방운동에 입(立)할 일군의 양성과 훈련을 기함, 조선여성해방운동에 참가할 여성의 단결을 기함"를 채택하고 강연 및 음악회 등의 사회활동을 개시했다. 1925년 3월 8일에 무산부인기념강연을 천도교당에서 개최했을 때 강사로는 박원희, 허정숙, 주세죽, 박희자, 김조이(1924년 조봉암과 결혼)가 나온 기록이 보인다.

박원희의 묘비

이어서 1925년에 박원희는 경성여자청년회를 주도적으로 조직하고 집행위원에 피선되었다. 일요강습회를 개최하여 여성들에 대한 사회교육을 실시하는 등 여성계몽운동을 전개하였다. 그리고 1927년 4월에는 중앙여자청년동맹의 집행위원에 선임되어 '청소년 남녀의 인신매매 금지, 만 18세 이하 남녀의 조혼 폐지,

청소년 남녀직공의 8시간 이상 노동야업 폐지, 무산아동 및 산모의 무료요양소 설립' 등을 주장했다. 동우회가 1927년 민족주의계와 연합하여 신간회의 자매 단체격인 '근우회'로 이어졌을 때에는 근우회 47명의 발기인 명단의 사회주의계 10명 중의 한 사람으로 참가했다.

한편, 남편 김사국은 충남 연산 출신으로 10세 때 부친을 여의고 편모와 남동생의 빈곤한 가정에서 자라나 비구니가 된 어머니를 따라 금강산 유점사에서 한학을 배우다가 경성의 보성학교를 중퇴, 1910년 한일합방에 불평을 품고 만주와 시베리아를 떠돌다가 1919년 3 · 1운동 전에 귀국하여 '국민대회' 사건으로 피체되어 1920년에 출옥했다.

1921년 청년연합회의 편집부위원으로 선임되고 동시에 서울청년회 조직에 참여했다. 1921년 7월 박원희와 결혼, 동년 11월 동경으로 가서 오일신보(五日新報)를 발기하고, 박열 · 김약수 · 조봉암 등과 흑도회를 조직하고 12월에는 조선고학생동우회를 조직했다.

1922년 봄 귀국하여 4월의 청년연합 정기총회에서 장덕수 등 민족주의계의 제명을 제안하고 부결되자 서울청년회(당시 대표) 외 8개 단체를 이끌고 탈퇴를 선언하여 서울청년회의 주도권을 잡았다.

또한 4월에 열린 조선노동공제회 제3회 정기대회에서 차금봉과 손을 잡고 주도권을 장악했으나, 11월 잡지 《신생활》의 필화사건(러시아혁명 5주년 기념호)이 계기가 되어 1923년 블라디보스톡으로 망명했다.

1923년 만주 용정에서 동양학원, 영고탑에서 대동학원을 설립하여 사회주의 이념 교육을 하였다. 중국 관헌의 탄압으로 다시 러시아로 망명했으나 폐병이 악화되어 1924년 6월에 귀국하여 조선청년동맹에서 일하면서 10월 고려공산동맹을 결성하고 책임비서가 되어 활약하다가 1926년 5월 8일 사망했다.

김사국 사후, 박원희는 눈물겨운 세상을 저주하면서 4세의 딸 사건(史建)을 업고 다니며 남편의 유업을 이루기 위해 분투하였으나 1928년 1월 5일 30세를 일기로 끝내 영면하였다. 34단체의 사회단체연합장으로 수철리(금호동) 공동묘지의 남편 옆에 묻혔다.

김사국의 어머니 안국당(安國堂)은 1938년에 돌아가 망우리에 묻혔고, 묘번이 109676(모), 109677(부부)로 연이은 것으로 보아, 그때 함께 김사국과 박원희도 수철리에서 망우리로 이장된 듯하다. 부부는 2002년에 독립지사 서훈을 받은 후 대전현충원으로 이장되었고, 바로 그 아래에 어머니 묘만 남아 있는데, 이 묘 앞에 며느리 박원희의 비석을 옮겨 세워 놓은 것이다. 문일평 및 오세창 묘 입구를 지나 아차산 쪽으로 100m 가서 길바닥이 갈라진 곳 왼쪽 바로 아래에 묘와 작은 비석 하나가 보인다.

계산 김승민(桂山 金升旼 1872~1931 비석)

2016년 겨울, 망우리공원을 찾은 한국내셔널트러스트의 김금호 사무국장은 소설가 최학송 묘 뒤편에서 서울 쪽 전망이 매우 좋은 장소를 발견했는데, 그곳에는 큰 비석이 하나 흙속에 반쯤 묻혀 있었다. 앞면의 이름을 적은 한문 글씨가 보통사람의 글씨가 아니었고 뒷면에는 '대통령이…' 라는 심상치 않은 글이 보였다.

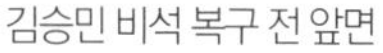
김승민 비석 복구 전 앞면

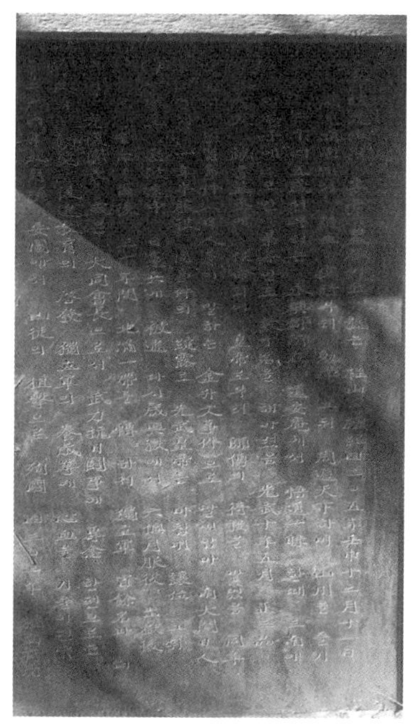
김승민 비석 복구 후 뒷면

확인한 바, 그는 독립운동사의 초기에 활약하신 독립지사 계산 김승민이었다. 1990년에는 '애국장'의 서훈을 받았고 1994년에 대전 현충원으로 이장되었는데 이장 때 땅속에 묻은 비석이 세월이 지나 모습을 드러낸 것이었다. 곧바로 서울시설공단에 비석의 복원을 부탁해 몇 달 후 비석이 다시 세워졌다. 비석에 드러난 글은 아래와 같다.

> 김승민 선생의 자는 성극(星極)이요 호는 계산(桂山). 단기 4205년(1872, 고종9년) 임신 12월 11일 함주군 연포면에서 탄생. 소시부터 면학. 그 뒤 주유천하 하며 산천을 즐기다가 24, 5세서부터는 영흥군 소재 도안암에서 오도일매(悟道一昧, 도를 깨우침에 집중) 한때 삼남(三南)에서 이 암자에 모인 제자만도 수천 명을 헤아렸음. 광무 10년(1906) 5월 정3품 통정대부 비서감승(비서실장)에 임명되어 황

제로부터 사전(師傳, 사부)의 대접을 받았음. 동년 황제의 밀지사건(일인들이 말하는 김승문(金升文) 사건)으로 말미암아 남대문 일인 감옥에서 1년 반 복역. 동 사건의 탄로로 광무황제는 마침내 양위. 그 뒤 해삼위(블라디보스토크)로 밀항 도중 일 헌병에 피체. 다시 함흥옥에서 6개월 복역. 출감 후 만주로 망명. 이후 30년간 북만 일대를 전전하셔 독립군 백여 명과 더불어 광복단장 혹은 대동회장으로서 무력 항일투쟁에 전념 한편으로는 이민의 권장 · 후진교육의 계발 · 독립군의 양성 등에 심혈을 기울이던 중, 단기 4264년(1931) 9월경 안도(安圖)에서 흉도의 저격으로 순국. 단기 4301년(1968) 독립유공자로서 대통령으로부터 표창장을 추서받음. 좌부 성재문 여사는 4207(1874)년 갑술 9월 12일생 일찌기 부군인 선생의 뒤를 따라 도만 '독립군의 어머니' 로서 필설에 절하는 고난을 겪으며 선생의 독립운동에 협조 그 업적 두드러진 바 있었음. 단기 4292년(1959) 음 8월 14일 선생의 안부에 집념하며 고국의 품에 안겨 장서. 두 분의 빛나는 독립운동 사적을 기리 새겨두기 위하여 이에 추모비를 건립하며 삼가 두 분의 명복을 비는 바임.

건국기원 4301년(1968) 8월 일
재만광복동지 대표
후학 이현익(李顯翼) 찬지(撰識)
학남 정환섭(鄭桓燮) 경서(敬書)

위에서 말하는 '밀지사건' 은 헌병대에 체포된 김승민의 품에서 의병에게 보내는 황제의 밀서가 발견된 사건인데 황현의『매천야록』(1906)에는 이렇게 적혀 있다. "김승문은 함흥 사람이다. 그는 신술(神術)이 있었으므로 강석호가 그를 천거하자, 고종은 그를 대면하고 10일 만에 비서승으로 제수하였다. 이때 어떤 사람이 일본인에게 밀고하기를, '이 사람은 의병과 내통한 사람이다' 라고 하였다. 이에 일본인들은 그를 구속한 후 그의 행적을 조사하여 의병과 내통한 어보문자(御寶文字)를 발견하고 결국 그를 오랫동안 수감

하였다.”

김승민은 다시 1909년에는 헤이그밀사사건으로 서울 경무청에 수감되어 6개월간 복역했다. 1920년에는 봉천성 안도현에서 홍두식과 함께 광복단을 조직, 약 300명의 단원을 무장시켜 1922년 7월까지 6차에 걸쳐 국내와 만주 일대에서 무력항쟁을 전개했다. 1923년 가을에는 흥업단 · 군비단의 3개 단체를 통합하여 광정단(匡正團)으로 확대 개편했다. 1925년에는 만주 봉천성 안도현에서 대동회를 조직하여 회장으로 활약하다가 간도 일영사관 경찰에게 체포되어 다시 옥고를 치렀다. 또한 일경의 ‘용의조선인명부’에 김승민은 1920년 8월 북간도에 이주하여 의업을 했고 돈화현 중국 육군 명예군의(軍醫)의 군적을 가졌으며 1928년 가을 돈화현 중국감옥의 의관에 임명된 것으로 기재되고 계파는 민족주의, 공산주의, 고려공산당계로 분류되어 있다.

글을 지은 이현익(1896~1970)은 함경남도 단천 출신으로 1905년 만주로 이주, 광정단의 외교부장으로 김승민의 휘하에서 활동했다. 이후 독립운동의 한편, 민족 종교 대종교의 전도에도 진력하다가 1944년 목단강 고등법원에서 징역 7년형을 선고받고 복역 중, 1945년 광복 직전 소련군의 만주 진출로 출옥했다. 1990년에 김승민과 함께 애국장이 추서되었다.

글자를 쓴 정환섭(1926~2010)은 충남 홍성 출생. 소전 손재형에게 사사. 서울대 미대를 졸업하고 한국미술협회장, 국전 초대작가 심사위원장 등을 역임했다. 추상에 가까운 파격적인 실험 서체를 보이며 국내 서단에 새로운 바람을 일으켜 한국 서예의 현대화를 주도한 인물로 평가받는다.

순환로 중랑전망대에서 용마산 쪽으로 50미터쯤 가서 왼쪽 울퉁불퉁한 돌계단을 50미터 올라가 왼쪽 오솔길로 들어가면 북한산이 바라보이는 전망 좋은 자리에 갓을 쓴 큰 비석이 우뚝 서 있다.

명재 이탁(命齋 李鐸 1898~1967 비석)

망우리공원이 끝나는 지점에서 일단 내려왔다가 다시 용마산으로 올라가는 이른바 '깔딱고개' 전에 쉼터가 있다. 그곳에서 중랑구 사가정 공원 방향으로 내려가는 길 우측에 갓을 쓴 큰 비석이 하나 보인다. 비석의 앞면에는 '命齋慶州李鐸先生之墓', 뒷면에는 글이 가득하다.

> 여기 젊음을 독립군에 불사르시고 남은 생을 오로지 교육과 연구에 바치신 지사적 학자가 고이 누워 계시다. 선생은 경기 양평 용문산의 정기를 받아 한말의 풍운 속에 소년 시절을 보내시고 잃은 나라 되찾으러 온 겨레 일어선 기미의 해 약관의 몸으로 북로군정서의 사관생도가 되사 청산리 전역에 참가 이년여의 옥고를 겪으시고 이후 한글학회, 정주 오산학교, 서울사대에서 국어학 연구와 후진 양성에 몸 바치시다가 뜻하신바 다 이루지 못하시고 세상을 뜨시었다. 고고하신 생애에 빙탄불용의 엄하심이 있으시고 독창성에 차신 학풍은 후지자운(後之子雲)을 기약하시던 뜻 길이 받잡고자 오늘 이 주기를 맞이하여 여기 조찰히(깨끗이) 몇 자 새기어 삼가 세우다.
>
> 서기 1969년 4월 24일
> 서울대학교 사범대학 국어과 문하생 일동

경향신문 1938.09.12 기사

빙탄불용(氷炭不容)은 '서로 용납할 수 없는 얼음과 숯'으로 애국자와 간신은 얼음과 숯처럼 함께할 수 없다는 뜻이고 후지자운(後之子雲)은 후세인의 융성을 뜻한다. 독립군 출신으로 드물게 서울대 교수를 지냈다. 한자까지 똑같은 동명이인으로 임시정부의 지도자 이탁(1889~1930, 독립장)이 따로 있다. 1992년에 대전현충원으로 이장되었고 망우리에는 비석이 남아 있다.

국립묘지로 이장하면 똑같은 면적에 똑같은 모양의 비석이 설치되는데 그것은 어려웠던 시절의 몰개성, 전체주의적인 발상이 아닐까. 망우리에는 고인을 기리는 의미 깊은 글이 당대 유명 서예가의 솜씨로 새겨진 개성적인 모양의 구비석이 많이 남아 있다. 이장시에 비석을 여기에 남긴 뜻은 바로 나 같은 후세인에게 귀감을 보이기 위함이니 나는 소중한 그 말을 다시 독자에게 전한다.

이탁 선생은 어려서부터 주경야독으로 한문을 공부하다가 1916년 경신학교에 입학하여 장지영에게 조선어문법 강의를 들었는데 당시 교재는 김두봉의『조선말본』(1916)이었다. 1919년 3 · 1운동이 일어나자 만주로 가서 이곳저곳을 전전하다가 북로군정서 사관연성소에서 3개월의 간부 훈련을 마친 후 1920년 4월 각지에서 응모한 300명의 훈련을 시킬 때 특무반장으로 근무했다. 그 해 10월 청산리 전투에 참가했다.

후에 어떤 작전 중에 본대와 연락이 두절, 이탁이 속한 부대가 해

"民族의 힘을 빼는 글은 쓰지말라" 당부

나의 스승

「靑山里의 氣槪」로 사시던 國語學敎授

李鐸 선생님

鄭震權 〈韓聖大 교수〉

李鐸 선생님

"공부만잘해도 愛國인데…" 아쉬워하신 그말씀

경향신문 1938.09.12 기사

산되고 본대가 시베리아로 가버렸으므로 복귀를 단념하고 수습요원으로 활동하였다. 1922년 무송현 흥업단(윤세복)의 군사교관으로 초빙되어 전성호와 함께 갔으나 곧 그만두고 1923년 8월 만주 화순현 화림학교에 1년간 교사로 있었다. 1924년 돈화현으로 와서 9월 이홍래의 부탁으로 『신단민사(神檀民史)』보급(판매)을 위해 용정에 갔다 그때 불시검문을 당해 불온 자료를 소지하고 있다 하여 20일 구류 처분을 받았는데 이어 독립군 전력이 발각되어서 3년 형을 받고 복역하다 1926년 12월 가출옥되어 귀향했다. 농사를 지으며 국어학을 연구하다 1928년에 오산학교에서 부임하고 부친의 중병으로 36년에 귀향했다. 조선어학회에 1932년에 가입하여 맞춤법통일안 제정위원, 표준말 사정위원 등을 지냈다.

해방 이후 1961년 정년퇴임 때까지 서울대학교 사범대학에서 국어학을 가르쳤다.「언어상으로 고찰한 선사시대의 환하문화(桓夏文化)의 관계」·「어학적으로 고찰한 우리 시가의 원론」등 발표한 논문을 모아『국어학논고』(1958)를 펴냈고「언어상으로 고찰한 우리 고대사회상의 편모」『한글 124호』·「국어 어원풀이의 일단」『한글 140호』등을 발표했다. 1968년 3월 1일 독립유공자로 대통령표창에 추서되

이탁 비양

이탁 비음

고 1991년에 다시 건국훈장 애국장에 추서되었다.

고인이 옥고를 치른 계기가 된 『신단민사(神檀民史)』는 고종 때 성균관 대사성을 지낸 김교헌(1868~1923)이 지은 것으로 그는 대종교 2대 교주이며 독립운동가이다. 당시 김교현은 독립군과 동포들에게 읽힐 만한 역사서의 부재를 안타까워하며 각종 사서를 섭렵하여 저술한 역사서로 1923년 7월에 상해에서 출간했다. 이는 민족주의의 시각에서 정리한 최초의 저술이라는 점에서 사학사적 의미를 가지며 실제로 만주의 한인 중학교와 신흥무관학교 등의 역사 교과서로 사용되며 동포들의 민족정기를 북돋고 항일독립투쟁을 수행하는 데 이념적 지주가 되었는 바 그런 의미에서 우리나라 최초의 국사교과서라고 평가할 수도 있다. 해방 후 1946년에 삼중당에서 새로 간행하였는데, 이때는 임시정부의 중추였던 이시영, 조성환, 조완구 등과 독립지사 위당 정인보가 추천사를 썼다.

이탁의 서울대학교 사범대 제자 정진권(1935~, 한체대 명예교수)은 경향신문(1983. 09. 12)의 회고에서 「청산리의 기개로 사시던 국어학 교수」라는 제목으로 스승 이탁을 회고하길, "선생은 고대의 언어를 연구해 보면 우리 문화가 중국으로 건너간 자취를 많이 찾아볼 수 있다는 말씀과 함께 그 증거를 구체적으로 제시해주셨다. 없는 일을 꾸미는 것도 잘못이지만 있는 일을 못 찾는 것도 잘못이 아니겠는가 하는 말이 지금도 귓가에 들리는 것 같다"고 하였다.

『신단민사』에서는 만주에 존재했던 모든 민족, 즉 거란족(요), 여진족(금), 만주족(청) 등의 동이족을 모두 단군의 후예로 보고 있다고 하니 이 말은 비문에서 '독창성에 차신 학풍'으로 표현된 듯하다. 마지막으로 정 교수는 이탁 선생이 독립운동을 위해 만주로 떠나기 전에 남긴 한시를 직접 번역하여 소개했다.

나는 안다 내가 태어난 곳이 어딘가를 / 서울을 지키는 큰 뫼 용문산 아래다
세상의 온갖 거짓을 바로 가리고 / 끊긴 문화와 역사를 밝혀 잇겠노라
백마가 괴롭힌들 이 뜻 고치며 / 만겁이 지난들 이 넋 변하랴
오, 일편단심 이 하나뿐 / 사생고락을 어찌 말하랴(정진권 역)

國中鎭岳是龍門 天命我生山下村
邪說僞言辨歸正 絶文沒死闡還存
百魔侵伐寧移志 萬劫經遷不變魂
一片丹心惟此願 死生苦樂豈須論

기념비(탑)

경서노고산천골취장비(京西老姑山遷骨聚葬碑 묘번 201616, 1938.09)

서울 서쪽 노고산(서강대 뒷산) 공동묘지를 없애면서 무연고 뼈를 이곳으로 옮기고 세운 비석이다. 1933년 망우리가 경성부립 공동묘지로 개장되면서 시내의 다른 공동묘지로부터의 이장이 순차적으로 이루어졌다. 제자 '경서노고산천골취장비'는 위창 오세창이 썼고, 아래의 비문은 노고산장택지경영주식회사(사장 박보양)의 전무 송달섭이 짓고 김흡이 썼다. 박보양(1888~?)은 강원도 철원 출신으로 사업과 정치에 활발하게 활동하며 후에 중추원 참의를 지냈다.

노고산 취장비

아래 상석처럼 누운 비석은 원래는 붙어 있던 것이 떨어진 상태로 수십 년간 방치된 듯하다. 즉 상석이 아니라 비문이었다. 이를 다시 붙이고 한문 번역도 해야 할 것이다. 갈림길에서 좌측으로 10분 정도 계속 올라가다보면 오른쪽에 보인다.

이태원묘지 무연분묘 합장비(묘번 100036, 1936.12)

앞면: 이태원묘지 무연분묘 합장비
뒷면: 소화 11년(1936) 12월 경성부

이태원묘지 무연분묘 합장비

이태원 공동묘지의 무연고 묘를 이곳에 한데 모아 합장하고 세운 비석으로, 이 또한 시립망우리 공동묘지 개설 초기의 역사를 증거하는 유적이다. 1937년 6월 9일의 동아일보 기사에 따르면, "일제는 이태원을 주택지로 만들기 위해 1935년부터 이장을 추진하여 1936년 4월 8일까지 미아리와 망우리로 이장 완료하였다. 유연고 묘는 4,778기에 불과하고 나머지 28,000여 기는 무연고 묘로 판명되어 경성부 위생과에서는 그 전부를 망우리 공동묘지에 화장 및 합장하였는데, 그 불쌍한 혼을 위로하는 의미에서 9일 오후 2시부터 망우리 공동묘지에서 위령제를 거행한다."고 전했다.

한편, 유관순 열사는 1920년 9월 28일에 옥사하여 10월 14일 일제의 삼엄한 경비 속에 이태원 공동묘지에 매장되었으나 묘비나 표석도 없이 지내다가 이태원 공동묘지가 망우리로 이장되면서 찾지 못했다. 1990년에 기념사업회는 시신 대신 청동지석을 봉안한 초혼묘를 충남 천원군 병천면 유열사 사당 앞에 만들었다. 그렇다면, 이 무연분묘 합장비 아래에 유관순 열사의 뼛가루가 섞여 있을 가능성이 있지 않을까. 그래서 이 합장비는 유관순 열사를 가장 가깝게 추모할 수 있는 상징물이 될 수 있다고 생각한다. 다행히도 망우리공원 관리사무소는 유족을 대신하여 노고산취장비와 함께 명절 때마다 제사를 지내고 있다. 갈림길에서 왼쪽으로 150m 후, 왼쪽 편에 보인다.

국민강녕탑(國民康寧塔)

용마산 · 아차산 지킴이로 수십 년간 산속 쓰레기를 주워온 최고학(崔孤鶴 1927년생) 옹이 국민의 행복을 기리며 홀로 10여 년에 걸쳐 쌓은 탑이다.

탑은 몇 년 전에 완성되어

최고학(왼쪽)과 국민강녕탑

이제 새 탑을 쌓지는 않지만, 최고학 옹은 거의 매일 망우리공원에서 살다시피 한다. 하필 이곳에 탑을 세웠냐고 물어보니 최옹은 자신이 직접 그린 지도를 바닥에 펼치고 설명하길, 아차산 전체에서 용마봉이 용의 머리이고 관리사무소에서 박인환 묘 가는 길에 물이 흘러내리는 곳이 용의 배설구, 그리고 이곳이 용의 배꼽에 해당한다고 한다. 그가 늘 종이에 직접 써 놓고 보여주던 설명문이 최근 북한산 둘레길 조성 사업 때 설명판에 옮겨져 세워졌다.

노인은 왜 탑을 쌓고 있습니까?

앞에 보이는 국민강녕탑을 바라보고 지나다니는 전국민들이여. 지나친 욕심을 버리고 남을 미워하지 않으면 자살하는 국민도 이혼하는 국민도 결혼을 못하고 늙어가는 처녀총각도 없을 것이오. 돈이 많으면 모든 것이 해결되는 것은 아닙니다. 마음이 맞으면 행복을 만들어갈 수 있습니다. 우리 국민의 건강과 마음이 평안해지리라 하는 마음으로 국민강녕탑을 쌓고 남은 여생을 보내고 있는 87세 최고학이라 합니다. 우리 국민들 소원이 꼭 이루어지기 바랍니다. 앞에 보이는 국민강녕탑은 우리 국민들 행복을 빌고 건강을 비는 탑으로 수천 년, 수만 년 보존될 것입니다.

또 하나의 새로운 탑을 세우려고 하는 것을 관리사무소에서 만류했다. 산 위의 돌을 끌어 모아 탑을 쌓으니 재해의 우려도 있기 때문이다. 그는 해방 후 국방경비대에 입대하여 군인으로 14년을 근무하며 4 · 3도 겪고 6 · 25도 겪었다. 먼저 가버린 전우를 생각하면 자신은 너무도 장수하여 미안한 마음이다. 늘 물을 많이 마시며 아차산을 돌아다니는 것이 건강 비결이다. 국민강녕탑 위치를 설명하는 용 모양의 조감도 외에도, 직접 그린 아차산 지도를 바닥에 펴 놓고 보여준다. 아차산 지도에는 각 부분이 걸음으로 몇 보인지를 상세하

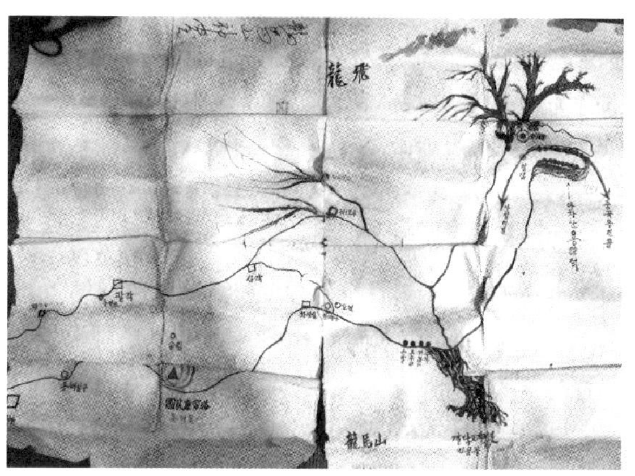

최고학 옹이 그린 비룡 모양의 이곳 지형, 아래 왼쪽 삼각형이 국민강녕탑이다.

게 적어 놓았다.

언젠가는 대화 중에 자신이 얼마나 건강한지 보여주겠다며 그 자리에서 발을 구르며 뱅뱅 몇 십 바퀴나 계속 도시기에 걱정이 되어 그만 두시라고 했다. 알고 보니 '제자리돌기 600바퀴'로 83세 때 방송에 나온 적도 있다. 배도 나오지 않았고 목소리도 쩡쩡 울린다. 한때 의류제조업으로 평화시장 납품을 하며 돈도 벌었지만 지금은 조용히 망우리공원 아래 동네에 살며 매일 공원에 오르는데, 오후에는 주로 순환로 반환지점인 정자(동락정)의 벤치에 앉아 그곳을 찾는 산책객과 대화 나누는 것을 낙으로 삼고 있다.

탑을 쌓는 마음, 탑을 도는 마음이란 무엇일까 생각해 본다. 무언가 기원을 이루고자 하는 마음을 행동으로 표현한 것이 탑쌓기, 탑돌이다. 아무 의미 없는 일이라고 치부할 수도 있는 것이지만, 자신을 돌아보라. 최옹은 홀로 10년간 묵묵히 탑을 쌓았다. 우리 각자는 그동안 무엇을 쌓았을까…. 용마산 방향 우측 순환로로 걸어가 전주 21번을 지나면 왼편에 나온다.

어여간 나의 마음 가르어간 나의 몸

| 서민의 비명

이 책은 스토리가 있는 유명인 위주로 엮어졌지만, 망우리공원을 돌아다니다 보면 이름 없는 고인의 비석에서도 감동적인 글을 찾아볼 수 있다. 역사에 이름을 남기지는 않았지만 묵묵히 자신의 삶을 살다간 서민의 모습이 여기에 있다. 이 모두 시대의 상황을 말해주는 소중한 문화재가 아닐 수 없다. 부모형제, 부부, 친구의 애절한 목소리를 들어본다.

서민들의 비석에는 대부분 본관과 이름 석 자 그리고 출생과 사망 연월일, 자식의 이름 정도가 새겨져 있다. 오래된 유교식 비석에는 벼슬이 없던 서민들은 학생(學生)이라는 단어를 이름 앞에 붙여 놓았을 뿐 달리 아무런 글이 없다. 많은 글자를 새기려면 지은이와 쓴이(서예가) 그리고 새기는 이의 노고가 공짜일 리 없고 비석도 커져야 하니, 작은 비석 하나도 세우지 못하는 이도 많았던 시절에 간신히 이름 석 자라도 넣은 비석을 세우는 것은 그나마 다행이었을 것이다. 필자가 30여 년 전에 이 공원을 찾았을 때는, 각목을 땅에 심고 그 한 면에 '아버님 잠드신 곳'이라고 검은 페인트로 써 놓은 비목을 보았고, 그런 비목조차 없는 묘도 많았다. 그렇게 결국 남길 글도 없고 새길 돈도 없던 탓에 그들 생전의, 이름 있으되 없는 바와 같은 익명성은 사후에도 그대로 이어지고 있다.

그렇게 심심하기 그지없는 정형적인 평범성은, 저 아래의 속세나 이곳 고인의 동네에나 거의 같은 비율로 존재한다. 현실에서 머리와 가슴을 치는 글을 찾기 어려운 것은 여기 고인의 동네에도 다름이 없다. 이 공원에서도 감동은 힘들게 헤매다가 우연히 드물게 발견된다. 대개의 사람은 아무런 관심도 없이 그저 무덤 사이의 등산로를 바삐 걸어갈 뿐이고 비석도 그들에게는 전혀 관심이 없다. 찾고자 하는 이가 공원을 헤매다가 더위에 지쳐 작은 돌에 털썩 주저앉았을 때, 그때 바로 옆에 노란꽃들 사이로 비석은 슬며시 모습을 드러낸다. 그렇듯 진위, 귀천, 빈부 등의 구성 비율에 있어서 여기 '고인의 동네'는 아래의 '산 자의 동네'와 별반 다르지 않다. 그러한 평범 속에서 발견한 서민의 비문 몇 개만 소개한다.

벗들의 애곡

조재희(1925~1962) **서울시 사무관**
묘번 103822

> 오호라 활짝 피여도 못 보고 광풍에 스러진 님이여 얼마나 원통하게 눈을 감으셨나이까. 그러나 생자필멸은 만고불역의 진리이거든 인간의 생명도 앞가고 뒤서는 것뿐이오이다. 혁명정부의 뜻을 받드러 청신한 역군이 되여보려고 마치 니해(泥海)를 뒤덥는 신조(新潮)와도 같이 슬기롭게 분투하든 님의 기상을 우리는 영원히 아니 잊으오리다.

조재희의 묘비

사바에 남은 벗들 가신 님 그리워 애곡하며 초라한 석비 세워 재천의 영을 위로하노니 님이여 유택에서 고히 잠드소서. 서기 1962년 11월 18일 벗들

비명은 시대의 상황을 대변해준다. 필자 세대는 '혁명'이라고 배웠는데 요즘은 군사정변이라고 하는 듯하다. 그 당시 5 · 16 후에는 많은 대학생이 침묵했고 《사상계》의 장준하도 지지를 한 바가 있다. 서울시 공무원이었기에 당연히 그럴 수도 있지만, 어쨌거나 비문의 혁명이라는 단어는 1962년 11월의 분위기를 그대로 전해준다.

오재영 연보비 오른쪽으로 능선으로 쭉 내려가 103168(김창전)을 지나 갈림길(여기까지 약4분)이 나오면 파란 페인트가 칠해진 나무 왼쪽으로 103710, 그리고 103829를 지나면 아래 왼쪽에 있다.

님이여…

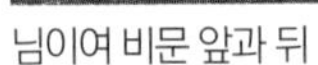

님이여 비문 앞과 뒤

남편이 부인에게 바치는 글이다. 이것은 산책로 오른쪽 길로 쭉 가서 왼쪽 반환점으로 돌지 않고 계속 용마산 방향(서광조 묘 방향)으로 직진하면 오른쪽에 보였다. 그러

나 2014년 서울시 용역으로 실태조사차 다시 가보았을 때는 찾을 수 없었다. 서민의 비석도 시대를 말해주는 소중한 문화재이다. 대개 이장할 때 비석은 무거우니 그 자리에 묻고 간다고 한다. 서울시에게 비석의 발굴을 부탁했는데 조만간에 다시 볼 수 있게 되기를 바란다.

(앞면)

박은히 자는 곳

님이 가시면서 부탁한 그대로 어린것들을 나 혼자서라도 잘 키우리이다 님이여 우리 다시 만나는 영원한 나라에 빛나는 나라에 함께 만나리 다시 만나리. 갈린몸 정훈

(뒷면)

님이여 그대가 마즈막 말로 편안치 않지만 잘 터이니 깨우지 말우 하면서 곱게 자던 그 얼굴을 나는 똑똑히 이 눈으로 보았나이다 잘 자오 님이여 아름다운 그 말이여 님이 자고 있는 이곳에 나는 님이 하시단 말을 그대로 기록하였나이다.

(옆면) 1954년 월 일 아침 6시 10분 묘주 정훈

'갈린 몸'이라는 표현이 인상적이다. 부부는 일심동체였으나 사별하니 갈린 몸이 되었다.

그리고 드물게도 부인 둘을 양 옆에 두고 잠든 남편도 있다. 좌우로 문화 유씨 부인과 풍천 임씨 부인이다. 생전에도 두 부인은 '형님, 동생' 하며 사이좋게 지내지 않았을까.

좌우로 부인을 거느린 남편

구리시 쪽 양지 바른 곳에 있는 망우리공원 초창기의 묘다. '유인(孺人)'은 공식적으로는 종9품 벼슬아치의 부인에게 붙이는 작위인데, 흔히 벼슬을 하지 않은 남자의 부인에게도 붙인다. 혼례 때 '사모관대'를 입고 식을 올리니 서민 누구라도 명예 종9품 벼슬을 한 것으로 치자는 식이다.

다정하신 우리 아버지

수려동산

아버지에 대한 비문이다. 늘 엄하고 말이 없던 과거의 아버지들이기에 어머니보다는 감동적인 비문이 적기는 하다. 조봉암 묘를 지나 형제 약수터로 내려가다 갈림길 왼쪽에 '秀麗(수려)동산'이라고 쓴 비석이 보인다. 비석의 뒷면을 읽어본다.

> 엄한 위엄 속에서 섬세한 애정으로 밥알 한 톨 아껴
> 남의 어려움 살피시다 싱그러운 젊음으로 여기
> 秀麗(수려)동산에 편히 잠드셨네
> 六월 어느날 이른 歸鄕(귀향)길에 오르심은
> 훗날 저희들 마중을 위한 등불
> 의 준비 때문
> 아버지의 두 귀 잡고 뽀뽀하며
> 안녕을 빕니다

망국의 한과 다정 아버지(오른쪽)

그리고 오른쪽 사진은 '다정하신 우리 아버지 잠

드신 곳'이라는 비석이고, 왼쪽 사진의 비석 주인은 사료상에는 찾을 수 없었지만 독립운동과 정치를 하셨던 아버님인 듯하다. 망우리공원이 1933년에 개장되어 1973년에 추가 묘를 받지 않았으니, 이 시기에 묻힌 서민 또한 대부분 고해(苦海)와 같은 삶을 살다 돌아가셨다.

아가야….

요한아

사랑은 내리 사랑이라고, 자식을 잃은 부모의 마음만큼 애절한 것이 또 어디 있으리. 필자가 대학시절에 처음 망우리공원을 찾았을 때 발견했던 비석 중의 하나가 부모보다 일찍 간 아들을 기리는 비석이었다. 지금도 비문이 기억난다.

바람이 불고 구름이 흘러가도 너는 우리 가슴에 영원히 남아 있으리

이는 10대 후반에 하늘로 떠난 아들의 비석이었다. 그러나 오랜만에 찾은 공원에서 그 비석은 아무리 돌아봐도 찾지 못했다. 이장한 듯하다.

용마천 약수터 가까운 곳에 일찍 여읜 자식을 기리는 비명이 두 곳 있다. 우연히도 가깝게 나란히 있다. 같은 현씨인지라 친척일지도 모른다. 위에 소개한 조재희(103822) 아래에 있다.

어여간 나의 마음/가르어간 나의 몸
어이고 가르니/가는 곳 그 어딘가
영화롭다 주 계신 곳/아버지 가신 곳
요한아!
계서 편히 쉬니/설레던 마음 맑아지다
엄마

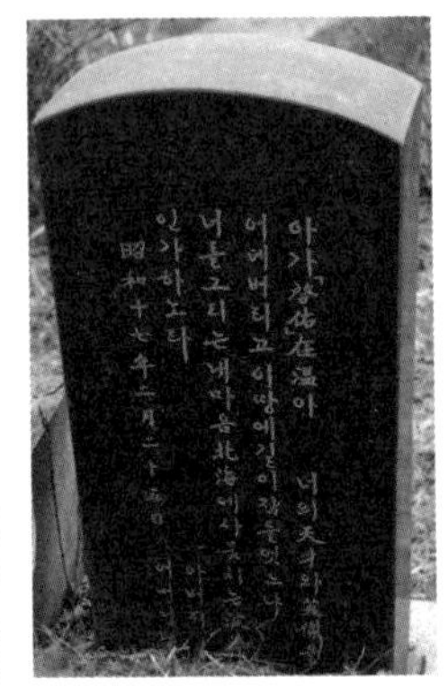
현덕수와 현재온(오른쪽)의 묘비

'어이다'는 '에다'이다. 즉 '칼 따위로 도려내듯 베다, 마음을 몹시 아프게 하다'라는 의미다. 아들 현요한이 가버린 나이는 불과 18세. 오른쪽에는 '언니 봉학 세움. 1950.6.10'이라 새겨져 있다. 서울에서는 예전에는 형을 언니라고 불렀다. 졸업식 노래에 "우리도 언니 뒤를 따르렵니다"라는 가사가 있듯 예전에는 언니가 표준말이었다. 필자가 네 살 때 서울에 왔을 때, 어머니가 서울 사람들이 다 언니라고 부르니 내 동생보고 나를 언니라고 부르라고 한 기억이 난다.

그 왼쪽에 현덕수와 현재온 형제 묘가 나란히 있다. 부모보다 먼저 세상을 떠난 형제의 묘다. 비석 뒷면에는 부모의 애끓는 심정이 새겨져 있다.

아가 [啓佑] 재온아 너의 천재와 영걸을
어데 버리고 이 땅에 길이 잠들엇느냐
너를 그리는 내 마음 북해에 사뭇치는 파도인가 하노라
소화 17년(1942) 2월 25일 아버지 어머니

계우(啓佑)는 일본 이름 게이스케이다. 그리고 왼쪽 현덕수의 비 뒷면 글이다.

아까워라 그 효성 그 성격 그 재간 그 용모 어데 버리고
이 땅에 길이 잠드렀는고 인생의 꽃이 피기도 전에
떠러졌으니 의사로서 너를 구원 못한 내 마음 더욱
앞으고나 다시 못볼 너를 그리는 부모의 마음
북해에 사모치는 파도인가 하노라
1950년 4월 25일 청명일 부 현규환 서 건립

지상천국의 건설자요 빈민의 구세주인 너의 뜻을
내가 받들고 나가노니 너의 정신 영영 살아 있으리라

아들을 둘이나 먼저 보낸 부모의 마음은 얼마나 애통하였을까. 아들 덕수는 빈민을 위한 봉사를 한 분이었던 것 같다. 이런 비문을 쓴 아버지가 범상치 않다고 느껴 이름 현규환(玄圭煥)을 검색하다 보니 역시나 이 세상에 이름을 남길 정도로 훌륭한 분이었다. 흔하지 않은 현씨, 비석에 '의사' 라고 밝힌 점, 그리고 시기가 맞아떨어졌다.

현규환은 1901년 함북 경성에서 출생하여 경성의전(11회) 졸업, 만주도문공립병원장과 서울적십자병원장, 대한의사협회 상임이사 등을 지냈다. 현업을 은퇴한 후에는 자신의 만주 생활의 경험을 계기로 삼아 우리나라의 이민과 유민의 역사를 고대부터 전체적으로 정

리한 『한국유이민사(韓國流移民史)』(1976 홍사단)라는 방대한 서적을 20년에 걸쳐 발간하였다. 1972년에는 의사신문에 「한국의학의 백년야사」를 쓴 기록도 보인다.

아아 어머님

망우리공원 순환로를 가서 한 바퀴 돌아오는 지점에 정자가 있는데, 다시 정자에서 용마산 방향으로 가다 보면 길 왼편에 무덤이 하나 보인다. 비석 앞면에 '숙부인 양천 허씨' 라고 쓰여 있고 좌우 뒷면에 글이 가득하다.

어머님

> 아아 어머님 어머님께서는 삼십 미만 28세 때 푸른 나이 아버님을 여의고 홀로 되시었습니다. 그때 불초자의 나이 겨우 여섯 살과 두 살이었습니다. 청상의 몸으로 소자들을 길러주셨습니다. 길러만 노셨습니까 글을 가르쳐 주셨습니다. 늘 불초자가 사람 구실을 하게 된 것도 어머님의 백수정같이 맑으시고 난초같이 향기 높으신 그 자세로 인한 것이었습니다. 그뿐이오이까 해방 뒤 국토가 양단되어 고향 길주를 뒤에 남기고 남으로 내려오던 그 가시밭길 아직도 눈에 삼삼 어리옵니다. 어머님 어머님께서는 춘추69세로 윤삼월 구일 합연 불초자를 남기고 이 진세(塵世)를 떠나셨습니다. 어머님 호천망극 어머님을 주소로 생각하는 지극한 정을 이 빗돌에 새겨 후에 자손에게 전합니다.
> 1967년 4월 건립/그 효심에 부쳐 월탄 박종화 지음/사자(嗣子) 김시종 김백종

월탄 박종화는 1901년생이니 월탄이 모친과 가까운 사이였거나 자제와 지인이었던 것 같다. 숙부인(淑夫人)은 조선시대에 정3품 당상관의 부인에게 주는 작위를 말한다.

그리고 어느 곳에는 어머니를 그리는 팔언절구의 비문도 보인다. 읽다 보면 리듬이 따라붙는다. 1956년 4월 19일에 돌아가신 김화선 고인이다.

묘번 112589

김화선의 묘비

함흥명지 이원 땅에/김씨가에 탄생하니
화선이라 이름 짓고/신문에 출가하여
신이선과 짝이 되니/천정배필이 않인가
신의주의 복음 자리/안락도 하였는데
8.15에 부는 바람/한강으로 인도하네
용산에 자리 잡고/천수를 기약할제
매난국죽 피를 이어/네 자매 키울 적에
어른이 먼저 가고/뒤따라 또 가시니
그 얼굴 그 목소리/어느 곳에 듣고볼제
한 많은 이 세상이/어이 그리 짧았던가
자녀들 애통하여/돌을 깎아 세워 놓고
복원봉축 비옵나니/극락천국 드옵소서

그리고 마지막으로 본서의 대미를 장식하기도 하는 비문을 소개한다.

저 태양이 만물을 살리움 아는 한
저 화려한 꽃들은 그 뿌리의 역사로
피어났음을 아는 한
우리 가문에 불멸의 공을 쌓으시고
여기에 누우신 어머니의 거룩한 모습을
길이 길이 찬양하리라
1961년 4월 5일

세상에 영원히 사는 이는 없으니 이 세상에 태어나 키워진 후에 낳고 키우고 가버린다. 마치 바통을 이어받듯 순환하는 고리 하나씩 만들며 엮어져 이어져 간다. 그 고리의 연결은 '기억'이라는 장치가 담당한다. 부모는 조부모를 기억하고 내가 부모를 기억하고 자식은 나를 기억하니 우리 가문은 영원히 이어진다. 부모의 기억이 없다면 내가 없는 것이요, 역사를 잊으면 우리가 없는 것이다. 서양에서는 묘지를 메모리얼 파크(Memorial Park)라고 한다. 'Memorial(기념)'은 어떤 일을 상기할 근거로 삼는다는 말이다. 기억이 소중하면 그 기억의 근거인 묘지도 소중한 것이다.

김순옥 여사의 묘비 뒷면

하늘의 태양이 빛을 지상에 내려 자연의 만물을 살리고, 저 화려한 꽃들이 땅 속 뿌리에서 근원을 갖고 피어났음을 안다면, 자신의 부모뿐 아니라, 더 큰 부모인 나라의 위인을 기리는 것은 너무도 당연한 심적 발로이다. 우리의 부모님, 그리고 지금의 우리나라를 있게 해준 고인들의 거룩한 모습을 길이길이 찬양하리라.

어머님의 '내 방' 같은 명당, 망우리

최창조 (전 서울대 교수)

망우리 입지 선정은 그 의도가 무척 나빴다. 일제가 조선 왕실의 집단 왕릉인 동구릉 일대에 모욕을 가하기 위해 설치한 것이기 때문이다. 지금 그곳은 동부 서울의 상징성을 띤 기능을 수행한다. 태생은 좋지 않았으나 결실은 그런대로 좋았던 셈이다. 당연히 거기에는 무수한 망자들이 자리를 잡았다. 대부분은 평범한 인물의 주검들이지만 때로는 책에서 만날 수 있는 사람도 있다.

사람들은 죽음을 염두에 둘 수밖에 없다. 누구에게나 평등하게 무차별적으로 달려드는 게 죽음이기 때문이다. 죽음이란 무엇인가? 모른다. 죽음을 경험한 사람이 있을 수 없는 까닭이다. 그래도 역사상 수많은 사람들이 죽음을 말해왔다. 소설가 최창학은 그의 「아우슈비츠」라는 소설에서 죽음에 관한 정의를 이렇게 요약한다.

> 해결할 수도 분석할 수도 피할 수도 극복할 수도 넘을 수도 없다는 야스퍼스, 쇠사슬에 매여 죽어가고 있거나 차례를 기다리고 있을 수밖에 없다는 파스칼, 우리 생애에

일어난 어떤 사건에 대해서도 우리가 '있다'고 말할 수 있는 것은 단지 한순간에 지나지 않는다, 그 뒤로는 영원히 '있었다'는 말로 표현하지 않으면 안 된다는 쇼펜하우어, 유기체는 이전의 상태로 복귀하려는 강한 경향이 존재한다, 생명 활동은 결국 원시적 상태(죽음)로의 복귀를 목표로 하고 있다는 프로이트, 죽음 같은 것은 추호도 관심사가 아니다, 죽음이란 모든 감각이 다 사라지고 꿈 하나 꾸지 않는 깊은 잠과도 같은 것이다, 죽음보다 더 좋은 것이 어디 있겠느냐는 소크라테스, 육체는 영혼의 그릇, 영혼은 욕구의 말과 양심의 말 두 마리 말로 달리는 마차를 조종하는 마부라는 플라톤, 죽음으로 완전히 끝난다, 죽음 이후엔 영혼도 내세도 부활도 없다, 무엇을 기대하는가, 아무 것도 없다는 아리스토텔레스.

과연 죽음은 무엇이며, 죽음 앞에서 우리는 어떻게 해야 할 것인가. 공자(孔子)처럼 아직 삶이 무엇인지도 모르는데 어찌 죽음을 알 수 있겠느냐고 생각해보는 것조차 포기해야 할 것인가, 아니면 장자(莊子)처럼 초연한 듯 해골과 스스럼없이 대화하며 죽음을 찬미해야 될 것인가. 죽음은 완전한 끝인가, 아니면 새로운 시작인가. 성경에서 또는 다른 책에서 (예기(禮記), 사자(死者)의 서(書) 등) 말하듯 정말로 죽음이 끝이 아니라 새로운 시작이라면 어떻게 되는가. 낡은 옷을 벗듯 늙고 병든 육체를 벗어버리는 것일까.(최창학, 『아우슈비츠』 1997, 문학동네)

죽음의 정의는 기(氣)의 그것처럼 불가능하다. 그러면서도 결코 그 굴레에서 벗어날 수 없다. 그런 점에서 음택풍수를 완전히 배제하기는 어렵다.

너무나 가슴 아픈 사연도 망우리에는 많다. 나 자신도 형의 무덤에서 자살한 사람을 본 적이 있다. 허망한 죽음이다. 임철우의 소설 「유년의 삽화」의 마지막은 이렇게 맺는다.

동네 아이들에게 마귀할멈으로 불리는 함평 댁에게는 원양어선 선원인 칠만이라는 아들이 있다. 고생 끝에 돌아온 아들이 장가를 들려던 하루 전날 밤 친구들과 함께 읍내에 술을 마시러 나갔다 돌아오다가 새벽녘 집 바로 앞에 있는 철도 건널목에서 기차에 치어 죽는 사고를 당한다. 집에 거의 다 와서 당한 끔찍한 사고였다. 함박눈이 내리는 새벽 철길 모퉁이 건널목에서 이제 스무 걸음만 더 가면 제 집인 장소에서 당한 것이다. 기관사의 증언에 의하면 그가 그 자리에서 쭈그려 앉아 뭔가를 찾고 있는 것 같았다고 한다.

그가 왜, 하필이면 눈이 그리 쏟아지는 날, 하필이면 그 자리를 골라 쭈그려 앉았을까? 조금만 더 가면 어머니가 계시는 내 고향, 내 집. 소담스럽게 세상을 덮고 있는 하얀 눈. 그가 그곳에서 물리적인 고향일 뿐 아니라 마음의 고향에도 도달했다고 믿어버린 것은 아닐까? 그렇다면 그 장소는 그에게 명당이었다. 그릇되고 헛되어 죽음을 부르는 명당이었던 셈이다. 전혀 합리적이지 못하고 다른 사람까지 불쾌하게 만드는 그런 곳이 왜 그에게는 명당으로 받아들여졌을까? 그의 주관이 오도(誤導)한 명당관 때문이었다.

죽음 저 너머에 영원한 평온을 주는 어떤 곳이 있을 것이라는 생각은 많은 사람을 죽음으로 몰아넣었다. 그런 장소들은 생각보다 많다. 바닷가 절벽 위의 자살바위, 한강대교의 교각 어느 지점, 고무신 벗어놓고 들어가는 저수지 수변(水邊) 어느 지점. 스스로 죽음을 향하는 사람들이 찾아가는 틀에 박힌 장소가 있는 것은 사실이다. 그런 곳에 가보면 삶의 허망함, 어지럼증, 고통으로부터의 어긋난 탈출 등을 유도하는 느낌이 온다. 그것이 도깨비장난이든, 물귀신이 불러서이든 그런 현상이 있다는 것을 부인하기는 어렵다. 하지만 이것은 잘못된 것이다.

영혼이 육체보다 오래 산다는 교의는 결코 옳지 않다. 죽음이 문제를 해결할 수 없는 이유이기도 하다. 그런 생각은 필연적으로 삶을 무가치하게 만든다. 수잔 스미스는 어린 두 아들을 호수 바닥에 던질 때 "우리 아이들은 가장 좋은 곳에서 살 자격이 있고 이제 그렇게 될 것"이라는 합리화로 자신의 양심을 속였다. '행복하리라는 사후세계' 관념은 부모가 자식의 생명을 빼앗으면서 남기는 최후의 편지에 단골로 등장하는 메뉴다. 최근에도 그런 사고는 자살 폭탄 테러범과 공중 납치범에게 용기를 돋우어준다. 자살을 부추기는 터가 명당일 수 없는 까닭이 바로 여기에 있다. 살아가는 사람들에게 사후세계의 미점을 강조하는 것은 죄악이 될 수 있다.

망우리라는 땅의 성격은 대체로 연로하신 어머님의 '내 방' 같은 느낌이다.

나의 어머님은 어떤 이유를 대서라도 당신의 방을 떠나는 일을 피하신다. 놀러 가는 것은 좋아하지만 자고 오는 것은 싫어하신다. 어머님의 '내 방' 집착은 좀 유별난 것 같지만, 실은 대부분의 사람들이 공통적으로 품고 있는 일반적 사고방식이다. 형님과 사시는 어머님은 여든아홉으로 연로하여 많이 쇠하기는 하셨지만 건강하신 편이다. 그런 어머니에게 막내인 필자가 "우리 집에 같이 가서 며칠 놀다가세요" 하면 금방 안색이 바뀌며 "내가 지금은 몸이 좋지 않으니 다음에 가자"고 하신다. 거짓말이다. 방금 전까지 즐겁게 식구들과 즐기시더니 우리 집 가시자니까 갑자기 몸이 안 좋아진 것이다. 정말 그럴 것이다. 내 방을 떠난다는 것이 마음의 부담을 드렸고, 당연히 몸도 나빠지셨을 것이다.

어머님에게 '내 방'은 세상 어떤 것과도 바꿀 수 없는 천하의 명당이다. 객관적으로 보자면 내 집에 있는 어머님 방이 더 좋다. 넓고 환기도 잘 되고 아파트라 편하기도 하다. 노인회관이 있어 시간 보내기에도 좋다. 그러나 어머니에게는 아니다. 아무리 귀여워하는 막내아들 집이라도, 그리고 그곳의 여건이 더 좋다 하더라도 어머니의 주관은 그것을 인정하지 못한다. 사람들은 특급호텔의 좋은 방에 머물면서도 집을 그리워한다. '내 방' 을 그린다. 그곳이 바로 자신의 명당이기 때문이다.

'내 방' 은 나만의 '둥지' 이다. 둥지는 안온함과 안전을 보장하는 곳으로 믿는다. 이 점은 모든 포유동물에게 공통된 현상이다. 둥지를 떠나는 순간부터 안온과 안전은 보장받지 못한다. 철저히 자신의 책임 아래 들어온다. 그러니 그때부터 자신을 보호하기 위하여 투사가 될 수밖에 없다. 둥지 밖은 어떤 이유로든 살아남기 위한 투쟁의 장소이다. 사회적으로는 다행스럽게도, 개인적으로는 불행히도 사람들은 투사가 되기를 원하지 않는다. 누가 온갖 근심 걱정을 떠안고 싸우기를 원할 것인가. 그래서 사회생활은 근근이 평화를 유지할 수 있다. 사회적으로 다행인 이유이다. 하지만 개인적으로는 어떨까? 투사도 아니면서 생존경쟁을 위하여 투쟁해야 한다면 거기에 행복이 있을 수 없다.

더구나 이제 심신이 쇠약해지신 어머님으로서는 투쟁 능력이 거의 없다. 그래서 어머님은 평온함과 마음의 안정을 보장하는 '내 방' 을 고집하고 계신 것이다. 이와 같은 '내 방' 개념이 현대의 명당 개념이다. 그것은 마음속에 새겨진 고향 개념이기도 하다. 기성세대는 대부분 농촌 혹은 농촌적 환경을 가진 곳이 고향이었다. 그래서 모두들 은퇴하여 시골로 돌아가기를 바라는지도 모른다. 바로 어머님의 '내 방' 이기 때문이다.

그러나 그것은 착각이다. 지금 시골이란 곳은 그들이 생각 속에 묻어두었던 '내 방' 이 아니다. 그곳은 더 이상 낭만적이고 전원적인 데가 아니다. 하기야 옛날에도 그런 곳은 아니었다. 속도가 느린 생존경쟁의 장(場)이었을 뿐이다. 지금도 도시와의 차이는 그저 덜 복잡하다는 것뿐이다. 그곳에도 공해가 있고, 황사는 매년 봄 찾아오고, 쓰레기는 논밭과 개울가에 나뒹굴며, 사람 사이의 갈등 구조는 도시에서 별로 벗어나 있지 못하다.

망우리에서 어머님의 '내 방' 맛을 보라. 죽음도 생각해보라. 이 책은 망우리 사색객에게 좋은 참고서가 될 것이다.

망우리공원의 개요

하늘이 한양을 세움에 반드시 까닭이 있으니
동서 빙 두른 것이 어찌 헛되이 늘어놓음이겠는가
시대에 응해 한강을 열어 천년 동안 오래이고
뜻을 품고 나라를 처음 세워 만세의 어버이가 되었네

天作漢陽必有因 東西環局豈虛陣 (천작한양필유인 동서환국기허진)
應時開洛千年久 飽意建元萬歲親 (응시개락천년구 포의건원만세친)
- 최공식, 「和徐丙轍忘憂元韻」, 『가산잡초』, 월인, 2002

역사 속의 망우리

수도 한양의 동쪽을 병풍처럼 둘러친 아차산은 삼국시대부터 지정학적으로 매우 중요한 지역이었다. 아차산에서 경기도 쪽을 바라보면 한강이 흐른다. 아차산에서 온달 장군이 전사했다는 전설과 아차산 능선에 산재한 고구려의 보루 유적이 증명하듯 이곳 한강 유역은 중국과의 교통로이며 땅은 비옥하고 전쟁에 유리한 지형으로 삼국시대의 지정학적 요충지였다. 백제(BC18~475)와 고구려

(475~553)에 이어 신라가 이곳을 차지하며 한반도의 주인이 되었다. 고구려는 장수왕 때이고 신라는 진흥왕 때다. 즉 이곳을 점유한 나라가 한반도의 패자(霸者)가 되었다. 또한 조선에 이르러서는 태조 이성계의 '망우'에 얽힌 설화를 담고 한양을 크게 외곽에서 감싸며 500년 왕조를 지켜왔다. 서울을 크게 둘러싼 외사산(外四山)의 동쪽 산이 아차산으로, 내사산의 낙산은 내(內)청룡이요 외사산의 아차산은 외(外)청룡이 된다.

필자는 망우리공원에 가까운 중화동과 상봉동에서 대학 때까지 살았는데, 요즘 사람들이 부르는 '망우산'이라는 지명은 들어본 기억이 없다. 실제로 망우리공원에 있는 오래된 비석에는 '서울 동쪽의 아차산에 묘를 세웠다'는 글이 새겨져 있어, 예로부터 이곳이 아차산임을 증명한다. 용마산도 옛날에는 용마봉이라 하여 아차산의 주봉이었고, 묘지 능선에서 북한산 방향 가까이 보이는 봉화산도 원래 아차산에 속한 봉우리로 옛날에 봉화대가 있었다. 북쪽에서 전달된 봉화가 아차산을 거쳐 한양의 남산으로 전달되었다고 기록은 전한다. 그러나 말이 세월에 따라 바뀌듯, 이 지역에 사람들이 많이 살게 되니 자연히 지명도 세분화되어 봉화산, 망우산, 용마산, 아차산이 별도로 불리게 되었다.

망우(忘憂)는 근심을 잊는다는 뜻으로, 현재 널리 알려진 것은 이성계가 무학대사와 함께 고개에 올라 저 아래 자신의 능터를 살펴보고 이제야 모든 근심을 잊겠노라고 하여 '망우고개'라 불리게 되었다는 설이다. 생전의 근심을 잊고 잠든 곳이라는 의미는 묘지에 잘 어울린다. 『조선왕조실록』에도 1683년 송시열이 숙종에게 "…태조께서는 자손들이 뒤따라 장사 지낼 곳이 20개소까지 많게 된다면 내가 이로부터 근심을 잊겠다고 하였습니다. 그러므로 그곳의 가장 서쪽 한 가닥의 산봉우리를 이름하여 망우리(忘憂里)라 하였습니다… "라고 말한 기록이 보인다. 적어도 20명의 왕이 이어진 나라가 된다면 걱정이 없겠다는 말이다.

그리고 『망우동지(忘憂洞誌 1760)』[14]는 전하길 "처음 우리 태조께서 친히 도성 동쪽의 검암산에 건원릉을 정하시고 이어 아차산 북쪽 기슭 고개에서 어가를 멈추시고 쉴 때에 '선침(仙寢 왕릉)을 정했으니 나의 근심을 잊을 수 있겠구나'라고 말씀하시면서 고개 서쪽 마을을 '망우(忘憂)'라고 이름하도록 명하셨다."라고 하며, 망우리 지역은 동쪽 망우령과 아차산, 북쪽으로는 태릉 및

14) 서울특별시 유형문화재 제299호. 1760년 편찬. 망우동에 관한 인문지리서로 조선시대 지리지가 군현별로 편찬되는 것이 일반적 인데 비해 동 단위로 편찬되었다. 내용상으로도 동계, 동규, 향약, 선생안, 선배비장 등 지방의 특수 사정을 상세히 기록하여 조선시대 지방사 연구의 귀중한 자료이다. 1995년 망우리에 600년 이상 집성촌을 이루고 살고 있는 동래 정씨 가문이 기증했다. 서울역사박물관 소장.

강릉까지이고, 서쪽은 중령포(중랑천)이고 남쪽 끝은 마장(馬場)이라고 하는 광범위한 지역이라고 하였다.

묘지에서 공원으로, 망우리의 부활

그렇게 임금으로부터 하사받은 영예로운 이름이라 하여 이곳 사람들은 오랫동안 긍지를 가지고 살아왔지만, 일제는 1914년 망우리면을 구리면 망우리로 격하시키고, 1933년에는 왕릉 가까운 이곳을 공동묘지로 지정함으로써 '망우리'의 역사성을 훼손하였으니, 그 이후로 망우리는 죽음의 대명사로 불리게 되어 지역민도 기피하는 이름이 되었다. 이이러니하게도 '망우' 이름 그 자체가 근심거리가 되어버렸던 것이다.

경성부가 망우리를 새로운 공동묘지로 개설한 것은 1933년 5월 27일로 그 후 이태원, 신사리, 수철리(금호동), 미아리 등지의 묘지를 없애면서 많은 묘가 이곳으로 옮겨졌으며 4만 7,700여기의 묘가 들어선 1973년 3월 25일에 만장되었다.

그 이후로는 새옹지마요 전화위복의 역사가 서서히 진행되었다. 이장된 자리에는 나무를 심으며 가꾸는 작업을 계속했다. 묘는 지속적인 이장과 정리로 2018년 4월 현재 7,600여기가 남아 있다. 이제 순환로는 울창한 나무의 그늘 길이 되었고 공원 전체는 사시사철 색다른 아름다움을 보여준다. 능선에 올라서면 풍수지리를 모르더라도 멀리 서울 쪽으로는 중랑천과 한강이, 경기도 쪽으로는 한강 상류가 내려다보이는 이곳이 배산임수(背山臨水)의 명당이라고 느끼게 된다.

1991년 서울시설공단이 설립되어 서울시로부터 묘지관리 업무를 인수받아 서울시설공단 망우리묘지라 하였고, 1998년 공원화 작업 이후로는 망우리공원으로 명칭을 바꾸었다. 지금의 주소는 서울시 중랑구 망우본동 산 57번지. 1997~1998년의 공원화 사업으로 여기저기 정자와 벤치가 설치되고 관리사무소에서 시작하여 한 바퀴를 돌아오는 4.7km의 산책 순환로 '사색의 길'이 조성되었으며, 유명인의 묘 입구에 연보비가 설치되어 시민의 공원으로 변모되었다. 현재 연보비가 설치된 유명인은 문일평, 문명훤, 박인환, 방정환, 서광조, 서동일, 서병호, 오긍선, 오세창, 오재영, 유상규, 장덕수, 조봉암, 지석영, 한용운 등 15명(가나다순)이다.

다시 십여 년의 세월이 흘러 2009년의 본서 간행 등으로 인해 망우리공원의 가치를 인식하고 찾는 시민이 계속 늘어나는 가운데, 서울시는 마침내 2016년에 인문학길 '사잇길'을 조성하였고 나아가 2020년 준공 예정으로 망우역사문화관(가칭)의 건립도 추진하고 있다.

그렇다면 이곳에는 얼마나 많은 유명인사가 있을까. 2006년 시점에서는 17명이 관리사무소의 리스트에 있었으나 2009년도에 필자가 초판을 내며 40여명(비석 3명 포함)으로 밝혀졌다. 그리고 개정2판을 출간한 2015년에는 52명(비석 7명 포함)의 유명인사가, 2018년 4월 현재는 57명(비석 10명 포함)의 유명인사가 밝혀졌다. 여기에 유의한 서민의 묘와 기념비 7개를 합하면 현재 64곳이 인문학적 답사 대상이 되는 문화유산이다. 상세한 내용은 별도 표로 정리하였다. 그리고 아직 몇몇 인물은 유명인사로 소개하기에는 아직 스토리가 부족해 후에 추가할 가능성도 있고 더 나아가 서민의 비명을 정리하고 이장된 유명인사 묘역의 복원(비석 발굴 등)을 하게 되면 망우리공원의 문화유산은 더욱 늘어나게 될 것이다

그렇게 망우리는 시민의 공원은 기본이고 마치 액자로 잘라낸 듯한 40년간의 기간에 묻힌 고인들의 비명을 통해 우리 근현대사의 기억을 찾을 수 있는 장소가 되었으며, 더 나아가 이제 '망우리'는 국내, 아니 세계 최고의 인문학 공간으로 바뀌고 있다. 그 도정에는 '유네스코 세계문화유산'이라는 이정표가 있다.

낙이망우(樂以忘憂)

배움을 좋아하여 알고자 하는 마음이 생겨나면 밥 먹는 것도 잊고 (깨달음을 얻어) 즐거이 근심을 잊으며 늙음이 닥쳐오는 것도 알지 못한다.

發憤忘食 樂以忘憂 不知老之將至云爾(발분망식 낙이망우 부지노지장지운이)

– 공자, 『논어(論語)』「술이(術而)」편 제18장

서울에서 오래 산 이들은 기억한다. 동대문 시외버스터미널에서 버스 차장이 행선지를 외치던 시절, "청량리 중랑교 망우리 가요~"라는 외침은 "차라리 죽으러 망우리 가요"라고 들렸다. 무덤이 산을 덮듯 시내의 판잣집이 산을 덮어 죽음 자체가 가슴속에 잠재했던 시절, 그 누구에게도 망우리를 찾을 여유는 없었다. 그렇게 고난의 시기에 잃어버린 '망우'의 참뜻이 다양한 죽음의 모습을 통해 다시 살아났다.

옛사람들은 『논어』의 '낙이망우(樂以忘憂)'를 알고 있었다. 그랬던 곳이 근세에 묘지가 되어 한동안 주민에게는 근심스런 장소였으나 이제는 비명을 읽고 걷는 행위를 통해 깨달음을 얻어 근심을 잊게 하는 장소가 되었다. 소인은 하늘이 무너질까 걱정한다. 오늘부터 근심을 잊자고 결심해도 저절로 잊히는 것이 아니다. 근심은 오로지 수행을 통해 마음을 강하게 만듦으로써 잊을 수 있다. 소인다우(小人多憂)요 대인망우(大人忘憂)이다.

이곳 망우리공원에서, 삶과 죽음의 사이, 어제와 오늘의 사이, 그와 나 사이의 '사잇길'을 걸어가며 '망우' 해보지 않겠는가.

망우리공원의 유명인사 종합 요약표

* 가나다순. * 2018년 4월 현재

No.	유명인사	묘번	생몰년도	향년	기일	출신	직업	비고
1	강소천(姜小泉)	개인묘지	1915~1963	48	05.06.	함남고원	아동문학가	
2	계용묵(桂鎔默)	105383	1904~1961	57	08.09.	평북선천	소설가	
3	권진규(權鎭圭)	201720	1922~1973	51	05.04.	한남함흥	조각가	
4	김말봉(金末峰)	100768	1901~1962	61	02.09.	부산	소설가	
5	김상용(金尙鎔)	109956	1902~1951	49	06.22.	경기연천	시인	
6	김이석(金利錫)	203693	1915~1964	49	09.18.	평남평양	소설가	
7	김호직(金浩稙)	개인묘지	1905~1959	54	08.31.	평북벽동	영양학자	
8	노필(盧泌)	204942	1927~1966	39	07.29.	서울화동	영화감독	
9	명온공주(明溫公主)	203747	1810~1832	22	06.13.	서울	공주	합장묘
10	김현근(金賢根)	203747	1810~1868	58	08.26.	안동	부마/영의정	
11	문일평(文一平)	203742	1888~1939	51	04.03.	평북의주	애국지사/독립장	'17등록문화재
12	박승빈(朴勝彬)	203610	1880~1943	63	10.30.	강원철원	변호사	
13	박인환(朴寅煥)	102308	1926~1956	30	03.20.	강원인제	시인	+연보비
14	박희도(朴熙道)	109628	1889~1951	62	09.26.	황해해주	중앙보육학교장	기미33인
15	방정환(方定煥)	203703	1899~1931	32	07.23.	서울당주동	아동문학가	'17등록문화재
16	삼학병 김명근	109954	?~1946.	-	01.19.	불상	학병동맹원	
17	삼학병 김성익	110014	?~1946.	-	01.19.	불상	학병동맹원	
18	삼학병 박진동	109955	1921~1946	25	01.19.	경남남해	학병동맹원	
19	서광조(徐光朝)	108919	1897~1964	67	07.24.	전남목포	애국지사/애족장	'17등록문화재
20	서동일(徐東日)	107266	1893~1966	73	04.26.	경북경산	애국지사/애족장	'17등록문화재
21	설의식(薛義植)	204325	1901~1954	53	07.21.	함남단천	언론인	차남
22	설태희(薛泰熙)	204329	1875 ~ 1940	65	04.09.	함남단천	유학자	부친
23	신경진(申景禛)	개인묘지	1575~1643	68	-	서울	영의정	+신도비
24	안봉익(安鳳益)	204419	1910~1957	47	09.09.	함북경성	대한중석초대사장	
25	오긍선(吳兢善)	203636	1878~1963	85	05.18.	충남공주	의사	+연보비
26	오기만(吳基萬)	204390	1905~1937	32	08.23.	황해연백	애국지사/애국장	'17등록문화재
27	오세창(吳世昌)	203733	1864~1953	89	04.16.	서울	애국지사/대통령장	'17등록문화재
28	오재영(吳哉泳)	103570	1897~1948	51	07.26.	부산	애국지사/애족장	'17등록문화재
29	유상규(劉相奎)	203555	1897~1936	39	07.18.	평북강계	애국지사/애족장	'17등록문화재
30	이경숙(李景淑)	203364	1924~1953	29	11.18.	개성?	여성운동가	
31	이광래(李光來)	108899	1908~1968	60	10.30.	경남마산	극작가	
32	이병홍(李炳洪)	205129	1891~1955	64	10.17.	경남산청	국회의원	
33	이영준(李榮俊)	203620	1896~1968	72	08.18.	서울	국회부의장	
34	이영학(李英學)	203566	1904~1955	51	12.09.	평북 선천	흥사단원	
35	이인성(李仁星)	203574	1912~1950	38	11.04.	대구	화가	
36	이중섭(李仲燮)	103535	1916~1956	40	09.06.	평남평원	화가	
37	장덕수(張德秀)	109257	1894~1947	53	12.02.	황해재령	언론인/정치인	+연보비
38	박은혜(朴恩惠)	109257	1904~1963	59	10.31.	평남평원	경기여고교장	합장묘

39	조봉암(曺奉巖)	204717	1899~1959	60	07.31.	경기강화	진보당당수	+연보비
40	지석영(池錫永)	202541	1855~1935	80	02.01.	서울낙원동	의사	+연보비
41	차중락(車重樂)	105689	1942~1968	26	11.10.	서울신당동	가수	
42	최신복(崔信福)	203704	1906~1945	39	01.02.	경기수원	아동문학가	
43	최학송(崔鶴松)	205288	1901~1932	31	07.09.	함북성진	소설가	+문학비
44	한용운(韓龍雲)	204411	1879~1944	65	06.29.	충남홍성	애국지사/대한민국장	'12등록문화재
45	함세덕(咸世德)	109513	1915~1950	35	06.29.	경기강화	극작가	
46	사이토 오토사쿠	-	1866~1936	70	06.28.	일본	산림관료	일본인
47	아사카와 다쿠미	203363	1891~1931	40	04.02.	일본	민예연구가	일본인
이장 후 유의한 비석/연보비 존재 인사								
48	김봉성(金鳳性)	비석	1900~1943	43	12.18.	평남강서	애국지사/건국포장	'16현충원
49	김승민(金升旼)	비석	1872~1931	59	11.20.	함남함흥	애국지사/애국장	'94현충원
50	문명훤(文明煊)	비석/연보비	1892~1958	66	10.23.	평남평양	애국지사/애족장	'06현충원
51	박원희(朴元熙)	비석	1899~1928	29	01.05.	대전	애국지사/애족장	'12현충원
52	박찬익(朴贊翊)	비석 2개	1884~1949	65	02.20.	경기파주	애국지사/독립장	'93현충원
53	서병호(徐丙浩)	비석/연보비	1885~1972	87	06.07.	황해장연	애국지사/애국장	'08현충원
54	송석하(宋錫夏)	비석	1904~1948	44	08.05.	경남언양	민속학자	'96태안
55	안창호(安昌浩)	비석	1878~1938	60	03.10.	평남강서	애국지사/대한민국장	'16구비복귀
56	이영민(李榮敏)	비석	1905~1954	49	10.12.	경북칠곡	야구선수	불상
57	이 탁(李鐸)	비석	1898~1967	69	04.24.	경기양평	애국지사/애국장	'92현충원
서민의 묘(역사의 주인공들이 계속 이장되고 있다. 전수 조사를 통해 유의한 비석의 보존이 시급하다.)								
58	양천허씨	109077					어머니	월탄박종화비문
~~59~~	~~현재온/현덕수~~	~~103835~~	~~1928~1950~~	~~22~~	-	이장	~~두아들~~	~~부현규환(의사)~~
59	조재희	103822	1925~1962	37			서울시 사무관	벗들의 비문
60	김화선	112589	? ~1956				어머니	팔언절구
기념탑								
61	13도창의군탑	동아일보	1991				기념탑	허위/이인영
62	국민강녕탑	개인					기념탑	최고학(1927생)
63	노고산천골취장비	201616	1938				추모비	무연분묘이전
64	이태원묘지합장비	100036	1936				추모비	무연분묘이전
이장되고 묘터가 확인되지 않은 유명인사								
65	김동명(2010이장)	불상	1901~1968	67	01.21.	강원강릉	시인	강릉
66	김영랑(1990이장)	불상	1903~1950	47	09.29.	전남강진	시인	용인
67	나운규(1993이장)	불상	1902~1937	35	08.09.	함북회령	영화인	현충원
68	박길룡(2011이장)	109709	1898~1943	45	04.27.	서울	건축가	불상
69	송진우(1966이장)	불상	1889~1945	56	12.30.	전남담양	언론인	현충원
70	안석영(? 이장)	불상	1901~1950	49	02.24.	서울	영화협회이사장	불상
71	이기붕(? 이장)	불상	1896~1960	64	04.28.	서울	국회의장	불상
72	임방울(1988이장)	불상	1904~1961	57	05.10.	전남광산	국악인	여주
73	임숙재(2013이장)	109335	1891~1961	70	06.08	충남예산	숙대초대총장	홍성
74	채동선(2012이장)	204936	1901~1953	52	02.02.	전남보성	작곡가	보성

* 즉, 묘소 존재 인사 47 + 유의한 비석을 남긴 인사 10 + 서민의 묘와 기념탑 7 = 64곳이 인문학적 답사 대상이 되는 문화자산이다.
* 이외로도 사회 지도층 인사가 더 있지만 자료의 한계나 문화적 가치 부족으로 뒤로 미뤘고 서민의 묘도 일부만 올렸다.

참고 문헌

1부 | 그 잎새에 사랑의 꿈

〈박인환〉

박인환, 『선시집』, 산호장, 1955

박인환, 『목마와 숙녀』, 명지사, 1986

문승묵 편, 『사랑은 가고 과거는 남는 것: 박인환 전집』, 예옥, 2006

윤석산, 『박인환 평전』, 영학, 1983

강계순, 『아! 박인환』, 문학예술사, 1983

김수영, 『김수영 전집2』, 민음사, 2003

정하은 편저, 『김말봉의 문학과 사회』, 종로서적, 1986

김영철, 『박인환』, 건국대 출판부, 2000

고은, 『1950년대-그 폐허의 문학과 인간』, 향연, 2005

동아일보, 1955.02.17, 1956.03.25,

「문인의 유산, 가족이야기」, 《월간조선》, 2015년 4월호

〈방정환〉

류형기, 『은총의 85년 회상기』, 한국기독교문화원, 1983

민윤식, 『소파 방정환 평전』, 스타북스, 2014

방정환, 『소파 방정환 문집』, 한국방정환재단, 2001

안경식, 『소파 방정환의 아동교육과 사상』, 학지사, 1999

유광렬, 『기자 반세기』, 서문당, 1969

이상금, 『사랑의 선물』, 한림출판사, 2005

「연단진화」, 《별건곤》, 1930.10.11

「추창수필」, 《개벽》 4호, 1920.09.25

『어린이』(영인본), 개벽사, 1923~1948, 보성사, 1976

「어린이날이면 생각나는 사람들」, 《신동아》, 1967년 5월호

「방정환재단 스캔들」, 《신동아》, 2001년 4월호

동아일보, 1931.07.26

경향신문, 1957.06.29

〈강소천〉

박덕규,『강소천평전』, 교학사, 2015

강소천,『강소천 스크랩북』, 국립어린이청소년도서관

동아일보, 1939.10.17, 1963.05.10, 1986.10.11, 1987.04.21, 1994.05.03,

인터넷, '영원한 어린이들의 벗 강소천(www.kangsochun.com)'

강현구 인터뷰, 2018.04.16

〈'미와 경부' 미와 와사부로〉

동아일보, 1961.10.31, 1985.08.15

경향신문, 1955.10.28, 1977.04.04

매일경제, 1973.04.04

〈이인성〉

신수경, 『근대미술의 천재화가 이인성』, 아트북스, 2006

이인성, 『이인성 작품집』, 한국미술출판사, 1972

이인성, 『이인성』, 삼성문화재단, 1999

손기환, 『조선미술전람회의 추천작가 김종태, 이인성, 심형구, 김인승 연구』, 홍익대석사논문, 1984

「근대유화베스트 10」, 《월간미술》, 1998년 2월호

「향토색」, 동아일보, 1932.10.25, 개인전, 1938.11.04

최인호, 한국일보, 1974.06.05
이인성 기념사업회 http://www.leeinsung.co.kr

〈이중섭〉

오광수, 『이중섭』, 시공사, 2000
박재삼 역, 『이중섭, 1916~1956 편지와 그림들』, 다빈치, 2003
고은, 『이중섭』, 민음사, 1973. 향연(재출간), 2004
「구상 회고」, 동아일보, 1958.09.09~10
「아더 맥타카트」, 동아일보, 1955.02.03
「차근호」, 동아일보, 1960.04.27
박순녀, 『이중섭을 찾아서』, 동서문화사, 2014

〈권진규〉

차근호, 동아일보, 1960.07.23
「이순신 로케대 진해로」, 동아일보, 1962.01.08
「현대미술공모전」, 동아일보, 1963.04.18
「인터뷰」, 조선일보, 1971.06.02)
「화가의 수상(8)」, 조선일보, 1972.03.03
「그이의 조각은 따뜻했어요」, 《계간미술》 1986년 겨울호
권진규 사이버미술관 http://www.jinkyu.org

〈함세덕〉

함세덕, 『동승』, 박문출판사, 1947
김만수, 『함세덕』, 건국대학교출판부, 2003
노제운, 『함세덕 문학전집』, 지식산업사, 1996
김성우, 『문화의 시대』, 민음사, 1994
《선데이 서울》, 1968.12.15

〈최학송〉

곽근편, 『탈출기』, 문학과지성사, 1987
김덕형, 『한국의 명가』, 일지사, 1976
「박명의 문인」, 《동광》 제36호, 1932.08.01.
「오호 서해의 사, 서해 회상기」, 《삼천리》 제4권 제8호, 1932.08.01.
「최서해의 추도」, 《삼천리》 제5권 제9호, 1933.09.01
「곡(哭) 최서해」, 동아일보, 1932.7.12
「김유정 문학혼 담은 碑 세웠다」, 강원도민일보, 2014.8.19
유상규, 「최서해의 죽음, 인술의 경계표」, 《신동아》 1932년 9월호

〈채동선〉

김미옥, 「채동선의 삶과 음악」, 《음악과 민족》 2004.10월호
한상우 등, 『기억하고 싶은 사람들』, 지식산업사, 2003
황문평, 『한국가요 60년사』, 전곡사, 1983
채규엽, 「인기음악가 언파레-트」, 《삼천리》 제4권 제7호, 1932.05.15
채규엽, 《삼천리》 1935.10월호
동아일보, 1929.11.27~28

〈차중락〉

신현준, 『한국팝의 고고학』, 한길아트, 2005
윤항기, 『네가 만약 외로울 때면』, 이레서원, 1993
《가요생활》 1969년 2월호, 4월호
《로맨스》 1969년 1월호, 6월호
《선데이서울》 1969년 2월 23일
「연예비화발굴」, 《레이디 경향》 1986년 2월호, 경향신문사
황문평, 「연애인물사」, 《예술세계》 1997년 7월호

〈이영민〉

한국야구사간행위원회, 『한국야구사』, 대한야구협회, 1999
大島裕史, 『韓國野球の源流: 玄海灘のフィールド・オブ・ドリームス』, 新幹社, 2006
「경성구장 첫홈런」, 동아일보, 1928.06.10/「직업선수 전환설」, 1934.07.17
「경성구장 첫홈런」, 중외일보, 1928.06.10
「게이오전」, 경성일보, 1930.07.16
「게이오전」, 조선일보, 1930.07.17
「10대 운동가」, 《동광》29호 1931.12.27
《주간야구》, 2006년 3월

「흙으런 갈긴 이야기」, 《중앙》, 1936년 1월호
「은퇴하는 명투수 야구생활 15년기」, 《조광》, 1937년 5월호
『윤치호 일기』, July 15th, 1930, 국사편찬위원회 사이트
「일본 위키페디아」, (ja.wikipedia.org), 宮武三郎, 都市對抗野球大會
〈노필〉
경향신문, 동아일보, 신아일보, 한국일보 1966.07.30
《영화잡지》, 《로맨스》, 《아리랑》 1966년 10월호
정종화, 『한국영화사』, 한국영상자료원, 2008
호현찬, 『한국영화 100년』, 문학사상사, 2003
노필, 「밤하늘의 부르스」, 한국영상자료원
〈김말봉〉
정하은 편저, 『김말봉의 문학과 사회』, 종로서적, 1986
김덕형, 『한국의 명가』, 일지사, 1976
김말봉, 『찔레꽃』(한국장편문학대계 13), 성음사, 1970
김항명/오재호/한운사, 『이별속의 만남-김말봉』, 성도문화사, 1991
『김말봉전집3 찔레꽃』, 소명출판, 2014
동아일보, 1936.08.27, 1937.11.01
〈김상용〉
이육사/김상용/이상화, 『내 마음의 시집』, 신영출판사, 1998
김덕형, 『한국의 명가』, 일지사, 1976
김활란, 『그 빛 속의 작은 생명』, 이화여대출판부, 1999
「명작의 숨결」, 경향신문, 1980.07.23
〈김이석〉
이봉구/김이석/곽하신, 『정통한국문학대계 30』, 어문각, 1986
김덕형, 『한국의 명가』, 일지사, 1976
박순녀, 『이중섭을 찾아서』, 동서문화사, 2014
〈계용묵〉
『계용묵 전집』, 민음사, 2004
〈이광래〉
이광래, 『촌선생』, 이광래기념사업회, 1972

2부 | 이 땅의 흙이 되어

〈한용운〉
임중빈, 『만해 한용운』, 범우사, 2000
고은 『한용운 평전』, 향연, 2004
오마이뉴스, 2006.07.05
〈박희도〉
남태식, 「짐」, 『속살 드러낸 것들은 모두 아름답다』, 리토피아, 2002
김상태 편역 『윤치호일기 1916~1943』, 역사비평사, 2001
임종국, 『실록친일파』, 돌베개, 1996
「대경실색 가장행렬화보」, 《제일선》 1932년 7월호
「박희도/윤신실」, 조선중앙일보, 1934.03.17, 03.19
「최린/나혜석」, 조선중앙일보, 1934.09.20
「박희성」, 연합뉴스 등, 2010.11.05
〈아사카와 다쿠미〉
아사카와 다쿠미 저/심우성 역, 『조선의 소반·조선도자명고』, 학고재, 1996
다카사키 소지 저/김순희 역, 『아사카와 다쿠미 평전: 조선의 흙이 되다』, 효형출판, 2005
야나기무네요시 저/박재삼 역, 『조선과 예술』, 범우사, 1989
홍순혁, 「朝鮮의 膳을 읽고」, 동아일보, 1931.10.19
淺川巧, 『朝鮮の膳』, 公正會出版部, 1929
淺川巧著/高崎宗司編, 『朝鮮民芸論集』, 岩波書

店, 2003
高崎宗司など,『回想の淺川兄弟』, 草風館, 2005

〈사이토 오토사쿠〉

「職工とくての 鮮人/營林廠長 齋藤音作氏談」, 大阪朝日新聞, 1918.03.02
齋藤音作,『朝鮮林業投資の有望』, 1930
『朝鮮人事興信錄』, 朝鮮新聞社, 1935
『內村鑑三と韓國 · 朝鮮, 日記』, 1925年6月1日 (uchimurakorea.hp.infoseek.co.jp/uchimura/diary/19250601diary.htm)
齋藤音作,「도시계획과 공업자원 함양」, 동아일보, 1921.09.17
近藤悅子,『二つの祖國』, 1992
『아사카와 다쿠미의 일기와 서간』, 야마나시현 호쿠토시, 2014

〈지석영〉

신용하 등,『지석영전집 』, 아세아문화사, 1985
김덕형,『한국의 명가』, 일지사, 1976
「지성주」, 동아일보, 1927.10.16,「지석영 서거」, 1935.02.03
「지석영 인터뷰」, 매일신보, 1931.01.25
조선왕조실록 http://sillok.history.go.kr

〈오긍선〉

해관기념사업회,『해관 오긍선』, 연세대 출판부, 1977
김덕형,『한국의 명가』, 일지사, 1976
김상태 편역,『윤치호 일기』, 역사비평사, 2001
「소파상 수상」, 동아일보, 1962.11.03
「이영준」, 동아일보, 1933.02.26
해관오긍선기념 학술강연회, 메디게이트뉴스, 2007.05.31
'좋은집' 사이트 http://www.anfam.or.kr

〈오세창〉

이승연,『위창 오세창』, 이회문화사, 2000
예술의 전당 편,『위창 오세창』, 우일출판사, 2001
오세창,『근역서화징』, 계명구락부, 소화3년 (1928)
김덕형,『한국의 명가』, 일지사, 1976
「세한도 기탁」, 연합뉴스, 2011.02.11,
「손창근 씨 국민훈장」, 연합뉴스, 2012.10.16

〈문일평〉

문일평,『예술의 성직』, 열화당, 2001
문일평,『문일평 1934년』, 살림, 2008
김덕형,『한국의 명가』, 일지사, 1976
김광남,『문일평의 인물론에 대하여』, 사학연구 36호, 1983
「만주와 조선족」, 동아일보, 1932.01.02
「호암 문일평 외손자의 수기」,《민족21》, 2009.6
박성순,『문일평』, 역사공간, 2014

〈박승빈〉

박승빈,『조선어학』, 통문관, 1972
박승빈,『한글마춤법통일안비판』, 통문관, 1973
박영준 외,『우리말의 수수께끼』, 김영사, 2002
김상태 편역,『윤치호 일기』, 역사비평사, 2001
「법조계 만화」,《별건곤》, 1927.03.01
유창균,『국어학사』, 영문사, 1959
시정곤,『박승빈』, 박이정, 2015
천소영,「학범 박승빈 연구」, 고려대 석사논문, 1980
동아일보, 1930.09.06, 1932.01.11, 1932.12.27
경향신문, 1969.09.24
반남 박씨 사이트 http://www.banampark.org

〈송석하〉

송석하,「조선의 가면연극무용」,《관광조선》, 1939.9
《민족문화》 제2호, 고려대 민족문화연구소, 1966
남근우,『조선민속학과 식민지』, 동국대출판부, 2008
국립민속박물관,『석남 송석하-한국 민속의 재

음미』, 2004
「해주광장의 가면연극무」, 동아일보, 1939.10.13
「송석하 씨 논문이 오국지에」, 동아일보, 1935.07.20
「한국연극학회창립강연」, 동아일보, 1975.05.07
〈이경숙〉
유달영, 『눈 속에서 잎 피는 나무』 중앙출판공사, 1967
〈김호직〉
동아일보, 1924.03.27, 1959.08.30~31
김호직, 『내 양을 먹이라』, 한국번역출판사, 2001
〈설의식〉
설의식, 『소오문선』, 나남, 2006
실희관 편, 『설정식 문학전집』, 산처럼, 2002
「문단왕래」, 《삼천리》, 1940.05.01.
「장래 많은 어린 수재」, 동아일보, 1925.01.01
「수재 아동 가정 소개」, 동아일보, 1925.02.04
「나의 아초, 나의 이명」, 동아일보, 1934.04.10
「설정식 군 미국 유학」, 동아일보, 1937.07.08
〈안봉익〉
대한중석사편찬위원회,『대한중석70년사』, 대한중석광업, 1989
매일경제 과학기술부, 『과학기술로 세상을 열다』, 매경출판, 2008
동화신문사(도쿄), 『한국100대회사연감』, 1966
안봉익, 동아일보 1931.04.01, 1934.03.20.
대한중석, 매일경제 1967.4.11, 1977.10.12
상동광산, 강원일보 2018.01.03., 2018.03.15.
이동헌, 조선일보 2005.12.22
안택준 등 유족 인터뷰, 2018.03.31, 04.15

3부 | 한 조각 붉은 마음은

〈안창호와 유상규〉
유상규/유옹섭, 『애국지사 태허 유상규』, 홍사단출판부, 2007
이광수, 『도산 안창호』, 하서, 2000
장리욱, 『도산의 인격과 생애』, 대성문화사, 1970
김경하, 『태산을 넘어 험곡에 가도』, 한국장로출판사, 2002
「1938년 5월호, 도산의 유언」, 《삼천리》 제10권 제5호
동아일보, 1927.02.21, 1936.05.23, 1935.01.18, 1957.11.21
유옹섭 블로그, 도산 안창호를 섬기며(http://blog.chosun.com/blog.screen?userId=osyoo)
보훈처, 「나라사랑광장」(http://narasarang.mpva.go.kr)
〈이영학〉
이영학, 한국사데이터베이스, 국사편찬위원회
동아일보 1925.04.19, 1925.10.24, 1927.06.15, 1928.07.15, 1929.07.08, 1929.08.03, 1933.08.25/11.17-18, 1934.03.10, 1934.07.21, 1935.01.15, 1935.04.18, 1935.05.03, 1935.09.18, 1936.04.17, 1955.12.13, 2009.09.22
조선중앙일보 1934.01.11
매일신보 1934.12.13, 1941.01.19
흥사단 홈페이지, http://www.yka.or.kr/html/communication/freeboard.asp?no=15968
경성복심법원의 동우회 판결문, 국가기록원 독립운동관련 판결문
〈조봉암〉
이영석, 『죽산 조봉암』, 원음출판사, 1983
정태영, 『조봉암과 진보당』, 후마니타스, 2006
장병혜, 『상록의 자유혼』, 장택상기념사업회,

1992
이철순, 「1950년대 후반 미국의 대한 정책」, 『해방전후사의 재인식2』, 책세상
김삼웅, 『죽산 조봉암 평전』, 시대의창, 2010
이원규, 『조봉암 평전』, 한길사, 2013
원희복, 「르포. 국립묘지와 망우리 묘지」, 《인물계》 1989년 6월호
동아일보, 1958.05.28, 1959.08.01
〈삼학병〉
임화, 『찬가』, 백양당, 1947
장영훈, 『왕릉풍수와 조선의 역사』, 대원사, 2000
박용찬, 『해방기 시의 현실인식과 논리』, 약락, 2004
조선일보, 1946.01.29, 1946.02.01
서울신문, 2005.05.16
「죽산 조봉암의 최후와 학병동맹사건 및 정판사 사건의 진상」, 《의암》, 1996년 봄호
〈박찬익〉
남파박찬익전기간행위원회, 『남파 박찬익 전기』, 을유문화사, 1989
박성수, 『나철』, 북캠프, 2003
이현희, 『임시정부의 숨겨진 뒷이야기』, 학연문화사, 2000
보훈처, 「나라사랑광장」(http://narasarang.mpva.go.kr)
「대이은 독립운동가 유물 세상에 빛」, 경인일보, 2014.07.23
〈장덕수〉
김교식 편, 『장덕수』, 계성출판사, 1984
이이화, 『한국사이야기 21』, 한길사, 2004
김덕형, 『한국의 명가』, 일지사, 1976
인촌기념회 편, 『인촌 김성수』, 인촌기념회, 1976
「죽산 조봉암의 최후와 학병동맹사건 및 정판사 사건의 진상」, 《의암》, 1996년 봄호
'용의조선인명부' 근현대인물자료, 국사편찬위원회 사이트(http://www.history.go.kr)
김활란, 『그 빛 속의 작은 생명』, 이화여대출판부, 1999
박은혜, 『난석소품』, 경기여고학도호국단, 1955
유광렬, 『기자 반세기』, 서문당, 1969
〈이병홍〉
추경화, 『산청군항일운동사』, 산청문화원, 2010
「조령모개의 처사」, 경향신문, 1949.02.17
「이광수」, 연합신문, 1949.02.22
「반민특위사업총결산서」, 경향신문, 1949.09.01
「이병홍 급서」, 동아일보/ 경향신문, 1955.10.18
「고인의 편모」, 동아일보, 1955.12.30
반민특위, 『두산백과』, 『한국민족문화대백과』
〈명온공주와 부마 김현근〉
국학진흥연구사업추진위원회, 『장서각소장등록해제』, 한국정신문화연구원, 2002
구인환 편, 『조침문』, 신원문화사, 2004
『조선왕조실록』(http://silrok.history.go.kr)
《삼천리》1936년 6월호
중랑문화원, 「망우산의 얼과 혼」, 「중랑의 문화유산」, 『중랑향토사』 제4호, 2005
고은, 『만인보』16권 273p, 민음사, 2010
〈신경진〉
『평산신씨문희공파가승』, 평산신씨문희파보소, 1993
신경진, 『한국민족문화대백과』, 한국학중앙연구원
한국금석문종합영상정보시스템 http://gsm.nricp.go.kr
〈13도창의군〉
정재윤, 「시위대 대장 박승환의 자결이 촉발시킨 의병부대 13도창의군의 서울진공작전」
노용필, 『대한제국기 서울사람들』, 어진이, 2004
《순국》, 2007년 2월호
〈오재영〉
이이화, 『한국사 이야기 21』, 한길사, 2004

〈대한매일〉특별취재반, 『저기 용감한 조선 군인들이 있었소』, 동방미디어, 2001
송건호, 『의열단』, 창작과비평사, 1985
〈문명훤〉
문명훤, 자서전 『환난의 정복자』, 어린이문화관, 1973
「금의환향 문명훤 씨」, 동아일보, 1931.04.05
〈오기만〉
오기영, 『사슬이 풀린 뒤』, 성균관대학교출판부, 2003
오기만, 동아일보, 1934.05.08, 1936.06.13
〈박원희〉
기분좋은나무공간, http://blog.naver.com/lsj56/90123953641
「여성동우회 창립」, 동아일보, 1924.05.11/05.25
「여자청년창립」, 동아일보, 1925.02.24
「동요지요 남편을 일흔」, 동아일보, 1926.05.28
〈김승민〉
보훈처,「나라사랑광장」(http://narasarang.mpva.go.kr)
김승민, 김승문, 한국사데이터베이스, 국사편찬위원회
계산 김승민, 네이버 두산백과
정환섭, 연합뉴스 2010.02.25
〈이탁〉
보훈처,「나라사랑광장」(http://narasarang.mpva.go.kr)
이탁, 네이버 한국민족문화대백과사전
경향신문 1983.09.12.
이응백,「노국어학자 월양 이탁 선생의 걸으신 길을 더듬음」,『국어교육』8, 1964

그와 나 사이를 걷다

초판1쇄 | 2009년 04월 06일
초판2쇄 | 2010년 08월 10일
개정2판1쇄 | 2015년 11월 20일
개정3판1쇄 | 2018년 05월 17일
개정3판2쇄 | 2019년 11월 15일

지은이 | 김영식

펴낸곳 | 호메로스
펴낸이 | 김제구
인쇄·제본 | 한영문화사

출판등록 제22-741호(2002년 11월 15일)
주소 121-842 서울시 마포구 잔다리로 77 대창빌딩 402호
전화 02)332-4037
팩스 02)332-4031
이메일 ries0730@naver.com

ISBN 979-11-86349-80-9 03910

호메로스는 리즈앤북의 브랜드입니다